AF579886

Occasional Papers on Antiquities, 4

Ancient Portraits

in the J. Paul Getty Museum Volume 1

MALIBU, CALIFORNIA 1987

Jiří Frel, former Curator of Antiquities;
Arthur Houghton, Acting Curator of Antiquities; and
Marion True, Curator of Antiquities, Editors

Sandra Knudsen Morgan, Managing Editor
Benedicte Gilman, Manuscript Editor
Karen Schmidt, Production Coordinator
Elizabeth Burke, Photograph Coordinator
Patrick Dooley, Designer
Patricia Inglis, Assistant Designer
Kathe Flynn, Production Artist
Donald Hull, Penelope Potter, Photographers, The
J. Paul Getty Museum

Typography by Andresen's Tucson Typographic
Service, Tucson
Printed by Alan Lithograph Inc.

Photographs reproduced in this book have been
provided by the institution that owns the object
unless otherwise specified.

17985 Pacific Coast Highway
Malibu, California 90265-5799
(213) 459-7611

Information about other Getty Museum publications may be obtained by writing to the Bookstore, The J. Paul Getty Museum, P.O. Box 2112, Santa Monica, California 90406.

Cover: Portrait of Caligula. White marble. Malibu, The J. Paul Getty Museum 72.AA.155

Library of Congress Cataloging in Publication Data:

Ancient portraits in the J. Paul Getty Museum.

(Occasional papers on antiquities ; 4-)
English and German.
Includes bibliographies.
1. Portrait sculpture, Greek—Catalogs. 2. Portrait sculpture, Roman—Catalogs. 3. Portrait sculpture, Ancient—Greece—Catalogs. 4. Portrait sculpture, Ancient—Rome—Catalogs. 5. Portrait sculpture—California—Malibu—Catalogs. 6. J. Paul Getty Museum—Catalogs. I. Frel, Jiří.
II. Houghton, Arthur Amory.
III. True, Marion. IV. J. Paul Getty Museum.
V. Series: Occasional papers on antiquities ; no. 4, etc.
NB1296.3.A53 1987 733'074'019493 87-5647

ISBN 0-89236-071-2 (v. 1)

Contents

Non traditus vultus
Bildnis eines griechischen Philosophen im Getty Museum

Joachim Raeder

Die Satire des Juvenal (*Sat.* 2,4f.) hat bis heute nicht ihre Schärfe verloren. Entlarvt sie doch die Bildnisgalerien und Sammlungen von Originalmanuskripten griechischer Geistesgrößen in den Villen römischer Nobiles als sinnentleerte Repräsentationsobjekte, die zu der tatsächlichen Kulturbeflissenheit der Besitzer im krassen Widerspruch stehen. Seit dem späten Hellenismus gehörten Dichter-, Philosophen- und Politikerbildnisse zur Ausstattung öffentlicher Bildungszentren sowie privater Villen und Paläste.[1] Groß war der Bedarf an diesen *imagines illustrium*, die das philosophische Weltbild, die Belesenheit und Bildung des Villenbesitzers oder Stifters herausstellen sollten.[2] In der Regel hat man bei der Zusammenstellung einer Bildnisgalerie[3] Kopien nach vorhandenen Bildnisstatuen verwendet, die von alters her als Ehren-, Weihe- oder Grabstatuen in den Akademien und Heiligtümern oder auf den öffentlichen Plätzen standen.[4] Nicht selten jedoch dürften dem Bildhauer alte Vorlagen für ein Bildnis gefehlt haben. Für diesen Fall weiß Plinius der Ältere (*N.H.* 35,9) von folgender Praxis zu berichten: "Quin immo etiam, quae non sunt, finguntur, pariuntque desideria non traditos vultus, sicut in Homero evenit" (Sind keine Bildnisse vorhanden, so werden solche sogar erdacht und erwecken das Verlangen nach nicht überlieferten Gesichtszügen, wie es bei Homer der Fall ist). Die Bildnisse des Homer[5] und der Sieben Weisen[6] geben uns eine Vorstellung von derartigen postumen Rekonstruktionsbildnissen. Trotz der individuell scheinenden physiognomischen Merkmale sind diese Bildnisse nicht als realistisch im Sinn der persönlichen Ähnlichkeit zu bezeichnen. Vielmehr handelt es sich um Charakterbilder oder Spiegelbilder der philosophischen Lehren und literarischen Werke der dargestellten Persönlichkeit—um die Visualisierung des geistigen Wesens der Person. Diese interpretierende Gestaltungsweise setzt natürlich ein festgelegtes physiognomisches Typenrepertoire voraus, durch dessen allgemein bekannte Bildzeichen dem Betrachter die Aussage des Bildnisses verständlich wurde.[7] Es sei in diesem Zusammenhang nur auf die literarischen Versuche solcher Typenbildung hingewiesen: auf die Gestalten der Neuen Komödie oder auf die Charaktere des Theophrast.

Auch in der Bildniskunst war dem antiken Betrachter die Typisierung etwa des Philosophenbildnisses, die z.B. den Kyniker allein durch die äußere Erscheinung klar von dem Stoiker unterscheidet, bis in die Spätantike wohl vertraut. In der mittleren Kaiserzeit beschreibt Alkiphron (*Ep.* 19 [III 55]) fünf Philosophen so prägnant, daß man versucht ist, wenn es einen Sinn ergäbe, entsprechende Porträts unter dem erhaltenen Denkmälerbestand zu suchen. So wird der Epikureer als eitler Mann mit gepflegten Haaren und mächtigem Vollbart oder der Pythagoräer mit bleicher Gesichtsfarbe, langen Haarsträhnen, die vom Scheitel bis auf die Brust fallen, mit langem, spitzem Bart, mit einer Hakennase und

Abkürzungen:

Raeder	J. Raeder, *Die statuarische Ausstattung der Villa Hadriana bei Tivoli* (Frankfurt, 1983).
Richter	G. Richter, *The Portraits of the Greeks*, Bd. 1–3 (London, 1965).

1. Einen Überblick bietet hierzu: Th. Lorenz, *Galerien von griechischen Philosophen- und Dichterbildnissen bei den Römern* (Mainz, 1965); vgl. vor allem die Ausstattung der Villa dei Papiri: D. Pandermalis, *AM* 86 (1971), 173ff.

2. Ein erbärmliches Versatzstück war z.B. das Menander(?)-Bildnis im Peristyl der Casa degli Amorini dorati: Richter 2, 230f., Nr. 14, Abb. 1561–1563; s. dazu P. Zanker, *JdI* 94 (1979), 492f.

3. Die älteste überlieferte Bildnisgalerie befand sich in der Bibliothek von Pergamon mit Porträts von Dichtern und Historikern: Lorenz (a.O., Anm. 1), 3f., 35.

4. Vgl. H. Wrede, *AM* 97 (1982), 235ff.

5. Richter 1, 45ff.

6. Richter 1, 81ff.; H. v. Heintze, *Gymnasium* 84 (1977), 437ff.; dieselbe, in Festschrift F. Brommer, Hrsg. U. Höckmann und A. Krug (Mainz, 1977), 163ff.; allgemein zu Darstellungen der Sieben Weisen s. zuletzt: K. Gaiser, *Das Philosophenmosaik in Neapel.* Abhandlungen der Heidelberger Akademie der Wissenschaften (1980).

7. Zu diesem wichtigen Problem vgl.: E. Voutiras, *Studien zu Interpretation und Stil griechischer Porträts des 5. und frühen 4. Jhs.* (Bonn, 1980), 19ff.; L. Giuliani, *Gnomon* 54 (1982), 51ff.

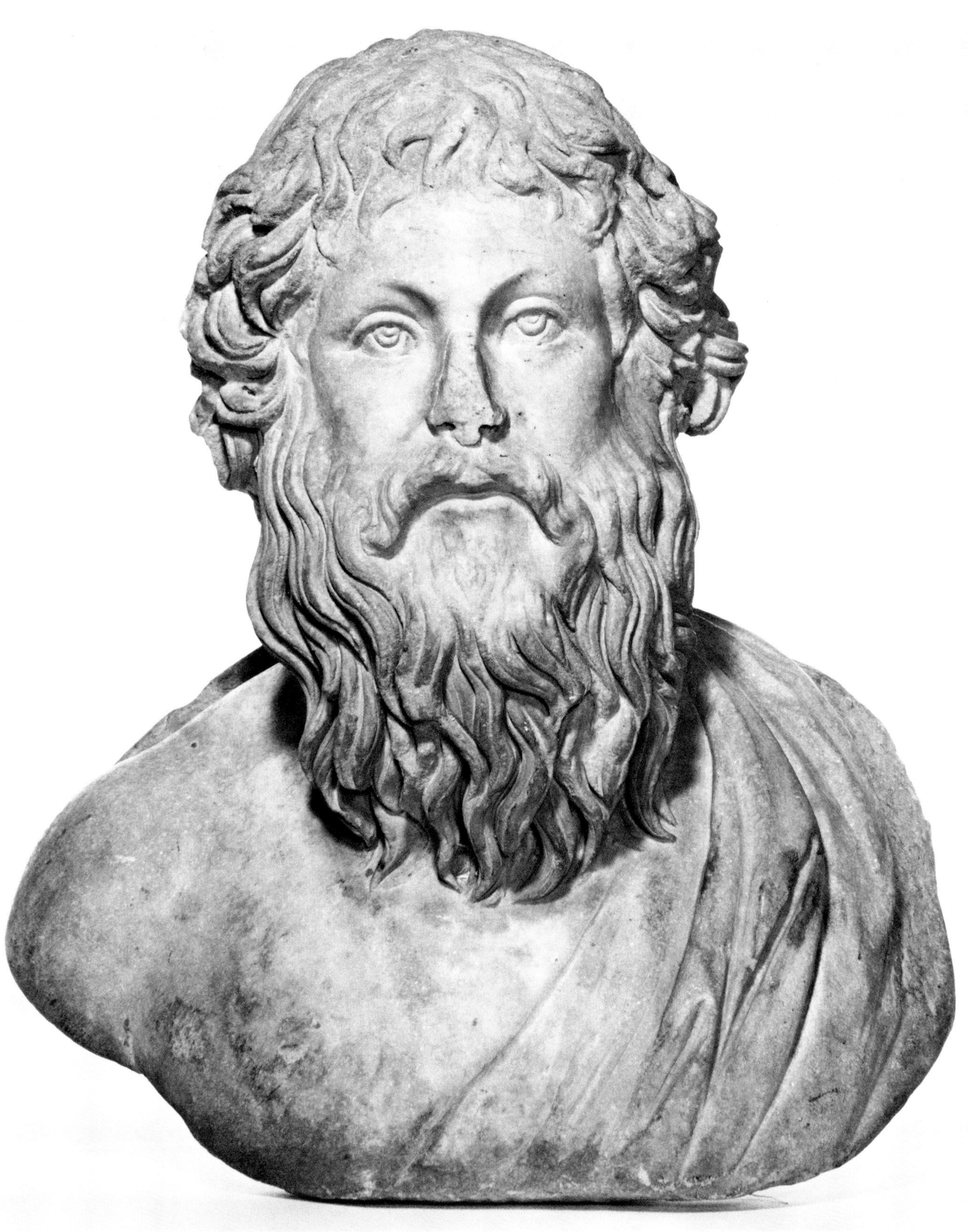

Abb. 1a. Bildnis eines Philosophen. Malibu, The J. Paul Getty Museum 71.AA.284.

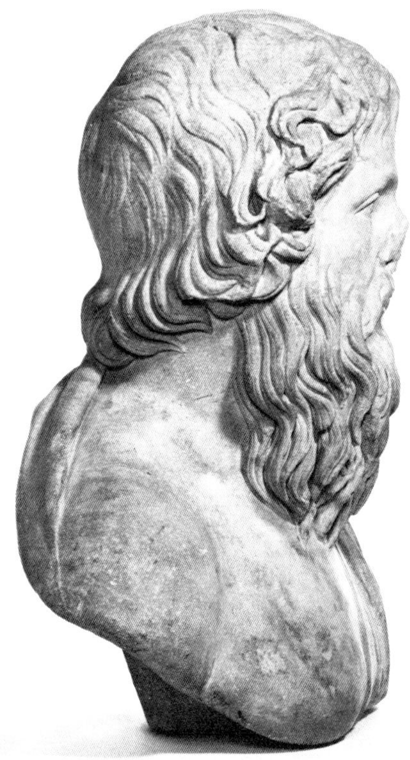

Abb. 1b. Seitenansicht des Philosophen in Abb. 1a.

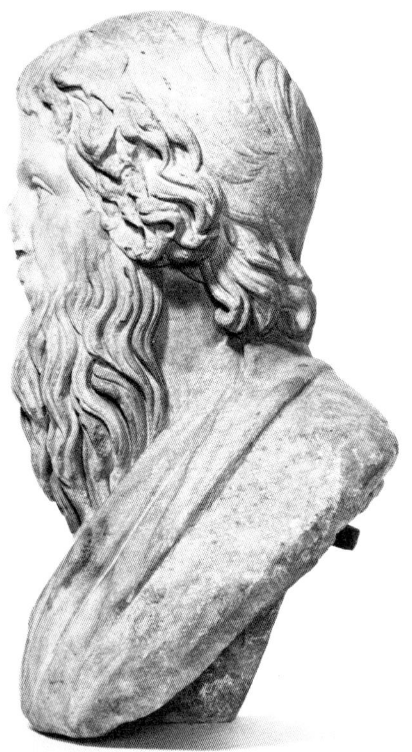

Abb. 1c. Seitenansicht des Philosophen in Abb. 1a.

zusammengekniffenen Lippen beschrieben. Ähnliche Charakterbilder geben Lukian und bereits 500 Jahre zuvor Theokrit.[8]

Das festgelegte Schema der physiognomischen Zeichensprache gilt es bei der Beurteilung jedes griechischen Bildnisses im Auge zu behalten, zumal die Typisierung sich nicht allein auf die postumen Rekonstruktionsbildnisse beschränkte. So ist es bei der Interpretation eines Bildnisses wenig sinnvoll, nach individuellen Zügen zu suchen. Dennoch beherrscht die Erforschung des griechischen Porträts fast allein die Frage nach der Identität des Dargestellten und nach der Bildnistreue. Die kunsthistorische Einordnung eines griechischen Bildnisses blieb daher weithin ungeklärt (oder war von der Benennung abhängig); Probleme der Bildnisaussage beachtete man kaum. Mit enzylopädischen Werken wie Gisela Richters *The Portraits of the Greeks* war beabsichtigt, dem aus historischen Quellen bekannten Lebenslauf der Großen des Altertums möglichst jeweils das 'Gesicht' der Persönlichkeit gegenüberzustellen.[9] Unbenannte Bildnisse finden folgerichtig in diesem System keinen Platz. Doch erlauben

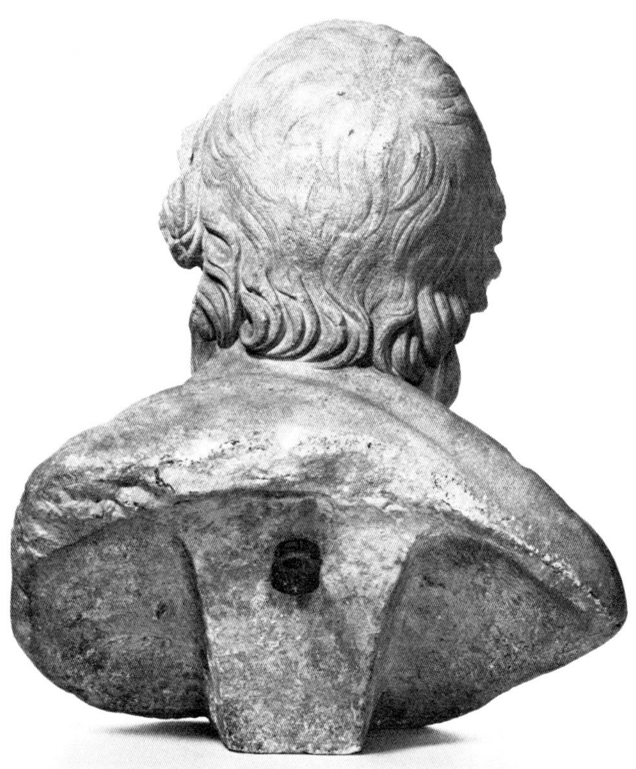

Abb. 1d. Rückansicht des Philosophen in Abb. 1a.

8. Lukian, *Timon* 54; Theokrit, *Eidyllia* 14,5; vgl. auch Athen. IV 163e–164a.

9. S. Richter 1, S. X; dieses Werk hat jüngst einen Nachfolger in Taschenbuchformat gefunden: G. Hafner, *Prominente der Antike* (Düs-

gerade die nicht benannten Bildnisse einen unbefangenen, nicht mit einem großen Namen belasteten Blick auf die künstlerische Form des plastischen Werkes und auf die typisierten physiognomischen Chiffren, durch die der Dargestellte charakterisiert ist.

Das J. Paul Getty Museum erwarb 1971 aus dem New Yorker Kunsthandel (früher römischer Kunsthandel) die etwa lebensgroße Bildnisbüste eines Mannes (Abb. 1a–d), die von einem mächtigen Vollbart und üppigen Haupthaar beherrscht wird.[10] Wie zu einem Kranz aufgebauscht, umschreiben die Haare das breite Gesicht. Über der Stirn, an den Schläfen und im Nacken ist das Haar in sichelförmig gebogene Locken aufgelöst und scheint wirr durcheinander zu wirbeln, während die Kalotte nur von ganz flach geschichteten Strähnen bedeckt ist. In langen, dicken Strähnen fällt das Barthaar breit gefächert auf die Brust. Der Kopf sitzt ungebrochen auf der breiten Büste, deren Ausschnitt die Ansätze der Oberarme und ein Großteil der Brust einschließt. Über die linke Schulter und die linke Brust ist in einer für Philosophenbildnisse konventionellen Art ein Mantel gelegt, der am Rücken entlang geführt ist und auf der Rückseite der rechten Schulter wieder erscheint.

Das Büstenbildnis ist stark bestoßen und mehrmals überarbeitet worden. Einen tiefen Eingriff in die ursprüngliche Substanz bedeutete die Umgestaltung des Gesichtes. Am Rand des Gesichtes verläuft ein roher Steg, der darauf hinweist, daß das gesamte Gesicht für eine Wiederverwendung des Bildnisses umgearbeitet worden ist. Dieser Steg markiert den Übergang von der alten, zur neuen, tiefer im Marmor liegenden Schicht des Gesichtes.[11]

Das 'neue' Gesicht des Mannes kennzeichnen deutliche Alterszüge. Unter den hervorstehenden Wangenknochen senkt sich schon unter dem Gewicht des Alters das Fleisch der Wangen ein wenig hinab und staut sich vor der Nasolabialfalte zu einem leichten Wulst. Die Augenbrauen sind, zu einer Formel erstarrt, als dünner Grat wiedergegeben und in hohem Bogen weit in die Stirn gezogen. Die Augen liegen etwas schräg in relativ großem Abstand von der schmalen Nasenwurzel. Durch die Umarbeitung bedingt, steigt das bandförmige Oberlid in einem unorganisch steilen Bogen von der Tränenkarunkel auf; es überschneidet am äußeren Augenwinkel das Unterlid, das zur Wange hin leichte Tränensäcke bildet. Die Innenzeichnung der Augen bilden ein größerer und ein kleinerer Halbkreis, die unter dem Rand des Oberlids sitzen, wobei aber auch der größere den Rand des unteren Lids nicht berührt. Die lineare Führung der Lider und Brauen, das dekorativ-ornamentale Schema ihrer Anlage, die Umrißzeichnung der Iris und der Pupille und der ziellose, leicht konvergierende Blick datieren die Neugestaltung des Gesichtes in das frühe 5. Jh. n.Chr.[12]

Der kräftige, zur Seite gestrichene Schnurrbart, der von dem kleinen Mund nur die Unterlippe erscheinen läßt, scheint ebenfalls von der Umarbeitung betroffen zu sein. Ebenso ist die Anlage des Gewandes auf der linken Brusthälfte verändert worden. Die schräg zur Mitte der Brust führenden, grob eingeschnittenen Falten gehören sicher nicht zum ursprünglichen Bestand.[13]

Im Zuge der Wiederverwendung des Bildnisses in der Spätantike oder noch später wurde die Büste an ihren Rändern beschnitten. Wie auf der Rückansicht zu erkennen, ist mit groben Schlägen ein Teil der linken Schulter mit dem aufliegenden Gewand und in unsauberer Führung der ehemals zugehörige Büstensockel entfernt worden.[14] Erst in der Neuzeit hat man zur Sicherung der Büste an der Wand einen Eisendübel mit einem Ring in die Rückseite der Büstenstütze getrieben, wie man es vor allem aus römischen Sammlungen kennt.[15]

Weiter führt eine bisher nicht berücksichtigte Replik (Abb. 2a–b).[16] Sie ist in der Sala dei Busti des Museo Pio Clementino im Vatikan ausgestellt, hätte aber nach der unzureichenden Abbildung im Vatikan-Katalog von W. Amelung kaum identifiziert werden können, zumal sie im Katalogtext wegen der wenig individuellen Gesichtszüge und "nach dem Charakter des Ganzen" als Götterbüste, insbesondere des Poseidon, angesprochen wurde. Sie erscheint hier nach Neuaufnahmen des Deutschen Archäologischen Instituts, Rom, die ich Stephan Steingräber verdanke.

Das Bildnis gehörte ehemals zur Ausstattung der Villa Hadriana bei Tivoli. Dort hat es Gavin Hamilton 1769

seldorf und Wien, 1981). Vgl. hierzu die Bemerkungen von B. Schmaltz, *MarbWPr*, 1985, 17ff.

10. Malibu 71.AA.284; C. Vermeule und N. Neuerburg, *Catalogue of the Ancient Art in the J. Paul Getty Museum* (1973), 10, Nr. 17; *Greek and Roman Portraits from the J. Paul Getty Museum* (1973), 17, Nr. 11; J. Frel, *Greek Portraits in the J. Paul Getty Museum* (Malibu, 1981), 94f., Nr. 44. Ellen Weski, die das Bildnis in Malibu studieren konnte, danke ich für einige wichtige Hinweise.

11. Um wieviel tiefer das 'neue Gesicht' liegt, läßt sich auch aus der konkaven Profillinie der Stirn ermessen; zu umgearbeiteten Porträts vgl. zuletzt: H. Jucker, *JdI* 96 (1981), 236ff.; M. Bergmann und P. Zanker, *JdI* 96 (1981), 317ff.

12. Vgl. vor allem das Münchener Porträt, Glyptothek 379 (H. P. L'Orange, *Studien zur Geschichte des spätantiken Porträts* [Oslo, 1933], 75f., 142, Nr. 101, Taf. 192 und 193; derselbe, *AntK* 4 [1961], 69ff., Taf. 28,3 und 4; W. v. Sydow, *Zur Kunstgeschichte des spätantiken Porträts im 4. Jh. n. Chr.* [Bonn, 1969], 93ff.; *Spätantike und frühes Christentum*, Ausstellungskatalog [Frankfurt, Liebieghaus, 1983], Nr. 58).

13. In der Gewandanlage vgl. die Büste eines Evangelisten in Istanbul: W. F. Volbach, *Frühchristliche Kunst* (München, 1958), Taf. 74. Es muß offen bleiben, ob es sich bei der Wiederverwendung der Büste in der Spätantike immer noch um das Bildnis eines griechischen Phi-

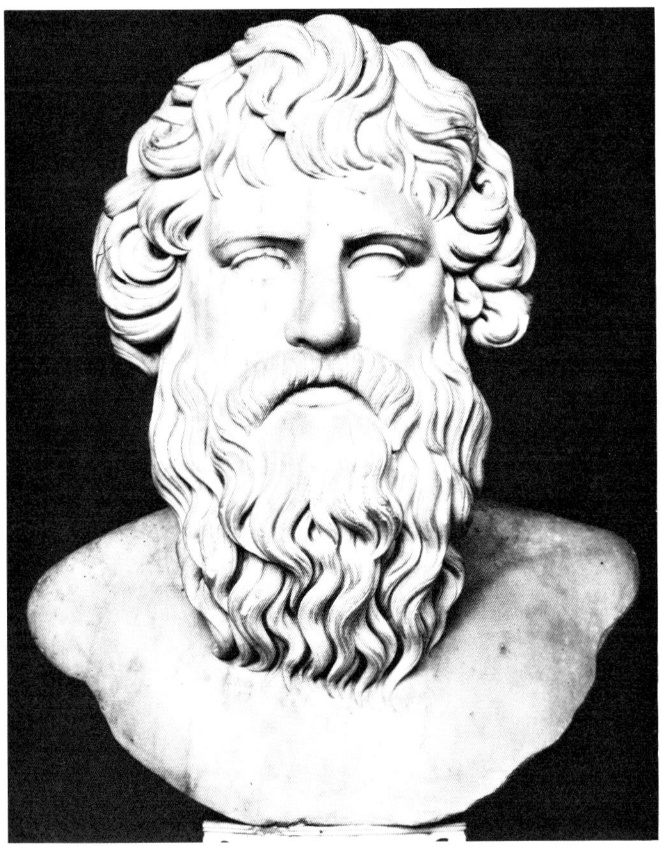

Abb. 2a. Bildnis eines Philosophen. Vatikan, Museo Pio Clementino 627. Photo: DAI, Rom.

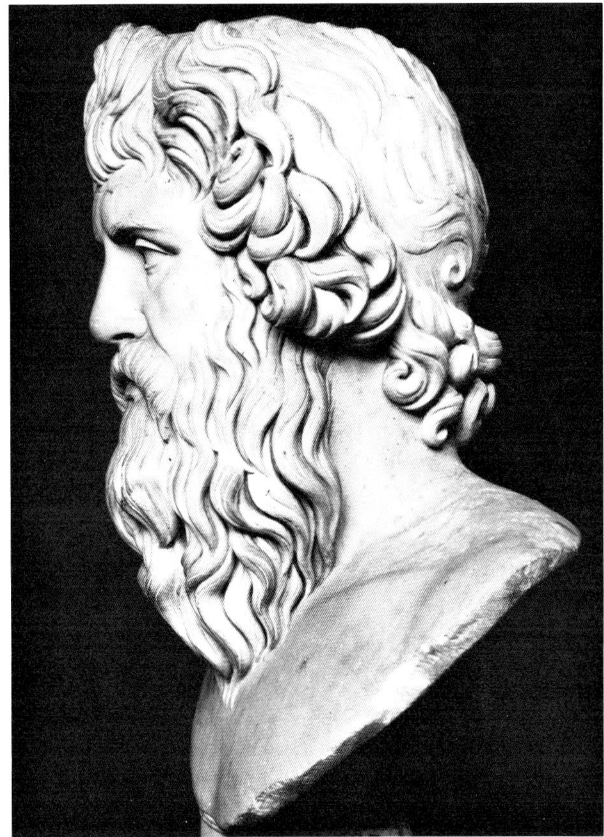

Abb. 2b. Seitenansicht des Philosophen in Abb. 2a. Photo: DAI, Rom.

im sogenannten Pantanello gefunden und kurz darauf dem Vatikan als "Bust of a Philosopher, singular for its high preservation" zum Kauf angeboten. Vollkommen intakt (abgesehen von einer fehlenden Bartlocke am linken Ende des Schnurrbarts) und ohne Ergänzung sitzt das Bildnis ungebrochen auf dem antiken Bruststück. Freilich ist auch diese Kopie modern überarbeitet: An der Oberfläche wurden die Verwitterungsspuren beseitigt, und der Büstenausschnitt ist verändert.

Amelung hielt den Büstenabschnitt für den modern bearbeiteten Rest einer Statue. Nach meinen Beobachtungen kann diese Vermutung wegen des Verlaufs der Schulterlinie und der Form des Armansatzes nicht richtig sein. Vielmehr muß der Kopf ursprünglich mit einer größeren Büste verbunden gewesen sein, die vielleicht wegen des beschädigten Randes neu beschnitten wurde. Die etwas höher liegende linke Schulter, der im rechten Winkel nach unten umbiegende Armansatz und zahlreiche Spuren auf der Oberfläche weisen auf einen ehemals hier aufliegenden Mantel, wie er zur konventionellen Ausstattung von Philosophenbüsten gehörte.[17]

Welch ganz anderen Charakter besitzt nun das Porträt im Vatikan: Würde und gebieterische Wucht kennzeichnen diese Replik. Die Strenge mag zum Teil der Verschärfung und Verhärtung der Formen durch den Kopisten anzurechnen sein; der Eindruck wird aber vor allem durch die hoch über der Stirn sich türmenden Haarlocken hervorgerufen. Wie eine toupierte Perücke

losophen handelte oder um eine christliche Figur.

14. Die Büste ist mit Sockel etwa vorzustellen wie Richter 1, Abb. 52–54, 129; Bd. 2, Abb. 1306–1309; Bd. 3, Abb. 2034–2037 und 2038.

15. K. Fittschen und P. Zanker, *Katalog der römischen Porträts in den Capitolinischen Museen und anderen kommunalen Sammlungen der Stadt Rom*, Bd. 3 (Mainz, 1983), Nr. 10, 13, 19, 20, 33, 50, 63, 116, 145, 155 und 171.

16. Vatikan, Museo Pio Clementino 627. W. Amelung, *Die Sculpturen des Vaticanischen Museums*, Bd. 2 (Berlin, 1908), 546, Nr. 356 A, Taf. 71; Raeder, 103f., Kat. Nr. I 119.

17. Die Büste dürfte im ursprünglichen Zustand etwa die Form gehabt haben wie die in Erbach, auf der ein Metrodor-Bildnis sitzt: K. Fittschen, *Katalog der antiken Skulpturen in Schloß Erbach* (Berlin, 1977), Nr. 9.

Der merkwürdig runde Verlauf der Schulterlinie findet sich ganz ähnlich wieder bei einem trajanischen Porträt in Privatbesitz: H. Jucker und D. Willers, Hrsg., *Gesichter: Griechische und römische Bildnisse aus Schweizer Besitz*, Ausstellungskatalog (Bern, Historisches Museum, 1982/83), Nr. 48.

wirkt die bewegte Haarmasse, die in einzelne dicke, bisweilen wie aufgeblasen erscheinende Locken gegliedert ist. In die Stirn fallen in leicht schräger Linie verhältnismäßig flache, nach links gebogene Sichellocken, deren Verlauf bei der Büste in Malibu gerade noch zu erkennen ist. In einer Gegenbewegung sind darüber die Locken in mehrere Ebenen übereinander geschichtet, so daß die Stirn besonders hoch und steil wirkt. In dicken Büscheln bedecken die Haare die Schläfen und die Ohren; auf der rechten Kopfseite sind sie nach innen zum Gesicht hin gebogen, auf der linken stehen sie nach außen ab. Diesen aufgebauschten Haarring schließen im Nacken enger zusammengerollte Locken, während die Kalotte nur ganz flach angelegt ist (Abb. 2b). Der volle Wangen- und Kinnbart ist in lange, wulstige Lokkensträhnen unterteilt, die in einem vergleichsweise regelmäßigen Rhythmus geordnet sind. Ohne Übergang geht der Wangenbart in den starken, gleichmäßig nach unten gestrichenen Schnurrbart über.

In dem breiten Gesicht sind die meisten individuellen Züge zugunsten idealer Formen unterdrückt; glatte Flächen und symmetrisch verlaufende Linien bestimmen die Physiognomie. Allein die leicht zusammengezogenen, auffallend schmalen Brauen und die tief liegenden kleinen Augen lassen etwas von dem strengen Wesen des Dargestellten verspüren, die leicht eingefallenen Wangen weisen auf das schon höhere Alter hin.

Es muß kaum hervorgehoben werden, daß das römische Bildnis in der Güte und Genauigkeit der Ausführung weit über der Büste in Malibu steht. In den Details von Haar und Bart enthält es eine Fülle kleiner Züge, die an der Kopie in Malibu verwischt oder vernachlässigt sind. Man betrachte nur die genau in der Mittelachse vom Kinn ausgehenden Bartlocken: Eine kurze und eine lange Strähne sind dort bei der Büste in Malibu zu einem langen Band zusammengefaßt; links davon auf halber Höhe erscheint bei der qualitativ besseren Replik in einem Zwickel eine kleine Locke, die bei der anderen fehlt. In der Gestaltung der Bartspitzen, die auf der Brust aufliegen, geht allerdings die Kopie in Malibu über die an dem Bildnis im Vatikan erhaltenen Motive hinaus. Der merkwürdig schiefe Verlauf des Bartendes an der vatikanischen Replik scheint jedoch eine Folge der modernen Zurichtung der Büste zu sein.

Die vatikanische Replik gehört nach Stil und Fundort sicher in die hadrianische Zeit. Charakteristisch für hadrianische Kopien[18] ist der bewußt angestrebte Gegensatz der weitgespannten, fein geglätteten Flächenkompartimente des Gesichtes zur aufgerauhten, durch Licht- und Schatteneffekte belebten Haarkappe. Die kaum differenzierten und großflächig angelegten Gesichtspartien sind an den Rändern klar vom Haarsaum begrenzt und in ein scharf konturiertes Achsensystem eingespannt, das die horizontal geführten Brauen, die hart geschnittenen Augen und der kantige Nasenrücken bestimmen. Die Augen sind in der für die hadrianische Zeit typischen Form gestaltet: Der linsenförmige Augapfel ist durch eine Furche leicht von der Tränenkarunkel abgesetzt und von scharfkantig vorspringenden, in einem gleichmäßig flachen Bogen geführten Lidern umschlossen.[19] Die etwas träge sich krümmenden Haar- und Bartlocken sind äußerst massig gebildet. Die einzelne Locke ist von sparsam verwendeten, flachen Ritzlinien skizzenartig unterteilt. Gegeneinander sind die Locken klar durch tiefe, schattenbildende Einschnitte abgegrenzt. Zipflige Lockensicheln dieser Art finden sich vor allem bei den Porträts des Antinoos.[20]

Im Vergleich dazu ist die Haargestaltung des Bildnisses in Malibu weniger repräsentativ, kraftloser und von dem Kopisten ohne Verständnis für das Lockensystem ausgeführt. Der Bart ist in lange, auf der Oberseite abgeflachte Bänder zerlegt, die gleichförmig von langgezogenen Furchen begleitet sind. Durch grobe Einschnitte und tiefe Unterschneidungen versuchte der Kopist vor allem dem Bart plastische Kraft zu geben, die die Einzellocke selbst nicht besitzt. In der Formgebung der Haare ist die antoninische Hermenbüste des Homer (Apollonios-Typus) im Kapitolinischen Museum[21] der Kopie in Malibu nah verwandt. In die mittlere Kaiserzeit weisen der Büstenausschnitt mit den weit herabreichenden Armansätzen sowie die sehr weiche Bildung der Brustmuskulatur und des Fleisches in der Armachsel.

Zweifellos überliefert die sorgfältige hadrianische Kopie im Vatikan das griechische Vorbild genauer. Doch unverkennbar ist auch sie von Stilmerkmalen geprägt, die dem Original sicher nicht eigen waren. Die kopienkritischen Untersuchungen der letzten Jahre haben gezeigt, daß die Kopien hadrianischer Zeit zwar sehr

18. Zum hadrianischen Stil: Raeder, 205ff.

19. Vgl. die Korenkopie aus der Villa Hadriana, Inv. Nr. 2233 (VH 3): *AntPl* 13 (1973), Taf. 24; Raeder, 216f., Taf. 9.

20. C. W. Clairmont, *Die Bildnisse des Antinoos* (Rom, 1966), Nr. 3, Taf. 5; Nr. 33, Taf. 25. Vgl. unter den Skulpturen aus der Villa Hadriana besonders die Köpfe von einer Polyphemgruppe: Raeder, Taf. 21.

21. R. und E. Boehringer, *Homer: Bildnisse und Nachweise* (Breslau, 1939), 56f., Nr. 1, Taf. 21a, 22, 23, 43a, 44b und e; Richter 1, 48, Kat. Nr. III 1, Abb. 25–27.

22. Vgl. vor allem V. Kruse-Berdolt, *Kopienkritische Untersuchungen zu den Porträts des Epikur, Metrodor und Hermarch* (Göttingen, 1975),

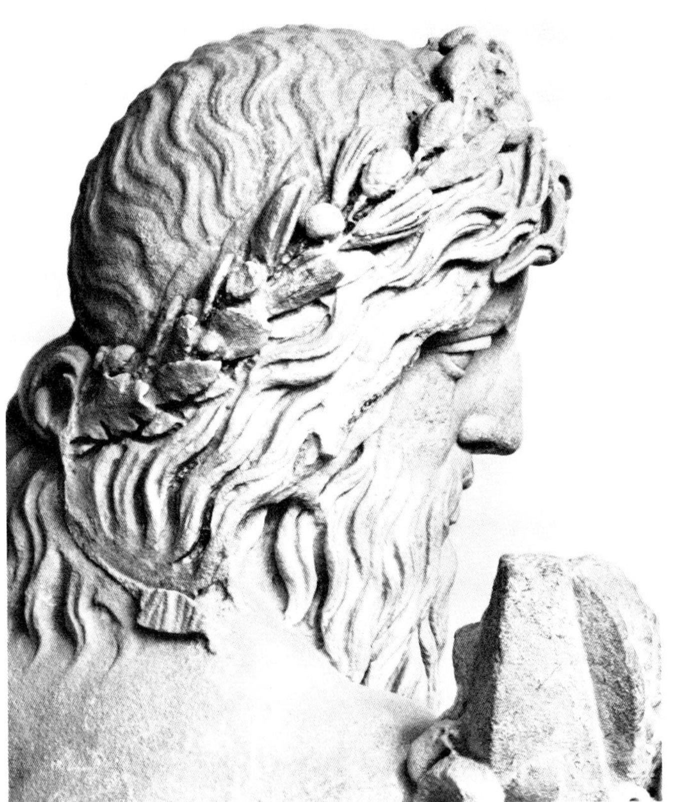

Abb. 3a. Seitenansicht der Statue des Tiber. Tivoli, Villa Hadriana, Museum 2261. Photo: DAI, Rom.

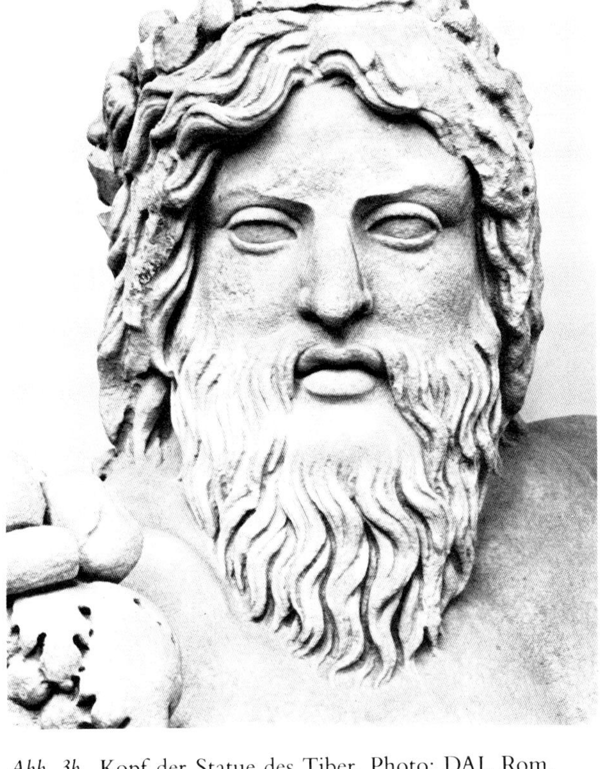

Abb. 3b. Kopf der Statue des Tiber. Photo: DAI, Rom.

treu die motivischen Einzelheiten des Vorbildes überliefern, aber doch stark dem hadrianischen Stilwollen unterworfen sind.[22] Die starre, formelhafte Anlage der Gesichtsteile, die Glätte der Gesichtsflächen und die Kantigkeit der Einzelglieder sind kennzeichnend für den hadrianischen Zeitstil und lassen z.B. den Kopf eines Flußgottes aus der Villa Hadriana[23] zu einem engen Verwandten des vatikanischen Bildnisses werden (Abb. 3a–b).

Kein Zweifel dürfte darüber aufkommen, daß es sich bei diesem durch zwei Kopien überlieferten Typus um das Bildnis eines Philosophen handelt. Nicht nur der Büstenabschnitt der Replik in Malibu und der mächtige, Würde evozierende Vollbart verraten diesen Rang, auch der hochgewölbte Schädel und die Betonung der steilen Stirn als Sitz des Geistes durch die aufgebauschten Stirnhaare charakterisieren den Dargestellten als Denker.

Die Interpreten der Büste in Malibu erinnerte das Bildnis auf den ersten Blick an das Porträt des Antisthenes (Abb. 4a–c),[24] vor allem aber an den Krates (Abb. 5),[25] dessen von sechs Repliken überliefertes Bild durch das bekannte Gemälde aus der Farnesina[26] gesichert zu sein scheint. Hier wie dort handelt es sich um ein Philosophenporträt mit bewegtem, das Gesicht umschreibenden Haupthaar, das wie eine Kappe den breit zerfließenden Gesichtsformen entgegenwirkt, mit einem kräftigen, nach unten gestrichenen Schnurrbart, der stufenlos in den langen Vollbart übergeht. Sieht man genauer hin, kann—abgesehen von einer allgemeinen typologischen oder stilistischen Verwandtschaft—keine Rede von einer engeren Beziehung, oder im Fall des Krates sogar von einem Replikenverhältnis, sein. So befindet sich beim Krates an der Stelle des hohen Lockentoupets über der Stirn eine flache Lockenspinne, deren Glieder wie zufällig in die Stirn zu fallen scheinen; kein einziger Lockenzug auch an den Seiten hat bei dem

103f., 106, 126f. und 172f. Kruse betont, daß die Gesichtsmodellierungen hadrianischer Kopien für die Rekonstruktion des Originals außer Betracht bleiben müssen; s. auch Raeder, besonders 227.

23. Raeder, Taf. 24.

24. Richter 2, 179ff., Abb. 1037–1056; B. Andreae, in *Eikones: Festschrift H. Jucker*, 12. Beiheft, *AntK*, 1980, 40ff., Taf. 12–13.

25. H. Fuhrmann, *RömMitt* 55 (1940), 86ff.; L. Curtius, *RömMitt* 59 (1944), 61ff.; Richter 2, 185f., Abb. 1076–1078, 1080 und 1083. Das Krates-Bildnis wird im allgemeinen in das 4. Jh. datiert, s. zuletzt: E. Voutiras (a.O., Anm. 7), 191.

26. Richter 2, Abb. 1079; I. Bragantini und M. de Vos, *Museo Nazionale Romano: Le pitture*, Bd. 2.1 (Rom, 1982), 93f., Taf. 29.

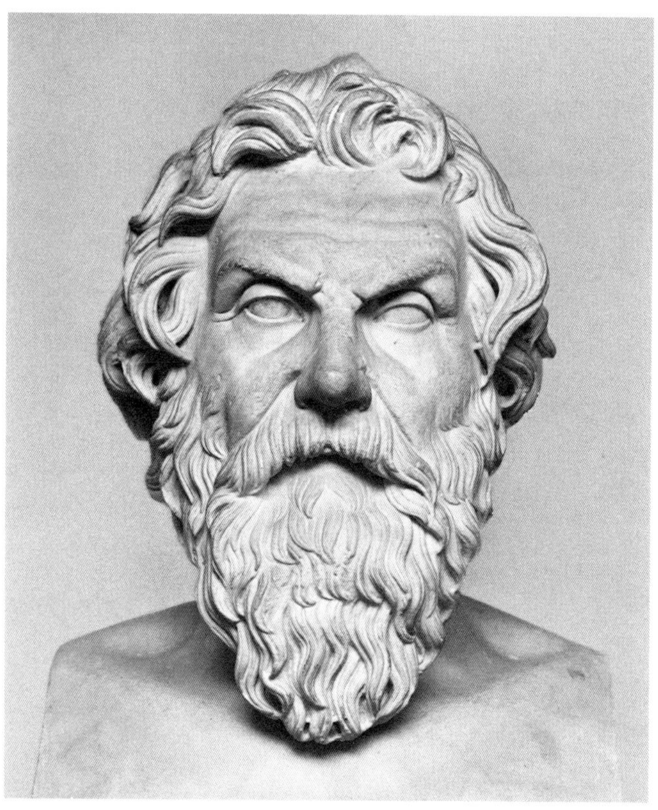

Abb. 4a. Bildnis des Antisthenes. Vatikan, Museo Pio Clementino 2888.

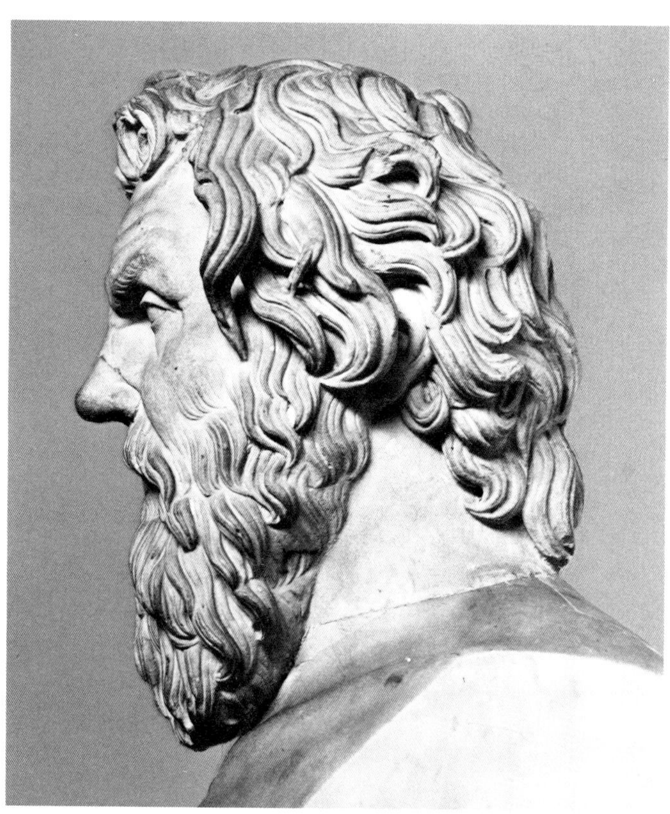

Abb. 4b. Seitenansicht des Antisthenes.

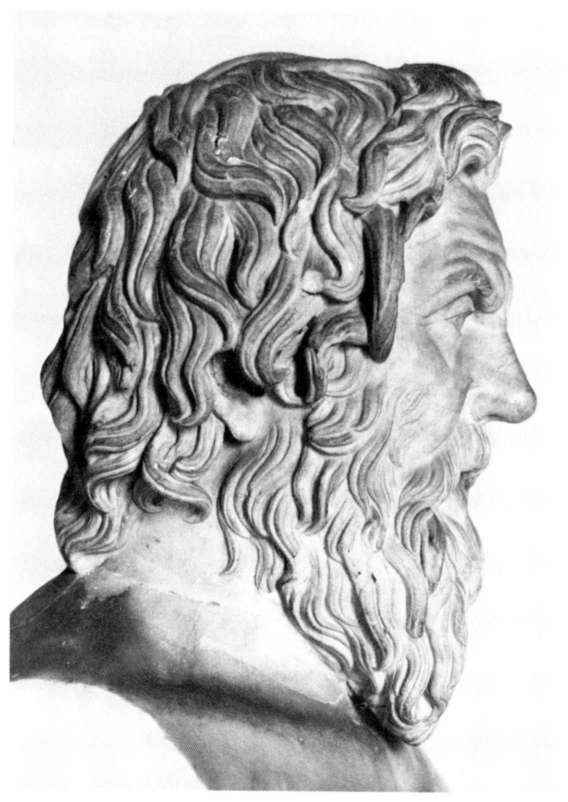

Abb. 4c. Seitenansicht des Antisthenes.

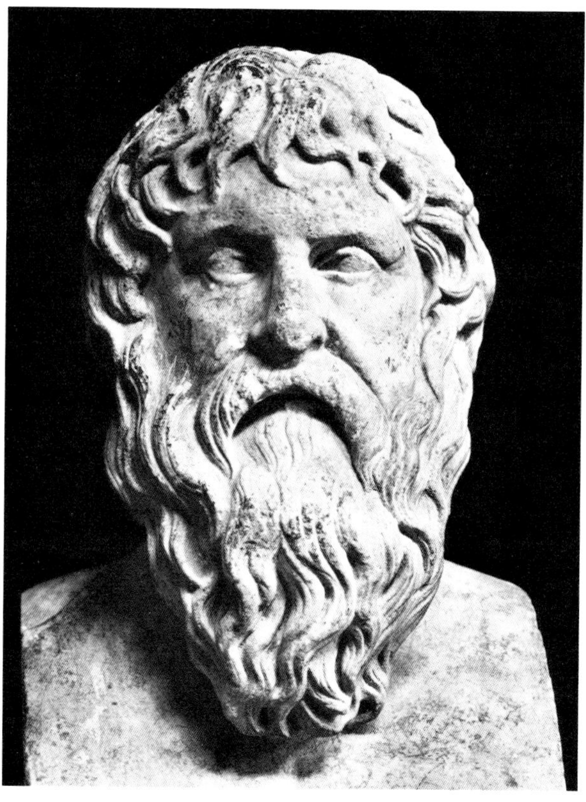

Abb. 5. Bildnis des Krates. Neapel, Museo Nazionale 6162. Photo: nach Arndt-Bruckmann, Taf. 623.

anderen Bildnis eine Entsprechung; der Vollbart des Krates ist darüberhinaus geschlossener in der Gesamtform und läuft nach unten spitz zu.

Ganz anders—auch in der Gesamterscheinung—das Bildnis des Antisthenes (Abb. 4a–c), dessen Datierung in das 2. Viertel des 2. Jhs. v.Chr. kürzlich B. Andreae überzeugend darlegte.[27] Das Gesichtsrelief des Kynikers ist selbst bei der hadrianischen Kopie an keine strenge Achse gebunden, stark bewegt und kleinteilig. Vielfältige Wechsel von Höhen und Tiefen sowie bewußt auf Asymmetrie angelegte Gesichtshälften, die in der Augenpartie beim Zusammenstoßen der ungleich bewegten Brauen zu einer merkwürdigen Verschiebung der Knorpel an der Nasenwurzel führt, lassen in dem Antisthenes einen echten Vertreter hochhellenistischen Stils erkennen. Die hoch in die Stirn gezogenen Brauenbögen und die über der Stirnmitte aufsteigende Lockentolle spiegeln das unruhige, drängende Wesen des Dargestellten wider, wo an derselben Stelle bei dem Bildnis Malibu/Vatikan ein gleichmäßig verlaufendes, strenges Liniensystem und kalligraphische Ordnung bestimmend sind. Bei der Gegenüberstellung der Bildnisse fällt bei unserem Typus die Ruhe, Abgeklärtheit, ja auch Erstarrung und Verarmung des Formenreichtums auf. Gegenüber der auf Bewegung und Dissonanz der Einzelformen beruhenden Gestaltungsweise, die den Bart, die Haare, die Physiognomie und den Kopfumriß des Antisthenes-Bildnisses erfüllt, knüpft die klare Gliederung des Aufbaues unseres Bildnisses an klassische Normen an. Nicht ohne Grund fühlte sich Amelung an Götterbilder der 2. Hälfte des 4. Jhs. erinnert.

Zweifellos steht unser Typus mehr in der Tradition klassischer Philosophenbildnisse als der Antisthenes. Streng horizontal und vertikal verlaufende Achsen gliedern die Physiognomie; Gesicht, Bart und Haarkappe sind deutlich voneinander geschiedene, eigengewichtige Kompositionselemente. Natürlich weisen andere Kennzeichen—die Oberflächengestaltung und das plastische Formgefüge des Kopfes—weit über die nachklassische und frühhellenistische Kunst hinaus: Die Locken sind in wulstige Einzelgebilde aufgelöst, die sich dennoch durch die gleichförmige Anordnung und den geschlossenen Gesamtumriß zu einem einheitlichen Gefüge zusammenschließen. Mit vorwiegend optischen Mitteln, d.h. durch tiefe, schattenerzeugende Einschnitte, wird in den Haaren und im Bart eine kleinteilige Bewegung der Oberfläche erzielt. Hierbei handelt es sich um Gestaltungsmittel, die erst beim Großen Fries des Zeusaltars von Pergamon Parallelen finden.

Bei den klassischen Bildnissen, besonders ausgeprägt beim Platon-Bildnis,[28] betonen markante Zäsuren den kubischen Gestaltblock des Schädels. Die flache Stirn bricht am äußeren Rand der Brauenbögen und der Jochbeine hart zu den Schläfen um; ebenso biegen die Wangen und der Bart in der Höhe der äußeren Begrenzung des Schnurrbartes artikuliert einwärts. Auf diese Weise besitzt der Kopf klar konturierte Flanken mit einem eigenen, für die Plastizität des Kopfes wichtigen Aussagewert. Die reale räumliche Tiefenerstreckung, die die klassische Plastik kennzeichnet, ist bei dem Bildnis Malibu/Vatikan auf eine bildhafte, zweidimensionale Erscheinung reduziert. Der Kopf ist völlig in die Fläche ausgebreitet.[29] Die Wangen und Schläfen sind wie nach vorn geklappt; die Schläfenhaare, der Wangenbart und selbst die Haare über der Stirn sind so ausgestellt, daß sie mit der Gesichtsfläche in einer Ebene zu liegen scheinen. Alle Elemente sind allein auf die Vorderansicht ausgerichtet, sie vermitteln nicht in den Raum nach hinten und lassen somit das Volumen des Kopfes nicht erkennen. Der fassadenhafte Aufbau degradiert die Flanken des Kopfes zu völliger Bedeutungslosigkeit. Darin unterscheidet sich unser Bildnistypus auch von Köpfen der hochhellenistischen Zeit. Das Gesicht des Attalos-Bildnisses (Abb. 6) in Berlin z.B.[30] ist aus konvexen Teilformen aufgebaut. Sanft zur Flanke abgerundete Wangen, Brauen und Schläfen und eine zur Mitte sich vorwölbende Stirn machen für den Betrachter der Frontalansicht die Tiefenerstreckung des Gesichtes in feinen Abstufungen bis hin zu den Ohren erfahrbar. Erst im Späthellenismus mit den Figuren des Telephosfrieses und des kleinen

27. Gegen diese Datierung sprachen sich, ohne neue Argumente vorzubringen, aus: K. Schefold, in *Praestant Interna: Festschrift U. Hausmann*, Hrsg., B. von Freytag, D. Mannsperger und F. Prayon (Tübingen, 1982), 88, Anm. 56; E. Bayer, *Fischerbilder in der hellenistischen Plastik* (Bonn, 1983), 34ff.; vgl. jetzt auch G. de Luca, *AvP*, Bd. 11.4 (Berlin, 1984), 103, Nr. S24.

Zum Vergleich mit dem Philosophenbildnis im Vatikan ziehe man die Replik aus der Villa Hadriana in der Galleria Geografica im Vatikan heran: Andreae (a.O., Anm. 24), Taf. 12,1; 13,1 und 5.

28. Man vgl. die Replik im Schweizer Privatbesitz: Richter 2, Abb. 942–944; R. Boehringer, *Platon: Bildnisse und Nachweise* (Breslau, 1935), 28f., Taf. 78–92; J. Dörig, *Art Antique: Collections privées de Suisse Romande* (Geneva, 1975), Nr. 264.

29. Wie bei der Vorderansicht ergibt auch der Umriß des Profils ein klares Rechteck; vgl. auch die scharf von der Front abgesetzten Flanken des Epikur-Bildnisses.

30. *AvP*, Bd. 7.1, 144ff., Nr. 130, Taf. 31 und 32; L. Alscher, *Griechische Plastik*, Bd. 4 (Berlin, 1957), 153f., Abb. 75; M. Bieber, *The Sculpture of the Hellenistic Age*, rev. Ausgabe (Locust Valley, N.Y., 1961), 113, Abb. 454, 456–457; R. Lullies und M. Hirmer, *Griechische Plastik*, 4. Ausgabe (München, 1979), Nr. 262; R. Özgan, *AA*, 1981, 502ff., Abb. 10 und 12; W. Geominy und R. Özgan, *AA*, 1982, 125f. Özgan datiert den Kopf—meines Erachtens zu früh—um 220 v.Chr.

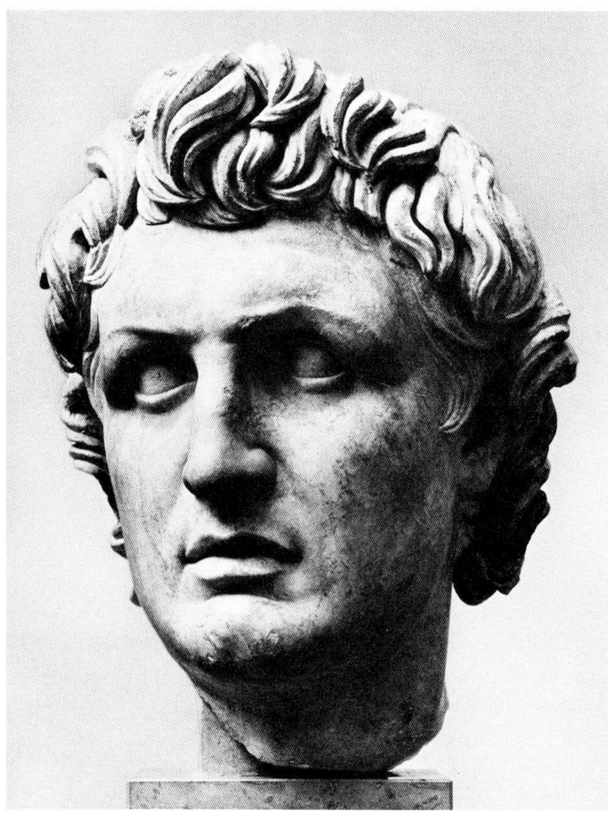

Abb. 6. Bildnis des Attalos I. Berlin-Ost, Staatliche Museen, Antikensammlung.

attalischen Weihgeschenks weicht die schwellende Plastizität der Zeit des Großen Frieses einer erstarrten, flächigen und fassadenhaften Gesichtsstruktur, die das Philosophenbildnis Malibu/Vatikan so ausgeprägt kennzeichnet. Etwa in demselben Abstand von hochhellenistischen Köpfen sah G. Krahmer den Kopf des Anytos aus der Kultbildgruppe von Lykosoura,[31] an dem er vor allem die Verhärtung und Entseelung der Gesichtsteile und das Fehlen der "schwellenden Weichheit" der Formen bemängelte. Es ist hinzuzufügen, daß wie bei dem Philosophenbild die Stirn, die Wangen, die Haare und der Bart allein in der vorderen Ebene des Gesichtes ihre plastische Wirkung entfalten und auf diese ausgerichtet sind.

Daß es sich hierbei nicht um die Eigenart eines akrolithen Kultbildes sondern um ein Stilelement handelt, das die kunstgeschichtliche Stellung eines Werkes zu definieren erlaubt, belegen unter den allgemein in den späten Hellenismus datierten Werken z.B. der Kopf des alten Kapitolinischen Kentauren (Abb. 7a–b)[32] oder des Satyrs Borghese.[33] Auch bei diesen Köpfen hat die Flanke völlig an Bedeutung verloren, kommt das bewegte, das Gesicht rahmende Lockengewirr, das bei dem alten Kentauren in ganz ähnlicher Weise wie bei unserem Philosophen kranzartig um die flache Kalotte wirbelt, allein in der Frontalansicht des Kopfes zur Geltung. Der Haarkranz des alten Kentauren ist in einzelne Lockenbüschel aufgelöst, die sich in eigenwilligen Bewegungen über der Stirn auftürmen und an den Schläfen weit abstehen, während bei dem Satyr Borghese—hierin dem Philosophenbildnis ähnlich—Haupt- und Barthaar eine einheitlichere Lockenmasse bilden. Der Physiognomie der beiden 'wilden' Gestalten fehlen in gleicher Weise das für die hellenistische Kunst typische Pathos, die vielfältigen Hebungen, Senkungen und asymmetrischen Verschiebungen des Gesichtsreliefs. Feste Achsen gliedern hier das Gesicht in klar umgrenzte Teile, in die die buschigen Augenbrauen, die Stirnfalten und die Falten an der Nasenwurzel wie Ornamente eingesetzt erscheinen. Eine auf Ausgleich von Dissonanzen bedachte Regelmäßigkeit des Formgefüges lassen es zu einer starren Maske werden, die von der heftigen Bewegung des Kopfes gegenüber dem Körper völlig unberührt ist. In denselben Stilzusammenhang gehören auch der Poseidon Jameson[34] und der Kentaur auf einem Kassettenrelief vom Hieron in Samothrake, das durch äußere Anhaltspunkte in die 2. Hälfte des 2. Jhs. v.Chr. datiert wird.[35] Schließlich kann hier das Krates-Bildnis (Abb. 5) angefügt werden. Bei der wohl flavischen Kopie in Neapel[36] ist das Zerfließen der Gesichtsformen in der Frontalansicht besonders auffällig, dem die nach innen gerichteten Lockenzipfel der Haarkappe entgegenwirken. Weit gespannte, undifferenzierte Wölbungen anstelle der für den hohen Hellenismus bezeichnenden Polarität von Knochengerüst und beweglichem Fleisch bestimmen das Gesicht. In einer dem Philosophenbildnis Malibu/Vatikan ganz verwandten Art fällt der volle Bart sehr breit von den Wangen, bieten die Flanken des Kopfes keine die Vorderansicht ergänzenden Aspekte und liegen auf dem Hinterkopf ganz flach übereinander geschichtete Haarsträhnen.

Die bei der vergleichenden Stilanalyse beobachteten Gesichtszüge, die die Stilstufe des Vorbildes des

31. G. Krahmer, *Hellenistische Köpfe.* Nachrichten von der Gesellschaft der Wissenschaften zu Göttingen, Neue Folge 1 (Göttingen, 1936), 239; BrBr, 480; Alscher (a.O., Anm. 30), 79ff., Abb. 26c; Bieber (a.O., Anm. 30), 158, Abb. 665–667.

32. Raeder, Taf. 28.

33. C. Weickert, *AEphem*, 1953/54, 151ff., Taf. 1 und 2.

34. J. Charbonneaux, *MonPiot* 46 (1952), 25ff.; *Hommes et Dieux de la Grèce Antique*, Ausstellungskatalog (Brüssel, Musées Royaux d'Art et d'Histoire, 1982), 80ff., Nr. 32.

35. Ph. William Lehmann, *The Pedimental Sculptures of the Hieron in Samothrace* (Locust Valley, N.Y., 1962), 23, Abb. 39 und 40; *Samothrace*, Bd. 3.1, 237f., 248f., Abb. 187 und 204; W. Oberleitner u.a., *Funde aus Ephesos und Samothrake: Kunsthistorisches Museum Wien, Katalog der Antikensammlung*, Bd. 2 (Wien, 1978), Nr. 238, Abb. 118.

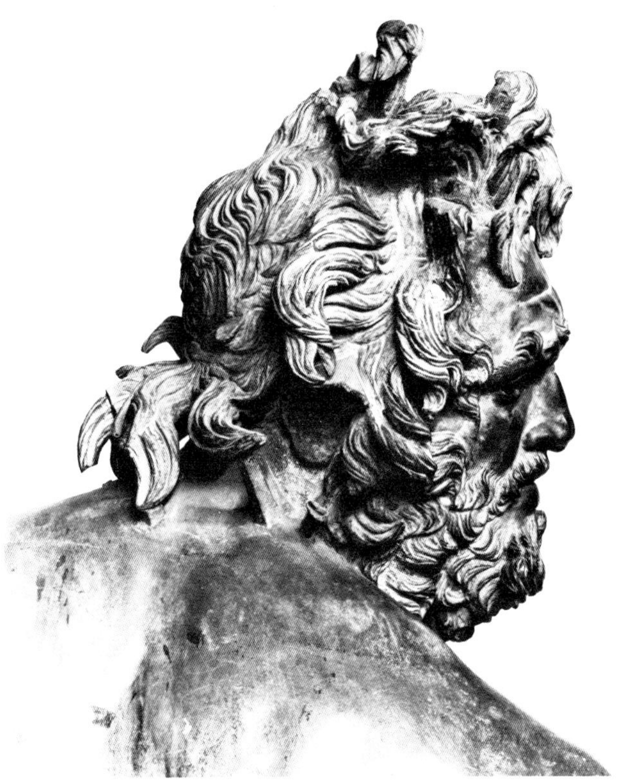

Abb. 7a. Seitenansicht des Kapitolinischen Kentauren. Rom, Museo Capitolino 658. Photo: DAI, Rom.

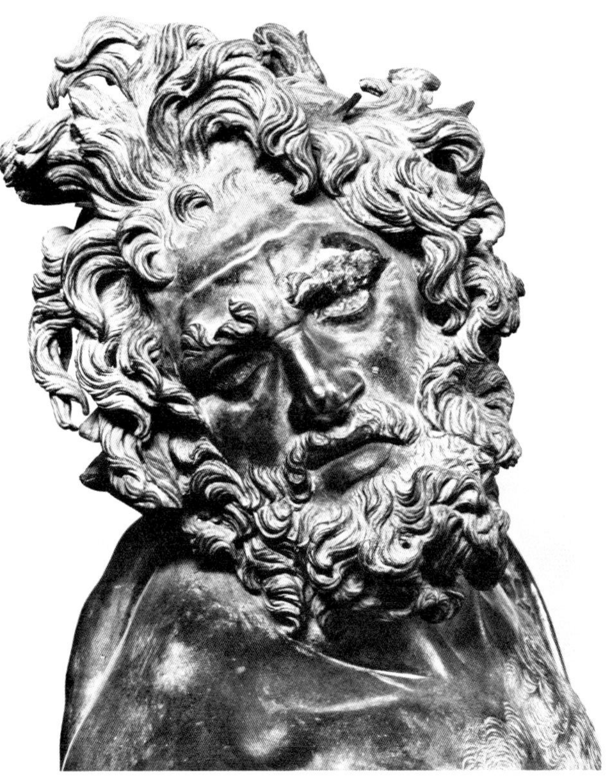

Abb. 7b. Kopf des Kapitolinischen Kentauren. Photo: DAI, Rom.

Bildnistypus Malibu/Vatikan kennzeichnen, seien noch einmal kurz zusammengefaßt: Das flächig in die Vorderansicht ausgebreitete Gesichts-, Haar- und Bartgefüge bestimmen den plastischen Aufbau des Bildnisses. Die Gliederung der Physiognomie in gegengleiche Teile und die strenge, fast kalligraphische Ordnung der Haare verraten den erstarrten, konventionellen Stilcharakter, der an 'klassischen Normen' orientiert ist. Dem steht nur scheinbar die Auflösung der Haare in Einzellocken entgegen, da sie sich trotz der kleinteiligen Oberflächenbewegung zu einem vollkommen geschlossenen Gewölbe, welches das Gesicht umspannt, und der Bart zu einem dichten Rechteck zusammenfügen.

Der stilistische Abstand zum Antisthenes-Bildnis sowie zu anderen hochhellenistischen Köpfen und die Verwandschaft mit Werken des mittleren 2. Jhs. wie dem Kopf aus Lykosoura, dem alten Kentauren und dem Satyrn Borghese weisen das Philosophenbildnis Malibu/Vatikan etwa in das 3. Viertel des 2. Jhs. v.Chr. Ein weiterer Vergleich läßt diese Einschätzung fast zur Gewißheit werden. Dem bereits genannten Bildnis Attalos' I (Abb. 6) wurde in einer jüngeren, sicher jedoch vor das Ende des pergamenischen Reiches zu datierenden Fassung ein Haarkranz aufgesetzt, der dem unseres Philosophenbildnisses in frappierender Weise gleicht. Die dicken, zähflüssig sich windenden Lockenbüschel an den Schläfen und im Nacken besonders aber das über der Stirn sich auftürmende 'Toupet' stimmen überraschend genau überein und sind bei dem Philosophen nur durch die schönlinige Borte der untersten Stirnlocken bereichert.[37]

Individualisierende Merkmale, Kategorien wie Unverwechselbarkeit, Ähnlichkeit und Wiedererkennbarkeit des Dargestellten spielen bei diesem Bildnis eine geringe Rolle. In seiner akademischen, stilistisch

Vgl. weiterhin das Bildnis einer Ptolemäerin (H. Kyrieleis, *Bildnisse der Ptolemäer* [Berlin, 1975], M 13, Taf. 105) und den 'Poseidon' aus Pergamon (*AvP*, Bd. 7.1, 165f., Nr. 149, Taf. 36; Alscher [a.O., Anm. 30], 85ff., Abb. 30; J. Schäfer, *AntPl*, Bd. 8 [Berlin, 1968], 62, Abb. 17).

36. Gute Frontal- und Seitenansicht: P. Arndt und F. Bruckmann, *Griechische und Römische Porträts* (München, 1891–1912), Taf. 623 und 624; vgl. Richter 2, Abb. 1083.

37. Ein ähnlich aufgetürmtes Toupet über der Stirn scheint auch ein späthellenistisches Herrscherbildnis im Schweizer Privatbesitz zu tragen, das in der klassizistischen Ausgeglichenheit und Fassadenhaftigkeit des Gesichtes unserem Philosophen gleicht: *Gesichter* (a.O., Anm. 17), Nr. 7.

rückgewandten Erscheinung ist es vielmehr Bildern des Zeus, Poseidon und Asklepios nahe. Wie bei vielen retrospektiven Bildnissen des späten Hellenismus, denen ein ähnlich 'leerer' Ausdruck eigen ist,[38] kann die Frage nach der ursprünglich intendierten Aussage des Bildnisses nur mit allgemeinen Schlagworten beantwortet werden. Von selbstbewußter Würde zeugen die hohe, durch das 'Lockentoupet' betonte Stirn und der mächtige Vollbart. Das kunstvoll frisierte, zur Kalligraphie neigende Haupt- und Barthaar verrät selbstgefälliges Pathos. Die unbewegte Augenpartie mit den kleinen, kritisch blickenden Augen und die einfache Anlage des Gesichtes, das dem klassizistischen Streben nach Axialität und Gleichförmigkeit entspricht, geben dem Bildnis kühle Ruhe und gebieterische Strenge.

Unter den bekannten philosophischen Schulrichtungen könnte man in dem Bildnis wegen des gepflegt anmutenden Äußeren am ehesten einen Vertreter des Epikureertums vermuten, aber es fehlt ihm die leidenschaftlich geistige Spannung, die dem Bildnis des Schulgründers eigen ist, auch die Milde und Güte und die Attitüde des Lehrers. Eher dürfte es sich um das Bildnis eines Philosophen der Frühzeit handeln, dem der Bildhauer des 2. Jhs. in Ermangelung einer individuellen Bildnisvorlage den Habitus einer Vater- oder Heilsgottheit gab.[39]

Archäologisches Institut
der Universität Kiel

38. Offensichtlich kam es im späten Hellenismus in erster Linie darauf an, die zu dieser Zeit beliebten Bildnisgalerien mit Köpfen zu füllen, da die Identität des Dargestellten ja durch Beischriften angegeben werden konnte. Beispiele für verwandte retrospektive, unserem Philosophen auch stilistisch nahestehende Bildnisse: Herodot (Richter 1, Abb. 795–818), Euripides Typus Rieti (Richter 1, Abb. 768–778), sogenannter Lykurg (Richter 1, Abb. 370–375).

39. Da immerhin die eine Büste aus einer Bildnisgalerie der Villa Hadriana stammt, war es sicher ein Mann von Rang. Erneut könnte man den Namen des Heraklit ins Spiel bringen, dessen Bildnis in der hadrianischen Galerie der 'Pisonenvilla' bei Tivoli (Lorenz [a.O., Anm. 1], 23) und auch in spätantiken Zyklen (Zeuxippos-Thermen in Konstantinopel; Philosophenmosaik in Antalya: s. zu beiden R. Stupperich, *IstMitt* 32 [1982], 210ff.) nicht fehlte. Vorschläge für das noch nicht identifizierte Heraklit-Bildnis machten: J. J. Bernoulli, *Griechische Ikonographie*, Bd. 1 (München, 1901), 84f.; Richter 1, 80f.; Suppl. 18; J. Frel, *Contributions à l'Iconographie Grecque* (Prague, 1969), 17ff.; G. Schwarz und J. Frel, *GettyMusJ* 5 (1977), 161ff.

The Portraits in Marble of Gaius Julius Caesar: A Review

Flemming S. Johansen

In 1824 E. Q. Visconti and A. Mongez first treated the problem of the portraits of Caesar in *Iconographie Romaine*. In 1882 J. J. Bernoulli made the first large study of all the preserved portraits of Caesar in *Römische Ikonographie*, in which he counted sixty Caesar portraits. In the one hundred years since that publication, another seventy Caesar portraits have been added. In some cases the attributions date back to the Renaissance, and several of the portraits were in fact carved in that period. Others are works of the seventeenth, eighteenth, or nineteenth century; a number are modern fakes, but some are genuine, ancient heads, though not representations of Caesar. Portraits of Caesar still appear on the art market, or at least portraits that are identified as such by wishful thinkers. Despite this large number, there are at present only about twenty ancient portraits that can definitely be identified as Julius Caesar.

The most important surviving portrait of Julius Caesar is the marble bust in the Vatican, Sala dei Busti, formerly Museo Chiaramonti 107 (figs. 1a–b).[1] The total height is 0.52 m, the height of the head alone 0.26 m. It is of white marble. The nose, neck, breast, and chin are modern. The surface of the face has been cleaned, and the mouth has been recut. In the right ear is a deeply drilled hole. The head is a copy, probably Augustan, of a bronze original that can be dated to the reign of Augustus. As to the identity, there can be no doubt that this is a portrait of Caesar, since the head closely resembles Caesar as he appears on the denarius coined by M. Mettius in 44 B.C. (figs. 2 a–b).[2]

Three portraits are related to the Chiaramonti portrait and must be considered replicas of the same type. The first is a portrait in Vienna, Neue Burg, Estensische Sammlung (figs. 3a–b).[3] The bust and the lower part of the neck, the nose, and the ears are modern. The overall height is 0.31 m; the height of the head alone, 0.17 m. It

Recent bibliography:

F. Johansen, "Antichi ritratti di C. Giulio Cesare nella scultura," *Analecta Romana Instituti Danici* 4 (Copenhagen, 1967), pp. 7–68 (with older bibliography).

F. Johansen, "Den skaldede Caesar," *MeddNC* 25 (1968), pp. 1–14.

U. Jantzen, "Caesar Mattei," *RömMitt* 75 (1968), pp. 170ff.

Th. Lorenz, "Das Jugendbildnis Caesars," *AthMitt* 83 (1968), pp. 242ff.

D. Kiang, "Colonia Iulia Viennensium," *SchwMbll* 19, cahier 74 (1969), pp. 33ff.

H. Seyrig, "Un portrait de Jules César," *RevNum* 6.2 (1969), pp. 53–54.

A. Datsoulis-Stavrides, "Tête de Jules César au Musée de Corinthe," *AAA* 3 (1970), pp. 109ff.

A. Alföldi, *Caesar in 44 v. Chr.: Das Zeugnis der Münzen*, mit einer Revision der Stempel und Stempelverbindungen von Dr. Wendelin Kellner, vol. 2, *Antiquitas*, Reihe 3 (Bonn, 1974).

J. C. Balty, "Un nouveau portrait de César aux Musées royaux d'art et d'histoire de Bruxelles," in J. S. Boersma et al., eds., *Festoen: opgedragen aan A. N. Zadoks-Josephus Jitta* (Groningen, 1976), p. 49.

J. Frel, "Caesar," *GettyMusJ* 5 (1977), pp. 55–62.

J. M. C. Toynbee, *Roman Historical Portraits* (London, 1978), pp. 30–39.

H. von Heintze, "Ein spätantikes Bildnis Caesars," in G. Kopcke and M. Moore, eds., *Studies in Classical Art and Archaeology: A Tribute to Peter H. von Blanckenhagen* (Locust Valley, N.Y., 1979), pp. 291ff.

G. Siebert, "Un portrait de Jules César sur une coupe a médaillon de Délos," *BCH* 104 (1980), pp. 189ff.

K. P. Erhart et al., *Roman Portraits: Aspects of Self and Society, First Century B.C.–Third Century A.D.*, ex. cat. (Santa Cruz, University of California, and Malibu, The J. Paul Getty Museum,. 1980), pp. 26–29.

J. Frel, *Roman Portraits in the J. Paul Getty Museum*, ex. cat. (Tulsa, Oklahoma, Philbrook Art Center, and Malibu, The J. Paul Getty Museum, 1981), pp. 16–19.

F. Johansen, *Berømte romere fra republikkens tid* (Copenhagen, 1982).

L. Cozza, "Un nuovo ritratto di Cesare," *Analecta Romana Instituti Danici* 12 (1983), pp. 64–69.

Abbreviations:

Bernoulli	J. J. Bernoulli, *Römische Ikonographie*, vol. 1 (Stuttgart, 1882).
Johansen	F. Johansen, "Antichi ritratti di C. Giulio Cesare nella scultura," *Analecta Romana Instituti Danici* 4 (Copenhagen, 1967), pp. 7–68.
Poulsen	V. Poulsen, *Ny Carlsberg Glyptotek: Les Portraits Romains*, vol. 1 (Copenhagen, 1962; 2nd ed., Copenhagen, 1973).
Zanker	P. Zanker, "Das Bildnis des M. Holconius Rufus," *AA*, 1981, p. 349.

All photographs, except where noted, are from the photo archives of the Ny Carlsberg Glyptotek.

1. Bernoulli, p. 156, no. 6 and p. 174, no. 6; Johansen, p. 25, pl. 1.
2. A. Alföldi (supra, recent bibliography), pl. 6.
3. Bernoulli, no. 27; Johansen, p. 27, pl. 3.

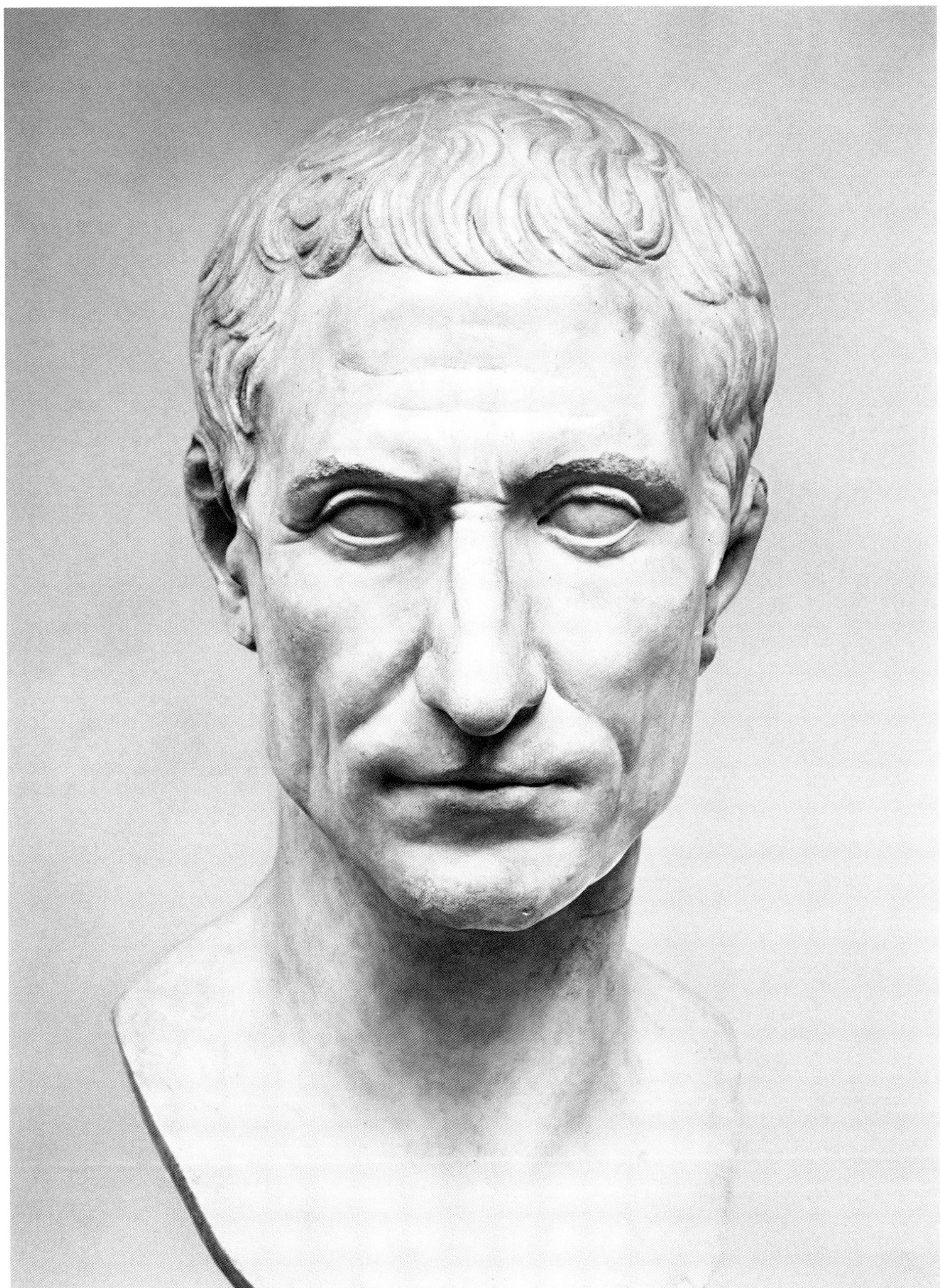

Figure 1a. Vatican, Sala dei Busti (formerly Museo Chiaramonti 107).

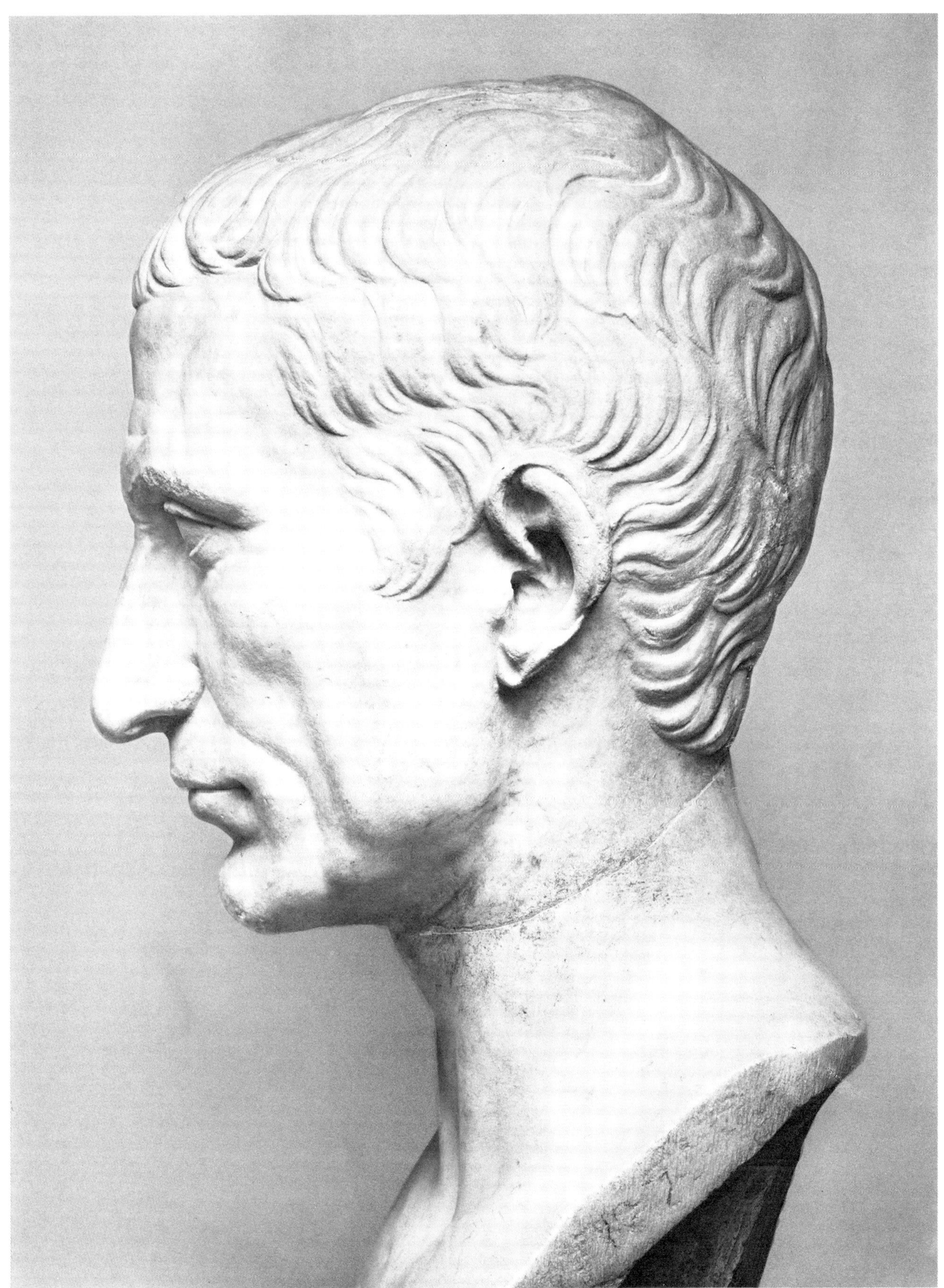

Figure 1b. Profile of bust, figure 1a.

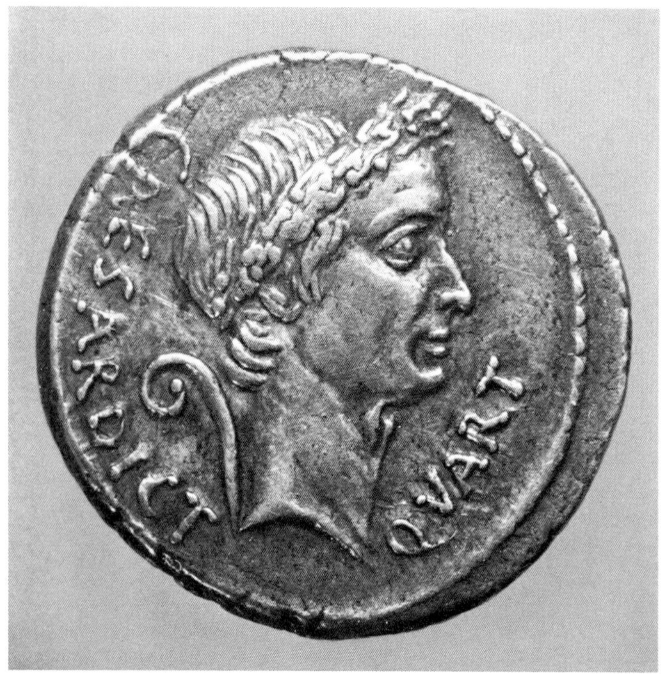

Figure 2a. Denarius of M. Mettius. Obverse. Venice, Museo Archeologico.

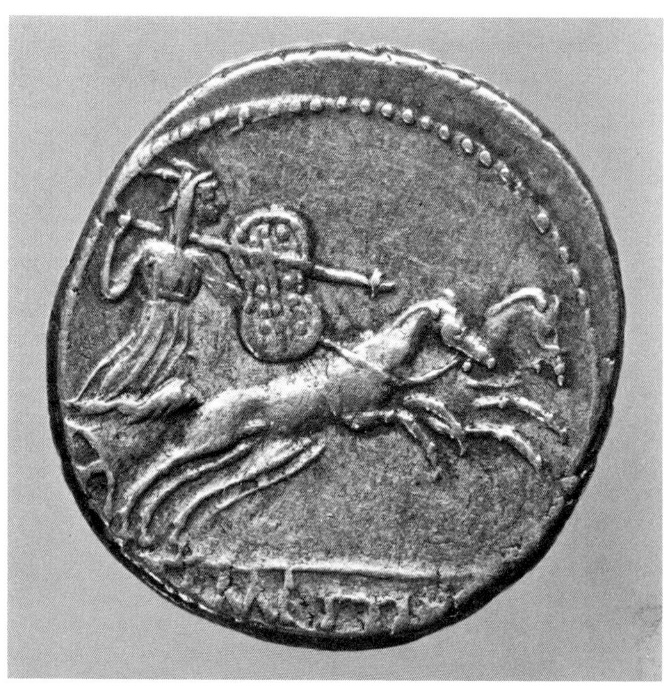

Figure 2b. Reverse of denarius, figure 2a.

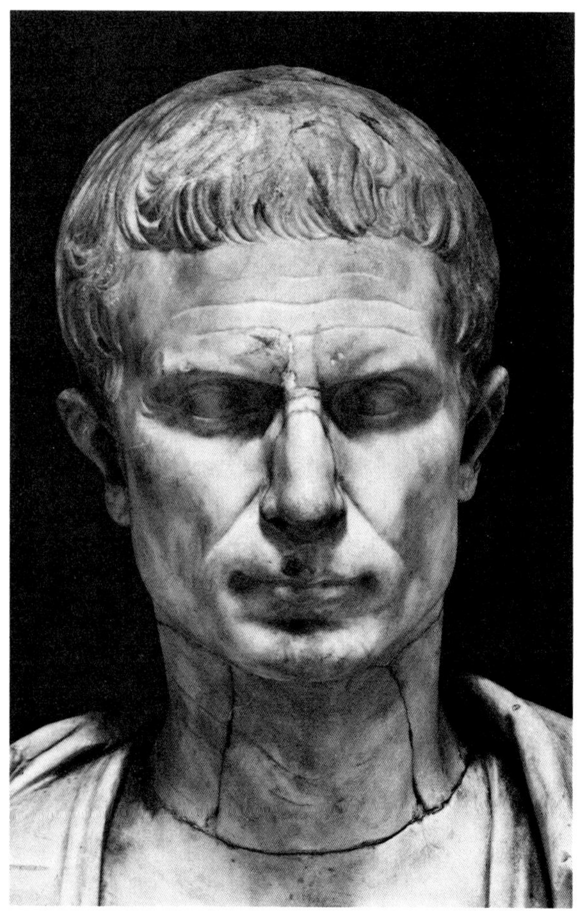

Figure 3a. Vienna, Kunsthistorisches Museum, Neue Burg, Estensische Sammlung I 1493 (II 5530).

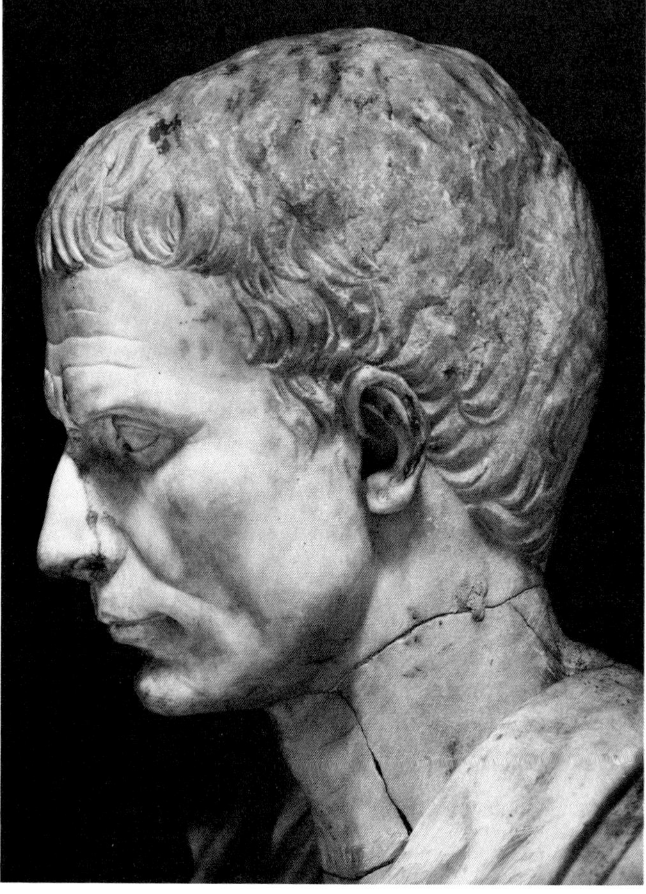

Figure 3b. Profile of bust, figure 3a.

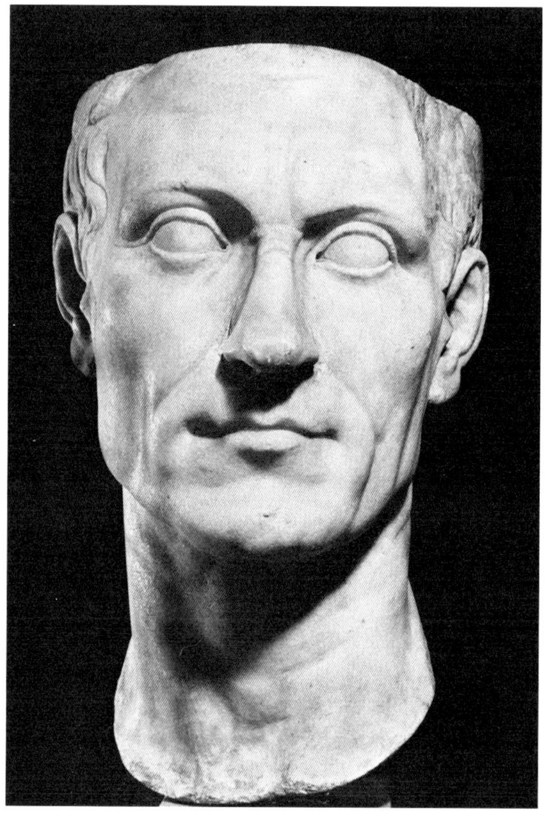

Figure 4a. Turin, Museo di Antichità 129.

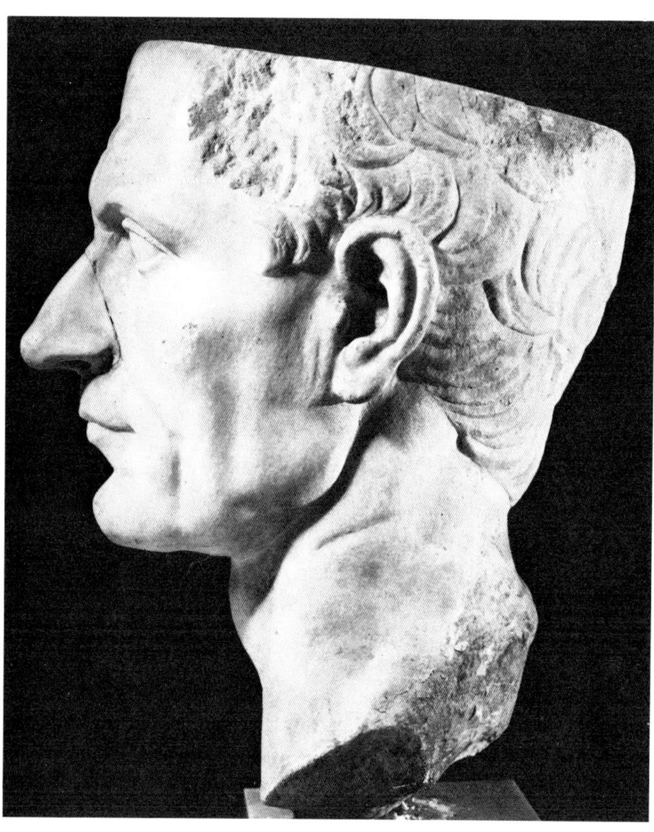

Figure 4b. Profile of bust, figure 4a.

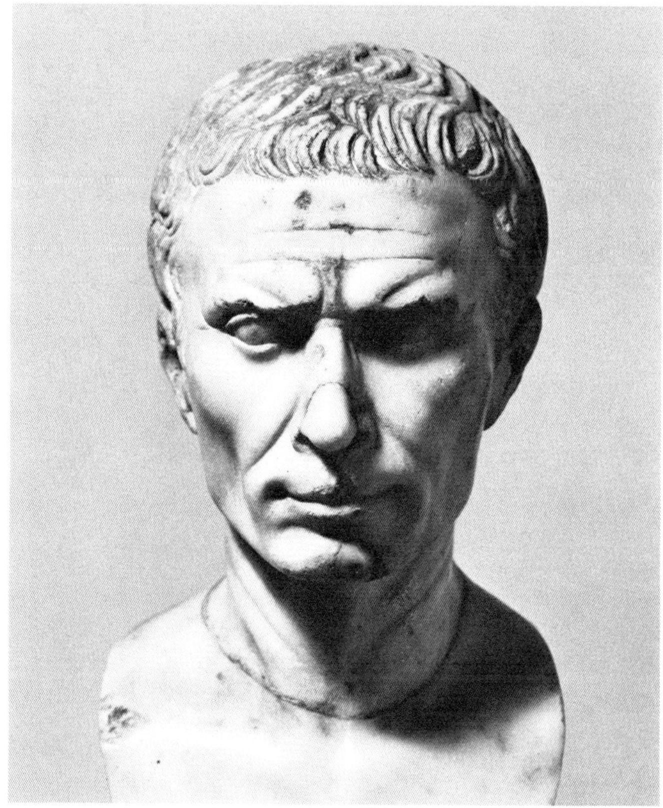

Figure 5a. Parma, Museo Nazionale d'Antichità, Palazzo Farnese.

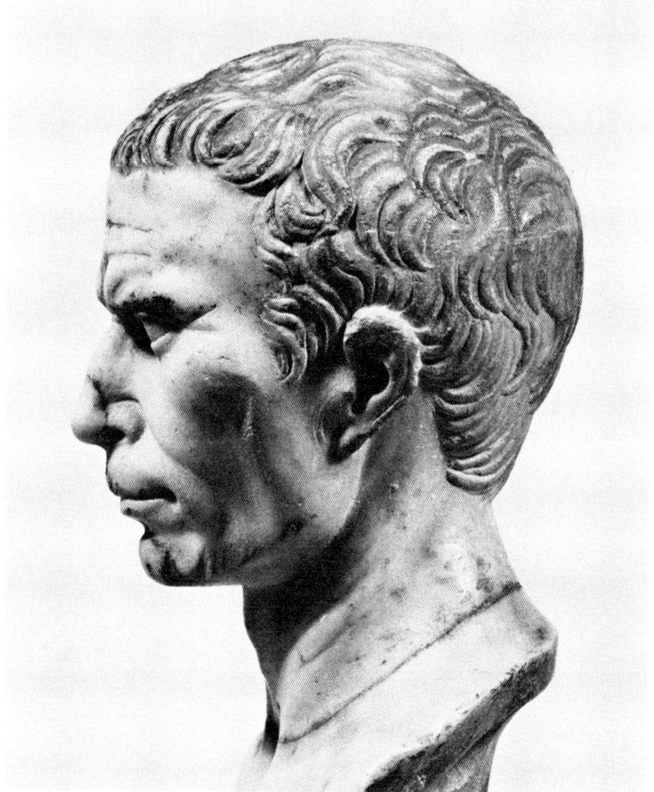

Figure 5b. Profile of bust, figure 5a.

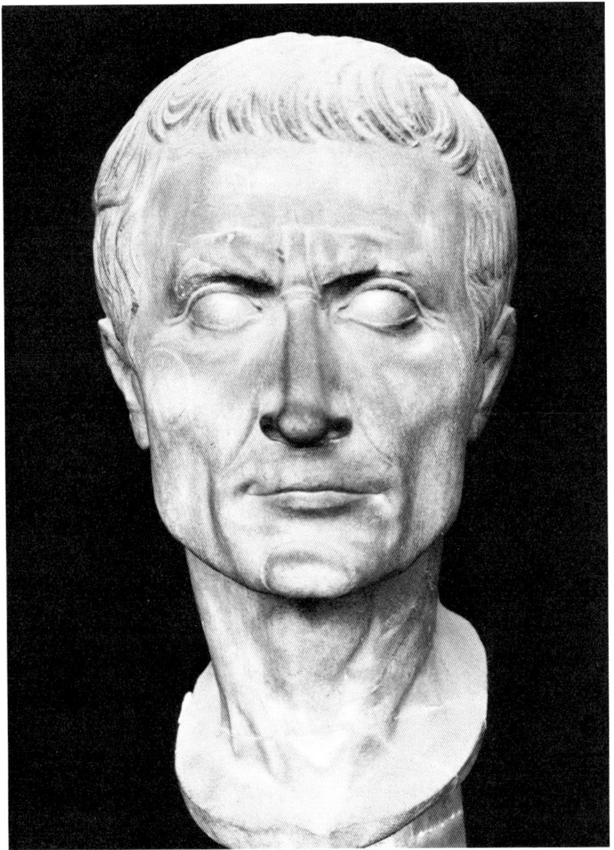

Figure 6a. Pisa, Camposanto.

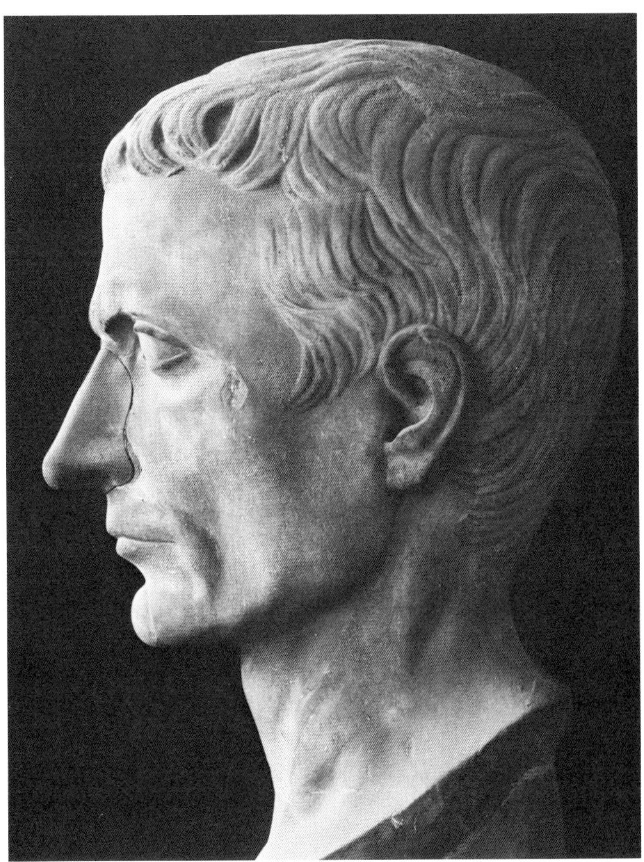

Figure 6b. Profile of bust, figure 6a.

is made of white marble. A second portrait, also of white marble, is in Turin, Museo di Antichità (figs. 4a–b).[4] The top of the head is missing along a cleanly cut surface, and the missing part was provided in antiquity either in marble or in plaster. The total height is 0.32 m; that of the head alone, 0.21 m. The third replica of the Chiaramonti type is a portrait in Parma, Museo Nazionale d'Antichità, Palazzo Farnese (figs. 5a–b).[5] It is a small portrait, only 0.11 m high, of white marble. The bust and half of the nose are modern. The Parma head was found in 1812 in the excavations of the Old Villa of Velleia, near Piacenza.

For a long time it was generally accepted that the Chiaramonti portrait type existed in only four replicas and that the type was separate from the group of portraits that followed a portrait in the Camposanto in Pisa (figs. 6a–b).[6] The Camposanto head is made of white marble and is 0.295 m high; the face is 0.17 m high. In 1979 Helga von Heintze expressed the opinion that the Camposanto portrait is a modern copy, "ein üblisches Villen-Dekorations Stück."[7] If the portrait was cleaned and its modern restorations removed, it would be possible to see how much of it is ancient. On examination, however, it is clear that the Camposanto portrait is an ancient replica of the Chiaramonti type. In consequence, the portraits that have formerly been taken to be replicas of the Camposanto portrait must rather be considered replicas of the Chiaramonti portrait. These are:

Florence, Palazzo Pitti, Sala di Giovanni da San Giovanni (figs. 7a–b);[8] very much restored[9]

Leiden (figs. 8a–b); no restorations[10]

4. Not in Bernoulli; Johansen, p. 26, pl. 2.

5. Bernoulli, no. 23; Johansen, p. 27, pl. 4.

6. Bernoulli, no. 22, fig. p. 172; Johansen, p. 28, pl. 6. S. Seddis, ed., *Camposanto Monumentale di Pisa. Antichità*, vol. 2 (Modena, 1984), no. 68.

7. von Heintze (supra, recent bibliography), p. 291.

8. Not in Bernoulli; Johansen, pl. 7.

9. The bust, nose, and mouth are modern. The surface is harshly cleaned. White marble. Total H: 0.59 m; H of head alone: 0.30 m.

10. W. C. Braat, *OudhMeded* 20 (1939), pp. 24ff., figs. 20–22; Johansen, p. 30, pl. 8; *Römer am Rhein: Ausstellung des Römisch-Germanischen Museums Köln*, ex. cat. (Cologne, Kunsthalle, 1967), A6, p. 134; *Artefact: 150 Jaar Rijksmuseum von Oudheden, Leyden 1818–1968*, ex. cat. (Leiden, Rijksmuseum van Oudheden, 1968), pl. 92. In the nose is drilled a hole that seems to be ancient. White marble with grayish patina, traces after fire on the back. H: 0.28 m.

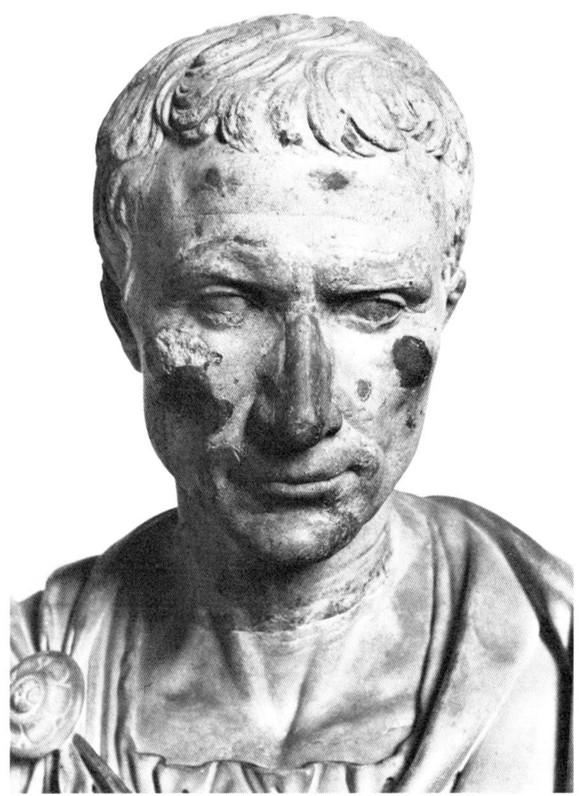

Figure 7a. Florence, Galleria Palatina de Palazzo Pitti, Sala di Giovanni da San Giovanni.

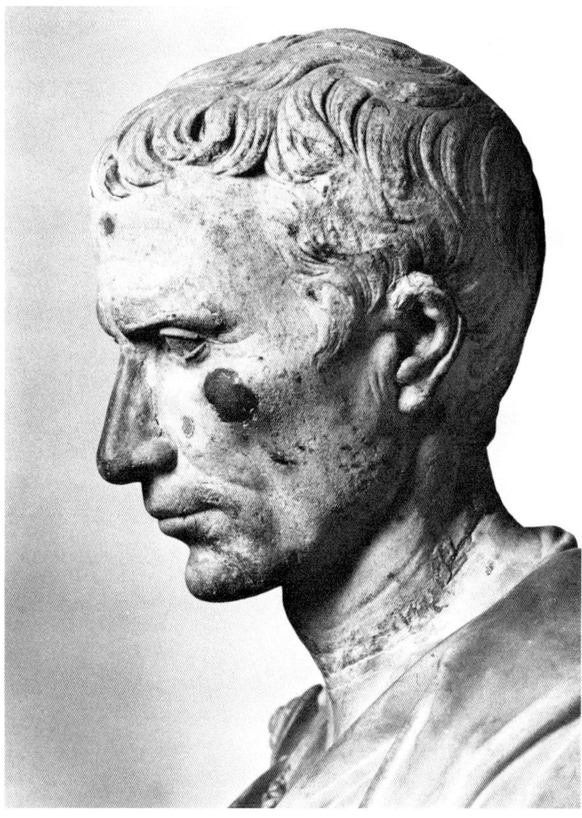

Figure 7b. Profile of bust, figure 7a.

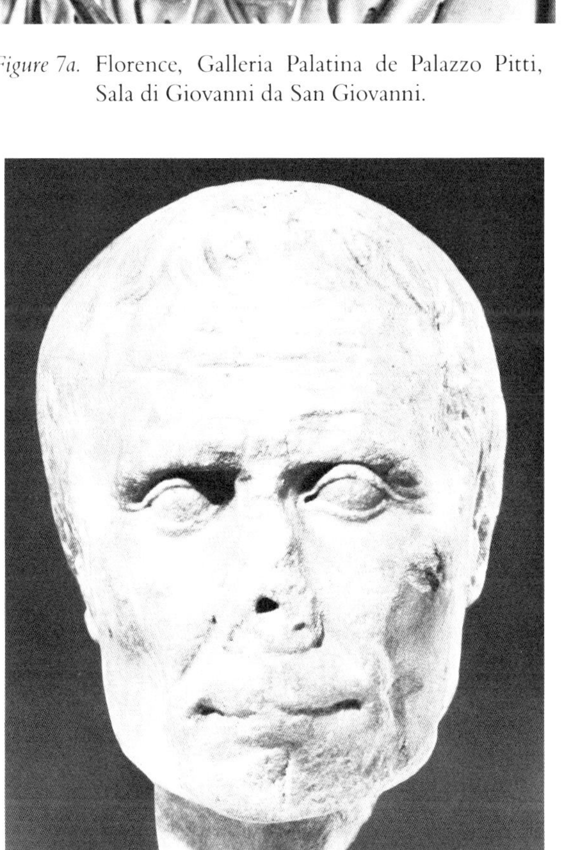

Figure 8a. Leiden, Rijksmuseum van Oudheiden 1931/32, 46.

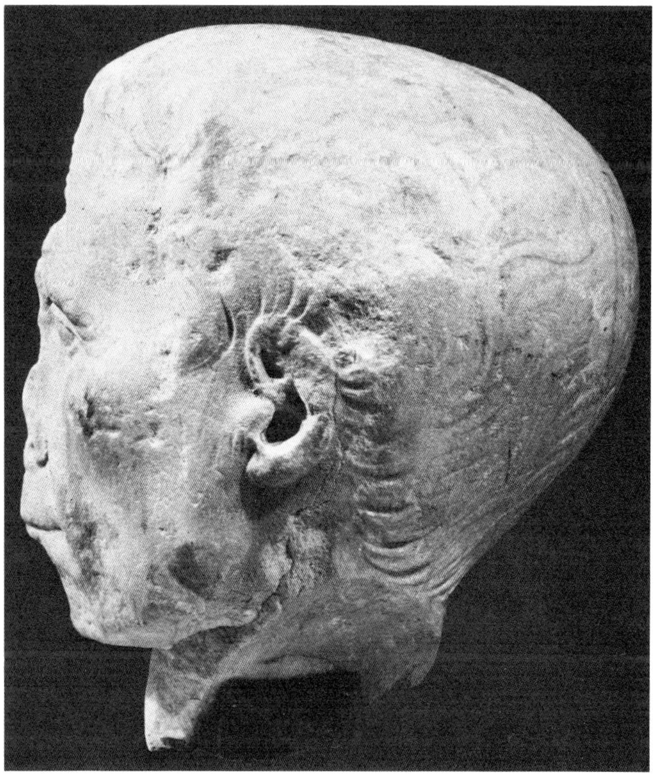

Figure 8b. Profile of bust, figure 8a.

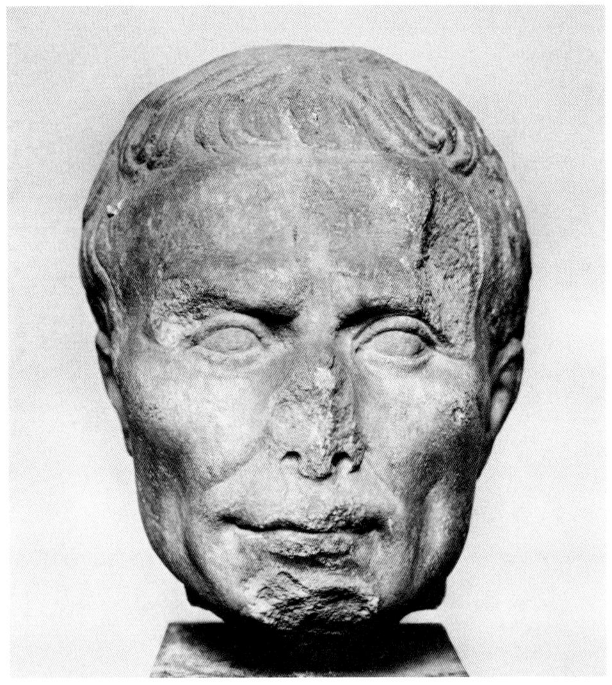

Figure 9a. Rome, Palazzo dei Conservatori, Museo Nuovo, Sala 35, no. 2538.

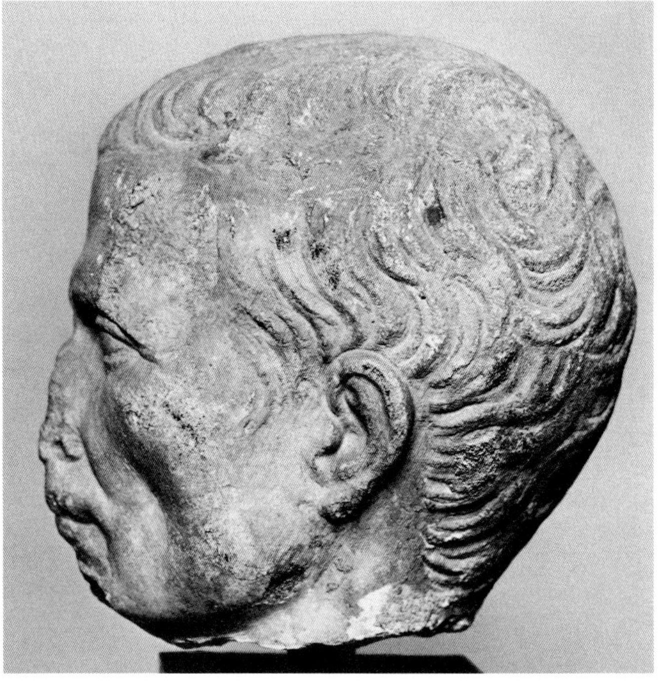

Figure 9b. Profile of bust, figure 9a.

Rome, Palazzo dei Conservatori, Museo Nuovo, Sala 35, no. 2538 (figs. 9a–b); a small but fine free copy[11]

Rome, Museo Nazionale Romano 12.4466 (figs. 10a–b)[12]

Rieti, Palmegiani collection (figs. 11a–b)[13]

Three portraits formerly considered of the Chiaramonti-Camposanto type should be removed from that identification:

Leningrad, State Hermitage Museum A 251 (figs. 12a–b); if it is not a fake, it is so badly damaged and restored that it has lost all academic value[14]

Nottingham, The Castle Museum and Art Gallery (figs. 13a–b); so badly damaged that it is of little use[15]

Copenhagen, Ny Carlsberg Glyptotek 565 (figs. 14a–b); not Caesar but an unknown Roman[16]

The Chiaramonti-Camposanto portrait type is the standard Caesar portrait. It was created shortly before or after 44 B.C., and all existing copies must be considered Augustan or later.

We can now turn to another portrait type of Caesar. The prime example comes from Tusculum where it was excavated in the Forum by Lucien Bonaparte in 1825 and later transferred to Castello d'Aglie close to Turin (figs. 15a–b),[17] where it was discovered in 1940 by Maurizio Borda.[18] It is 0.33 m high, of fine-grained white marble, and completely preserved apart from modern cleaning on the left side.

Borda observed that the top of the head was prolonged in the back, thus forming a saddle. Saddle cra-

11. A. Hekler, *Ikonographische Forschungen*, vol. 51, ArchErt. (1938), pp. 1ff.; Johansen, p. 31; von Heintze (supra, recent bibliography), p. 297. It is a small head of white marble. H: 0.15 m.

12. Not in Bernoulli; B. M. Felletti Maj, *Museo Nazionale Romano: I Ritratti* (Rome, 1953), no. 53; Johansen, p. 31, pl. 10; A. Giuliano, *Museo Nazionale Romano: Le Sculture*, vol. 1, part 2 (Rome, 1981), no. 11. White marble. H: 0.35 m.

13. U. Tarchi, *L'Arte Etrusco-Romano nell'Umbria e nella Sabina*, vol. 1 (Milan, 1936), pl. 277; Johansen, p. 32, pl. 12.

14. Bernoulli, no. 59; Johansen, p. 31, pl. 11; A. Vostchinina et al., *Musée de l'Ermitage: Le Portrait Romain* (Leningrad, 1974), no. 3, Inv. A 251.

15. G. H. Wallis, *Catalogue of Classical Antiquities from the Site of the Temple of Diana, Nemi* (Nottingham, 1891), no. 605; Johansen, p. 33; Zanker, p. 357, n. 27; *Mysteries of Diana: The Antiquities from Nemi in Nottingham Museums*, ex. cat. (Nottingham, 1983), p. 41.

16. Poulsen, no. 23; Johansen, p. 33, pl. 15; E. Buschor, *Das hellenistische Bildnis*, 2nd ed. (Munich, 1971), no. 251; S. Angiolillo, *RömMitt* 78 (1971), p. 120, n. 2; Zanker, p. 357, no. 27.

17. L. Canina, *Descrizione dell'Antico Tuscolo* (Rome, 1841), pp. 149ff. and pl. 38.9; M. Borda, *BMusImp* 11 (1940), pp. 3ff.; Johansen, pl. 16; P. Zanker, "Zur Rezeption des hellenistischen Individualporträts," in P. Zanker, ed., *Hellenismus in Mittelitalien* (Göttingen, 1976), p. 590, fig. 1; K. Vierneisel and P. Zanker, *Bildnisse des Augustus* (Munich, 1979), p. 83.

18. Borda (supra, note 17), pp. 3ff. (= *BullCom* 68 [1940]).

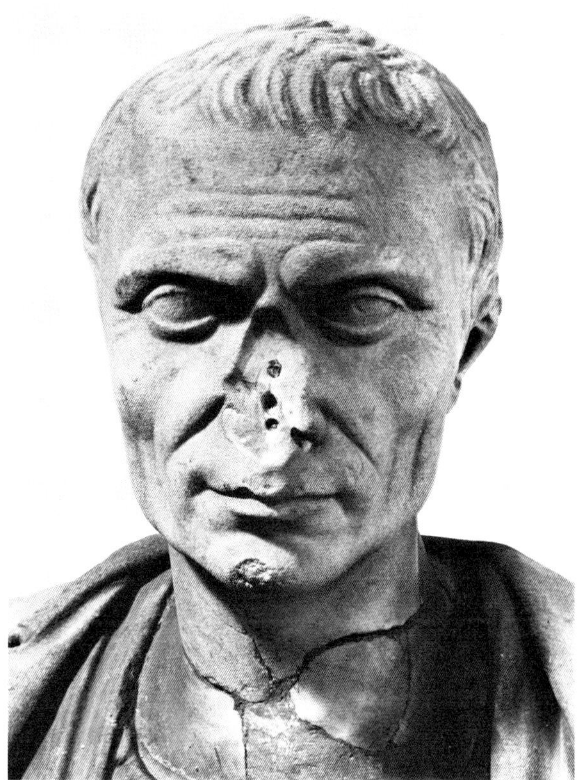

Figure 10a. Rome, Museo Nazionale Romano 12.4466.

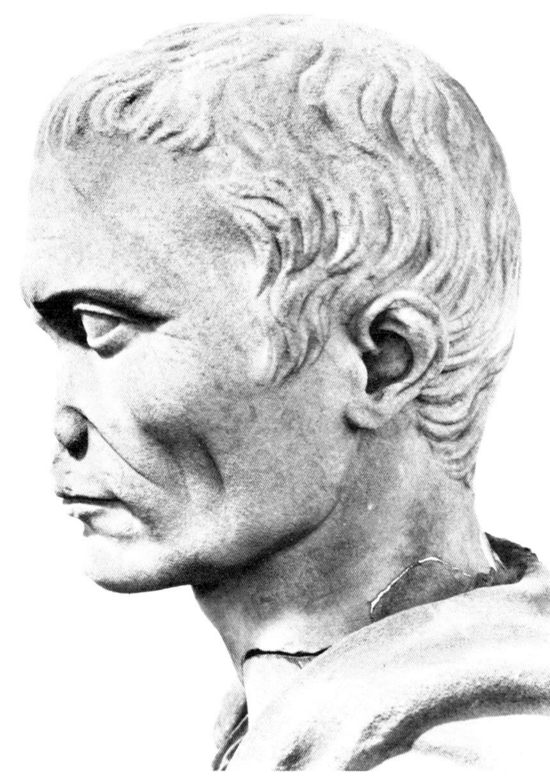

Figure 10b. Profile of bust, figure 10a.

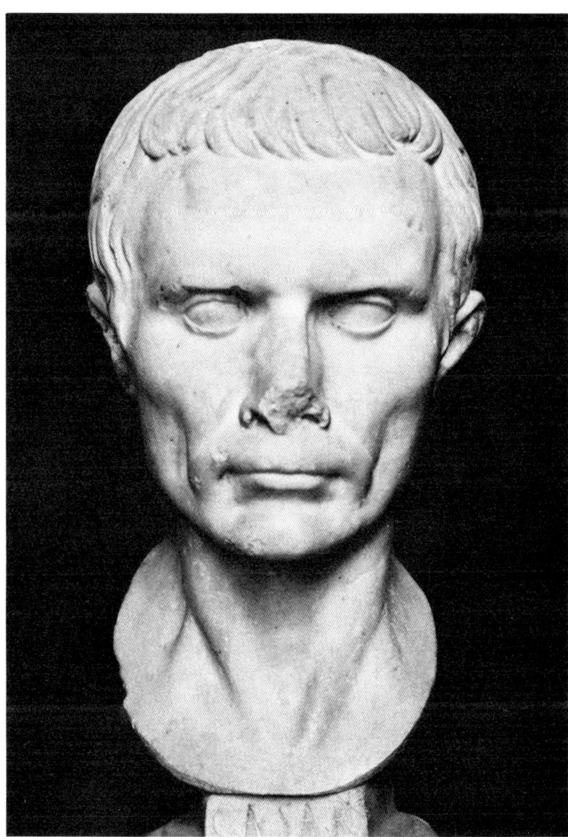

Figure 11a. Rieti, Palmegiani collection.

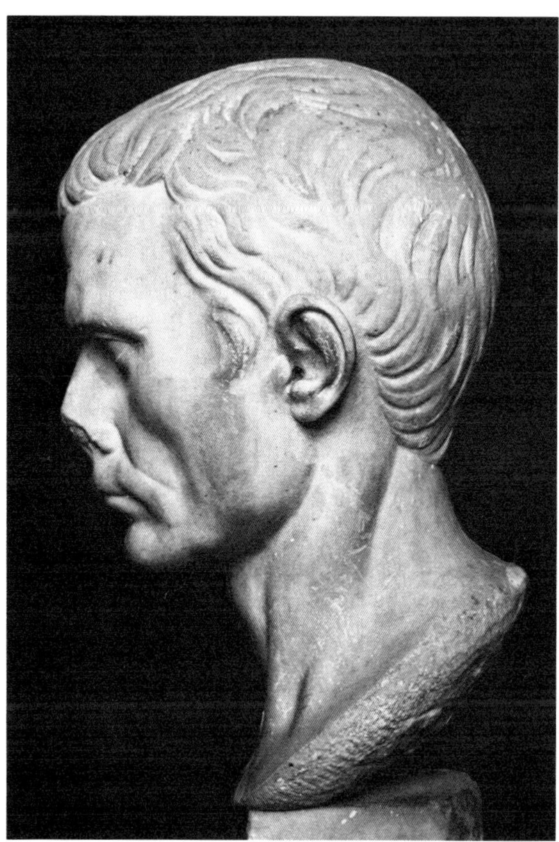

Figure 11b. Profile of bust, figure 11a.

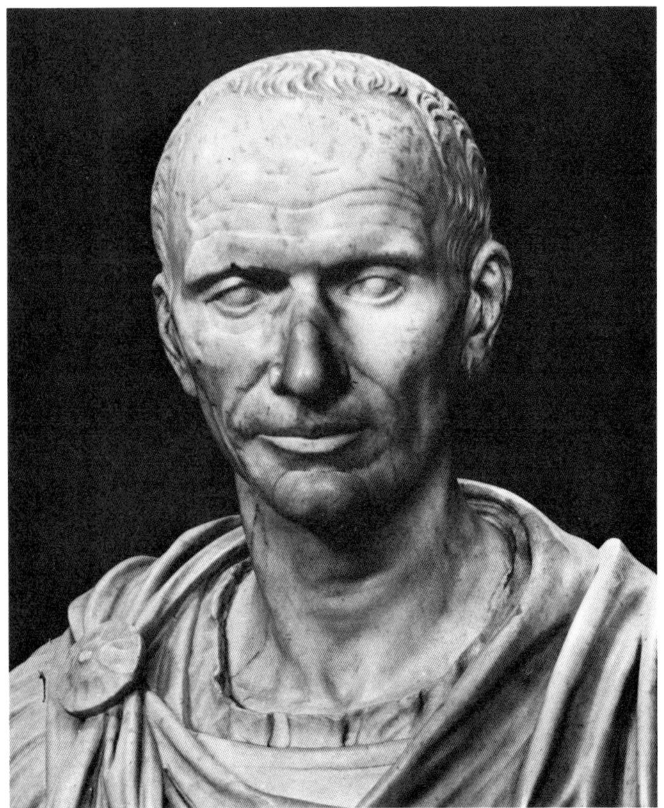

Figure 12a. Leningrad, State Hermitage Museum A 251.

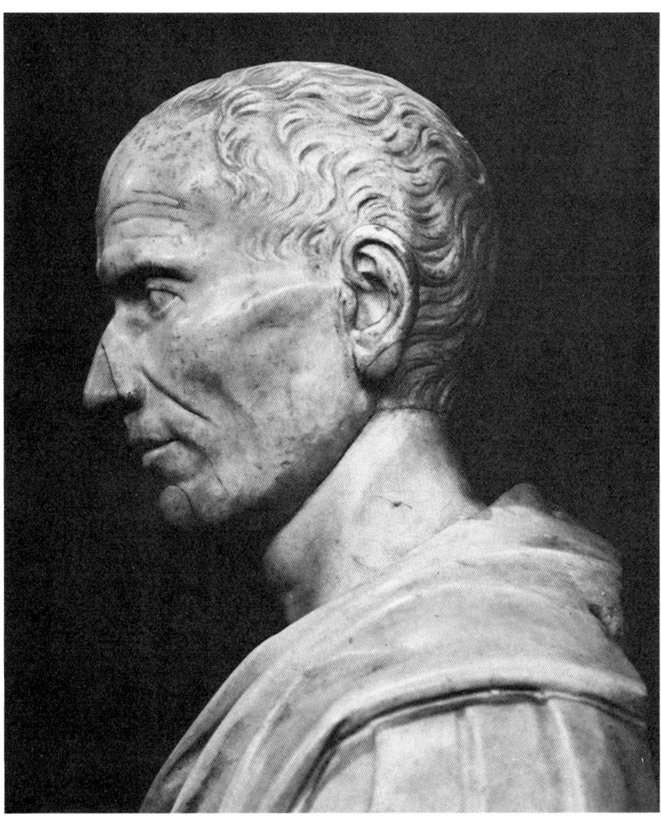

Figure 12b. Profile of bust, figure 12a.

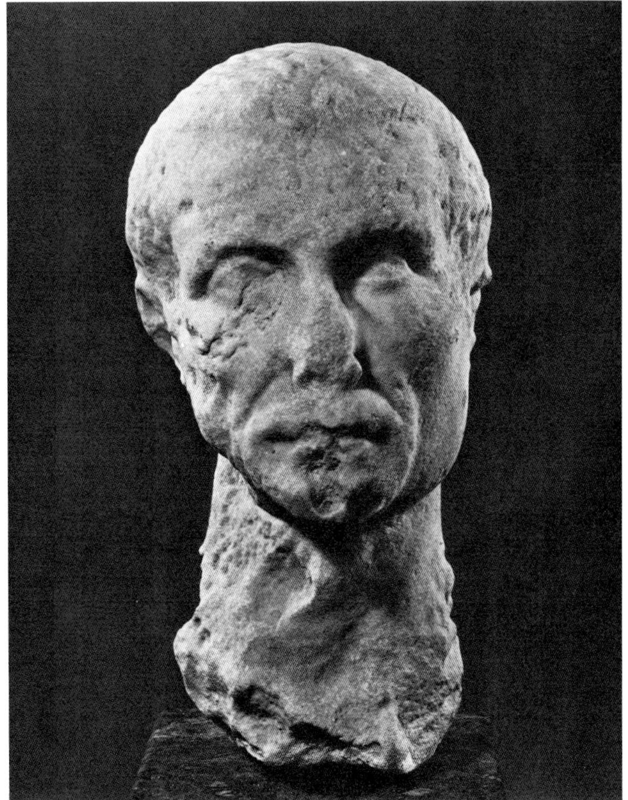

Figure 13a. Nottingham, The Castle Museum and Art Gallery.

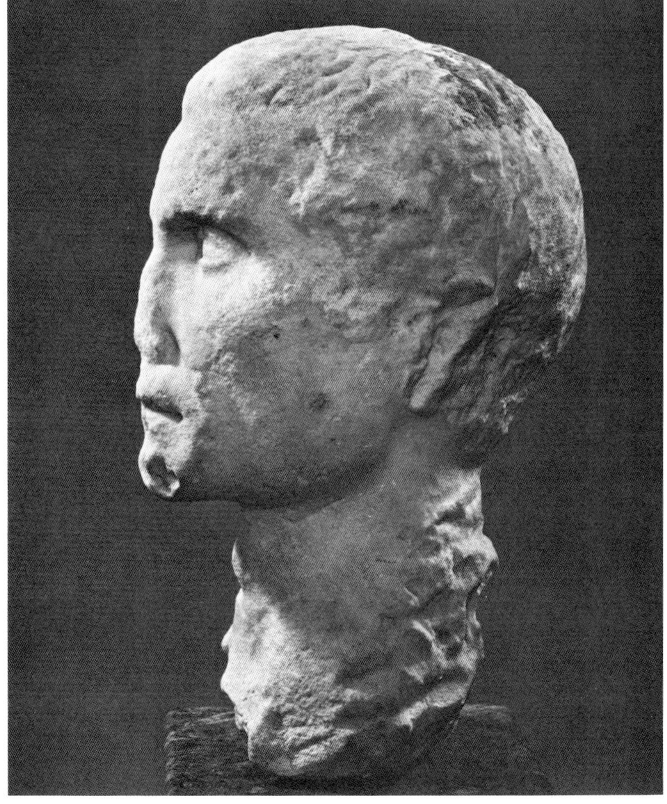

Figure 13b. Profile of bust, figure 13a.

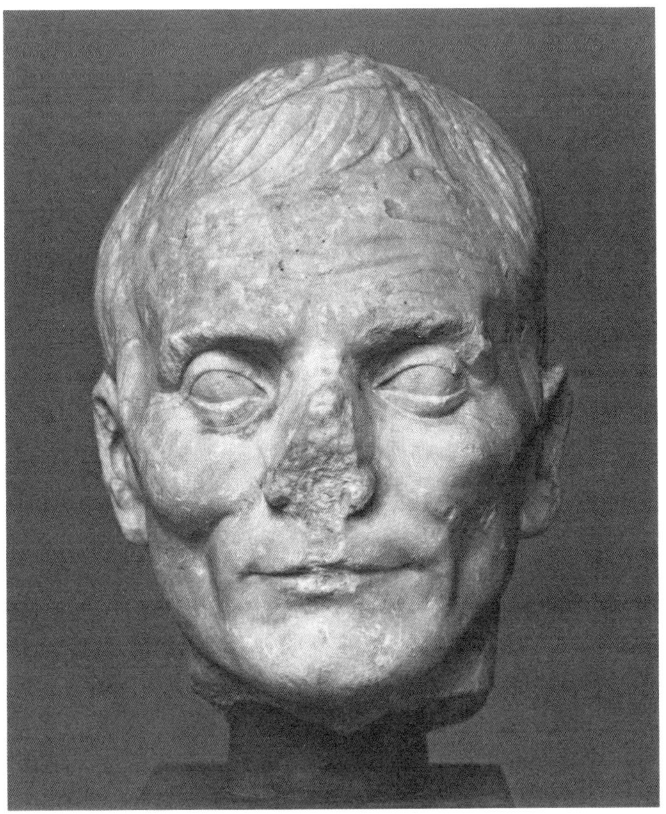

Figure 14a. Copenhagen, Ny Carlsberg Glyptotek 1788, cat. no. 565.

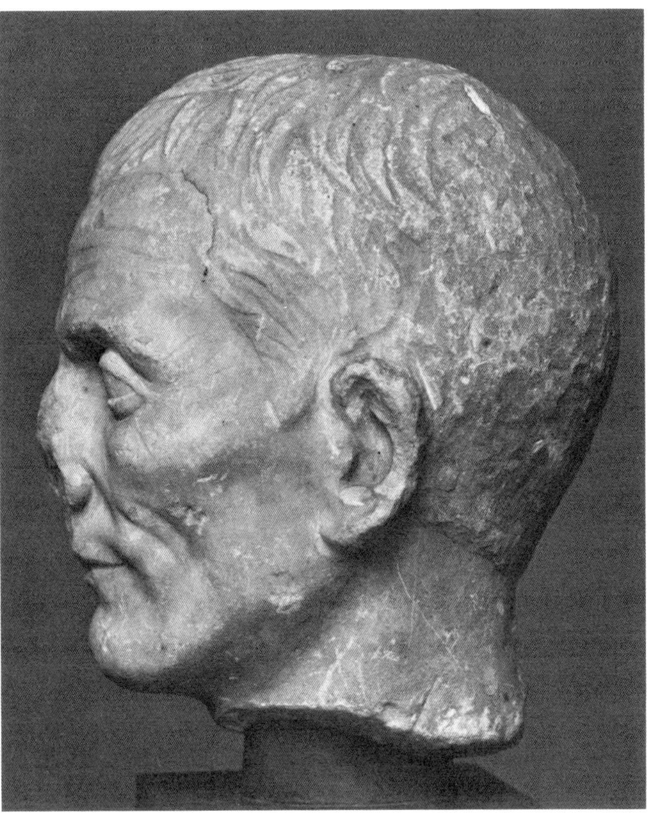

Figure 14b. Profile of bust, figure 14a.

nium is caused by premature ossification of the sutures between the parietal bone and the temporal bone. It is clear when one looks at the portrait from the front that the left side of the skull is more developed than the right side. The former deformity is called clinocephalia, while the latter is called plagiocephalia and is due to abnormal ossification of the collar suture on that side. The portrait is dolichocephalic, and the forehead is strongly arched as on a woman. This kind of abnormality in a skull is of no interest from a pathological point of view. It exists all over the world in all races and is without any medical importance for the individual who has this abnormality.

Borda considered the Tusculum portrait an original from Caesar's last years, but the portrait is a copy after a bronze original made shortly before or after the death of Caesar. The connection to the Mettius denarius is as close as can be desired. The Tusculum portrait type exists in three other copies:

Woburn Abbey, Bedfordshire (figs. 16a–b)[19]

Private collection, Florence (figs. 17a–b)[20]

Private collection, Rome (figs. 18a–b)[21]

The Tusculum Caesar is closely connected stylistically with the portrait of Poseidonios in the Museo Nazionale in Naples (fig. 19),[22] whose inscription secures its identification. Poseidonios, from Apamea in Syria, 134–45 B.C., was a stoic philosopher and orator. In the years following 97 B.C. he lived on Rhodes and was Cicero's teacher. From 51 B.C. until his death he lived in Rome. His portrait can be dated to about 60 B.C.; it is older than the Caesar from Tusculum, but the realistic style is the same in both portraits.

The Chiaramonti type and the Tusculum type are the only two main Caesar portrait types. The following comments on some of the famous so-called Caesar portraits show why it is difficult to change this opinion.

19. Bernoulli, p. 177, no. 47; Johansen, p. 35, pl. 17. White marble. H: 0.24 m.

20. H. Dütschke, *Antike Bildwerke in Oberitalien*, vol. 2 (Leipzig, 1873), p. 171, no. 396; Johansen, p. 36, pl. 18; W. H. Schuchhardt, *Gnomon* 40 (1968), p. 410. Total H: 0.31 m; H of head alone: 0.22 m.

21. Cozza (supra, recent bibliography), pp. 65ff.

22. ABr, pl. 239–240; K. Schefold, *Bildnisse der antiken Dichter, Denker und Redner* (Basel, 1943), p. 150; Buschor (supra, note 16), p. 47; G. Hafner, *Späthellenistische Bildnisplastik* (Berlin, 1954), p. 10 R 1; G.M.A. Richter, *The Portraits of the Greeks*, vol. 2 (London, 1965), p. 282, fig. 2020; Th. Lorenz, *Galerien von griechischen Philosophen und Dichterbildnisse* (Mainz, 1965), p. 8, pl. 2,4.

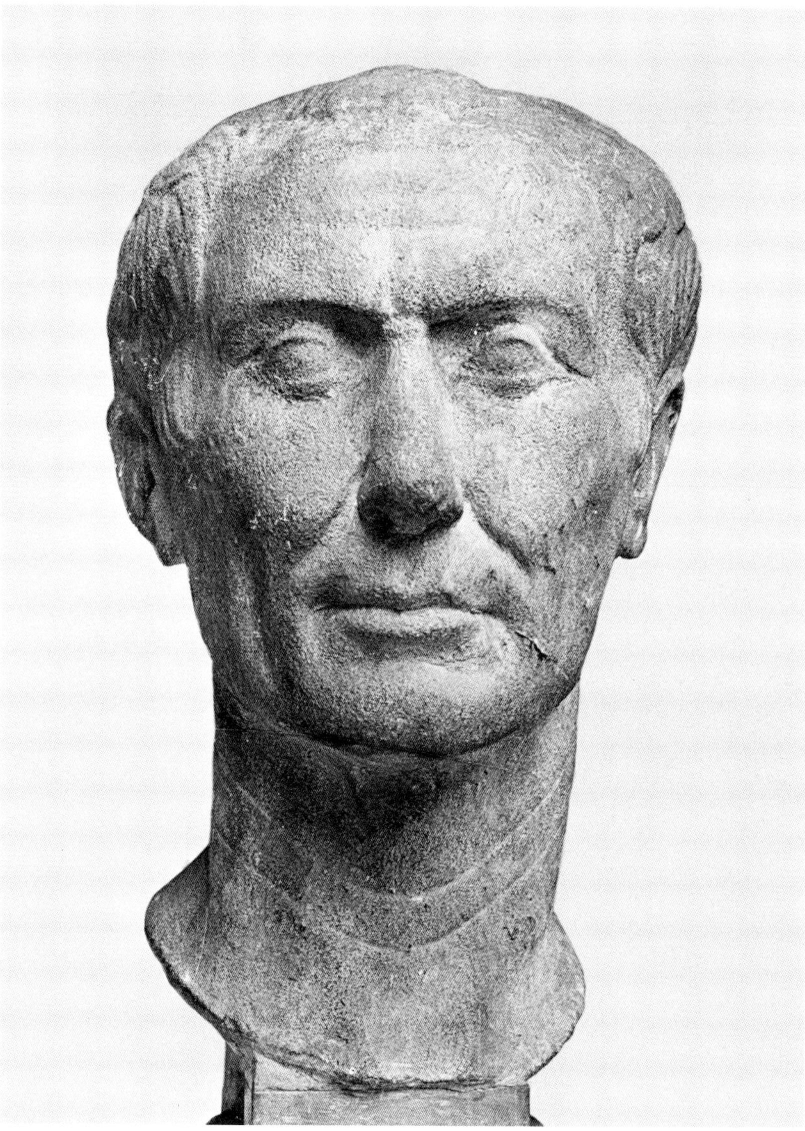

Figure 15a. Turin, Museo di Antichità. Photo: Courtesy DAI, Rome.

The over life-size portrait of Caesar in the Museo Nazionale in Naples[23] (figs. 20a–b) has been considered a work from the seventeenth century;[24] but, as B. Ashmole has indicated, it was the portrait being restored in the studio of the sculptor Albaccini in Rome, when Visconti published his *Iconographie Romaine* in 1821. The Naples Caesar has been considerably restored, but it has an ancient core.

The portrait of Caesar in the Palazzo Senatorio in Rome is closely connected to the Naples Caesar (figs. 21a–b).[25] F. Willemsen also regarded it as a work from the seventeenth century, but it was known already in 1550 when it was drawn by Giovannantonio Dosio.[26]

A portrait in the Museo Torlonia (figs. 22a–b)[27] with large staring eyes has been proposed as Julius Caesar by Erika Simon, who suggested that the head belonged to the statue that Mark Antony erected on the Rostra after the murder of Caesar.[28] One of Cicero's letters mentioned that this statue carried the inscription *PARENT OPTIME MERITO* (Cicero, *Ad Fam.* XII.31). The statue

23. P. E. Visconti, *Iconographie Romaine*, vol. 2 (Paris, 1824), pp. 19–20, pls. 17–18; Bernoulli, no. 1; Johansen, p. 37, pl. 20a–b. White marble. Total H: 0.91 m; H. of the face: 0.45 m.

24. B. Ashmole, *Forgeries of Ancient Sculpture: Creation and Detection*, The First J. L. Myres Memorial Lecture Delivered in New College, Oxford, May 9, 1961 (Oxford, 1961), p. 6.

25. Clarac, 912 B 2318 A; Bernoulli, no. 2, pl. 14; Johansen, p. 38, pl. 20c, d.

26. Ch. Hülsen, *Das Skizzenbuch des Giovannantonio Dosio* (Berlin, 1933), p. 32, pl. 90. Total H: 3.1 m.

27. P. E. Visconti, *I Monumenti del Museo Torlonia di Sculture Antiche*, (Rome, 1884), pl. 131, no. 512; Bernoulli, no. 12; Johansen, p. 39,

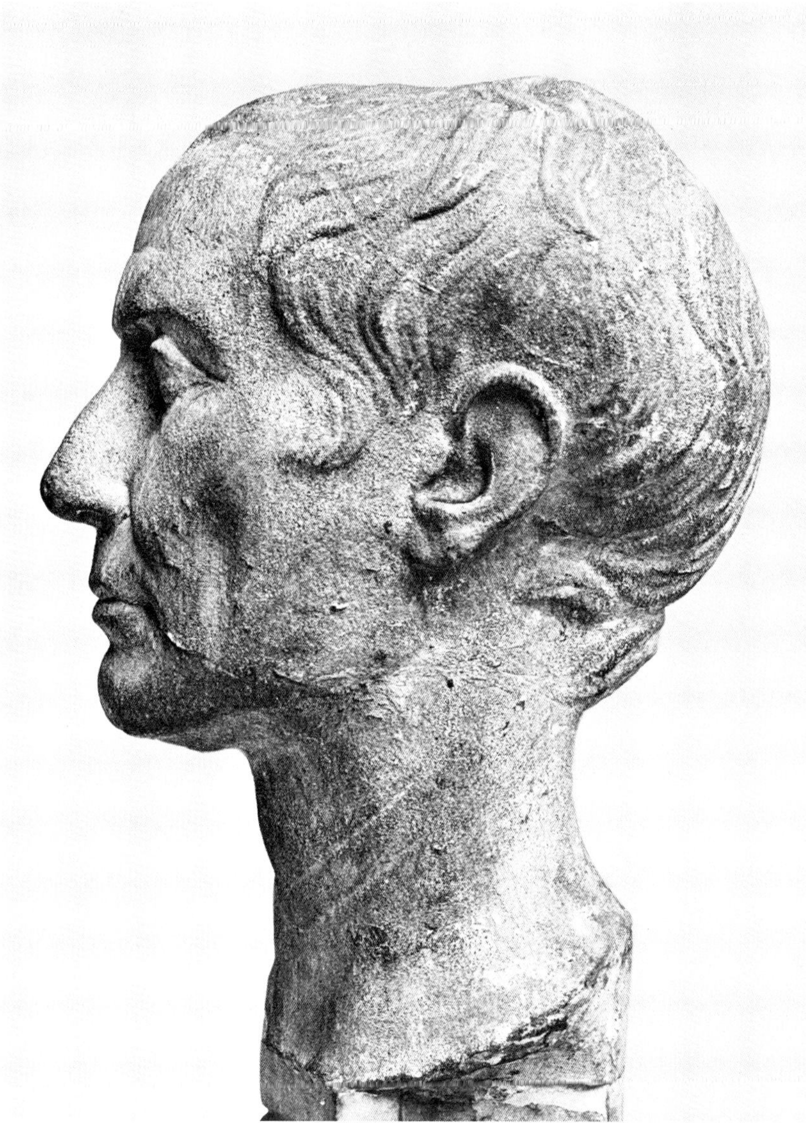

Figure 15b. Profile of bust, figure 15a. Photo: Courtesy DAI, Rome.

aimed at raising compassion in everybody who saw it, and the Torlonia portrait was clearly intended to do the same. However, the whole face and the hair are radically recut, and I find it hard to see how one can use it for any iconographic purpose. It is just a nameless Republican portrait.

In 1900 the Glyptotek in Copenhagen acquired a portrait from Venice, which came from the Palazzo Giustiniani-Recanati (figs. 23a–b).[29] This fragmentary statue is an independent Caesar portrait type made in the early Julio-Claudian period. It is of Greek marble and was probably made in Greece, for around 1600 it belonged to Federico Contarini, who was procurator in San Marco.[30] It has close similarities to a portrait in Sparta, which has drill holes in the forehead, probably for fastening a crown (figs. 24a–b).[31]

From Thera, found in the Stoa one hundred years ago and republished in 1968 by Thuri Lorenz, comes a portrait of a young man (fig. 25).[32] Lorenz considers it to be Caesar, and there is a slight possibility that it is indeed a

pl. 21; Zanker, p. 357, n. 27. H. of the face: 0.20 m.

28. E. Simon, *AA* (1952), pp. 138ff.

29. Poulsen, p. 61, no. 30, figs. 43–45; Vierneisel and Zanker (supra, note 17), 8.5; Johansen, p. 42, pl. 25; Zanker, p. 357, n. 27. Total H: 0.44 m; H of face alone: 0.25 m.

30. Poulsen, p. 61, no. 30.

31. Johansen, p. 42, pl. 26. Total H: 0.33 m; H of head alone: 0.22 m.

32. F. Hiller v. Gaertringen, *Thera*, vol. 1 (Berlin, 1899), p. 224, pl. 17; Lorenz (supra, recent bibliography), pp. 242ff., pls. 85–86. Total H: 0.40 m; H of head alone: 0.225 m.

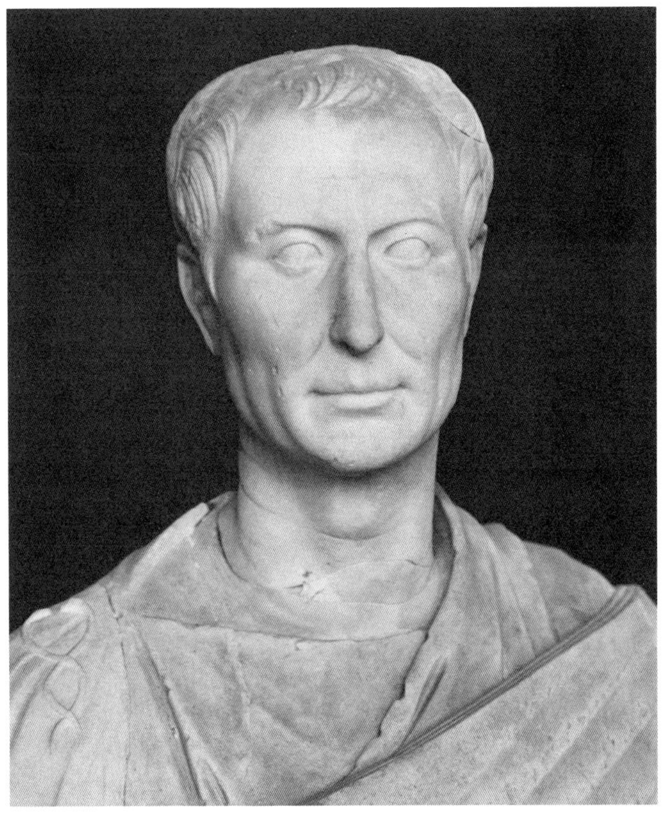

Figure 16a. Woburn Abbey.

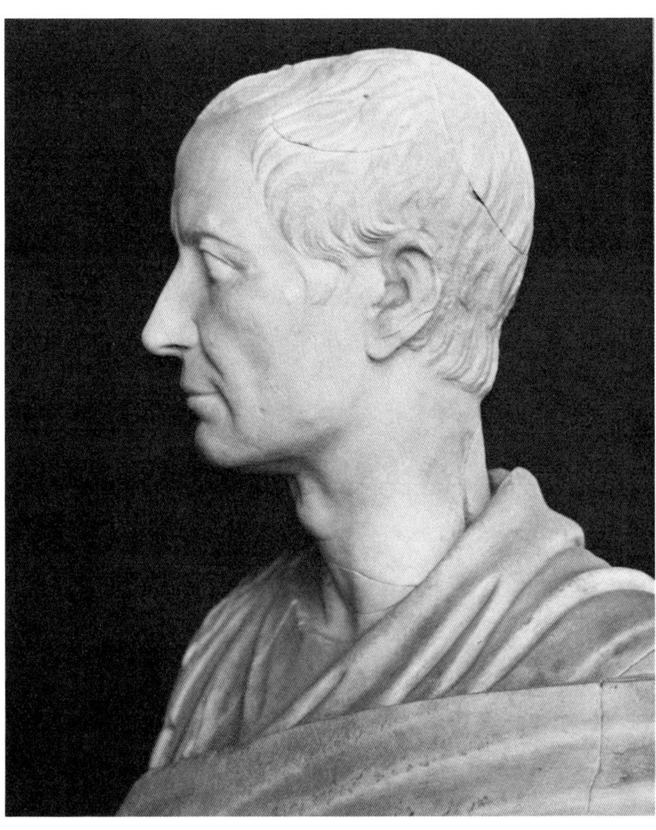

Figure 16b. Profile of bust, figure 16a.

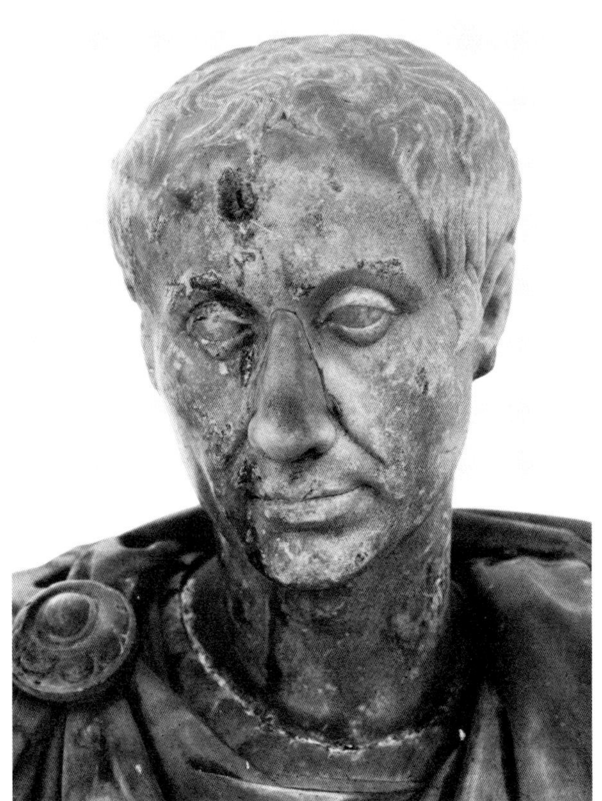

Figure 17a. Florence, private collection.

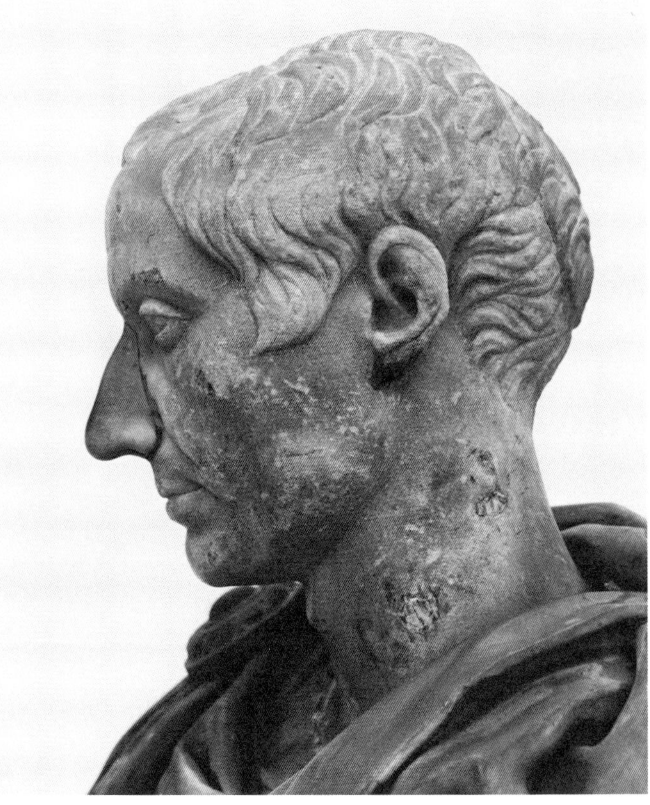

Figure 17b. Profile of bust, figure 17a.

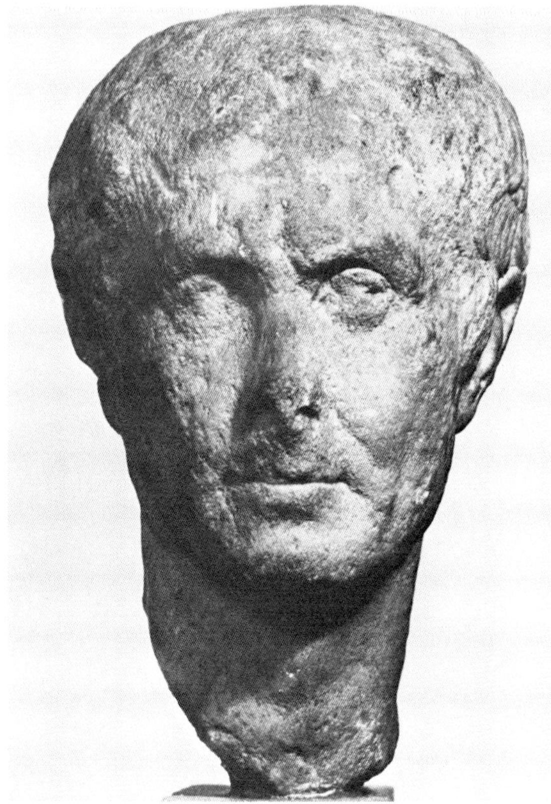

Figure 18a. Rome, private collection. From *Analecta Romana* 12 (1983), p. 66, fig. 2.

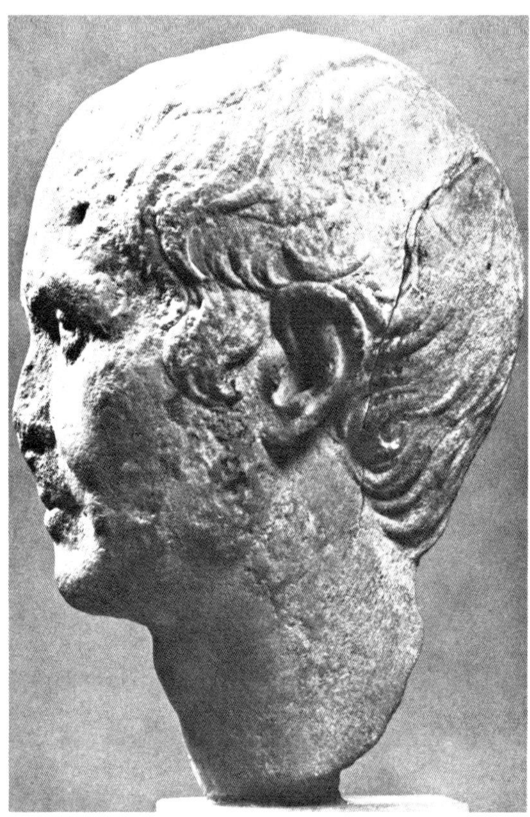

Figure 18b. Profile of bust, figure 18a. From *Analecta Romana* 12 (1983), p. 67, fig. 3.

provincial portrait of Caesar.

A portrait in Corinth, from the first century but reused in the third century with the addition of an engraved beard, cannot be identified as Caesar (fig. 26).[33]

A portrait in the National Museum, Athens (fig. 27),[34] which has recently been identified as Caesar,[35] also cannot be Caesar. It is close in style to the Tusculum portrait, but I doubt that it is in fact a portrait of Caesar. It is, rather, an unknown Greek or Roman from about 50 B.C.

From Thasos comes a portrait with a crown.[36] It has been called Caesar, but I think it is a local portrait of Claudius (figs. 28a–b).

33. Corinth S 2771: A. Datsoulis-Stavrides (supra, recent bibliography), pp. 109–110, fig. 1; C. E. de Grazia, "Excavations of ASCS at Corinth, The Roman Portrait Sculpture" (Ph.D. diss., Columbia University, 1973), no. 7; B. S. Ridgway, *Hesperia* 50 (1981), p. 430, n. 31.

34. ABr, pls. 395–396; Hafner (supra, note 22), A8, pl. 26; E. Buschor, *Das hellenistische Bildnis* (Munich, 1949), fig. 47,2; idem, (supra, note 16), pp. 50ff., 56, fig. 59.

35. A. Datsoulis-Stavrides, *Deltion* 28 (1973), pp. 243–245; *ArchRep*, 1975–1976; Zanker (supra, note 17), p. 590, fig. 2; A. Stewart, *Attikà. Studies in Athenian Sculpture of the Hellenistic Age* (London, 1979), p. 83, pl. 26c.

36. E. Will and R. Martin, *BCH* 68–69 (1944–1945), p. 133, fig. 4; Johansen, p. 43, pl. 27.

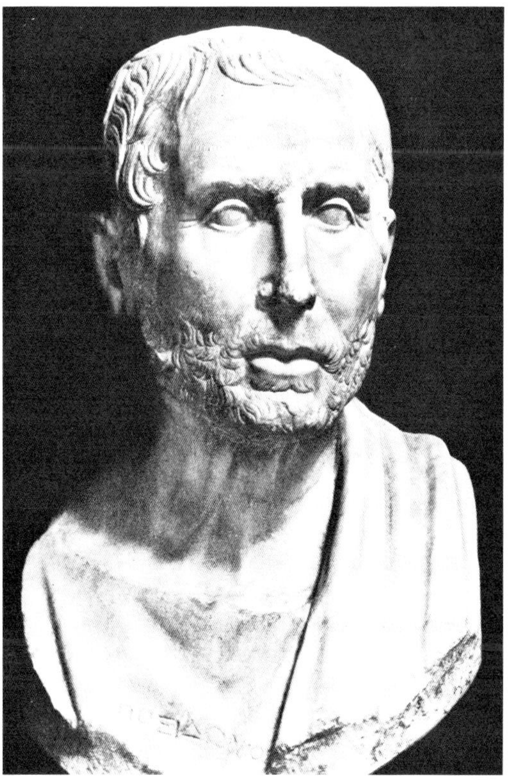

Figure 19. Portrait of Poseidonios. Naples, Museo Archeologico Nazionale.

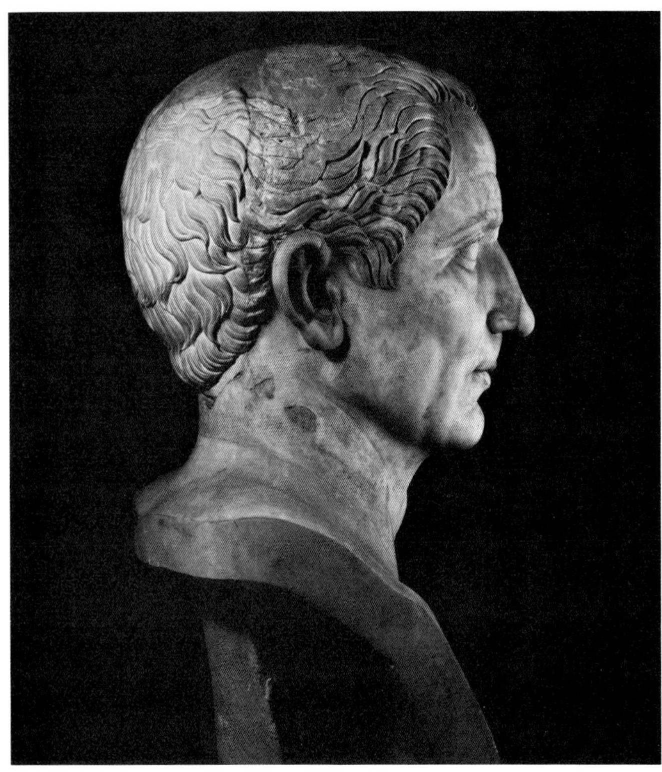

Figure 20a. Profile of Naples, Museo Archeologico Nazionale 6038.

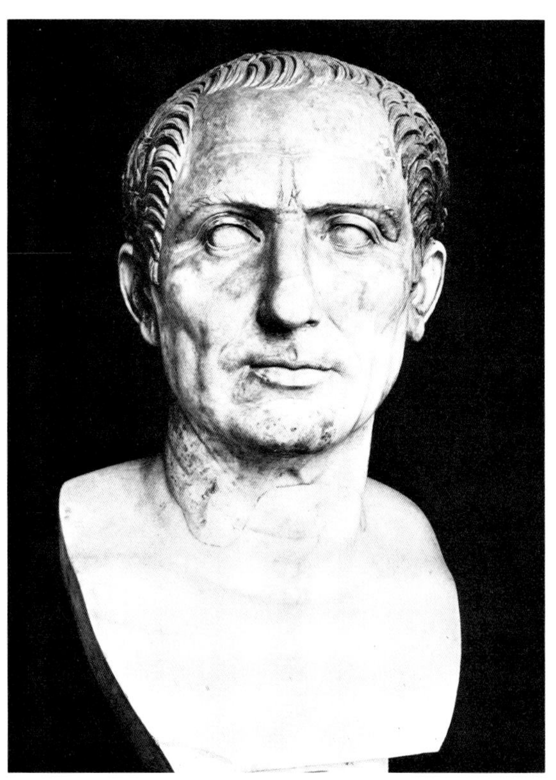

Figure 20b. Head from Naples, figure 20a.

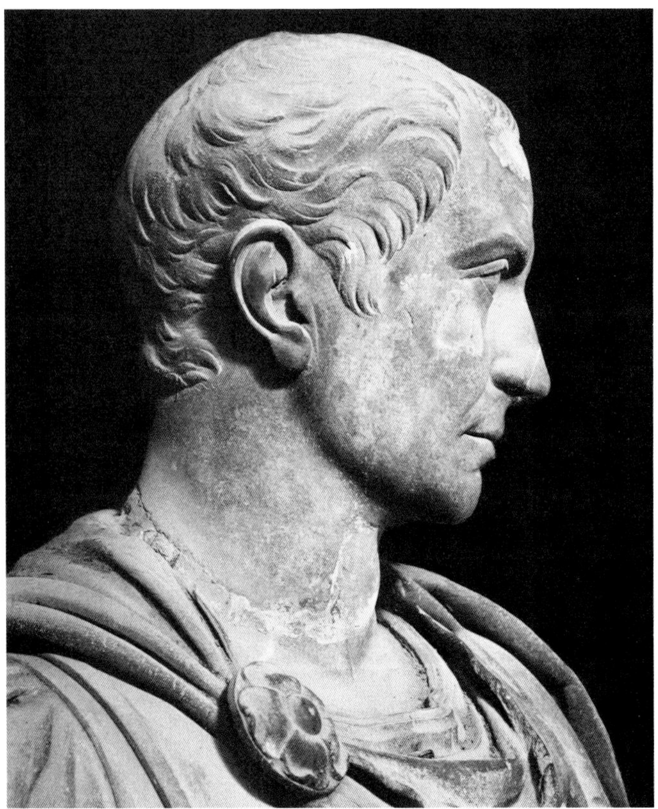

Figure 21a. Profile of head from Rome, Museo Capitolino, Palazzo Senatorio.

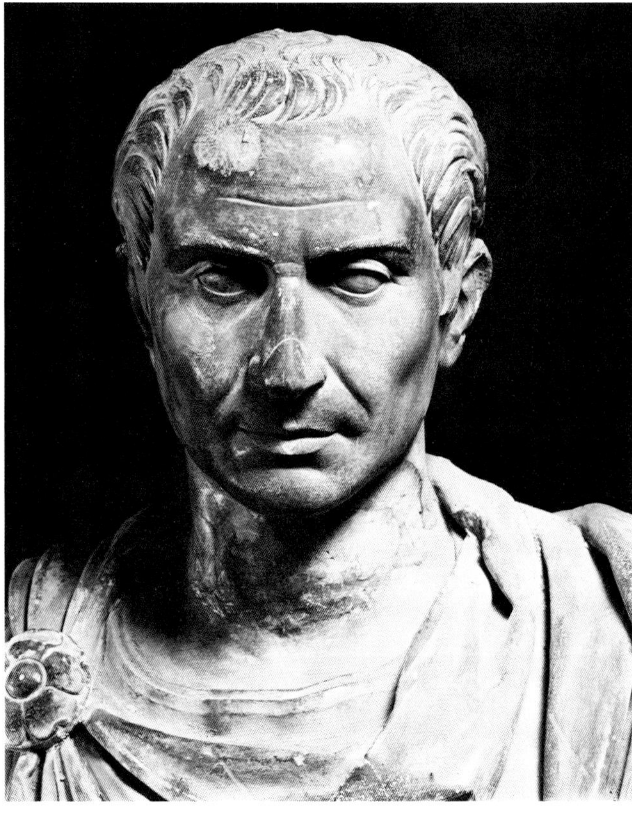

Figure 21b. Head from Rome, figure 21a.

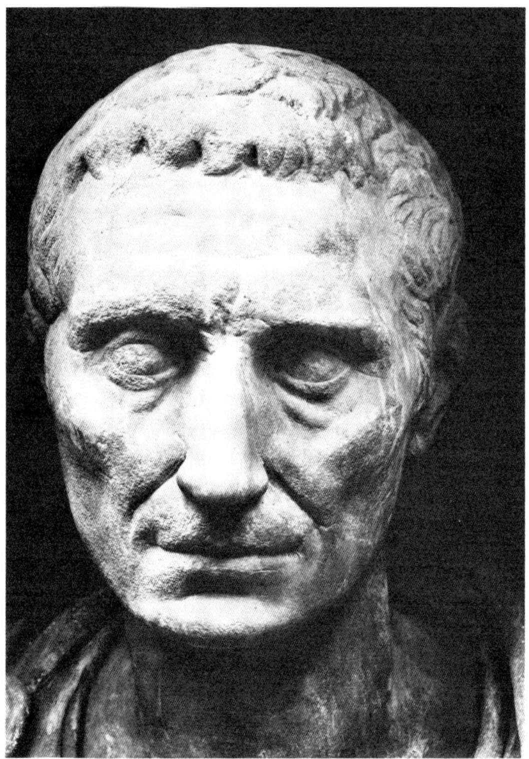

Figure 22a. Rome, Museo Torlonia 512.

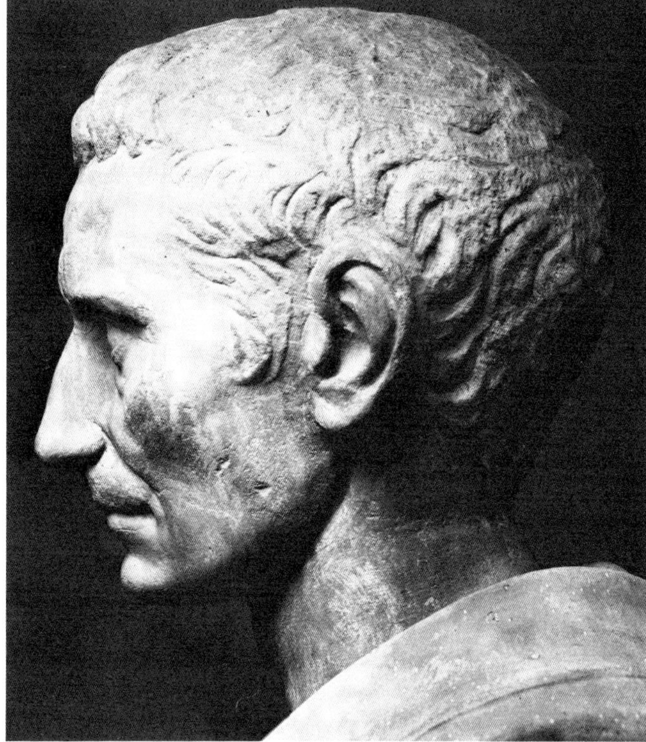

Figure 22b. Profile of bust, figure 22a.

The Caesar in the Vatican, Sala dei Busti 272, is possibly the most frequently identified portrait of Caesar in the world today (figs. 29a–b).[37] It is, however, a modern work from the seventeenth or eighteenth century.

The famous dark green slate portrait of Caesar in East Berlin, Staatliche Museen, came to Berlin in 1767 from the Julienne collection[38] (figs. 30a–b) together with a modern portrait of Augustus. Carl Blümel said in his catalogue that the whole surface had not been cleaned, and on the back of the head there is, in fact, a chalklike layer.[39] It is one of the most difficult portraits to assess in any museum of the world: is it a work from the eighteenth century? Could it be an Egyptian work from the Roman period, first century B.C., that has been recut, especially the nose and the mouth? Has it any connection with the so-called Mark Antony in the H. J. R. Bankes collection in Kingston Lacy, Wimborne (figs. 31a–b)?[40] The Kingston Lacy portrait has been identified as Caesar by Möbius,[41] but it presents the same problems as the Caesar in Berlin: is it an ancient portrait? If so, can we call it Caesar? This long line of questions must remain unanswered for now.

In 1933 Erich Boehringer wrote a whole book to publish a portrait which he named Caesar. It is a marble portrait in the Biblioteca Zelantea in Acireale in Sicily (fig. 32).[42] The portrait was found in 1676 near Acireale together with vases, coins, and a piece of marble with the inscription C.IVL.CAESAR. The inscription has disappeared, but the bust is ancient, perhaps an Egyptian work; however, it is not Caesar but a nameless portrait from the middle of the first century B.C.

In 1957 Ludwig Curtius published a portrait which

37. Bernoulli, no. 5; ABr, pp. 511–512; Johansen, p. 43.

38. Bernoulli, no. 57, p. 164, pl. 18; ABr, 265–266; Johansen, p. 49; W. Kaiser, "Ein Statuenkopf der ägyptischen Spätzeit," *JBerlM* 8 (1966), pp. 27–28, figs. 25–26; K. Fittschen, *Pompeji: Leben und Kunst in den Vesuvstädten*, ex cat. (Essen, Villa Hügel, 1973), pp. 28–29; Balty (supra, recent bibliography), p. 53, pl. 2.2. It is of dark green slate. H: 0.41 m. Parts of the left ear and the dress are restored. The eyes are inlaid in marble but either they or the drilling is modern.

39. C. Blümel, *Römische Bildnisse* (Berlin, 1933), R 9 pl. 5.

40. Kingston Lacy, Wimborne, Dorsetshire: H. J. R. Bankes collection; A. Michaelis, *Ancient Marbles in Great Britain* (London, 1882), p. 416, no. 2; B. V. Bothmer, *AJA* 58 (1954), p. 143; C. C. Vermeule and D. von Bothmer, *AJA* 60 (1956), p. 330, pl. 108, figs. 18–19; G. Grimm, *JdI* 80 (1970), p. 164, figs. 9–10.

41. G. Grimm (supra, note 40), p. 164; H. Möbius, *Alexandria und Rom* (Munich, 1964), p. 41; K. Parlasca, *JdI* 82 (1967), p. 176, n. 26, opposed the identification as Caesar.

42. E. Boehringer, *Der Caesar von Acireale* (Stuttgart, 1933), pls. 1–7; Johansen, p. 52; Zanker, p. 357, n. 27. White marble. Total H: 0.52 m; H of head alone: 0.32 m.

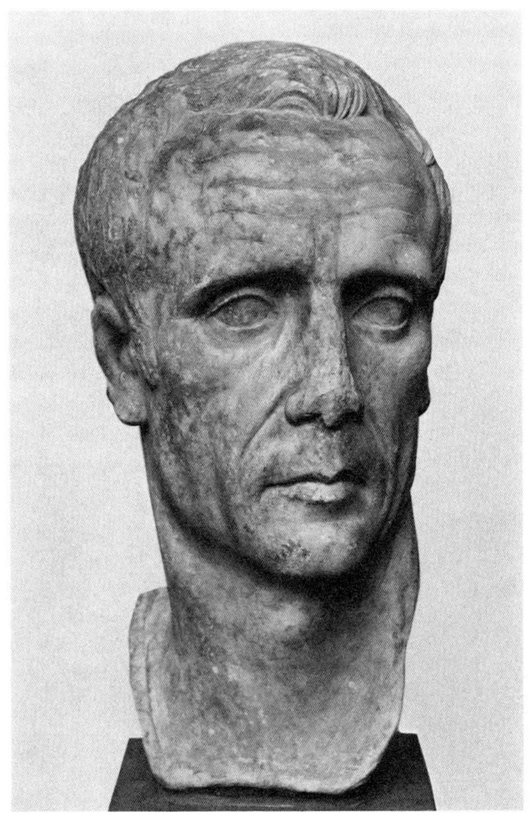

Figure 23a. Copenhagen, Ny Carlsberg Glyptotek 1811, cat. no. 598.

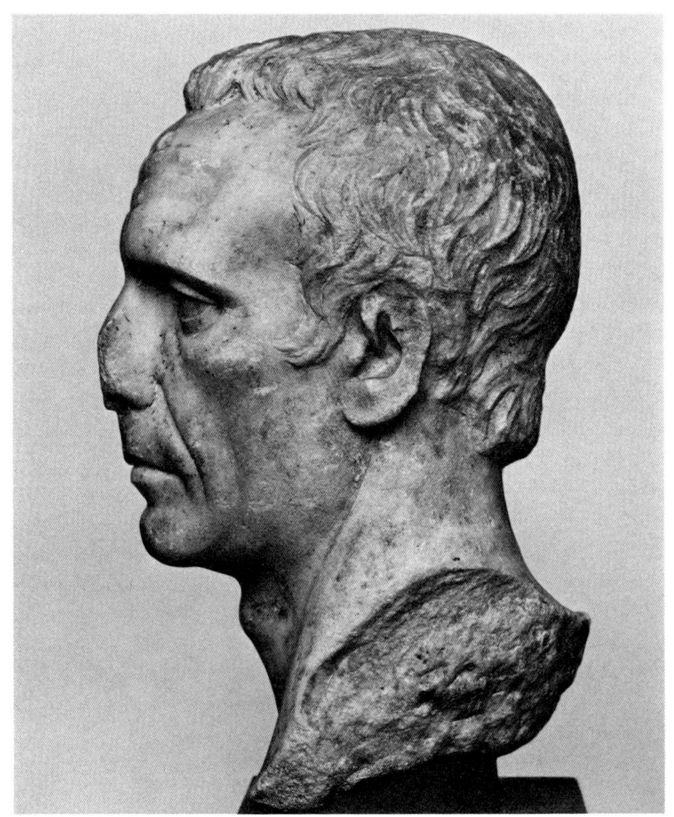

Figure 23b. Profile of bust, figure 23a.

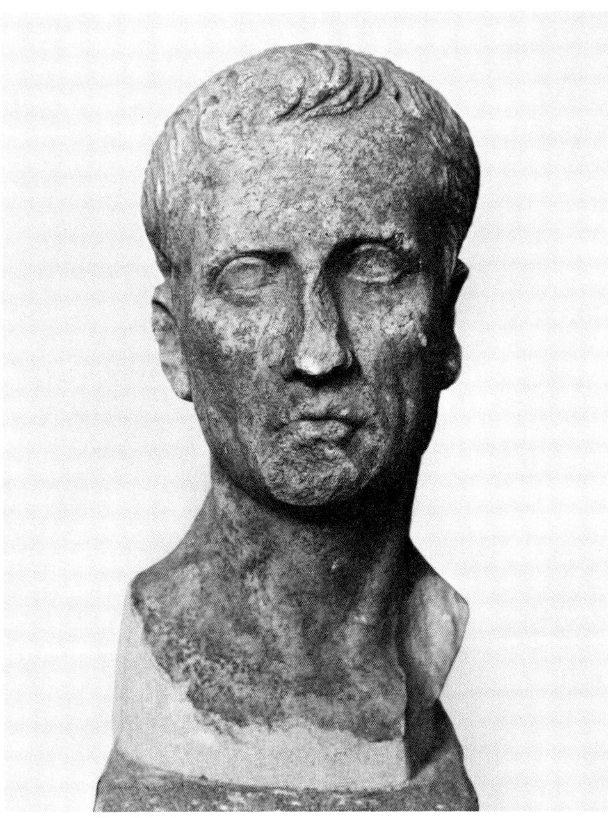

Figure 24a. Sparta, Archaeological Museum.

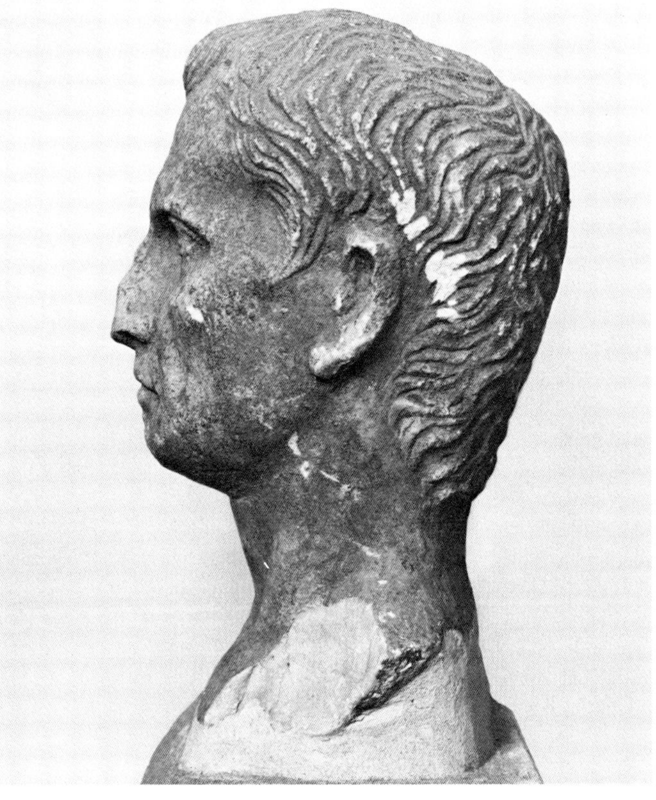

Figure 24b. Profile of bust, figure 24a.

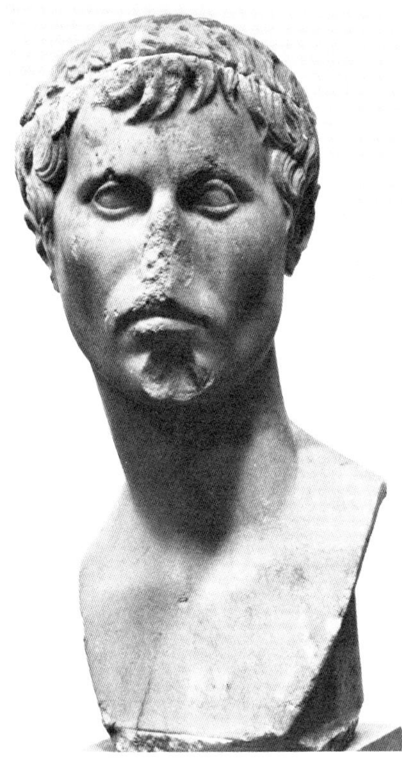

Figure 25. Thera, Archaeological Museum. Photo: Courtesy DAI, Athens.

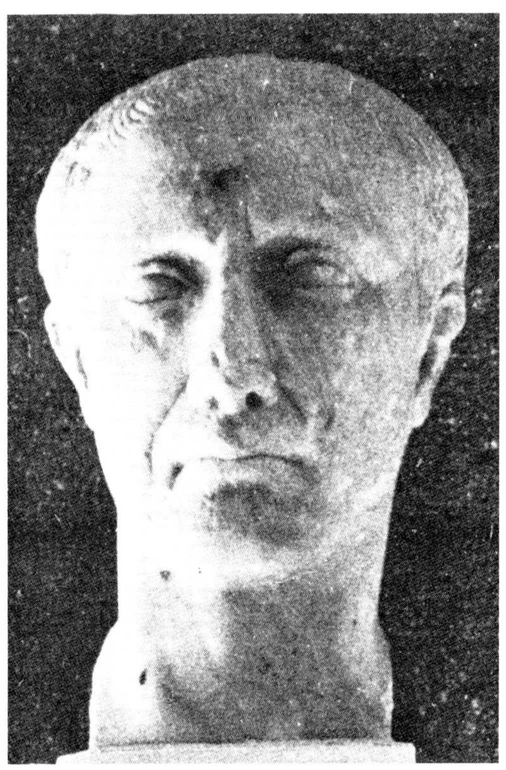

Figure 26. Corinth, Museum. From *AAA* 3(1970), p. 109, fig. 1.

was at that time in the collection of Count Blücher van Wahlstatt but is now in the Getty Museum (fig. 33).[43] The portrait is ancient. Frel writes, "Above the forehead on both sides are two small rounded indented protuberances (*puntelli*) that were not effaced after the process of reproduction. They demonstrate that the Blücher Caesar is a reproduction of a well-known type and thus a celebrity."[44] The two *puntelli* actually demonstrate that the head is a rather rough work, and there are many examples in Republican portraiture of similar leftovers. The portrait is a nameless Republican and a rather uninteresting one at that.

The so-called Zurich Caesar, formerly in the collection of the late Emil Bührle, has been known since 1931, when it was in the collection of Countess Luxburg (figs. 34a–b).[45] It is fake, and there is now a copy of this fake on the London art market.[46]

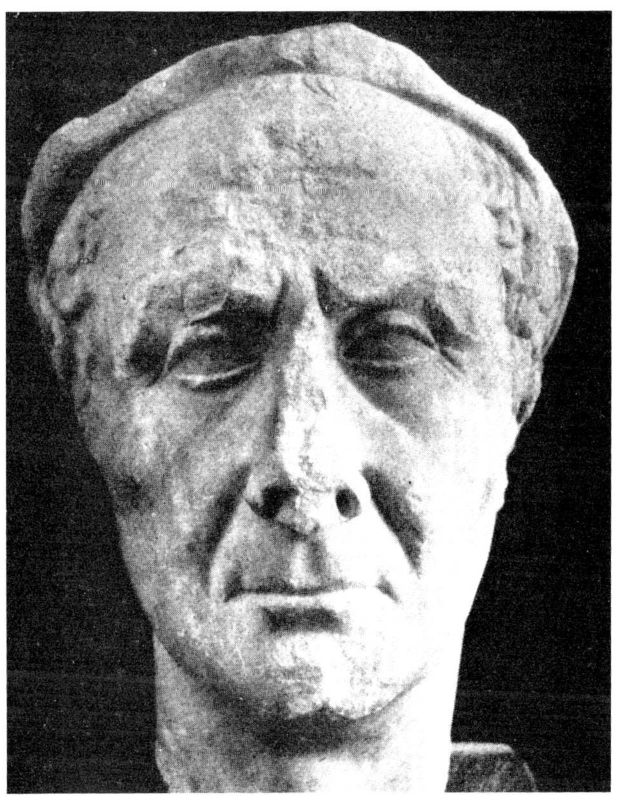

Figure 27. Athens, National Archaeological Museum. From Buschor, *Das hellenistische Bildnis* (1949), pl. 47.

43. L. Curtius, "Ein neues Bildnis des Julius Caesar," in, E. Boehringer and W. Hoffman, eds., *Robert Boehringer: Ein Freundesgabe* (Tübingen, 1957), p. 153; Johansen, p. 54; J. Frel, "Caesar" (supra, recent bibliography); ibid., *Roman Portraits* (supra, recent bibliography), no. 6; Zanker, p. 357, n. 27; J. Chamay, J. Frel, and J.-L. Maier, *Le Monde des Césars*, ex. cat. (Geneva, Musée d'Art et d'histoire, 1982), pl. 4. Malibu, the J. Paul Getty Museum 75.AA.46, pentelic marble, H: 0.365 m.

44. Frel, *Roman Portraits* (supra, recent bibliography), no. 6.

45. *Antike* 7 (1931), p. 247; Johansen, p. 58; Zanker, p. 357, n. 27.

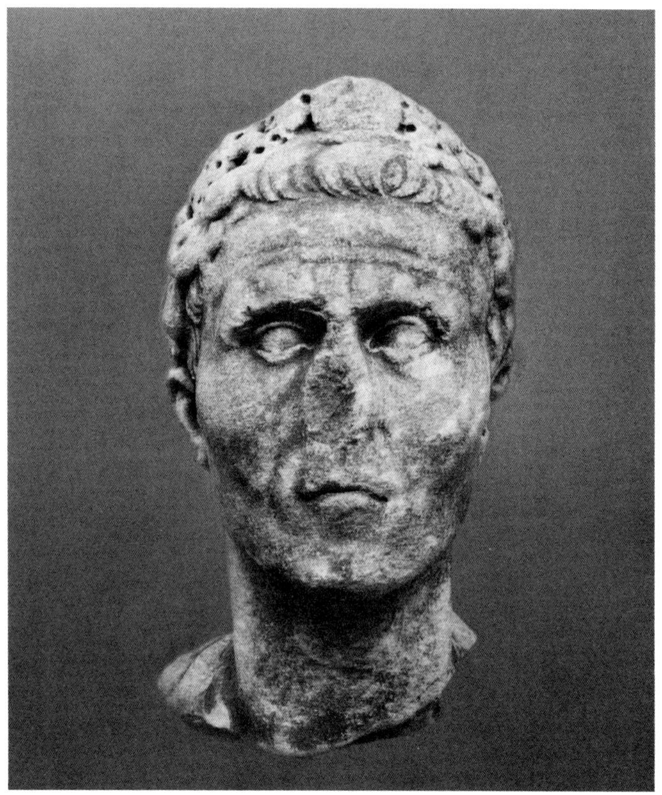

Figure 28a. Thasos, Archaeological Museum 105.

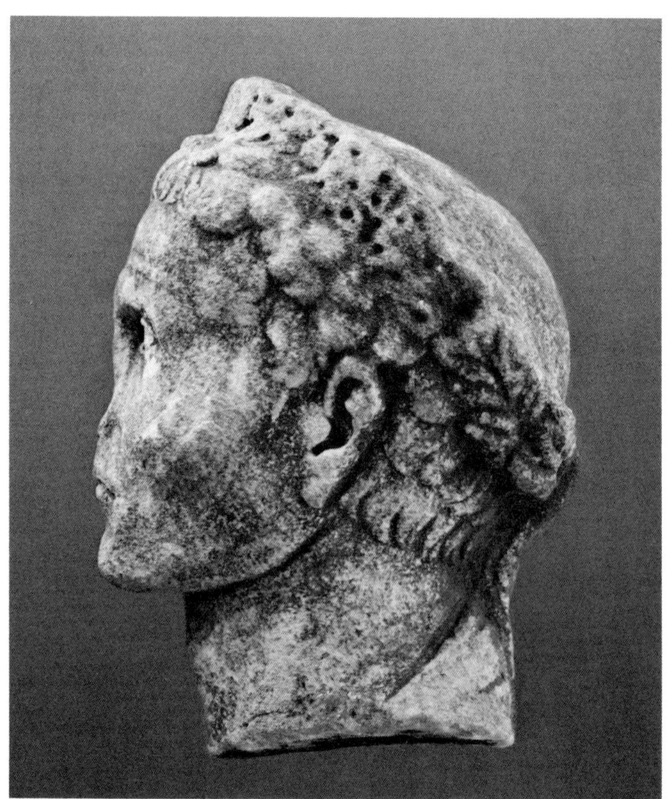

Figure 28b. Profile of bust, figure 28a.

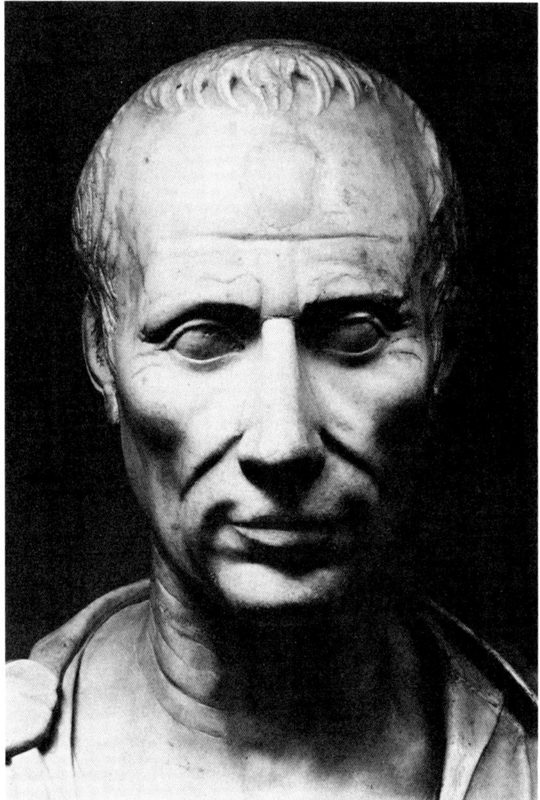

Figure 29a. Vatican, Sala dei Busti 272.

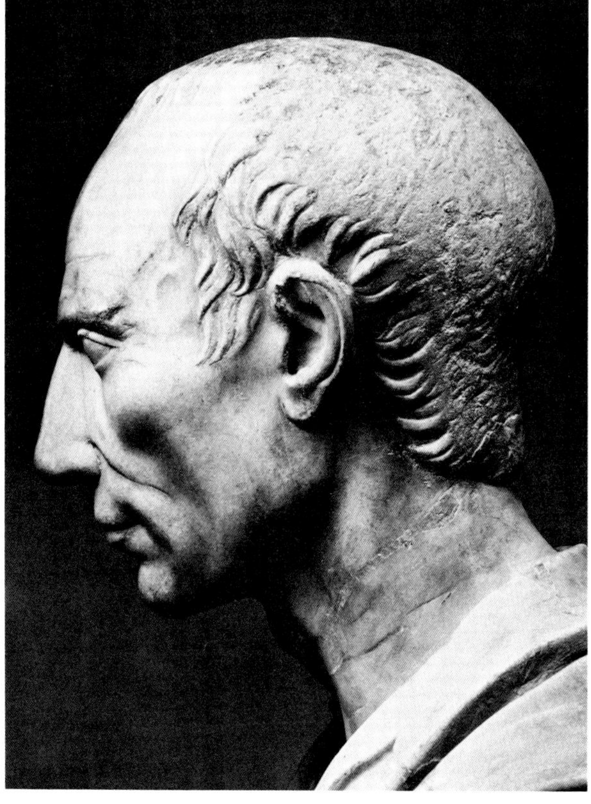

Figure 29b. Profile of bust, figure 29a.

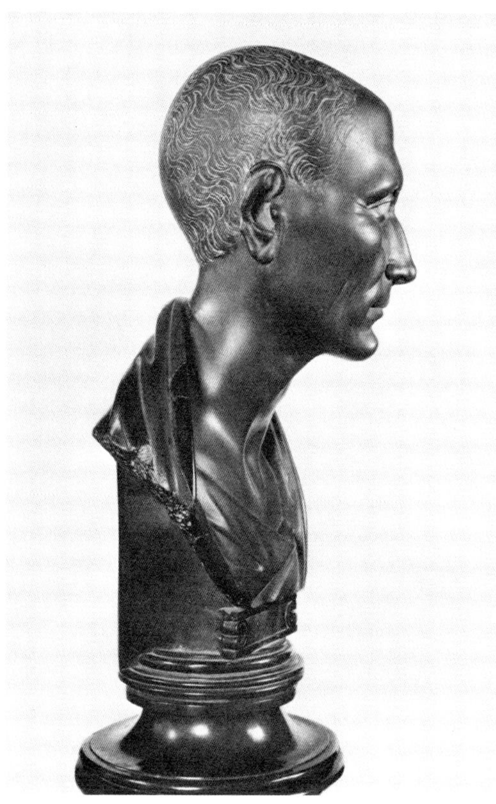

Figure 30a. Profile of East Berlin, Staatliche Museen SK 342 R.9.

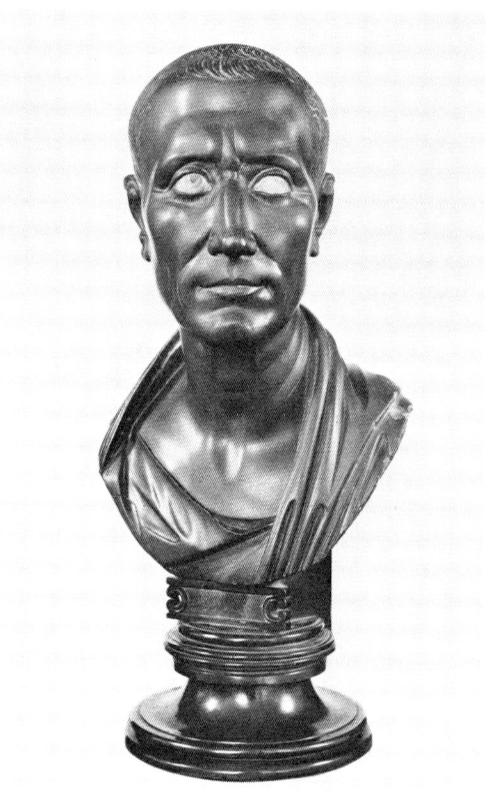

Figure 30b. Head from East Berlin, figure 30a.

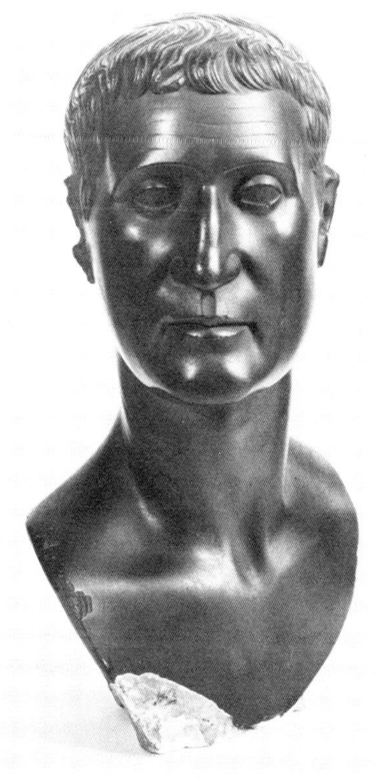

Figure 31a. Kingston Lacy, Wimborne, Dorsetshire, H. J. R. Bankes collection.

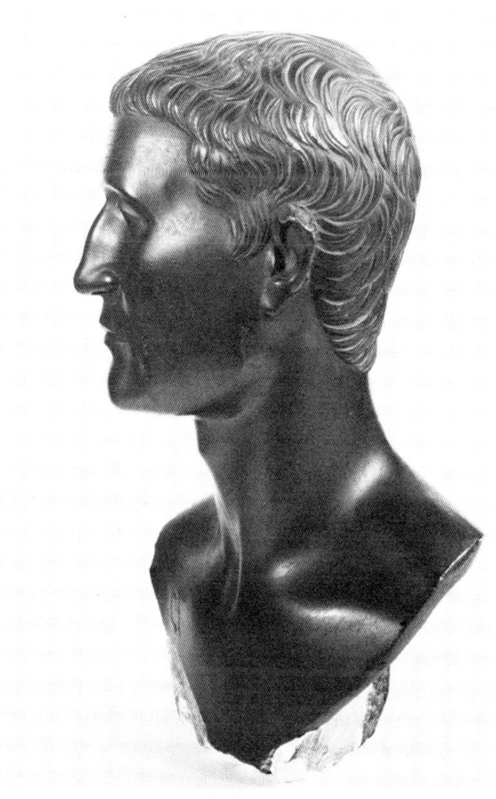

Figure 31b. Profile of bust, figure 31a.

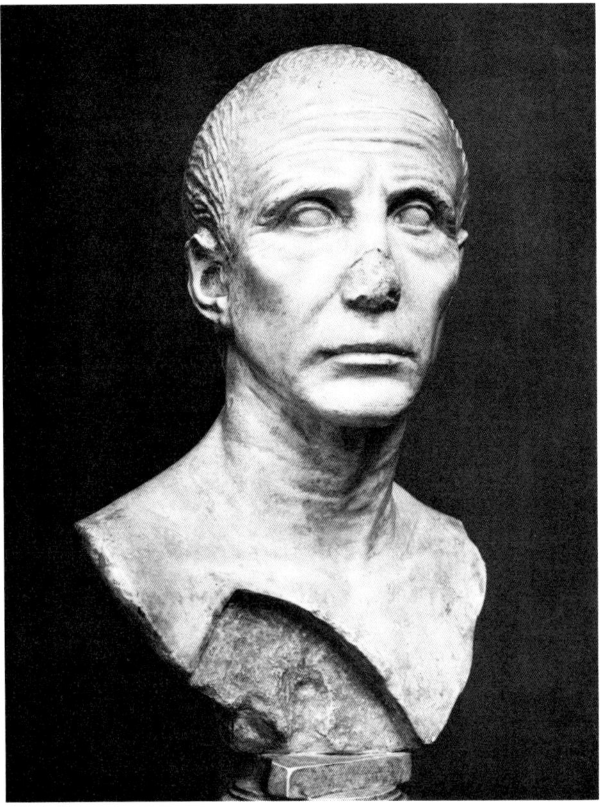

Figure 32. Acireale, Biblioteca Zelantea.

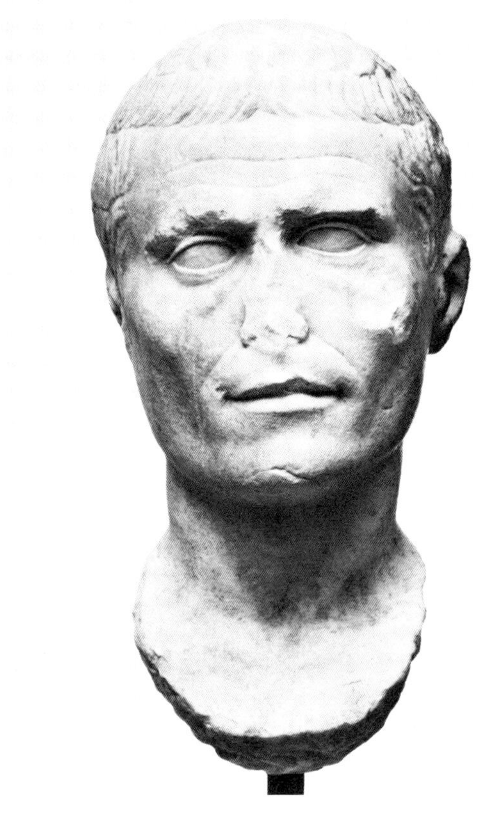

Figure 33. Malibu, The J. Paul Getty Museum 75.AA.46.

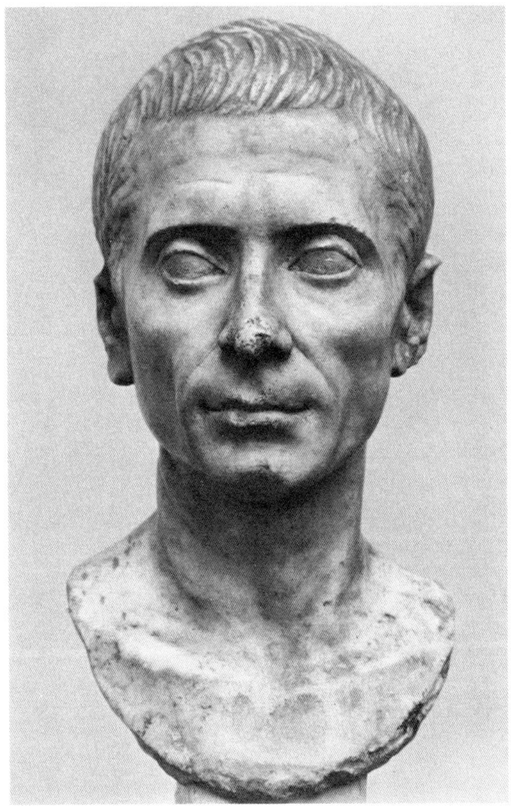

Figure 34a. Zurich, formerly Bührle collection.

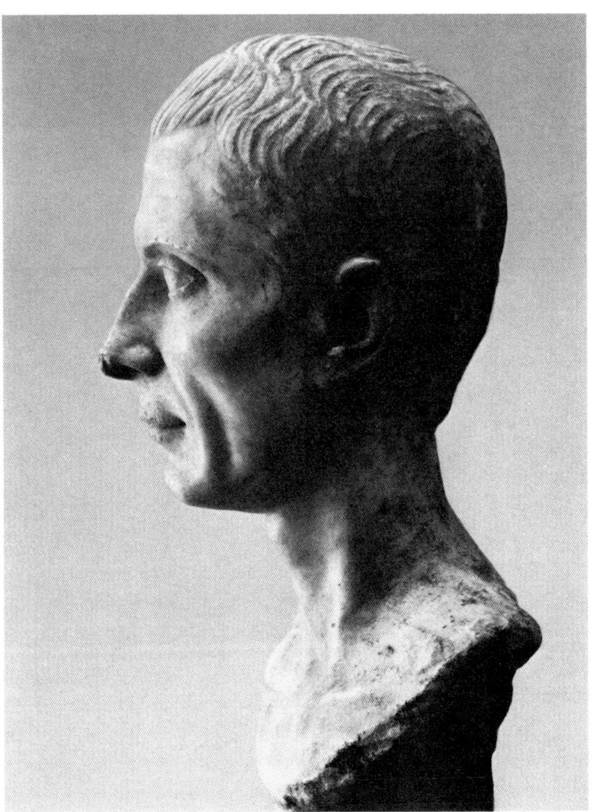

Figure 34b. Profile of bust, figure 34a.

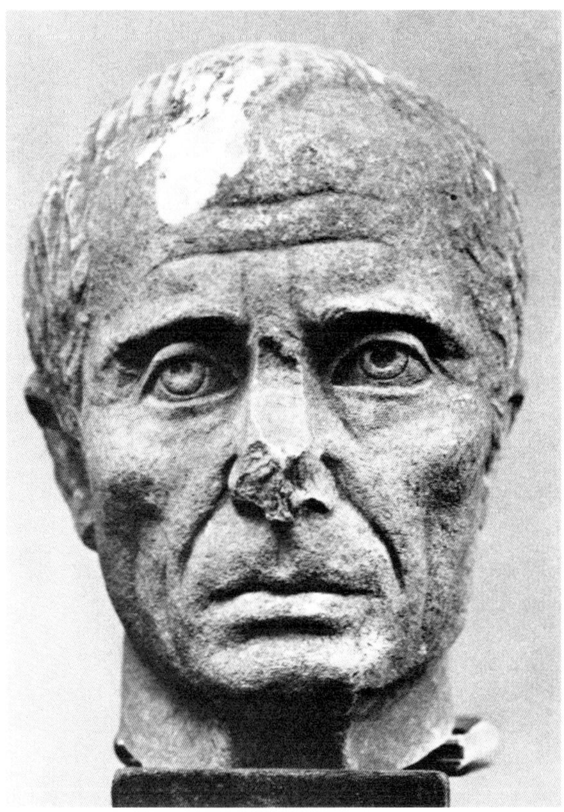

Figure 35. Private collection. From Kopcke and Moore, *Studies in Classical Art and Archaeology,* pl. 79.

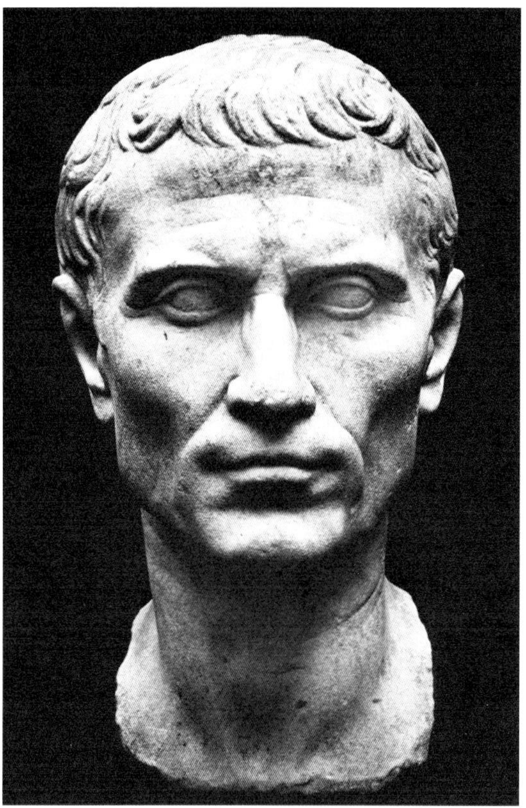

Figure 36. Switzerland, private collection.

In 1979 Helga von Heintze published a portrait of a man (fig. 35)[47] with drilled eyes that she dates to circa A.D. 300. I think the portrait is a fake. Even if it should happen to be ancient, it has nothing to do with the iconography of Caesar.

In 1965 there appeared on the art market in Munich a portrait called Caesar, which was bought by a Swiss private collector and is now in Geneva (fig. 36).[48] It is life-size and almost completely preserved. Although it would appear to be of the same quality as Chiaramonti 107, it is a fake. Unfortunately it copies even the modern parts of the Chiaramonti portrait: the nose, neck, chin, and mouth.

The so-called McLendon Caesar in the Getty Museum has been dated as Augustan (fig. 37).[49] It has been said that the head is a replica "of the only portrait repre-

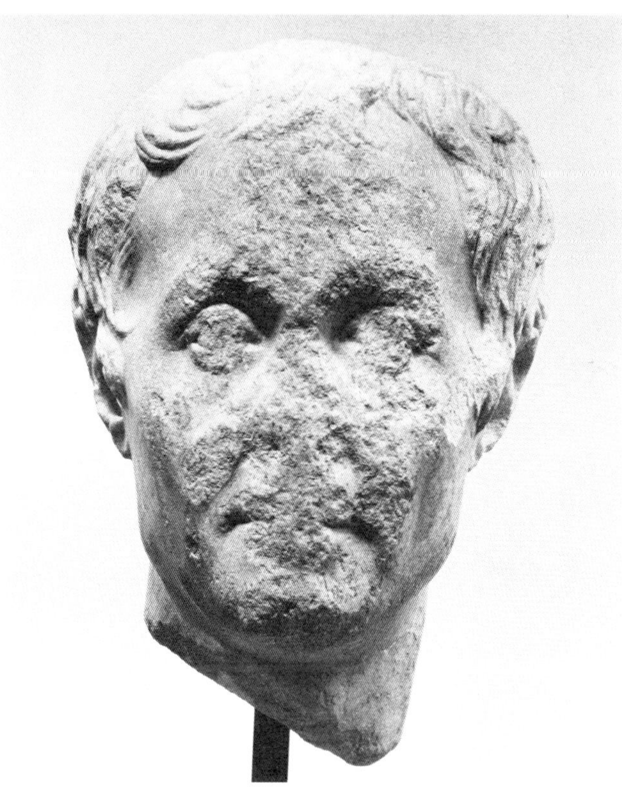

Figure 37. Malibu, The J. Paul Getty Museum 78.AA.266.

46. W. Burchard, 95 Meadway, London NW2.

47. Von Heintze (supra, recent bibliography), pp. 291ff., pls. 79–80. White marble. H: 0.32 m.

48. Formerly H. Herzer and Co. *Apollo* (Sept. 1965), p. xiv; Johansen, p. 55.

49. Malibu, the J. Paul Getty Museum 78.AA.266. White marble with large crystals, probably Thasian. H: 0.27 m. Said to have been found in Asia Minor. Erhart et al. (supra, recent bibliography), no. 2; Frel, *Roman Portraits* (supra, recent bibliography), pp. 16–17, no. 5; Chamay, Frel, and Maier (supra, note 43), p. 47.

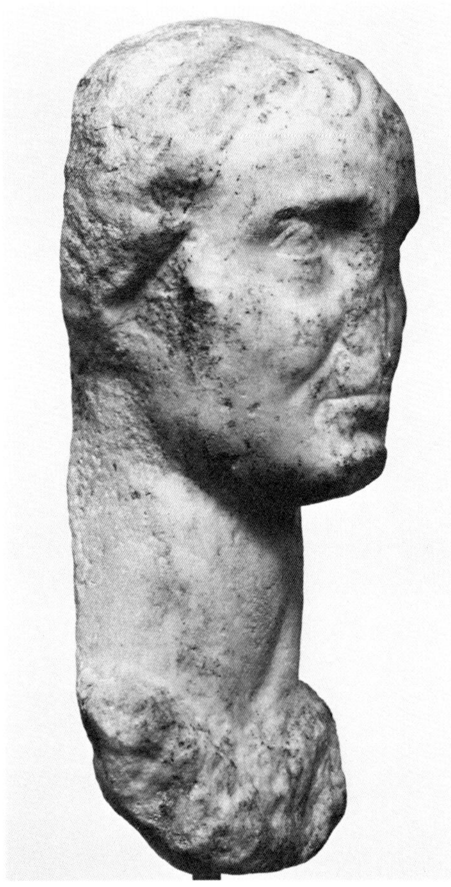

Figure 38a. Three-quarter view of Malibu, The J. Paul Getty Museum 73.AA.46.

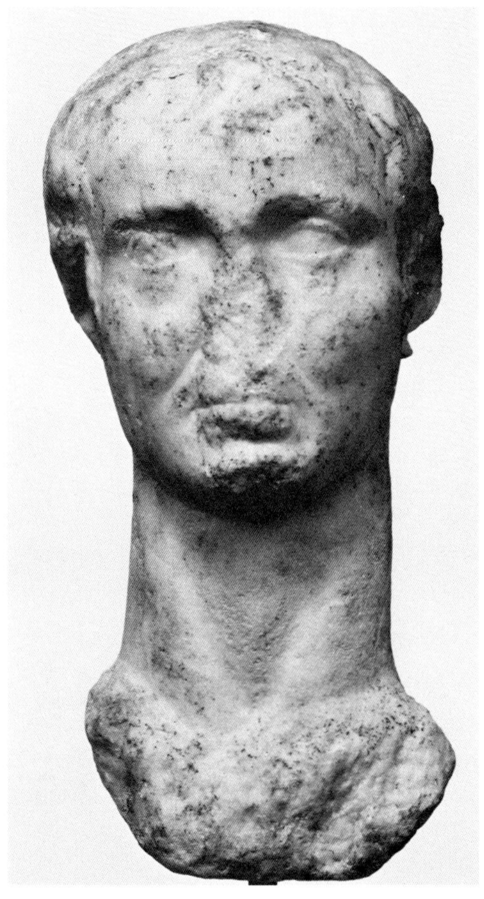

Figure 38b. Head from Malibu, figure 38a.

senting Julius Caesar made during his lifetime,"[50] which would mean that the head should have something to do with the Tusculum portrait and be a free variant of the Castello d'Aglie-Tusculum portrait, but the head is that of a nameless private individual.

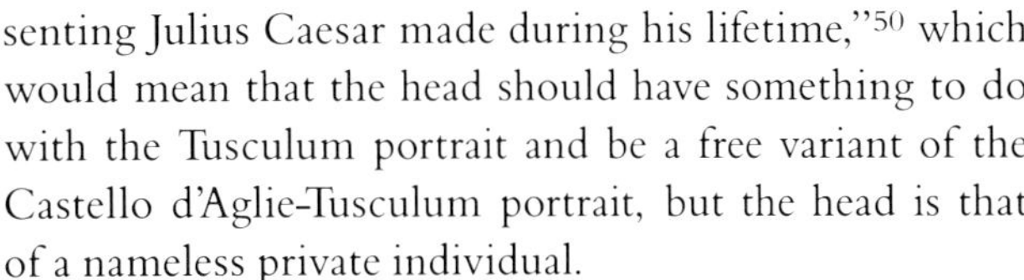

In 1973 the Getty Museum acquired an over life-size marble portrait from Asia Minor, which was published that same year as Julius Caesar (fig. 38)[51] and called "The Getty Caesar." It was brought to Switzerland from the Istanbul bazaar. Although it is almost ruined, it must originally have been part of a large statue in one of the major towns in western Asia Minor, like Pergamon or Miletus. It is an imperial portrait made locally. The neck is long, and the shape of the face resembles the Tusculum type. With some reason it has been said by Jale Inan that it is in the tradition of the Tusculum portrait, and it resembles in size the portraits in Naples and the Palazzo Senatorio, Rome. Because of its damaged condition, we do not learn much from an iconographic point of view, but the portrait is interesting as a document.

In this long list of Caesar portraits, no mention is made of several portraits that have been called Caesar in catalogues and publications. I consider the present list of Caesar portraits comprehensive and would prefer to identify only the Chiaramonti and the Tusculum types as Caesar.

Ny Carlsberg Glyptotek
Copenhagen

50. Chamay, Frel, and Maier (supra, note 43), p. 47.

51. Malibu, the J. Paul Getty Museum 73.AA.46. White large-grained marble from Asia Minor. Total H: 0.53 m; H of head alone: 0.29 m. *Burlington Magazine* (June 1973), fig. 14; Frel, "Caesar" (supra, recent bibliography), figs. 2–5; E. Alföldi-Rosenbaum, in *Greece and Italy in the Classical World*, Acta of the XI. International Congress of Classical Archaeology (London, 1979), p. 978; J. Inan and E. Alföldi-Rosenbaum, *Römische und Frühbyzantinische Porträtplastik aus der Türkei* (Mainz, 1979), p. 53, no. 1, pl. 1; Frel, *Roman Portraits* (supra, recent bibliography), no. 7; J. Meischner, *BonnJbb* 181 (1981), p. 144.

The Portrait of Brutus the Tyrannicide

Sheldon Nodelman

In 1924 a bust that had long been displayed above a doorway in the second-story loggia of the Palazzo della Cancelleria in Rome caught the eye of W. Amelung, was taken down, photographed, and subsequently transferred to the Museo Chiaramonti of the Vatican, where it has remained (figs. 1a–d).[1] Above the small breast-segment, the head is turned sharply to its left. The bust represents a man of mature years but still relatively youthful appearance (estimates as to the approximate age vary, as will be seen) with craggy, strongly modeled features. Beneath the straight forehead the long, rather low-bridged nose juts sharply out; its unrestored portion—about half of the entire length—is straight. The brows are strongly contracted, the tense musculature indicated by the two vertical creases above the bridge of the nose. The deep-set eyes are narrowed in an intense gaze, which follows the direction of the turn of the head. The remaining features add to the effect of momentary excitation and interior tension. Above a deeply indented, forward-jutting chin, the cheeks are creased by strong labio-nasal lines which frame a rather full mouth with tightly pursed lips turned down at the corners. A thick cap of hair is combed in long, undulating strands indicated by shallow chiselwork upon the sides of the head. The hair curls forward heavily at the nape and attains its greatest volume over the forehead. Here, deeply undercut to produce a strong shadow-contrast, it falls into three heavy, pointed locks: a central one over the nose, curling from left to right, framed by two smaller inward-pointing locks located above the outer corners of the eyes. A slight beard descends the sides of the cheeks to follow the line of the jaw toward the chin, fringing the upper lip as well. Despite some surface wear and relatively minor restorations, the head is well enough preserved that the high quality of its workmanship and its vigorous sculptural conception, no less than the dramatic and imposing presentation of the portrait subject, cannot fail to impress the viewer.

Amelung dated the ex-Cancelleria bust to the first years of the Empire and made some shrewd observations upon its psychology to which I will return.[2] In 1939 L. Curtius proposed the bust as a portrait of

Abbreviations:

Aspects	K. P. Erhart et al., *Roman Portraits: Aspects of Self and Society, First Century* B.C.*–Third Century* A.D., ex. cat. (Santa Cruz, University of California, and Malibu, The J. Paul Getty Museum, 1980).
Alföldi	A. Alföldi, "Die stadtrömischen Münzporträts des Jahres 43 v. Chr." Eikones. Studien zum griechischen und römischen Bildnis, *AK*, Beiheft 12 (Bern, 1980).
Balty	J. Balty, "M. Junius Brutus. Stoicisme et révolte dans le portrait romain de la fin de la république," *Academie royale de Belgique*. Classe des Beaux-Arts. Bulletin, 5th ser., no. 61 (1971).
Buschor	E. Buschor, *Das hellenistische Bildnis* (Munich, 1949).
Carson	R.A.G. Carson, *Principal Coins of the Romans*, vol. 1. (London, 1978).
Greek Portraits	J. Frel, *Greek Portraits in the J. Paul Getty Museum* (Malibu, 1981).
Hafner	G. Hafner, *Späthellenistische Bildnisplastik* (Berlin, 1954).
Hekler	A. Hekler, *Greek and Roman Portraits* (New York, 1912).
Helbig	W. Helbig, *Führer durch die öffentlichen Sammlungen klassischer Altertümer in Rom*, H. von Heintze, ed., 4th ed., vol. 1 (Tübingen, 1963).
Johansen	F. Johansen, "Ritratti antichi di Cicerone e Pompeo Magno," *Analecta Romana Instituti Danici* 8 (1977).
Kiss	Z. Kiss, *L'Iconographie des princes julio-claudiens au temps d'Auguste et de Tibère* (Warsaw, 1975).
Massner	A. Massner, *Bildnisangleichung* (Berlin, 1982).
Poulsen	V. Poulsen, *Les Portraits romains*, vol. 1 (Copenhagen, 1962).
Roman Portraits	J. Frel, *Roman Portraits in the J. Paul Getty Museum* , ex. cat. (Tulsa, Oklahoma, Philbrook Art Center, and Malibu, The J. Paul Getty Museum, 1981).
Stewart	A. Stewart, *Attikà. Studies in Athenian Sculpture of the Hellenistic Age* (London, 1979).
Sydenham	E. A. Sydenham, *Coinage of the Roman Republic*, rev. ed. (London, 1978).
Toynbee	J. M. C. Toynbee, *Roman Historical Portraits* (Ithaca, 1978).
Zanker	P. Zanker, *Studien zu den Augustus-Porträts*, vol. 1, *Der Actium-Typus*. AbhGött, 1973.

1. Museo Chiaramonti XLVII.17., inv. 1977. H: 41 cm. Restored: lower half of nose, most of lock over center of forehead, small part of lock to left, patch of left brow and eyelid, edges and lobes of both ears, part of left shoulder. G. Lippold, *Die Skulpturen des Vatikanischen Museums*, vol. 3, pt. 2 (Berlin, 1956), pp. 502f., pl. 228; W. Amelung, "Ritratto romano," *RendPontAcc* 2 (1923/24), pp. 91f., pl. 5; L. Curtius, "Ikonographische Beiträge..., XI: M. Claudius C. F. Marcellus," *RömMitt* 54 (1959), pp. 131ff., figs. 1–4; Buschor, pp. 59, 61; V. Poulsen, "Billeder af Nero og hans Far," *MedNC* 6 (1949), pp. 15f., figs. 10–11; Helbig, p. 285, no. 373; Kiss, pp. 28ff., figs. 25–26.

2. See p. 60, with note 64.

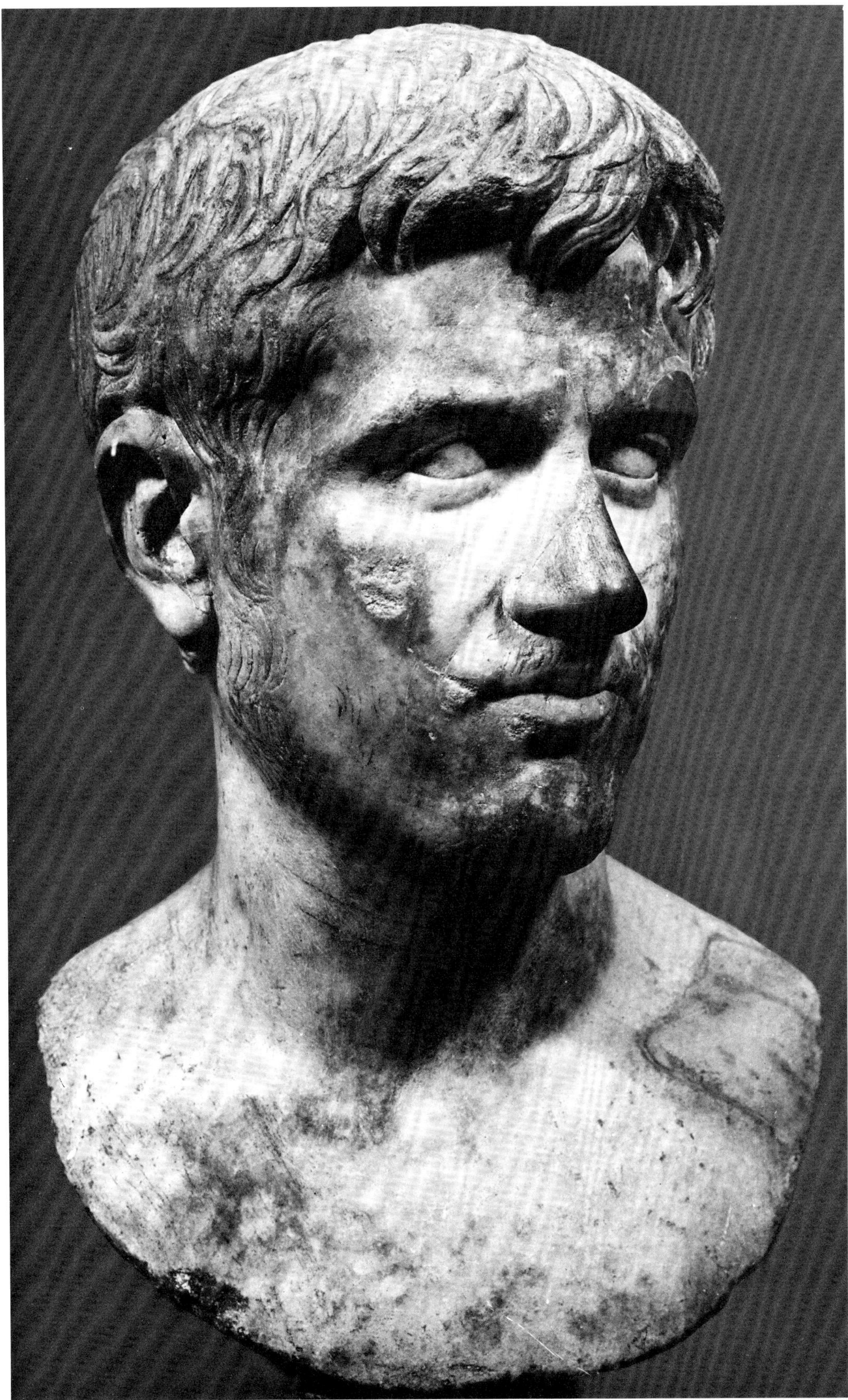

Figure 1a. Front view of bust of a man, here identified as M. Junius Brutus. Vatican, Museo Chiaramonti 1977. Photos: Courtesy DAI, Rome.

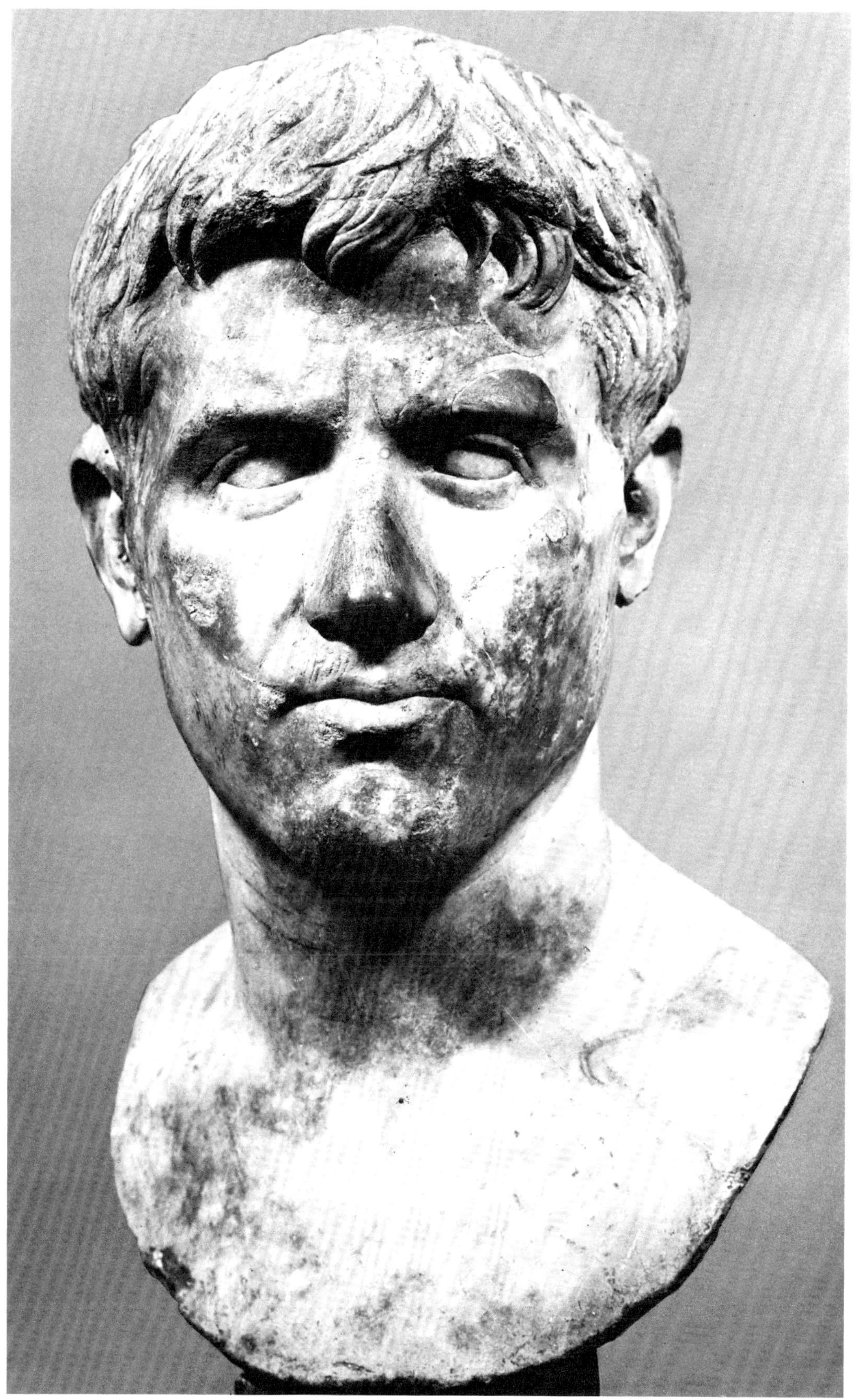

Figure 1b. Three-quarters view of bust, figure 1a.

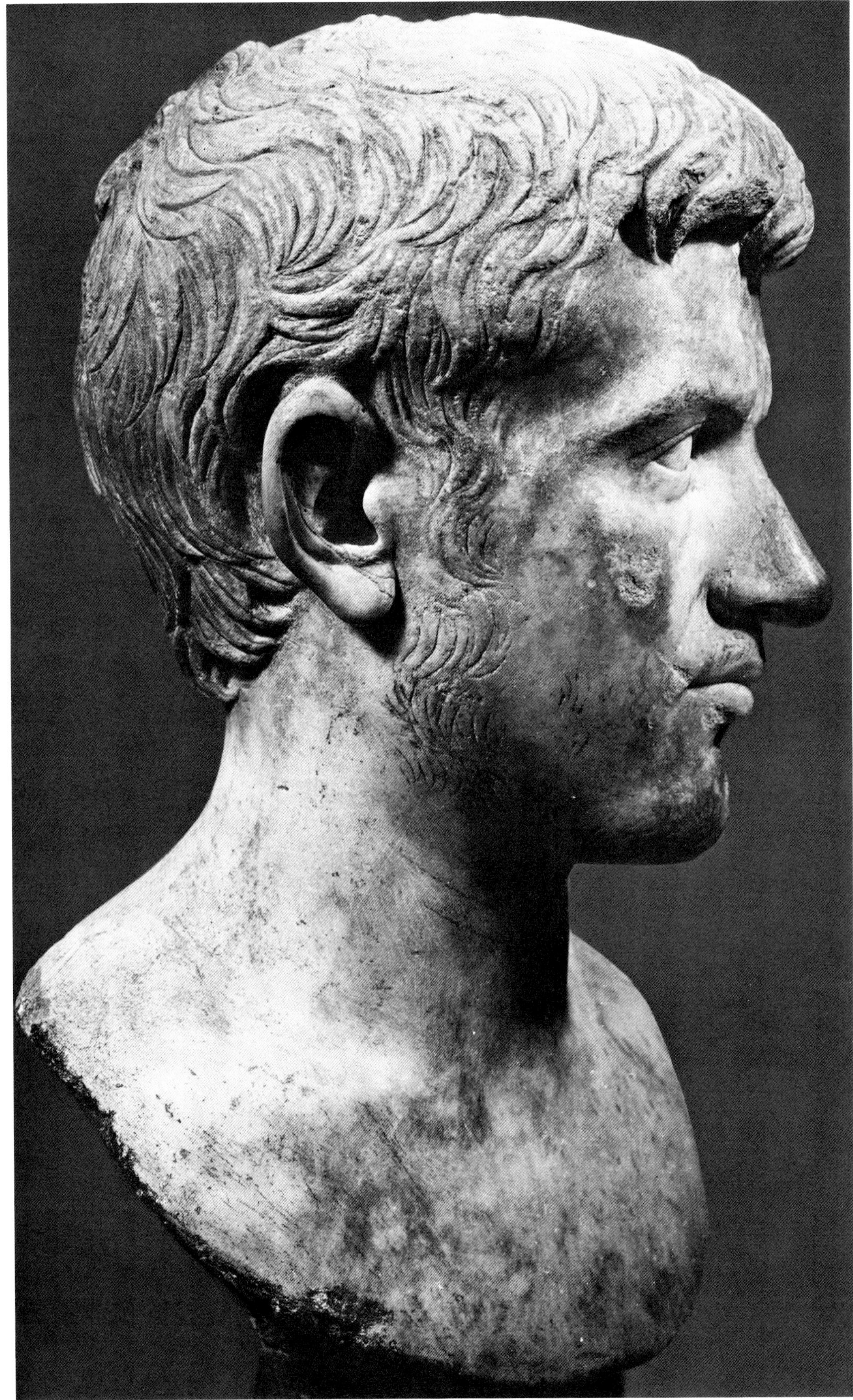

Figure 1c. Right profile of bust, figure 1a.

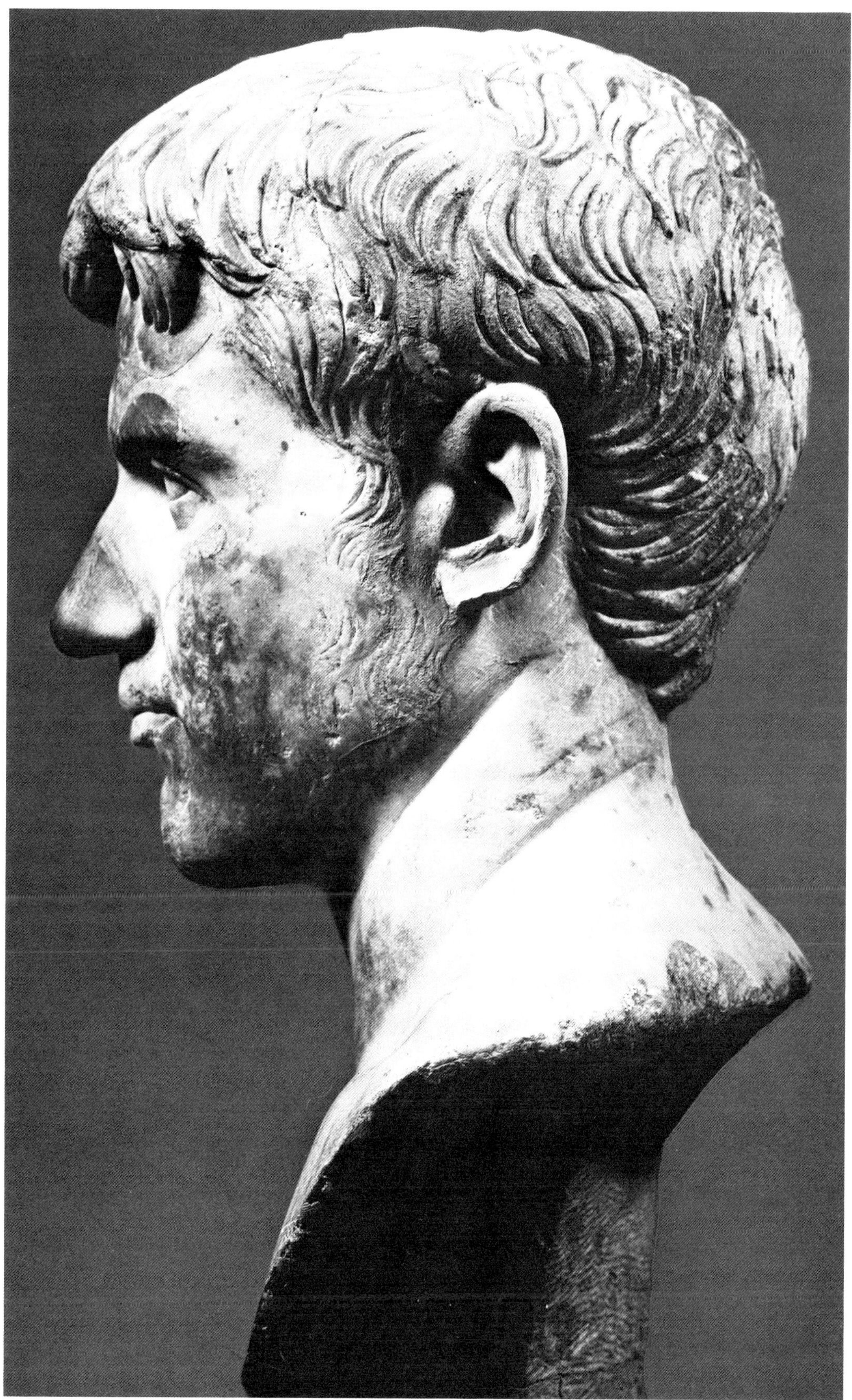

Figure 1d. Left profile of bust, figure 1a.

Claudius Marcellus, the young nephew, son-in-law, and intended successor of Augustus, whose death in 23 B.C. at the age of twenty was to be only the first of the *princeps'* long series of dynastic frustrations.[3] Curtius' identification could only be a purely hypothetical one, impossible of confirmation, since he could adduce no coin portrait or otherwise documented image of Marcellus for comparison.[4] It was based on acceptance of Amelung's dating, on the reasonable supposition that the portrait subject was an outstanding personage of his time, on an estimate of age based in part on the assumption that the beard represented the first *barbula* of the adolescent, and on fancied resemblances to other portraits whose identity as Marcellus was no less hypothetical than that of the Chiaramonti bust itself. There were of course other occasions for the wearing of a beard during the later Republic and early Empire than the first growth of the adolescent,[5] even if a surviving epigram celebrates Marcellus' first shave in 25 B.C.;[6] and I would not myself estimate the age of the Chiaramonti portrait subject as anywhere nearly so young as the approximately sixteen to eighteen years that this hypothesis implies. Nevertheless Curtius' proposal has more recently been revived by Z. Kiss in his study of the iconography of the Julio-Claudian princes.[7]

The question of the Chiaramonti portrait was next taken up in 1949 by V. Poulsen.[8] Though the identification he suggested cannot be accepted, Poulsen's article contained important clues for a more appropriate placement of the work. Rejecting the Augustan date first proposed by Amelung and followed by Curtius and by E. Buschor,[9] Poulsen attributed the bust to the Claudian period and identified the portrait as that of Gnaeus Domitius Ahenobarbus, father of the emperor Nero. The identification was motivated by the resemblance that Poulsen discerned between the Chiaramonti bust and the surviving sculptured portraits of Nero himself. Unsupported by other evidence, such a conjectural family resemblance hardly offers stringent grounds for an identification. The resemblance noted by Poulsen is nevertheless a real one. But it is not so much physiognomic as stylistic, having to do with the sculptural properties of the two heads and with the dramatic conception governing the presentation of the portrait subject to the viewer.

Nero's portraits—especially his penultimate type, best known from the splendid head from the Palatine, Museo Nazionale Romano 618[10]—like certain other artistic manifestations during the reign of that philhellenic and art-crazed prince, exhibit a revival of Hellenistic artistic tradition, both formally and psychologically. Indeed, the inherited format of the Julio-Claudian dynastic portrait is thereby stretched to its limits. This is true of the vibrant plasticity of the modeling, full of strongly contrasted accents and of the tumultuous rendering of personal emotion, most striking in the pathos-filled gaze of eyes set in deep shadow beneath contracted brows. Such are precisely the characteristics that the Chiaramonti portrait shares with that of Nero.

Domitius Ahenobarbus, like Marcellus, has left behind no known epigraphically or contextually identifiable image by means of which Poulsen's proposed identification of the Chiaramonti bust could be proven or disproven.[11] However, I do not think anyone would, independently of such an identification, propose for the Chiaramonti portrait a date in the years of Tiberius or Caligula. (Ahenobarbus died in A.D. 40.) It would be difficult to find convincing parallels among the reliably datable artistic productions of the time. Rather, the Hellenistic affinities that it evinces do not seem to be those of a secondary and limited revival but testify to a still-living Hellenistic tradition. The powerful torsion of the neck, implying the suddenly arrested motion of the entire body; the finely balanced, momentary play of the facial musculature, with the contracted brows and compressed mouth framing the blistering intensity of the gaze; the bold, free modeling of the facial planes; and the volumetric fullness of the cap of hair, contrasted against the shape of the head, all reflect the formal and psychological vocabulary of Hellenistic art. They cannot readily be paralleled in the sculpture of the first century A.D. nor, indeed, in that of the Augustan period, in which a more static posture, a more closed, less con-

3. Curtius (supra, note 1).

4. The sole numismatic evidence for Marcellus' portrait is his (presumed) profile facing that of a young woman presumed to be Julia on the reverse of an as struck at Byzacena in Africa in the year of their marriage: M. Grant, *From Imperium to Auctoritas* (Cambridge, 1946), pl. 1, no. 23; A. Banti and L. Simonetti, *Corpus Nummorum Romanorum*, vol. 8 (Florence, 1975), pp. 183f., no. 1; it is not adduced by Curtius. Poor as it is, the coin profile clearly cannot represent the same individual portrayed in the Chiaramonti bust.

5. See in general *RE*, vol. 3, pt. 1, cols. 33f., s.v. "Bart" (A. Mau). Fashionable young men sometimes affected a light beard well past the usual age of *depositio barbae* during the late Republic and early Empire; Dio Cassius XLVIII.34,3 reports that Octavian retained his until age twenty-four. For the campaigning beard and the beard as emblem of the rebel or pretender, see A. Linfert, "Bärtige Herrscher," *JdI* 91 (1976), pp. 157–174. The younger Cato allowed his beard to grow as an ostentatious political display of grief over the state of the Republic: Plutarch, *Cato Minor*, 53. For further instances of *barbam promittere* as political demonstration during this period, see J. Marquardt, *Das Privatleben der Römer*, vol. 7, pt. 1, *Handbuch der römischen Alterthümer*, J. Marquardt and T. Mommsen, eds. (Leipzig, 1879), pp. 582f.

6. *Anth. Pal.* VI.161 (Krinagoras of Mitylene).

7. Kiss, pp. 28ff., figs. 25–26.

8. Poulsen (supra, note 1), pp. 15f., figs. 10–11.

trast-filled modeling, and a more sober and composed rendering of personality are the rule.

With the exception of Poulsen, most commentators have nonetheless seen in the work a product of Augustan art, and certain considerations can indeed be urged in favor of such a date. In addition to its more outspokenly Hellenistic components, it manifests certain stylistic features suggestive of the Augustan period. The abruptly contrasted, even discordant shapes of the head are contained within a clearly proportioned and severely balanced overall contour, and the facial planes are broad and clear, unmarred by extraneous, merely anecdotal detail. These are signs of a neoclassic formal orientation such as would dominate Augustan art, and they are confirmed by the treatment of the hair in long, shallowly cut, and sharply outlined strands lying upon the even surface of the hair-cap. This is an unmistakable evocation of the rendering characteristic of the second half of the fifth century B.C., notably of the works of Polykleitos. Finally, the fall of the hair over the forehead into an egregious pattern of comma-shaped locks can hardly fail to recall the distinctive "badge" of forehead locks that is a notorious feature of Augustus' portraits and would be emulated by his family and successors in endless permutations. However, these features are insufficient in themselves to indicate an Augustan date. In fact the treatment of that forehead-lock design is itself a persuasive argument to the contrary. Not only is the cap of hair much fuller in volume than is common in portraits of the Augustan period, but the locks spill upon the forehead in a free movement responsive to the sudden twist of the head itself. The analogous formation in Augustus' portraits is stylized into a symmetrical fixity that alludes only remotely to such a concrete motivation. (This stylization is more extreme in the Prima Porta type and in the portraits of the young princes of the late Augustan period and less so—still retaining some reference to the original, naturalistic motivation—in the earlier, so-called "Actium" type.)[12]

The other stylistic features of the Chiaramonti bust that bring to mind the portraits of Augustus' family can be situated similarly; they are precursors still invested with a mobility and sense of organic interaction that would be increasingly abstracted and rigidified in the decades to come.

Such a combination of a still-living Hellenistic tradition with an incipient neoclassicism looking forward to that of the Augustan period points to an age just prior to that of Augustus—the mid-first century B.C., the epoch of the Civil Wars and the Second Triumvirate. A similar conclusion has already been reached by H. von Heintze in her brief entry on the piece in the new edition of Helbig, proposing a date in the third quarter of the century.[13]

Poulsen's article contains another important observation. He noted the close connection between the Chiaramonti portrait and the bust of a lightly bearded man in the National Museum in Stockholm (figs. 2a–b).[14] Poulsen considered the Stockholm portrait to represent the same individual as does the Chiaramonti bust but at a more advanced age. While I believe this view to be correct, it does not sufficiently define the relationship between the two pieces. The Stockholm and Chiaramonti busts are not independently conceived portraits having in common only the physiognomic identity of their subject. Rather they share a common design that comprehends most of the major structuring elements of the two heads and many significant details as well. This is clearest in the profile, where the overall shape of the head, the volume, contour, and interior patterning of the hair-cap set upon it, and the rhythm of the facial profile (with allowance for the restoration of the noses) are manifestly the same. In frontal view the layout of the face and the expressive articulation of its musculature are alike. The weakened echo of the Chiaramonti portrait's deep-set eyes, contracted forehead musculature, and tightly compressed lips can easily be made out in the Stockholm piece.

There are nevertheless considerable differences. Many of these are attributable to the very unequal quality and state of preservation of the two pieces, and to their differential relationship to their prototypes—for both are surely copies executed at some remove from the date of

9. Buschor, pp. 59, 61.

10. B. M. Felletti Maj, *I ritratti* (Rome, 1953), p. 73, no. 123; U. Hiesinger, "The Portraits of Nero," *AJA* 79 (1975), p. 119, pl. 24, figs. 34–35; M. Bergmann and P. Zanker "Damnatio Memoriae. Umgearbeitete Nero und Domitiansporträts," *JdI* 96 (1981), pp. 322–326, fig. 5.

11. For a recent attempt to identify Ahenobarbus in the loricate figure at the left in the well-known Julio-Claudian relief in Ravenna, see J. Pollini, "Gnaeus Domitius Ahenobarbus and the Ravenna Relief," *RömMitt* 88 (1981), pp. 117–140.

12. On the Actium type see Zanker, passim; U. Hausmann, "Zur Typologie und Ideologie des Augustusporträts," in H. Temporini, ed., *Aufstieg und Niedergang der römischen Welt*, vol. 12, pt. 2 (Berlin and New York, 1981), pp. 535–550.

13. Helbig, p. 285, no. 373.

14. NM SK 80. H: 36 cm. Restored: entire nose, front section of hair above forehead, half of left ear, rim of bust. Ex-Barberini collection, acquired in Rome by Gustaf III of Sweden in 1783/84. F. Poulsen in *Tidskrift för Konstvetenskap*, 1916, figs. 12–13; Poulsen (supra, note 1), p. 16; O. Antonsson, ed., *Antik Konst. En Konstbok från Nationalmuseum* (Stockholm, 1958), pp. 122ff., fig. p. 123; C. Nordenfalk et al., *Stockholm* (South Brunswick and New York, 1969), p. 18, no. 3, pl. 3.

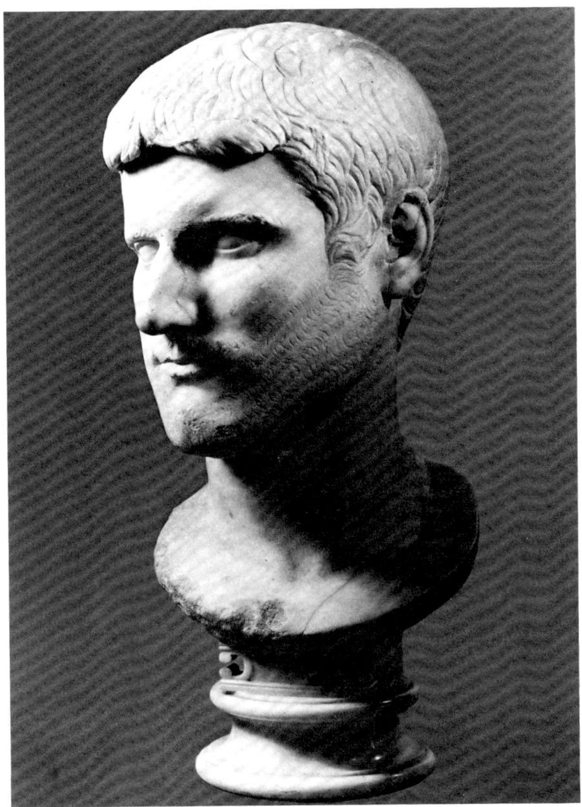

Figure 2a. Bust of a man, here identified as M. Junius Brutus. Stockholm, National Museum SK 80.

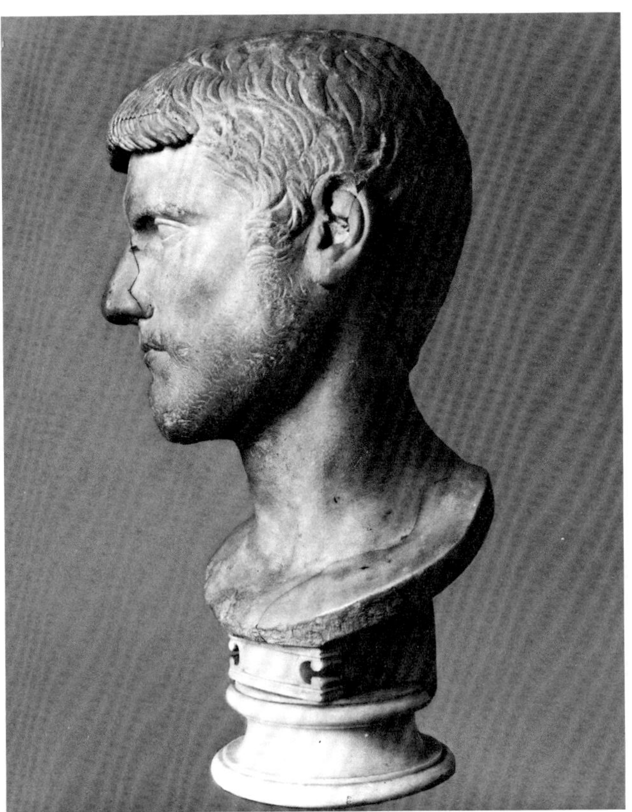

Figure 2b. Profile of bust, figure 2a.

their originals. The Chiaramonti bust itself is not an original work of the mid-first century B.C. It is of Italian marble, and the exploitation of the Carrara quarries to any significant degree had then not yet begun. The violent turning of the head is incommensurate with the limited and static form of the bust and presupposes a statuary original in which it could be motivated by the stance of the figure as a whole. Nevertheless it is surely not very far removed from its original either in date of execution or in faithfulness of transcription. The size and shape of the bust segment and the sculptural execution of the piece concur in suggesting a date for the copy nó more than two or three generations removed from the original, at latest the early first century A.D. The stylistic attitudes that informed the original were still readily accessible, and the copyist was both scrupulous in his task and an accomplished sculptor in his own right. The result was a work of distinguished quality, capable of transmitting the appearance and spirit of the original with a minimum of loss or of intrusion of alien stylistic features.

The Stockholm portrait is a different affair, more remote from its original both in date of execution and in quality and faithfulness of transcription than is the Chiaramonti piece. Its closed contours, more continuous surface, and diminished plastic contrasts evoke late Flavian and early Trajanic portrait sculpture and suggest a date of ca. A.D. 100. (The narrow bust is incongruous with the stylistic date of the copy and suggests that it was executed not after the original statuary prototype but after a bust version of late first-century B.C. or Augustan date.) It is also more extensively restored than the Chiaramonti piece and appears to have suffered from a heavy cleaning, which destroyed its original surface and removed whatever nuances were thereby originally conveyed. But even in its prime it could hardly have compared with its counterpart either in artistic quality or in faithfulness to its original.

The Stockholm bust is a mirror image of the Chiaramonti, the head swiveled to the right rather than to the left. Such reversals are a familiar concomitant of the copying process and of no great significance. Most differences between the two reveal a consistent pattern: what in the Chiaramonti piece are clearly articulated, formally and motivically coherent features of the facial design survive in the Stockholm bust only vestigially, as incoherent remnants blurred into an overall generality. For example, the sharply rendered play of the brows and the forehead musculature can barely be traced in the Stockholm replica, and the same is true of the expressive concatenation of the labio-nasals and the tightly pursed mouth. The facial expression has lost its effect of force and vivid instantaneity and has become merely dour. As to the arrangement of the hair over the forehead, the possibilities of comparison are limited since most of the relevant area of the Stockholm portrait is restored; but insofar as the original arrangement is preserved, it would seem that this no longer fell into a pattern of clearly individuated and movemented locks, but was retracted into a unified mass. The generalized contour is broken only by a slight parting over the center of the forehead and vestigial tufts to the far right and left as shadowy remnants of the original triple-lock configuration. The reductive and schematizing method of the sculptor of the Stockholm bust and the lower level of craftsmanship at which he operated are apparent in the coarse, sketchy chiselwork by which the individual strands within the overall hair-mass are indicated, in contrast to their finely differentiated, carefully profiled rendering in the Chiaramonti portrait. The same contrast can be seen in the Stockholm piece's treatment of the beard, with its mechanical pattern of short incised lines as against the Chiaramonti bust's long, undulating locks described in subtly graduated low relief.

Most of these differences are of a secondary nature, entirely subtractive and negative, and easily explicable as the results of the accumulation of involuntary errors and careless expediencies in the course of a long process of repeated copying. Nevertheless, certain positive features of the Stockholm portrait are not explicable in such terms. The greater prominence of the cheekbones and the heavier modeling of the folds of flesh framing the corners of the mouth are not paralleled in the Chiaramonti portrait. It is principally these features that create the impression of greater age in the portrait subject. Were it not for them, it would be possible to regard the Stockholm bust as no more than a late and rather mechanical replica after the same original as the Chiaramonti portrait, offering a reduced and schematized version of a design far better and more faithfully reflected in the latter. But it is difficult to explain why so scrupulously executed and stylistically coherent a replica as the Chiaramonti bust should omit such salient features of the original, or conversely why the otherwise weak and reductive Stockholm bust should retain them. Their presence makes it impossible to regard the two pieces as replicas after the same original.

The close correspondences, which would seem to preclude an independent origin for the two, can best be explained neither on the hypothesis of two separately conceived originals nor on that of two divergent renditions after the same original, but rather on the assumption of two closely related originals, the later one preserving the format and style of the earlier, while introducing secondary modifications in response to physiognomic changes in the subject and perhaps shifts in rhetorical intent as well. This procedure is familiar during the Empire in the portraiture of emperors and other members of the ruling house. The best-known instance is the succession of portrait types of Augustus across his long public career, which variously inflect a single basic fomat and style established at the start.[15] That this device was being practiced already in the late Republic is witnessed by the close relationship between the two surviving portrait types of Pompey, the earlier Venice type and the later represented by the well-known head in Copenhagen.[16] Here, too, the basic design of the earlier portrait is recapitulated, with suitable modifications, in the later portrait. A similar relationship may be envisaged for the two portrait types of the Chiaramonti-Stockholm personage. Regrettably, unlike the cases of the portraits of Augustus and of Pompey, only one of the types survives in a replica adequate to convey a good idea of the stylistic character of its original. Many nuances of design that would have marked the original of the Stockholm portrait are surely obscured or lost in the replica. Nevertheless, given the close dependency of the one on the other it is probably safe to draw upon the characteristics of the stylistically cogent and evidently reliable Chiaramonti piece to reconstruct mentally the lost original of the Stockholm portrait.

We have thus two successive and closely related portrait types of an eminent personage of the late Republic, whose renown earned renewed commemoration in sculpture during the first century of the Empire. The modest artistic quality of the Stockholm bust itself witnesses to the extent of this renown. It is suggestive not of a unique commission for a special client but of routine production of a kind suitable for a broader public, like the mass-produced portraits of famous poets and philosophers. The conventions according to which the portrait subject is characterized, however, are not those traditional for a man of letters or intellect but rather those of a statesman. It is among the prominent political

15. See the works cited in note 12; also P. Zanker, *Die Bildnisse des Augustus. Herrschenbild und Politik im kaiserlichen Rom* (Munich and Berlin, 1979).

16. Venice, Museo Archeologico: G. Traversari, *I ritratti* (Rome, 1968), pp. 27f., no. 10, pl. 10a–c; Copenhagen, Ny Carlsberg Glyptotek: Poulsen, pp. 39ff., no. 1, pls. 1–2. On Pompey's portraiture see most recently Johansen, pp. 49–69.

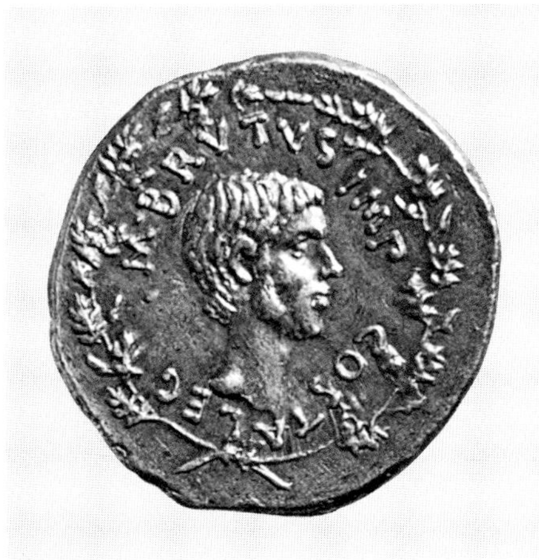

Figure 3. Aureus struck by Pedanius Costa. Reverse. Head of Marcus Brutus. From Sutherland, *Roman Coins*, p. 115, no. 197.

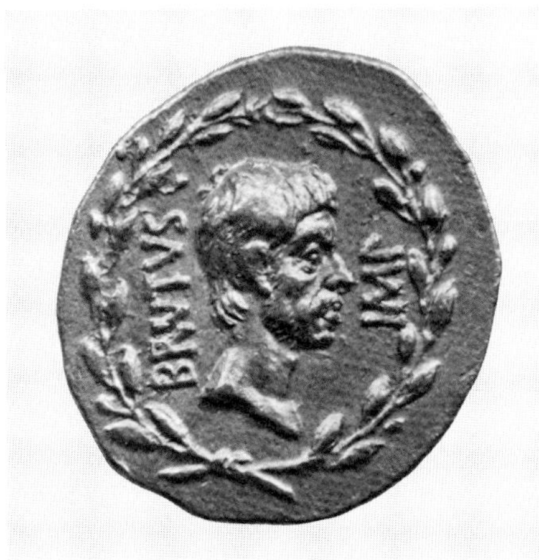

Figure 4. Aureus struck by Servilius Casca. Obverse. Head of Marcus Brutus. From Kent-Hirmer, *Roman Coins*, pl. 28, no. 99o.

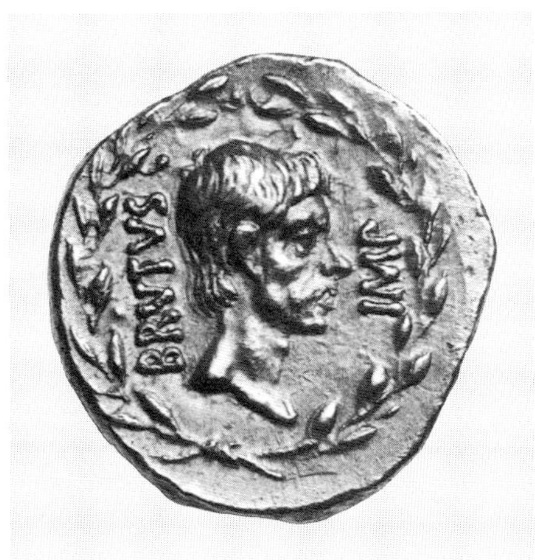

Figure 5. Aureus struck by Servilius Casca. Obverse. Head of Marcus Brutus. From *Wealth of the Ancient World*, p. 227.

figures of the end of the Republic, the *viri illustri*, that his identity must be sought.

The Chiaramonti-Stockholm *ignotus* joins the select company of what F. Poulsen aptly termed "célèbres visages inconnus"—unidentified personalities whose posthumous fame is attested by the survival of their portraits in multiple copies of later date.[17] Among those datable by the style of their originals to the first half or middle of the first century B.C. are the portrait of an old man represented by replicas in the Uffizi, inv. 1914, and in the Ny Carlsberg Glyptotek, cat. no. 429;[18] the so-called "pseudo-Cicero" type with its replicas in Florence, Copenhagen, and Naples,[19] the "pseudo-Corbulo,"[20] and the portrait of a fleshy-faced man with replicas in Paris, Rome, Naples, and Nemi, for which V. Poulsen has suggested the name of Crassus.[21] All of these must represent prominent historical figures whose names, could we but apply them, would be familiar from our literary sources. All share the misfortune of lacking any epigraphical or numismatic attestation of their identities. The case may not be quite so irremediable for the subject of the Chiaramonti-Stockholm portraits. Already a first glance suggests a resemblance to the profile images of one of the handful of political figures of the Civil War period, whose portrait is recorded for us on coins. This is none other than Marcus Junius Brutus, the murderer of Julius Caesar and last standard-bearer of the cause of the senatorial Republic.

The numismatic evidence for the portrait iconography of Brutus, though confined to the last year, or at most year and a half, of his life, is fairly extensive. Portraits expressly identified as Brutus by the accompanying legend appear upon coins issued under his imperatorial authority during his command in the East and were struck on his behalf by subordinates at mints in Macedonia and Greece. In all cases the inscriptions describe Brutus as *imperator* and must be subsequent to his assumption of that title during the summer of 43 B.C.—and of course prior to Philippi, October 23, 42 B.C. Numismatists habitually attribute them all to 42, though the grounds for such precision do not seem compelling.

Brutus' portrait appears in three different variants, each struck by a different lieutenant and each clearly the work of a different engraver or group of engravers. Ped-

17. F. Poulsen, "Célèbres visages inconnus," *RA*, 5th ser., 35 (1932), pp. 44–76. See also Zanker, pp. 38f., with n. 85; P. H. von Blanckenhagen, review of B. Schweitzer, *Bildniskunst der römischen Republik*, in *Gnomon* 22 (1950), p. 325.

18. Copenhagen: V. Poulsen, *Les portraits grecs* (Copenhagen, 1954), pp. 71f., no. 48, pl. 33; Hafner, p. 61, no. A4, pl. 25; Florence: G. Mansuelli, *Galleria degli Uffizi. Le sculture*, vol. 2 (Rome, 1961), p. 39, no. 25, figs. 25a–b.

19. Copenhagen: Poulsen, pp. 42f., no. 3, pls. 6–7; Florence: Man-

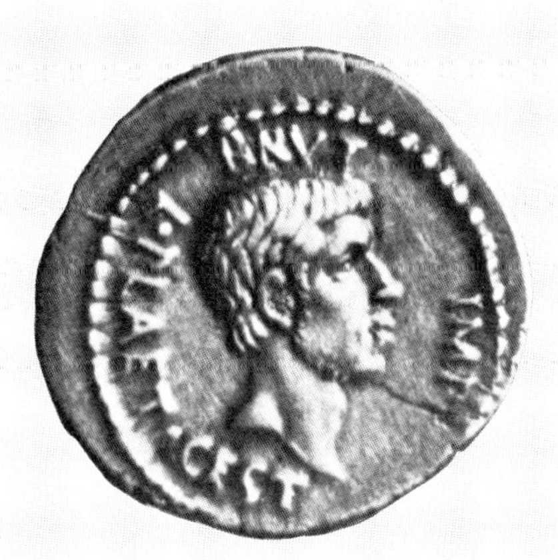

Figure 6. Denarius struck by Plaetorius Cestianus. Obverse. Head of Marcus Brutus. From Toynbee, *Roman Historical Portraits*, fig. 87.

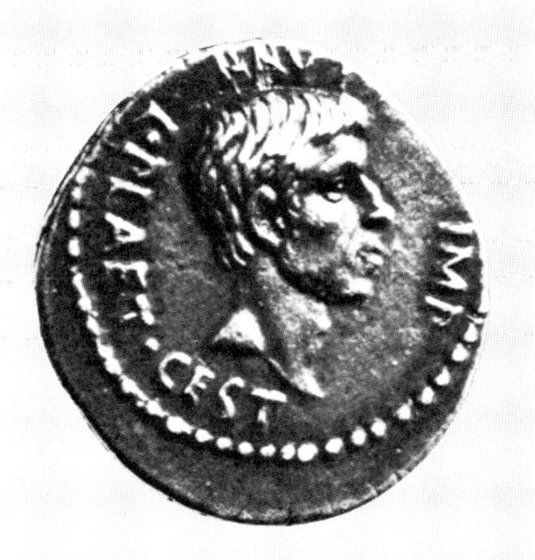

Figure 7. Denarius struck by Plaetorius Cestianus. Obverse. Head of Marcus Brutus. From Sutherland, *Roman Coins*, p. 116, fig. 200.

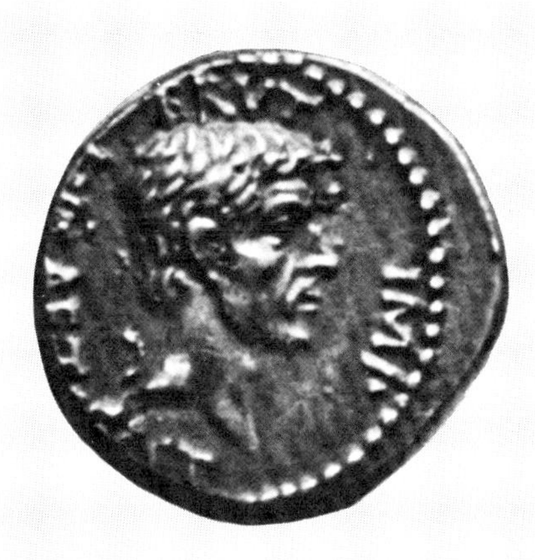

Figure 8. Denarius struck by Plaetorius Cestianus. Obverse. Head of Marcus Brutus. From Alföldi, "Stadtrömischen Münzporträts," pl. 2, no. 4.

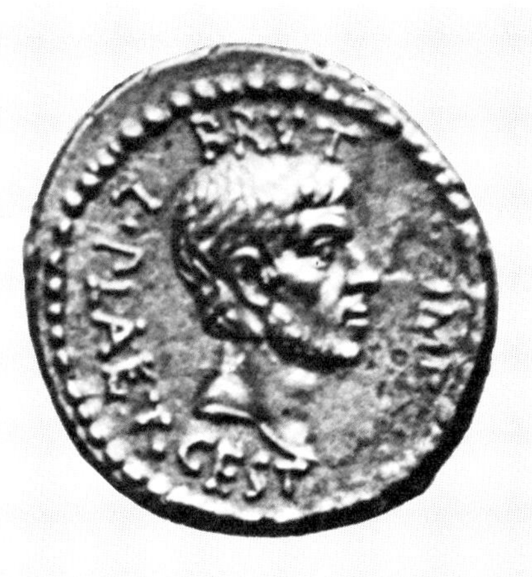

Figure 9. Denarius struck by Plaetorius Cestianus. Obverse. Head of Marcus Brutus. From Alföldi, "Stadtromischen Münzporträts," pl. 2, no. 9.

anius Costa, who signs as *legatus*, issued aurei bearing on the obverse the bearded head of Lucius Brutus, the fabled first consul, whose head and legend are enclosed within an oak-leaf wreath; the reverse, within the same format, shows the head of Marcus Brutus (fig. 3).[22] Servilius Casca, one of Brutus' co-conspirators, struck aurei with an obverse similar in format to Costa's, though the wreath is now laurel and the legend framing Brutus' head runs vertically on either side of the head rather than circling round it, the reverse shows a combined military and naval trophy, referring to skirmishes incident upon Brutus' fund-raising depredations in Greece and Asia Minor (figs. 4, 5).[23] Plaetorius Cestianus struck denarii, whose obverses show Brutus' head surrounded by legend without wreath (figs. 6, 7, 8, 9);[24] the famous reverse is that described by Dio Cassius: the liberty cap

suelli (supra, note 18), pp. 46ff., no. 34, figs. 34a–b; Naples, Museo Nazionale: Hekler, p. 326, pl. 146b.

20. E. Schmidt, *Römerbildnisse vom Ausgang der Republik*. 103. WinckProgr (1944), pp. 15ff. See most recently H. Jucker, "A Republican Ancestor of the Empress Domitia Longina," *Apollo* (May 1976), pp. 350–357. (On the basis of the photographs published by Jucker, there seems room for doubt as to the antiquity of the recently acquired Montreal replica; cf. Balty, p. 299, n. 3.)

21. Schmidt (supra, note 20), p. 29; Poulsen, pp. 10f. Naples replica: Hekler, p. 318, pl. 148a.

22. Sydenham, p. 202, no. 1295; Carson, p. 71, no. 269; C. H. V. Sutherland, *Roman Coins* (New York, 1974), p. 115, figs. 196–197.

23. Sydenham, p. 203, no. 1297; Carson, p. 73, no. 272; J. P. C. Kent, M. Hirmer, and A. Hirmer, *Roman Coins* (New York, 1978), p. 274, no. 99, pl. 27, fig. 99r, pl. 28, fig. 99o.

24. Sydenham, p. 203, no. 1301; Carson, p. 72, no. 274; Sutherland (supra, note 22), p. 116, figs. 200–201; Kent-Hirmer (supra, note 23), p. 274, no. 98, pl. 27, no. 98. Of the portrait obverses illustrated in the

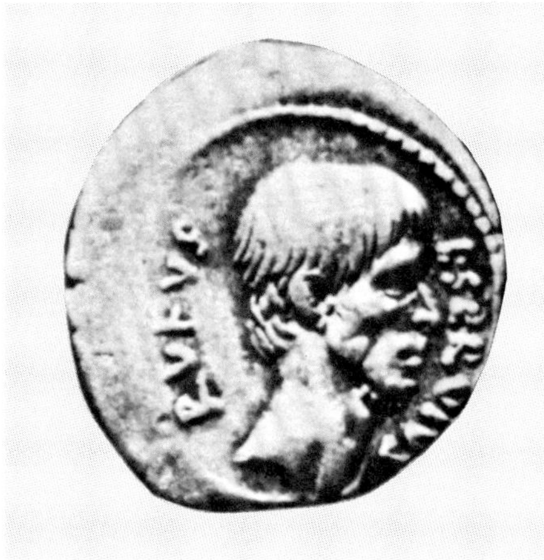

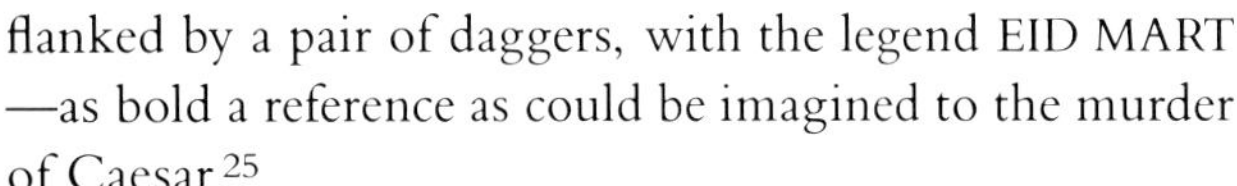
Figure 10. Denarius struck by L. Servius Rufus. Obverse. Head of Marcus Brutus. From Alföldi, "Stadtrömischen Münzporträts," pl. 2, no. 12.

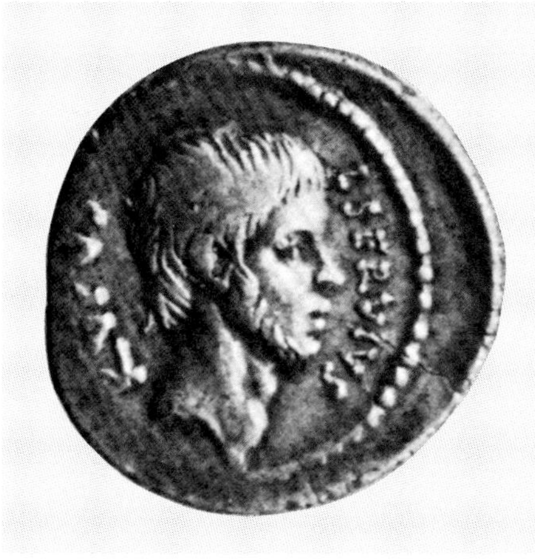

Figure 11. Denarius struck by L. Servius Rufus. Obverse. Head of Marcus Brutus. From Alföldi, "Stadtrömischen Münzporträts," pl. 3, no. 4.

flanked by a pair of daggers, with the legend EID MART —as bold a reference as could be imagined to the murder of Caesar.[25]

All three of these issues agree in showing a head of characteristic profile: the skull flat-topped with prominent occiput; a thick cap of hair combed forward over the forehead and curling heavily at the nape of the neck; a light beard descending the cheek and following the line of the jaw; a long, straight nose with bulbous tip, low-bridged and set at a markedly contrasting angle to the forehead; deep-set eyes; a strong chin; and full, pursed lips. However, they differ considerably in the rendering of these features. The soberest and most precise appears to be that of Plaetorius Cestianus, which also has the advantage of being the largest, since it dispenses with the wreath, which elsewhere occupies a substantial part of the field. Cestianus' dies fall into two groups, one more plastic (figs. 6, 7) and the other harsher and more linear in treatment (figs. 8, 9)[26] but both accenting the angularity of the profile and sharing similar proportions and rhythm. There can be little doubt that they reflect the same sculptural prototype; whether they descend from the same original model die is less certain. The head on Casca's aurei is much more heavily modeled, the features fleshier, with the brow more strongly arched, the eye larger, and the lips thicker and more protrusive. Costa's aurei steer a middle course between the dry realism of Cestianus' portrait and the baroque exaggeration of Casca's; one is tempted to call them neoclassic in style. In addition to these, a fourth coin portrait of about the same date, upon the uninscribed obverse of a local Macedonian bronze issue, is usually attributed to Brutus; it displays a head that appears to be a crude, provincial transcription of that on the aurei of Costa.[27] This rare type has scant iconographic value and needs no further consideration here.

One more numismatic portrait group remains to be discussed. This consists of the bearded heads on obverses of denarii struck at the mint of Rome by the moneyer L. Servius Rufus (figs. 10, 11).[28] Estimates of their date have varied between 43 and 41 B.C., and the personage represented has usually been identified as an ancestor of the moneyer, whose own name accompanies it on the otherwise uninscribed field. However, the head has a striking resemblance to the already discussed numismatic portraits of Brutus and has been identified as his by a number of scholars.[29] The late A. Alföldi has exhaustively demonstrated this identification and argued persuasively for Servius' membership in a college of four moneyers in office during the first half of 43. Here

works cited above, all are executed in the "plastic" style-subdivision of Cestianus' issues; for obverses executed in the "harsh" style see infra, note 26.

25. Dio Cassius XLVII.25.

26. For examples of the "linear" version of Cestianus' portrait obverses, see Alföldi, pl. 2, figs. 9, 12; M.L. Vollenweider, *Die Porträtgemmen der römischen Republik*, vol. 1, *Katalog* (Mainz, 1972), pl. 93, figs. 4–8, pl. 94, figs. 5–6, with commentary pp. 57f.

27. J. J. Bernoulli, *Römische Ikonographie*, vol. 1 (Stuttgart, 1882), Münztafel 3, fig. 75.

28. Sydenham, p. 179, no. 1082; Carson, p. 74, no. 285; Alföldi, pl. 2, figs. 4, 7, 8, 11, pl. 3, figs. 1–5; Vollenweider (supra, note 26), pl. 123, figs. 5–6, 8–13, pl. 124, figs. 2–4, with commentary pp. 72f.

29. Initially by Sydenham, p. 179, no. 1082 and note to no. 1081; cf. Alföldi, p. 21.

30. Alföldi, passim. An earlier version of these arguments appeared as A. Alföldi, "Porträtkunst und Politik in 43 v. Chr.," *Nederlands Kunsthistorisch Jaarboek* 5 (1954), pp. 151–171.

Brutus' portrait and those on the obverses of the three other moneyers would find their appropriate numismatic and political context.[30] Servius' obverses are a valuable supplement to Brutus' numismatic iconography as provided by the inscriptionally identified portraits.

Like the three Eastern issues, the various dies of Servius Rufus' denarii display a certain range of variation in their rendering, reflecting the temperaments and skills of various engravers as well as the accumulation of involuntary disparities as the line of descent from the original master die grows more distant in the process of repeated copying. Nevertheless they are rather consistent in their distinctive style of rendering and in the transcription of the sculptural original that they provide. The essential features are the same as those described above for the Eastern issues. The rendering, however, is quite different, with a smoother external contour, a more compact shape, and a more unified treatment of the facial structure. Some of Rufus' obverses are distinguished by rather more elongated proportions, and on some of these the light beard lengthens into a tuft at the point of the chin.[31] This presumably reflects a modification introduced into the ultimate sculptural prototype;[32] but its limitation to a small fraction of one of Brutus' four portrait issues shows that this version was restricted in duration, circulation, or both. The Eastern coin portraits, certainly later in date than those of Rome, are unanimously short-bearded.

There are thus basically five numismatic variants of Brutus' portrait, each with a certain internal range of variation. Each appears to originate from a master engraver with a distinctive glyptic style and a particular vision of the sculptural original, whose profile aspect he was transposing into miniaturized relief. They can be arranged into something of a continuum. At one extreme stands the Roman version of Servius Rufus, with its compact proportions, smoothly flowing outline, and relatively unmarked treatment of the features. Among the Eastern examples, the coin portraits of Pedanius Costa are closest to this in their smooth, even treatment, but they break the continuity of the contour line to stress the angularity of the facial profile. At the other extreme stands the "baroque" version of Servilius Casca with its fleshy modeling and its exaggeration of the expressive features of the face. Between these extremes stand the two closely related versions in the coinage of Plaetorius Cestianus. Of these the more plastically rendered subgroup displays a stability and simplicity of shape that, despite the more pointed and individualized treatment of the features, connect it with the portrait on the coins of Pedanius Costa. The other subgroup employs its sometimes rather sketchy rendering as the vehicle for a harder, more abrupt, and emphatic version of the facial features, which may provide a bridge to the inflated, almost caricatural extreme of some of the portraits on the aurei of Casca.

Despite individual differences in conception and execution, all of these versions share certain stable and fundamental traits. The characteristic shape of the skull, the volume and outline of the cap of hair, and the distinctive facial profile are held in common, as are—with the exception noted above—the length and treatment of the beard. It must be asked to what extent these versions represent a single, original model. Do their differences reflect no more than the stylistic idiosyncracies of the master engravers, or do they betray the existence of more than one sculptural prototype? Were it not for the coins of Servilius Casca, the question would seem easy to answer. The other four versions present a range of variation no greater than can readily be explained by the different mannerisms of engravers variously reproducing a single prototype in another medium and format. Some of the coins of Casca are more difficult to accommodate within this assumption. Brutus appears older, heavier-featured, the pathos of the facial expression exaggerated to the extreme. The question arises whether Casca's obverses are not based upon a different sculptural prototype, physiognomically and stylistically distinct from that reflected by the other numismatic versions.

A number of considerations weigh against this supposition. Not all of Casca's dies, despite their shared general style, are equally extreme in their rendering of the portrait features; the more moderate examples are not far removed from, e.g., the treatment in Plaetorius Cestianus' coinage. Moreover, some of the expressive effects achieved by Casca's engraver are possible only within the small-scale glyptic medium and cannot have been features of the full-size sculptural prototype. While

31. Alföldi, pl. 2, figs. 7–8; Vollenweider (supra, note 26), pl. 123, figs. 5–6, 8, 11–12, pl. 124, figs. 3–4. The style, proportions, and glyptic rendering of this group of Servius Rufus' obverse dies are closely matched in two portrait gems (Vollenweider [supra, note 26], pl. 94, figs. 1–4; ibid., vol. 2, *Text* [Mainz, 1974], p. 139), which however, lack the lengthened tuft at the chin shown by most of these coins.

32. In the Imperial portraiture of the second and third centuries A.D., stages in the growth of beard of adolescent princes are recorded—both in numismatic portraits and in sculpture in the round—within portrait types whose characteristics are otherwise constant. This observation permits interesting inferences with regard to the mechanisms of production and distribution of the Imperial portraiture, and to the relationship between sculptural and numismatic portraits, which I plan to discuss elsewhere. Servius Rufus' coinage suggests comparable procedures during the first century B.C.

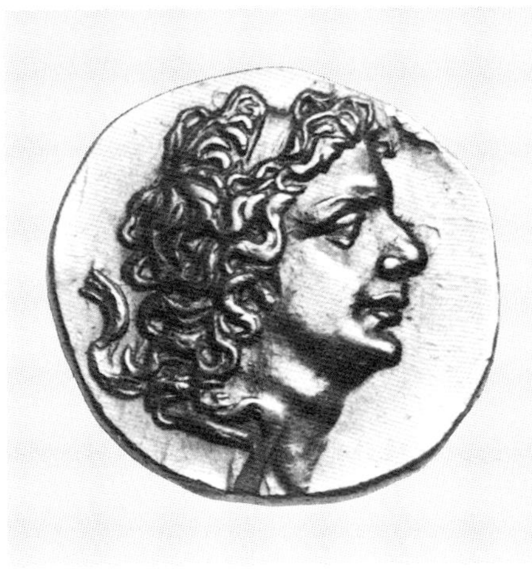

Figure 12. Gold stater of King Pharnaces II. Obverse. Portait of the king. From *Wealth of the Ancient World*, no. 113.

the high-arched brow and wide-open eye and the fleshy modeling of the cheek are perfectly imaginable within the mimetic repertory of late Hellenistic sculpture, an equally important element of the same expressive scheme, the caricatural exaggeration of the thick and protrusive lips, is not. Grossly exceeding naturalistic proportions, this is imaginable only within the miniature scale and pictorially conceived relief of the numismatic image. Finally, there is the obvious concordance between the sculptural sensibility of the engraver—his love of succulent modeling, violent contrasts, flickering chiaroscuro—and the "baroque" pathos of expression with which the portrait subject is invested. It is interesting that a similar "baroque" style of numismatic portraiture, featuring comparable depth of modeling and impressionistic effects, had been employed only a few years previously in the gold coinage of King Pharnaces II of Bosporus, son of Mithradates Eupator (fig. 12), whose attempt to recover his father's empire was defeated by Julius Caesar at Zela in 47 B.C.[33]

This question does not seem at present to be resolvable on the numismatic evidence alone. It would require a comprehensive analysis of entire issues with a view to determining the sequence of die-links and eventually identifying the original master dies or their immediate progeny. This would hardly be feasible in the present case owing to the rarity of Brutus' coins and the tiny fraction of each issue that survives. Fortunately it is not necessary for our purposes. If a decisive pattern of resemblances could be identified between the shared basic characteristics of the four "normal" numismatic variants of Brutus' portrait and the profile of an appropriate portrait head in the round, this should suffice as grounds for an identification. The question of the possible existence of yet another, stylistically and physiognomically distinct, sculptural portrait of Brutus that might have served as the model for Casca's coin portraits would in no way invalidate such a result.

The shared fundamental characteristics of the Chiaramonti and Stockholm portraits exhibit just such a pattern of resemblances to the coins. The shape and proportions of the skull, with its flat top and pronounced occipital development, concur strikingly in the numismatic and sculptured profiles. So does the thick cap of hair, whose volume is set off against that of the skull and whose contour across the forehead and down the side of the head correspond closely as well. Such details as the indication of separate locks falling over the forehead, the thick forward-curling locks gathered at the nape, and the pattern of the long undulating hair strands on the side of the head agree as closely as could be wished. As to the facial profile itself, the height and angle of the straight forehead correspond exactly, as does the abrupt break of the contour at the low bridge of the nose. Comparison of the shape of the nose is limited by the fact that the lower half of that of the Chiaramonti portrait and almost all of that of the one in Stockholm are restored. Nevertheless enough survives to show the similarity of the change of angle between forehead and nose and that of the line of the nose so far as it is preserved. Some of the coin profiles indicate a crook in the nose at about its midpoint and most agree in giving it a drawn-out tip. These features are not available for comparison in the sculptured replicas, but the overall shape of the nose in the better preserved instance of the Chiaramonti bust, as witnessed by the surviving portion and its extrapolation in the restorer's addition, agrees well with that attested by the coins. The deep-set eyes are another common feature, and the tensed forehead musculature of the sculptured portraits is explicitly notated in the profiles of the "linear" subgroup of Plaetorius Cestianus' issues, which of all the numismatic variants of Brutus' portrait provide the greatest wealth of internal detail.

33. See K.C. Golenko and P.J. Karyszkowski, "The Gold Coinage of King Pharnaces of the Bosporus," *NC*, 1972, pp. 25–38, pls. 2–3; also, *Wealth of the Ancient World. The Nelson Bunker Hunt and William Herbert Hunt Collection*, ex. cat. (Fort Worth, Kimball Art Museum, 1983), p. 222, no. 113 (C. Lorber). There seems nothing else comparable in the numismatic style of the contemporary Hellenistic world. Could engravers formerly in the service of King Pharnaces have found employment a few years later with Casca's newly established mint?

34. Bernoulli (supra, note 27), pp. 187–195.

35. *EAA* 2 (1959), pp. 193ff., s.v. "Bruto," "Marco."

The same close resemblances persist in the lower half of the face, including the compressed, full-lipped, pouting mouth with its turned-down inner corner; the jutting chin with its deep indentation beneath the lower lip; the pronounced labio-nasal line; and the contour of the jawline up to the similarly placed ear. The sculptured portraits' light fringe of beard, curling down the cheek in front of the ear and following the jawline toward the chin, is faithfully mirrored in most of the coins, though in a few it is so summarily indicated as hardly to be visible in reproduction; and in some of Servius Rufus' Roman dies it is prolonged—as was mentioned above—into an additional tuft at the chin.

So far the salient characteristics held in common by the "normal" numismatic portraits can be matched point for point in both the Chiaramonti and Stockholm busts. However, the prominent cheekbones and strongly marked fold round the corner of the mouth, which are featured with varying degrees of emphasis in most of the numismatic profiles—notably in those of the "linear" subgroup within Plaetorius Cestianus' issue—are distinctive traits of the Stockholm portrait alone; they are not comparably accented in the Chiaramonti portrait. Hence it is the second and older of the two versions of Brutus' portrait that is reproduced in the coins of 43–42 B.C. This is indeed what one might expect, inasmuch as these coins were struck in the final year to year-and-a-half of Brutus' life.

Nevertheless the younger Chiaramonti portrait is not irrelevant in evaluating the relationship between the coins and their sculptural prototype. As has been seen, except for these very same indications of advancing age—the hollowing of the cheeks and the sagging of the muscles round the mouth—the Stockholm portrait appears to have repeated the format, and, so far as can be judged, the style of its predecessor. Since the latter survives in a replica of far higher quality, representing its original with much greater fidelity, we are entitled to assume that the stylistic nuances that it preserves—but which are coarsened or lost in its Stockholm counterpart—were characteristic of the latter's original as well. And indeed, in such a detail as the rendering of the beard, the numismatic profiles resemble not the summary indications of this feature in the Stockholm portrait but the more flowing and delicately graduated treatment of the Chiaramonti piece. This correspondence helps to confirm the posited relationship between the originals of the two portraits as well as the differing evidential status of the surviving replicas. In what follows, the stylistic and iconographic evaluations of Brutus' portrait will be based primarily on the Chiaramonti bust, with some confidence that inferences drawn from it apply, mutatis mutandis, to the original of the Stockholm type as well.

Humanistic scholarship has, of course, long sought to identify the image of one of the most fascinating and tragic figures among the *viri illustri* of the late Republic. The older attempts were reviewed by J. J. Bernoulli in 1882 and were with good reason dismissed.[34] A more recent survey, by A. Longo in 1959, reached similarly negative results.[35] Since that time there have been several renewed attempts to identify the portrait of Brutus. The first of these and, surprisingly, that which has found the greatest echo in the scholarly literature, is also the most farfetched. A bearded head at the Prado in Madrid, advanced as Brutus by H. Möbius,[36] was surely never intended as a portrait. A copy of a Hellenistic work of the late third or early second century B.C., it belongs to a familiar genre type, whose gross features and uncouth expression were employed to characterize barbarians, slaves, and rough countryfolk. Möbius was presumably inspired by the rather remote resemblance—more a matter of stylistic affinity than of physiognomy—between the Prado head and the "baroque" or neo-Hellenistic variant of Brutus' numismatic portrait on the coins of Casca. However, the shape and proportions of the head, the outline of the cap of hair, and the rhythm of the facial profile are completely unlike, even to such a detail as the Prado head's open mouth compared to Brutus' tightly compressed lips. The dissimilarity with the other, more normal variants of Brutus' numismatic portrait is even more marked.

V. Poulsen once suggested that Brutus might be represented in the pseudo-Corbulo portrait type, whose original was of the appropriate date, and whose subject is indicated by the replica series itself as an outstanding historical figure.[37] However, as Poulsen himself admitted, it bears no resemblance to the coins: pseudo-Corbulo is clean-shaven with close-cropped hair, a sloping forehead, aquiline nose, and receding chin, as opposed to Brutus' thick cap of hair, bearded face, straight forehead, straight nose, and jutting chin. The

36. Arndt-Brunn, nos. 507–508; A. Blanco, *Museo del Prado. Catálogo de la Escultura* (Madrid, 1957), p. 83, no. 122-E, pl. 51. H. Möbius, "M. Junius Brutus," *AE* 1953/54, vol 3. (1961), pp. 207–211 (idem, *Studia Varia* [Wiesbaden, 1967], pp. 210–215). O. Vessberg's proposed identification as T. Quinctius Flamininus is at least closer to the date of the piece (*Studien zur Kunstgeschichte der römischen Republik* [Lund and Leipzig, 1941], pp. 125f.). Cf. the well-taken remarks of Balty, pp. 198f. Möbius' proposal has been followed by Toynbee, pp. 62f.

37. Poulsen, pp. 13ff.

resemblance of a head in Philadelphia from the excavations at Minturno, suggested as a possible Brutus by C. Vermeule, is but little greater.[38] More recently A. Massner has seen Brutus in a head in the Ny Carlsberg Glyptotek in Copenhagen.[39] The beardless head, with its short, strongly hooked nose, narrow jaw, and small chin shows little if any similarity to Brutus' numismatic portraits. The Glyptotek head is surely not a work of the late Republican period but, as Poulsen had already pointed out, a private portrait of the first half of the first century A.D.[40] Following a suggestion of R. Bianchi Bandinelli, J. Balty has put forward as Brutus the well-known bronze head in Leningrad, which has sometimes been called Sextus Pompeius.[41] This fine piece is of the proper date and is bearded to boot; unfortunately, the shape of skull, hair-cap, forehead, nose, mouth, and chin have little in common with Brutus' head shape and distinctive, angular profile. Most recently a head in the Getty Museum with incised, and perhaps secondary, beard has been discussed in archaeological circles as a possible Brutus, though not published as such. It has little resemblance to the coin portraits.[42] Despite the erudition deployed in their behalf, none of these attributions is very convincing; nor has any won general acceptance. None shows anything like the coherent pattern of resemblances to the numismatic portraits that the Chiaramonti and Stockholm busts exhibit.

Can portraits of one regarded by the victorious triumvirs and subsequently by the Imperial regime as *hostis publicus* and archcriminal indeed have survived? The literary sources permit this question to be answered with a definite yes. There is no indication of an official *damnatio* having been inflicted on Brutus' memory. His writings continued to circulate freely during the first century of the Empire and beyond.[43] That his and Cassius' statues were not systematically overthrown by order of the triumvirs nor of Augustus is attested in the speech put by Tacitus into the mouth of Cremutius Cordus in A.D. 25. Here they are referred to as a familiar sight to the public in Tiberius' time.[44] A particularly notable statue of Brutus stood in Milan, evidently a relic of his procuratorship of Gallia Cisalpina in 46 B.C. It was apparently on prominent view in the forum or basilica and was the object of a rhetorical appeal by C. Albucius Silo when he defended a case before the proconsul Lucius Piso in 15 B.C.[45] The same statue is the centerpiece of a piquant anecdote about Augustus recounted by Plutarch.[46]

In addition to the surviving honorary statues in public places, images of the tyrannicides continued to be preserved, and no doubt reproduced, for exhibition among the family *imagines* of the nobility who could claim descent from or relation to them,[47] and their images might be privately cherished even by those who had no such family links.[48] Indeed, Brutus, together with Cassius and with his uncle Cato of Utica, became the object of a sort of martyr cult on the part of members of the conservative aristocracy nostalgic for the glories of the *libera res publica*.[49] In the suspicious atmosphere of the reign of Tiberius it might be prudent not to make excessive public display of images of the tyrannicides. Tacitus describes the splendid funeral in A.D. 22 of Junia, sister of Brutus, niece of Cato, and wife of Cassius, at which the ancestral effigies of twenty noble families were paraded: *Sed praefulgebant Cassius atque Brutus eo ipso quod effigies eorum non visebantur.*[50] In the more liberal climate of Trajan's principate we learn from the younger Pliny that

38. C. Vermeule, "Greek and Roman Portraits in North American Collections," *Proceedings of the American Philosophical Society*, no. 108 (1964), p. 109, p. 120, fig. 4.

39. Massner, pp. 24f., pls. 8b, 12a.

40. Poulsen, p. 121, no. 89, pls. 162–163.

41. A. Vostchinina, *Musée de l'Ermitage. Les portraits romains* (Leningrad, 1974), frontispiece, pls. 4–5, p. 138, no. 4; R. Bianchi Bandinelli, *Rome: The Center of Power* (New York, 1970), pp. 80, 84, fig. 91; Balty, pp. 191–220. The Hermitage bronze has been proposed recently as a possible Marcus Antonius: F. Johansen, "Antikke portrætter af Kleopatra VII og Marcus Antonius," *MedNC* 35 (1978), pp. 73ff., figs. 27a–c, 77.

42. *Aspects*, pp. 30ff., no. 3; *Roman Portraits*, pp. 20f., no. 8; J. Frel, in *Le monde des Césars*, ex. cat. (Geneva, Musée d'Art et d'histoire, 1982), pp. 52ff. None of the above commentators accepted the head as Brutus.

43. The characters in Tacitus' *Dialogus de Oratoribus* exhibit familiarity with Brutus' speeches. See also Quintilian V.10,9; Seneca *Epistulae* XCV.45; further references in *RE*, vol. 10, pt. 1 (1917), cols. 974f., s.v. "Iunius no. 53" (M. Gelzer).

44. Tacitus *Annales* IV.34.

45. Suetonius *De Rhetoribus* VI; cf. *RE*, vol. 1, pt. 1 (1893), col. 1331, s.v. "Albucius" (von Rohden).

46. Plutarch *Dion and Brutus* V. Augustus asks the citizenry of Milan why they are harboring an enemy of his. They react with consternation; he explains that he is referring to the statue of Brutus and commends them for their loyalty to their benefactor of old. Plutarch praises the statue for its good likeness and fine workmanship.

47. C. Cassius Longinus (*cos.* A.D. 30), the eminent jurist and lineal descendant of the tyrannicide, is recorded by Tacitus *Annales* XVI.7, as cherishing an effigy of Cassius among his *imagines maiorum*. Nero in a speech to the senate used the fact that this image was inscribed *Duci partium* as a motive for ascribing treasonable intentions to the younger Cassius (A.D. 65). Cf. also Suetonius *Nero* XXXVII.

48. Cf. Appian's story (*Bell. Civ.* IV.51) of Brutus' former quaestor Publius, who in later life was visited by Augustus at his home, exhibited to the emperor the portraits of Brutus that he kept there, and was praised by Augustus for so doing. Dio Cassius LIII.32,4 has a similar account of one Lucius Sestius, another old comrade-in-arms of the tyrannicide, who, as of A.D. 23, kept images of Brutus and delivered addresses eulogizing him.

49. See especially R. MacMullen, *Enemies of the Roman Order* (Cambridge, Mass., 1966), pp. 1–45; M.L. Clarke, *The Noblest Roman* (Ithaca, 1981), pp. 79–85; E. Wikstrand, "The Stoic Opposition to the Principate," *Studii Clasice* 18 (1979), pp. 93–102, esp. 95; also references collected in *RE*, vol. 10, pt. 1 (1917), col. 1019, s.v. "Iunius no. 53"

his friend Titinius Capito maintained a veritable shrine in which the images of the Republican trinity were honored: *est omnino Capitoni in usu claros viros colere. Mirum est, qua religione, quo studio imagines Brutorum, Cassiorum, Catonum domi, ubi potest, habeat.*[51]

The Chiaramonti and Stockholm portraits can be dated fairly closely. The latter type, which is plainly that of the coins, was therefore in existence during 43–42 B.C. One would estimate the age of the subject as around forty; this corresponds well with the age of Brutus, born in either 85 or 79.[52] Several portrait statues of Brutus are attested by the literary and archaeological record, but none of these instances need necessarily have been the occasions for the creation of the portrait types themselves. It is indeed tempting to associate the Stockholm type with the statue of Brutus set up by the Athenians in 44—together with one of Cassius—in proximity to the monument of the Tyrannicides,[53] presumably during Brutus' several months' residence in Athens during the autumn of 44. This is prior to all of the numismatic portraits, and could have served as their model, but the type may equally well already have been in existence to serve for the statue of 46 B.C. in Milan. However it cannot predate the latter by very much, for the Chiaramonti type—undoubtedly some years earlier, as the marks of aging that distinguish the Stockholm type from it have not yet appeared—represents not a youth but a fully mature man[54] and is unlikely to predate the decade of the fifties, which saw the beginnings of Brutus' public career.[55] By the end of the decade, through his role in the successful defense in 51 of Appius Claudius Pulcher in one of the great political trials of the last years of the Republic, Brutus had emerged to real prominence. If not actually created in the aftermath of the Pulcher affair—which led Cicero to characterize Brutus as the outstanding figure of the younger generation[56]—the Chiaramonti portrait surely does not predate it by more than a few years. Its creation may reasonably be dated in the late fifties, and that of the Stockholm type to the mid-forties B.C.

The newly recovered portrait of Brutus is surprising in more than one respect. Its seeming anticipation of certain aspects of Augustan portraiture have led to estimates of its date that now prove at least two or three decades too low. In addition, it hardly seems to fit the conventional image of the die-hard "old-Roman" traditionalist, which we may have projected upon the sketchily rendered coin profiles. Rather than a grim "veristic" portrait of the kind often supposed typical of the conservative aristocracy in the first century B.C., the portrait of the future murderer of Caesar is elegant and high-toned, combining a neoclassic precision and clarity of contour with the vigorous movement and dramatic presentation of personality that we associate with Hellenistic art. These characteristics are worth examining more closely. One might begin by looking at Brutus' portrait in the context of those with which it came in subsequent generations to be most closely grouped, with those of Brutus' two associates in the Republican "trinity of martyrs," his fellow leader in the anti-Caesarian conspiracy, Caius Cassius, and his uncle, the younger Cato.

The portrait of Marcus Porcius Cato Uticensis has been restored to us in the form of the fine and inscriptionally identified bronze bust from Volubilis (figs. 13a–b),[57] to which a further bronze replica from Pompeii and one in marble from Castel Gandolfo, now in Florence, have since been added.[58] As for Cassius, there

(M. Gelzer).

50. Tacitus *Annales* III.76.

51. Pliny *Epistulae* I.17,3.

52. See *RE*, vol. 10, pt. 1 (1917), cols. 973f., s.v. "Iunius no. 53" (M. Gelzer); A.E. Douglas, ed., *Cicero, "Brutus"* (Oxford, 1966), note to 324.11, pp. 229f.; Clarke (supra, note 49), pp. 11, 137, n. 4. The later date would accord better with the pattern of Brutus' political career; he was quaestor only in 53.

53. Dio Cassius XLVII.20. What may be a fragment of the dedicatory inscription was found in the Agora excavations: A.E. Raubitschek, "The Brutus Statue in Athens," *Atti del Terzo Congresso Internazionale di Epigrafia Greca e Latina, Roma 1957* (Rome, 1959), pp. 15ff. Cf. Balty, pp. 194–196.

54. Most commentators following Amelung, have been content to qualify the subject of the Chiaramonti portrait as "young" without further specification. (Curtius' [supra, note 1] proposed identification as Marcellus implies an age in the late teens, which seems to me most improbable.) The impression of youthfulness is conditioned in no small part by the portrait's idealizing neoclassical style. In reality, the rendering of muscle-tone in the face, the creases in the brow, the labionasal folds, and the puckered corners of the mouth are discreet indications of a more advanced age, one of full maturity though prior to the onset of middle age. An appropriate term of comparison might be the "Actium" type of Octavian, another neoclassicizing portrait, which has much in common stylistically with the Chiaramonti Brutus. The generally accepted dating of this type is to the years around 30 B.C.; in any case this can hardly be wrong by more than a very few years either way. On this estimate Octavian—born in 63 B.C.—would be in his early thirties. The Actium type and the Chiaramonti Brutus seem to represent subjects of roughly the same age—Brutus might be at most a few years younger.

55. *RE*, vol. 20, pt. 1 (1917), cols. 976–980 (M. Gelzer); Clarke (supra, note 49), pp. 14ff.

56. Cicero, *ad Fam.* III.11,3: *Alterius [Pompeius] omnium saeculorum et gentium principis, alterius [Brutus] iam pridem iuventutis, celeriter, ut spero, civitatis.*

57. C. Picard, "La date du buste en bronze de Caton d'Utique trouvé à Volubilis, Maroc," *Festschrift Bernhard Schweitzer* (Stuttgart, 1954), pp. 334–340; C. Boube-Piccot, *Les bronzes antiques du Maroc*, vol. 1 (Rabat, 1969), pp. 76ff., pls. 7–12; H. von Heintze, in Th. Kraus, ed., *Das römische Weltreich*, vol. 2, *Propyläen Kunstgeschichte* (Berlin, 1967), pp. 254f., no. 293, pl. 293; most recently Massner, pp. 19f., pls. 4b, 7a–b.

58. Jucker (supra, note 20), pp. 352f., 357, figs. 14–15; Massner, pp. 19f., pls. 7c–d, llb; E. Zwierlein-Diehl, "Gemmenbildnisse des M. Porcius Cato Uticensis," *AA*, 1973, p. 284, fig. 9, p. 285. (Massner's

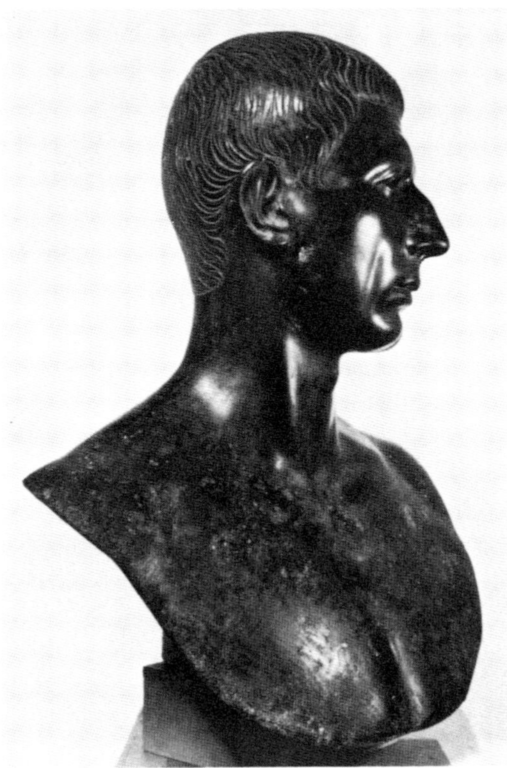

Figure 13a. Three-quarter view of bronze bust of Cato of Utica, from Volubilis. Rabat, Musée des antiquités préislamiques. From Massner, *Bildnisangleichung*, pl. 7b.

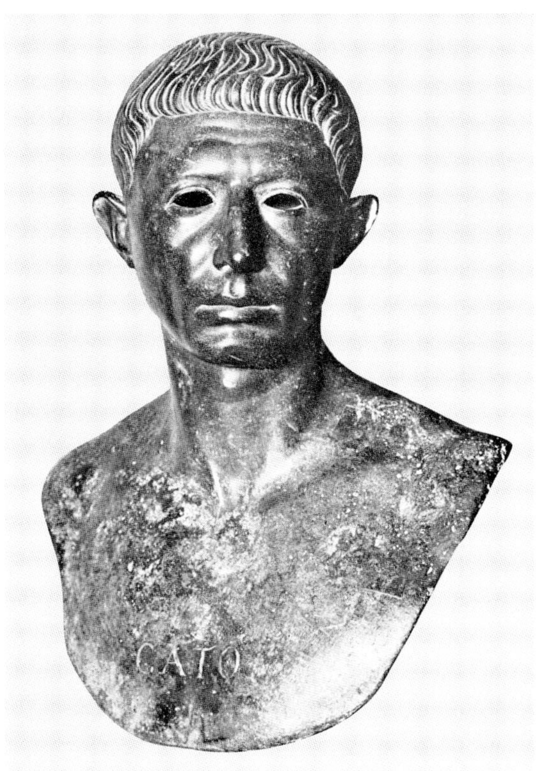

Figure 13b. Three-quarter view of bust of Cato, figure 13a. From Boube-Piccot, *Les Bronzes antiques du Maroc*, pl. 7.

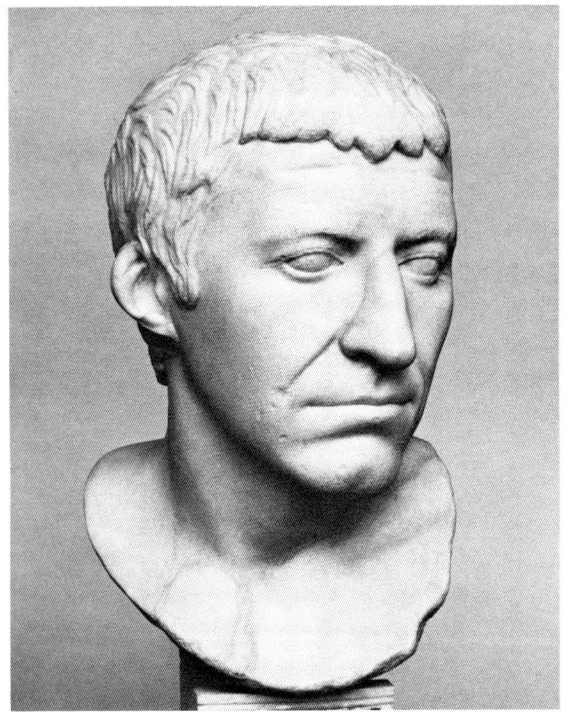

Figure 14a. Front view of bust of a man: C. Cassius Longinus? ("Pseudo-Corbulo"). Rome, Palazzo dei Conservatori 561. Photo: Courtesy DAI, Rome.

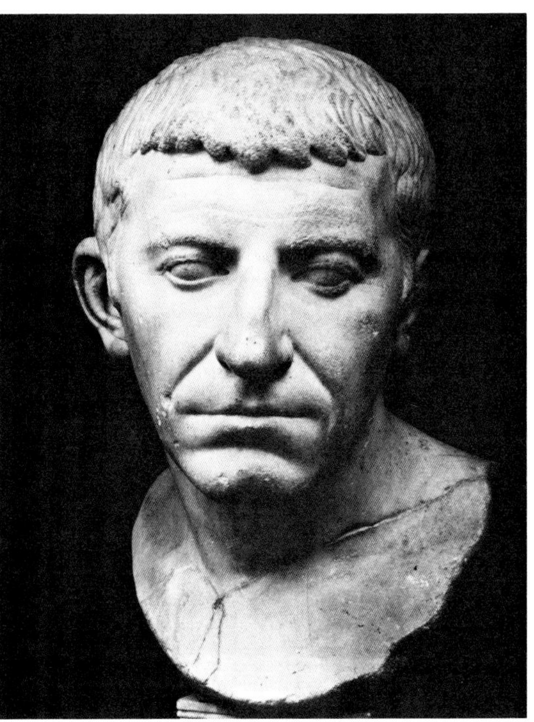

Figure 14b. Three-quarter view of bust, figure 14a. Photo: Courtesy Musei Capitolini, Barbara Malter.

are circumstantial grounds for regarding the well-known pseudo Corbulo type—undoubtedly a famous personage of the last days of the Republic—as in fact his portrait (figs. 14a–b).[59] The portraits of Cato and of the probable Cassius plainly belong to the same genre, similar in sculptural style, in the rhetorical means employed to characterize the subject, and in the format chosen to display him to the viewer. Both employ rather shallow modeling contained within a firm overall contour, in which the short-cropped hair allows the ovoid shape of the skull to dominate. Nuances of facial expression are registered through a scheme of elaborately differentiated muscular interactions of Hellenistic ancestry, but the dramatization of personality takes place within narrowly defined limits. The subject's attitude is one of self-conscious restraint, containing the internal flux of feelings as if the presence of the interlocutor and the social demands he represents have imposed a certain formality and distance. The result is an expression of watchful, ironic superiority in Cato's portrait, a barely suppressed nervous agitation in that of the probable Cassius. The features are rendered with a kind of dry realism, in which physiognomic particularities are incisively but economically noted, without the descriptive minutiae of the veristic style. The emotional tone, dour and constrained, is rather closer to that of the veristic portraits, though without the dejection or desperation that they so often show; these after all are men of stature and resource, accustomed to command.

Against these two portraits and similar ones of men of the same class and background, the portrait of Brutus strikes a very different note. Here the modeling is broadly scaled, with bold displacements of plane and sharp contrasts of decisively bounded volumetric units. However, these oppositions do not build upon one another in the earlier Hellenistic fashion but are checked by a stable overall contour, clear surface planes, and a firm compositional skeleton of interlocking verticals and horizontals. Only the larger muscle groups are indicated. Physiognomic particularities are accommodated by limited but telling modulations of the large, sculptural units of which the head is comprised, with little interest in surface minutiae. Nevertheless the effects of individuality of character and appearance, of concrete presence and narrative vividness are vigorously realized.

The pose of the bust implies the narrative situation in which Brutus appears before the viewer. The sharp turn of the head, the apparently momentary facial expression, and the directedness of the gaze recall those portrait statues—like many of the Delian portraits[60] or the original of the so-called "Borghese General" in Naples[61] of about 100 B.C.—which showed the whole body in strong motion and particularized situation. But the relationship of head and neck to the shoulders of the Chiaramonti bust makes clear that its statuary original was not of this kind. The bust is frontal, the outline of the two shoulders indicating an equilibrated standing pose familiar from so many civic honorary statues. The abrupt turn of

attempt to identify a bronze portrait in the Louvre as a further replica of the type [p. 19, with n. 111, pls. 8a, 10f] is unconvincing.)

59. Schmidt ([supra, note 20], pp. 15ff.) pointed out in 1944 that the "Corbulo" type could not be Flavian, as the traditional identification required, but must on grounds of style represent a personality of the late Republic. At least one and perhaps two replicas of the type were found at Gabii in a commemorative chapel dedicated in A.D. 140 to Domitia Longina, daughter of Corbulo and widow of the emperor Domitian. With Corbulo excluded, the type ought to represent another, earlier ancestor of Domitia. Jucker ([supra, note 20], pp. 355f.) has suggested two candidates as appropriate in date and of suitable renown: Cassius the tyrannicide and L. Domitius Ahenobarbus (*cos.* 54 B.C.), who died at Pharsalus in 48. If it is he, as seems likely, who is represented in the older of the two portraits upon the obverses of coins struck in 40 by his son Gnaeus (Sydenham, p. 191, no. 1176; Toynbee, p. 60, fig. 83; the commemoration of Pompey on the contemporary coins of the latter's sons Gnaeus and Sextus affords an obvious parallel; cf. G. Lahusen, "Das Bildnis des Konsuls Cn. Lentulus Marcellinus," *AA*, 1985, pp. 113–117, who shows that the obverse portraits on late Republican coins usually commemorate the moneyers' fathers rather than more remote ancestors), then the identification can be excluded. In any case Ahenobarbus' end was hardly a glorious one, and he does not seem to have enjoyed such posthumous renown outside his own family as would motivate such a replica series as has survived. Cassius, however, fits very well the criteria of posthumous fame, appropriate age, and date of original. The physical type (lean!) of the portrait also suits the literary accounts of Cassius' appearance. Balty, p. 199, has objected that the angle of head to neck in the surviving replicas of the pseudo-Corbulo type indicates a seated statue, and that this ought to connote a man of letters rather than a political figure. This objection does not seem compelling. The *sella curulis* was of course one of the chief insignia of a Roman magistrate. Aside from the frequent instances of seated Imperial statues (see, e.g., H.G. Niemeyer, *Studien zur statuarischen Darstellung der römischen Kaiser* [Berlin, 1968], pp. 59ff.; also the representation of a seated togate statue of Trajan on one of the *Anaglypha Traiani*: M. Hammond, "A Statue of Trajan Represented on the 'Anaglypha Traiani,'" *MAAR* 21 [1953], pp. 127–183), a relevant Republican example is the statue of Sulla on the Bocchus Monument. The coins show him seated: Carson, p. 54, no. 186; Kent Hirmer [supra, note 23], pl. 18, no. 69, p. 270; cf. T. Hölscher, "Römische Siegesdenkmäler der späten Republik," in H.A. Cahn, ed., *Taenia. Festschrift Roland Hampe* (Mainz, 1980), pp. 357ff.; T. Schäfer, "Das Siegesdenkmal von Kapitol," in H.G. Horn and C.B. Rüger, eds., *Die Numider: Reiter und Könige nördlich der Sahara* (Cologne and Bonn, 1979), pp. 247ff. Quite apart from this, the characterization of the portrait subject is hardly that typical for a poet or philosopher.

60. E. G. C. Michalowski, *Les portraits hellénistiques et romains*, vol. 13, *Exploration archéologique de Délos* (Paris, 1932), pls. 9–10, 23; Stewart, pls. 18b–c, 19b, 22a–b.

61. Naples, Museo Nazionale 6141: *Guida Reusch*, no. 1087; Hekler, pl. 73b, p. 316; Zanker, p. 37, pl. 31; Hafner, pp. 31f., no. MK3, pl. 11. The most famous example of this sort—if one concedes to Hafner's opinion that it is indeed a portrait—is none other than the Borghese Warrior of the Louvre: Hafner, p. 30, no. MK1, pl. 10.

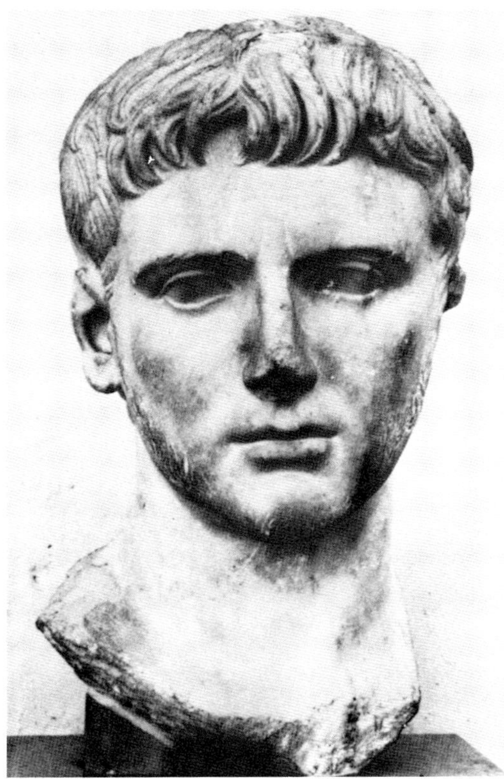

Figure 15. Octavian. Arles, Musée Lapidaire 51-1-22 From Massner, *Bildnisangleichung*, pl. 4c.

the head and the emotional force of the expression are all the more surprising in a statue whose bodily stance reflects the dignified composure of a magistrate or senator in a public situation. The heavy locks upon the forehead seem to shake in response to the movement of the head. Something unexpected and unwelcome has caught Brutus' attention. The brows are knit sharply together, the contracted musculature forming two deep vertical creases above the bridge of the nose. The deep-set eyes glower at an object in the near distance. The mouth is tightly set, drawn downward at the corners in a disapproving expression to which the pursing of the full lips adds a note of inner tension or doubt. The chin is thrust defiantly forward. There is a classical prototype for this attitude: the Diomedes, who turns to confront the treacherous assault of Odysseus.[62] Brutus is shown standing his ground. The character is framed in a dramatic vignette.

This parade of intransigence is an element in the portrait's calculated personality display, intended to provoke astonishment and admiration on the part of the spectator. It well suits the unbending and morally superior —even harsh and arrogant—tone that was affected by Brutus himself according to the literary tradition, and which emerges vividly in Cicero's correspondence and in Brutus' own letters to Cicero.[63] It might be taken as particularly appropriate to the stern vindicator of the Republic in the aftermath of the Ides of March; yet the character traits were of long standing. The subtlety of the sculptor's characterization, however, has contrived to suggest a greater psychological complexity than the heroic stereotype requires. Amelung already remarked on the emotional contradictions, the cleavage between inner and outer self, which are to be read in the facial mimetics of the Chiaramonti portrait.[64] The scowl, the flashing gaze, the toss of the head have about them something self-conscious, deliberately worked up to intimidate, as if Brutus is acting out a role. They are contradicted by the expression of the compressed, downturned mouth, which affects to proclaim disapproval and resolve, but whose pouting, forward-thrust lips suggest instead insecurity, self-indulgence, childish petulance. This, surely, is the *vulticulus* to which Cicero ironically refers.[65] These psychological clues may suggest a more complex reading of Brutus' character and motives than that to which the historiographic tradition,

62. A. Furtwängler, *Masterpieces of Greek Sculpture*, rev. ed. (Chicago, 1964), pp. 146–156, figs. 60–62, pl. 21; G. Lippold, *Griechische Plastik*, vol. 3, pt. 1, *Handbuch der Archäologie* (Munich, 1950), p. 184, pl. 48, fig. 4.

63. Cf. Cicero *ad Att.* VI.1,7; VI.3,7.

64. Amelung (supra, note 1), p. 92. He attributed this to the emotional strain engendered by the false position of the aristocracy during the early principate (with a rather daring comparison to contemporary political circumstances).

65. Cicero *ad Att.* XIV.20,5.

66. Recently Hausmann (supra, note 12), pp. 526–535; Massner, pp. 10–18; H. Jucker in *Gesichter: Griechische und römische Bildnisse aus Schweizer Besitz* (Bern, 1982), p. 69 to no. 24; and S. Walker and A. Burnett, *The Image of Augustus*, ex. cat. (London, British Museum, 1981), p. 18, have accepted Type B as the portrait of Caesar's heir. It is still rejected by Zanker, pp. 42, 47ff., and by K. Fittschen, *Katalog der antiken Skulpturen in Schloß Erbach* (Berlin, 1976), pp. 34ff. The problem is complicated by the fact that Type B as usually envisioned is an amalgamation of three distinct but closely related types that successively must have portrayed the young triumvir during the decade and a half preceding the appearance of the "Actium" type around 30 B.C. K. Fittschen's (supra, this note) attempt to distinguish them is only partially successful. This task cannot be undertaken here. Nevertheless, it is possible to isolate an internally consistent "hard core" of replicas—with the Arles and Verona heads as its centerpieces—which match the early coin portraiture of Octavian quite satisfactorily and provide us with the public image of Caesar's heir in the years following the dictator's assassination. That is sufficient for purposes of this study. Cf. the judicious remarks of Poulsen, pp. 21f.

67. Appian *Bell. Civ.* III.51 and 64; Dio Cassius XLVI.29,2, cf. *RE*, vol. 10, pt. 1 (1917), col. 287, s.v. "Julius" (O. Seeck); Massner, pp. 8f.

68. H. Kähler, *Rom und seine Welt* (Munich, 1962), p. 132, pl. 85 left; idem, *Art of Rome and Her Empire* (New York, 1963), p. 81, pl. p. 80; Kiss, p. 165, figs. 578, 604 (not 577); Massner, p. 11, pls. 4c–d, 5b.

69. Hausmann (supra, note 12), p. 533 comments on the stylistic resemblance between Type B and the coin portraits of Brutus.

70. A. Boyce "The Gold Staters of T. Quinctius Flamininus," in M. Renard, ed., *Hommages à Albert Grenier* (Brussels, 1962), pp. 342–350;

ancient and modern, has familiarized us. In any case, the hint of posturing, the disharmony of inner and outer selves that the portraitist has intimated only contribute further to the flaunted display of personality and willfulness that distinguishes Brutus' portrait from those of his uncle Cato, his collaborator Cassius, or others of their ilk. Among the so-far identifiable portraits of the actors in the great political drama of 44–43 B.C., there is, however, one that exhibits a notable kinship in just this aspect of self-dramatizing personalism.

This is the well-known portrait type known as "Type B" after the classification by O. Brendel, which scholarly opinion after decades of hesitation is now tending to admit as the first portrait type of Octavian, Caesar's eighteen-year-old heir. Given the close conformity of the type to Octavian's numismatic portraiture, the certainty that the image of the ruler of half the Roman world during more than a decade was widely diffused, and the absence of any rival type with a better claim to represent him, the identification seems secure.[66] The portrait was perhaps created for the statues decreed for Octavian by the Senate on New Year's Day of 43.[67] The fine replica from the cryptoporticus at Arles can represent the type satisfactorily for comparative purposes (fig. 15).[68] The very qualities that caused the Chiaramonti Brutus to be misjudged as Augustan relate it to this early portrait of the future Augustus: the classicizing elegance of the formal conventions, the glamorization of personality through the devices of swivelled head and impetuous gaze, and the romantic motif of the hair locks over the forehead. In this rhetoric of self-display the two archopponents seem more alike than is either to the majority of his senatorial contemporaries.[69]

This may be less inexplicable than first appears. Brutus' subsequent conduct diverges notably from what might be expected of a severe traditionalist committed to the upholding of Republican institutions. Alone among the leaders of the senatorial party, Brutus was to place his portrait upon the coinage struck under his imperatorial authority in the East. The only precedent for this was the remote and doubtless long forgotten example of the "liberator" of Greece, T. Quinctius Flamininus, in 196 B.C.[70] Far more relevant to Brutus' action is the appearance two years previously upon the official coinage of the Roman state of the portrait of Julius Caesar, the first living person to be so honored. This had occurred in the context of extravagant and quasi-regal honors heaped upon the dictator in the final months of his life, and its monarchical implications were easily recognizable: such coin portraiture was a familiar prerogative of the Hellenistic kings.[71] In fact, Brutus' own portrait had already appeared in only slightly less explicit form upon the coinage of the mint of Rome itself during 43 B.C. As Alföldi has shown, it figured conjointly with the portraits of Octavian and two other personages in an issue reflecting a short-lived political alliance directed against Antony. The quartet was completed by portraits of a middle-aged matron (thinly disguised as a Victory), who in the contemporary political context can hardly be anyone other than Brutus' mother, Servilia, and of a man conjectured by Alföldi to be the consul C. Vibius Pansa. Rather than this ephemeral figure, however, the latter plainly is none other than Octavian's adoptive father, the late dictator Caesar, represented in his Chiaramonti-Camposanto portrait type, which here makes its earliest appearance.[72] With the recognition of Caesar's portrait, the programmatic scheme of the issue emerges even more clearly than in Alföldi's own reconstruction. The portrait of each of the two rival faction leaders, precariously allied for the moment, is paralleled with that of a parent, one in the guise of a divinity, the other publicly recognized as *divus*.[73]

R.A.G. Carson, "Roman Coins Acquired by the British Museum 1939–1959," *NC*, 1959, pp. 4–6, pl. 1.4; Toynbee, pp. 19f.; Kähler, *Rom und seine Welt* (supra, note 68), pl. 59.1. For a recent attempt to identify Flamininus in the bronze "Hellenistic Ruler" of the Museo Nazionale Romano by means of comparison with the gold staters, see J. Balty, "La statue de bronze de T. Quinctius Flamininus," *MEFRA* 90 (1978), pp. 669–686.

71. This momentous gesture was apparently made as part of the extravagant honors voted to Caesar by the senate after the battle of Munda in March of 45: Dio Cassius XLIV.4,4; H. Kruse, *Studien zur offiziellen Geltung des Kaiserbildes im römischen Reich* (Paderborn, 1934), pp. 12f., and especially S. Weinstock, *Divus Julius* (Oxford, 1971), pp. 274ff. The significance of Caesar's coinage in the events of 44 is examined in great detail by A. Alföldi, *Studien über Caesars Monarchie* (Lund, 1953) and by K. Kraft, "Der goldene Kranz Caesars und der Kampf um die Entlarvung des Tyrann," *Jahrbuch für Numismatik und Geldgeschichte* 3–4 (1952–1953). The apparent precedents of the occasional portraits of ancestors of the mint officials during the preceding generation and of Pompey on the contemporary coinages of his sons carry no real weight. The former (mostly, with the exception of Sulla, political nonentities) were safely dead, the latter, also dead, appeared upon imperatorial issues of very dubious legality struck in provincial mints—a far cry from the portrait of a living person upon the official coinage of the Roman state. Cf. also Sutherland (supra, note 22), pp. 95f., idem, *Coinage in Roman Imperial Policy* (London, 1951), p. 8.

72. Alföldi, passim. Compare the profiles of the alleged "Pansa" on the denarii of Numonius Vaala, ibid., pl. 4, nos. 1–5, 8, 9 to those of Caesar of the Camposanto-Chiaramonti type in F. Johansen, "Antichi ritratti di Caio Giulio Cesare nella scultura," *Analecta Romana Instituti Danici* 4 (1967), pls. 1–4, 6, 7. Correctly identified already by Sydenham, p. 180, no. 1087.

73. A. Alföldi, "La divinisation de César dans la politique d'Antoine et d'Octavien entre 44 et 40 av. J.C.," *RN*, 6th ser., no. 15 (1973), pp. 97ff. (=idem, *Caesariana* [Bonn, 1984], pp. 229ff.) has made a strong case that the official divinization of Caesar dates not to 42, as is the prevailing modern view, but already to 44 during the dictator's lifetime. In any case, whether legally sanctioned or not, the popular cult of the deified Caesar was well established immediately after his

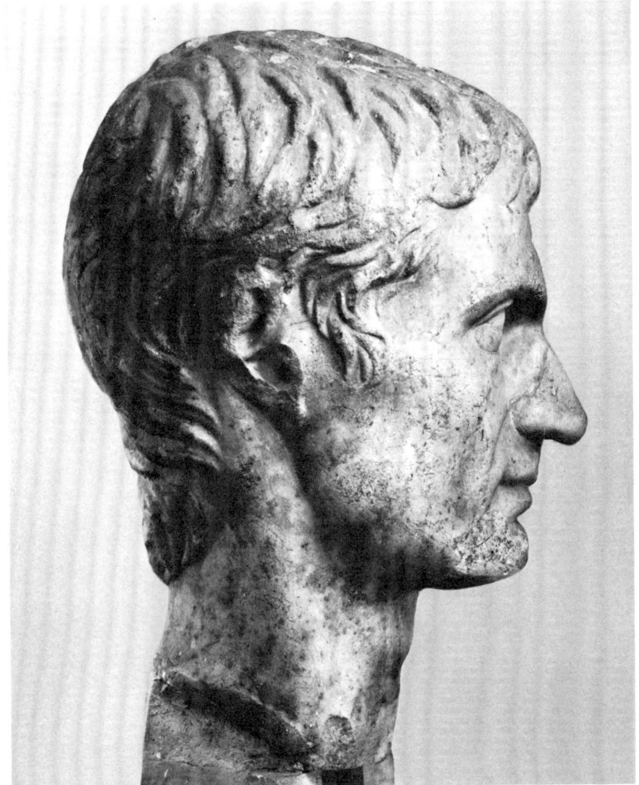

Figure 16a. Profile of head of a man: C. Julius Caesar? Vatican, Museo Chiaramonti 1550. Photos: Courtesy DAI, Rome.

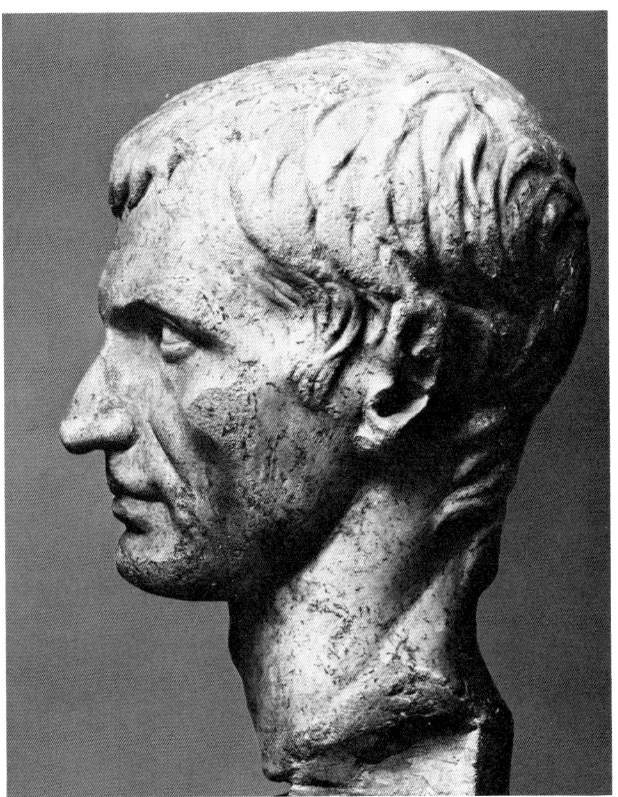

Figure 16b. Profile of head, figure 16a.

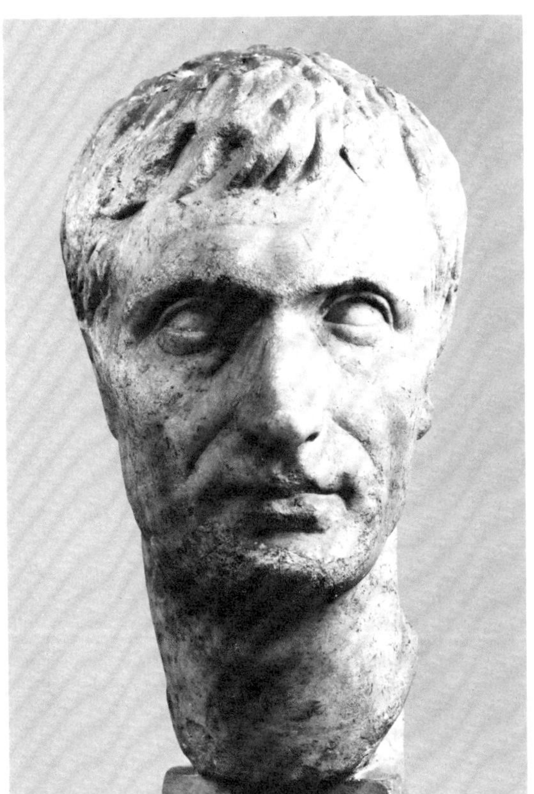

Figure 16c. Front view of head, figure 16a.

That Divus Julius was the all-important legitimizing source of Octavian's political position is too obvious for comment. What confounds expectation is that Brutus should have promoted or countenanced the appearance of Servilia in such a role—no matter how great her social eminence and de facto political influence. Traditionalist opinion could only have been left aghast at this first intrusion of the portrait of a woman—living or dead—on the coinage of the Roman state.[74] In a show of discretion these portraits were not identified by inscription—the names on the obverses are those of the moneyers—but they were unmistakable and were surely intended to be recognized. The autocratic and even dynastic implications of this issue are evident. In its light, and in that of Brutus' subsequent imperatorial coin portraiture,

death: Appian *Bell. Civ* II.148,616. The Chiaramonti-Camposanto portrait type with its idealized and rejuvenated features (e.g., the forehead of hair in place of the well-known baldness, which is acknowledged in the Tusculum type) can hardly be other than the posthumous image of the *divus*. Its numismatic reflection within this issue, early in 43, though unrecognized by Alföldi, strengthens his case.

74. Even the setting up in public of portrait statues of women had long been a sore point with conservative opinion: Pliny *NH* XXXIV.31. A few years later the freewheeling Marcus Antonius would indeed advertise his dynastically significant marriage to Octavia

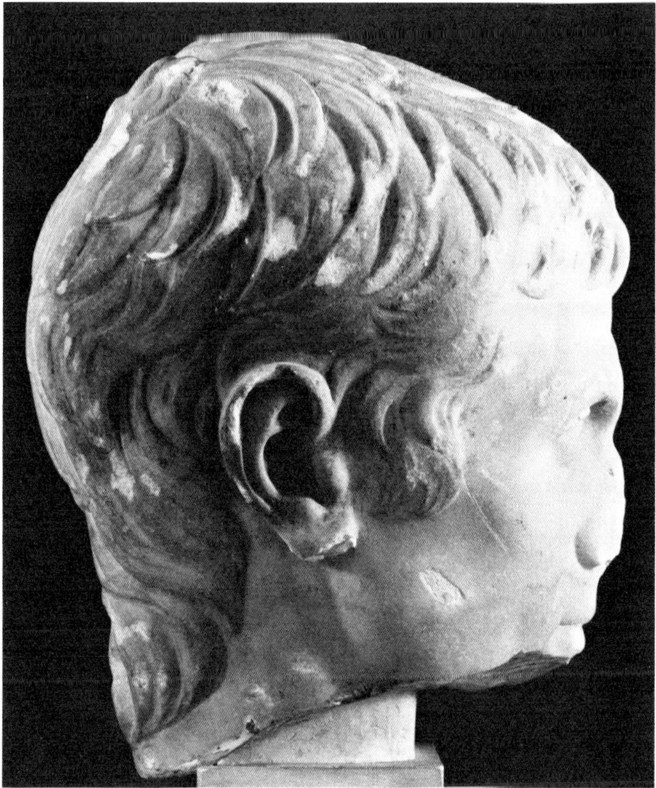

Figure 17a. Profile of head of a man: C. Julius Caesar? Lidingö (Sweden), Millesgården collection.

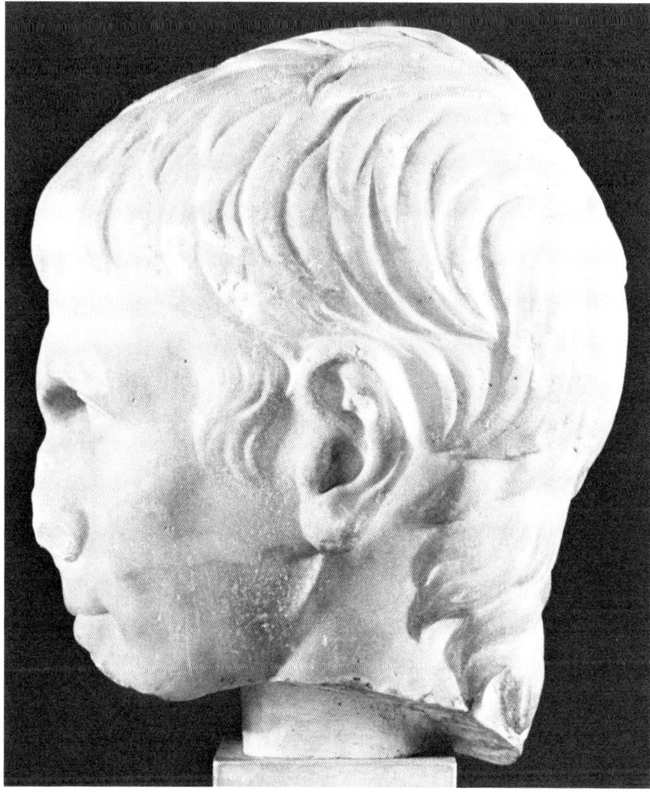

Figure 17b. Profile of head, figure 17a.

the self-aggrandizing tone of his sculptured portrait and the extent to which its rhetoric resembles that employed in the portraiture of Octavian are less surprising.

Disruptive as it may be of the traditional conception of Brutus and of expectations regarding mid-first-century portraiture in Rome, the Chiaramonti portrait is not an isolated phenomenon. It is one of a group of works distinguished by their shared sculptural style and by their similar use of the dramatic conventions of portraiture, and which are associated as well by their likely dates, place of origin, and patronage. All are portraits of leading political figures in the middle decades of the first century B.C. Perhaps the earliest is a portrait known in two surviving replicas, one in the Vatican, Museo Chiaramonti 1550 (figs. 16a–c), the other in the Milles

on the reverses of his coins (e.g., Kent-Hirmer [supra, note 23], pl. 29, no. 103, reverse, p. 274) with her portrait, even though uninscribed. But a truer measure of the significance of Servilia's numismatic portraits is offered by the more prudent example of Augustus. Livia had to wait sixty years—until A.D. 22–23, well after her husband's death and her own elevation to *augusta*—for her first appearance on the state coinage, and even then disguised as a personification, *salus augusta* (H. Mattingly, *British Museum. Coins of the Roman Empire*, vol. 1 [London, 1923], p. 131, nos. 81f., pl. 24.2). On the outstanding role and influence of Servilia, see Friedrich Münzer, *Römische Adelsparteien und Ade-*

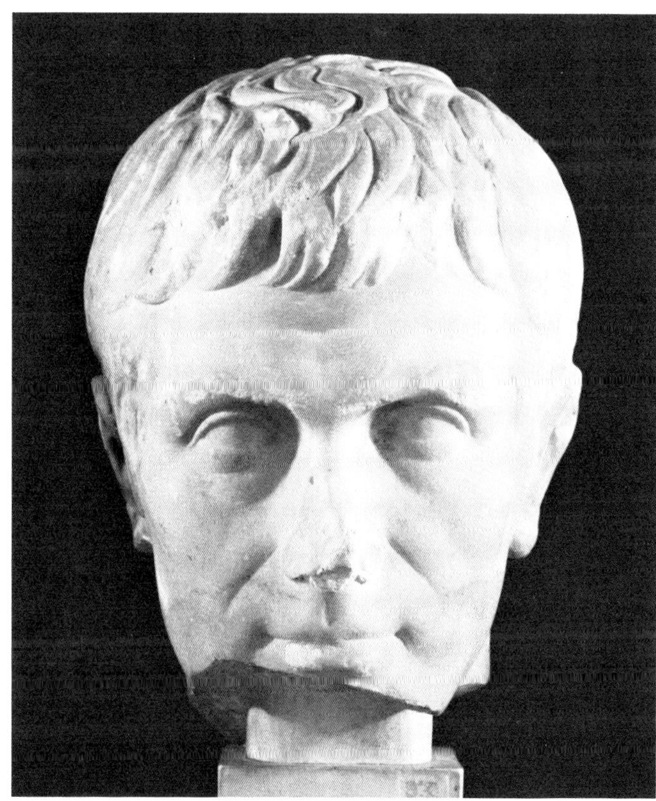

Figure 17c. Front view of head, figure 17a.

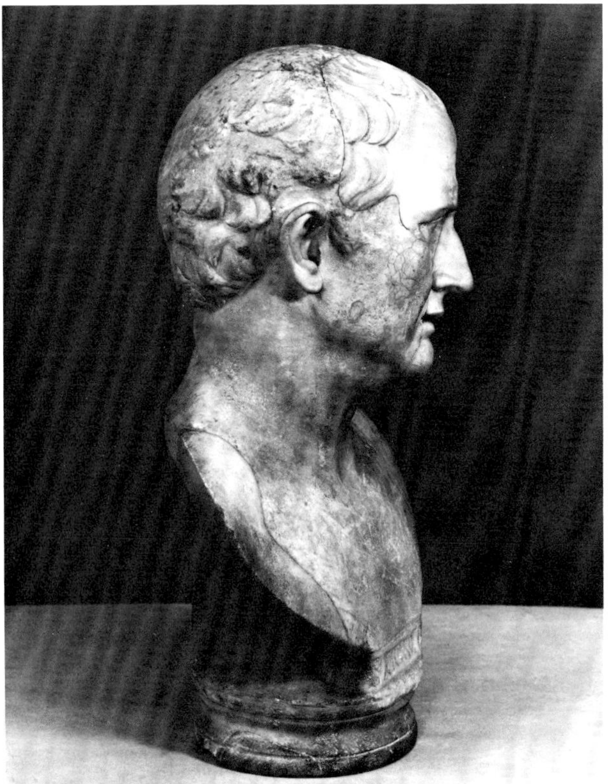

Figure 18a. Profile of bust of M. Tullius Cicero. London, Apsley House.

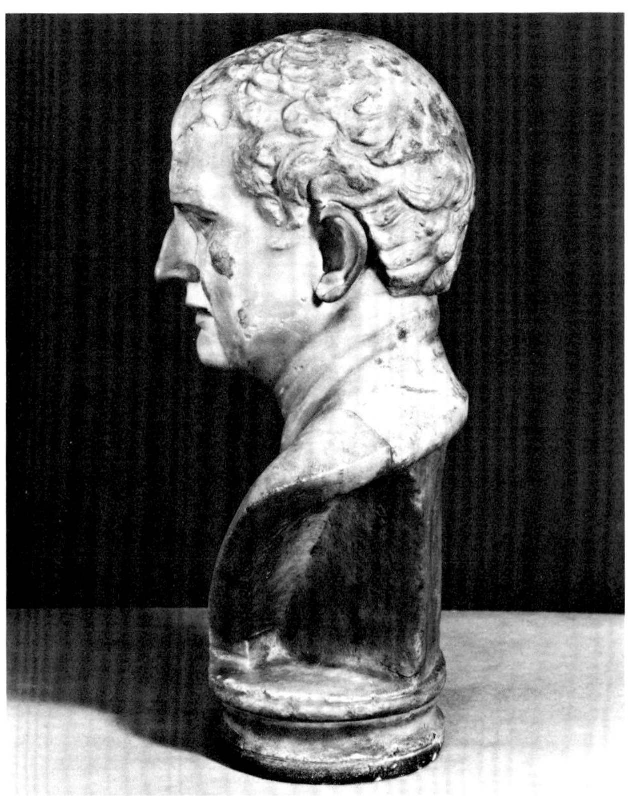

Figure 18b. Profile of bust, figure 18a.

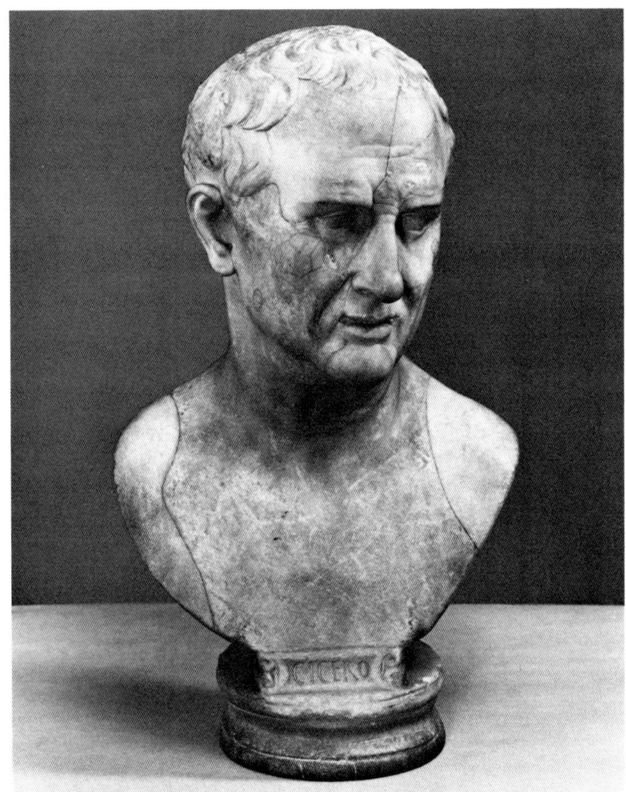

Figure 18c. Front view of bust, figure 18a.

collection at Lidingö in Sweden (figs. 17a–c).[75] V. Poulsen and F. Johansen have proposed to identify the type as Julius Caesar on the basis of its physiognomic resemblance to the dictator's established Tusculum and Chiaramonti-Camposanto portrait types.[76] This identification seems quite persuasive, though in the absence of numismatic or epigraphic confirmation it cannot be certain. In any case, the imposing portrait must represent an outstanding personality of the relevant period (it had previously been suggested as a portrait of Sulla).

Like the Chiaramonti Brutus, the Chiaramonti-Lidingö portrait combines lively modeling and a differentiated but not overly minute rendering of facial musculature with a continuous planar envelope of neoclassic inspiration, and with an organization of the features through a firm grid of interlocking verticals and horizontals. The volumetric treatment of the hair cap, the articulation of the locks in long, shallow strands, and the motif of locks

lsfamilien (Stuttgart, 1920), pp. 336ff., 358ff., 362, 372, 426ff.; B. Förtsch, "Die politische Rolle der Frauen in der römischen Republik," *Würzburger Studien zu Altertumswissenschaft* 5 (1935), pp. 86ff.

75. Johansen (supra, note 72), pp. 40ff., pl. 23 (with earlier literature).

76. Ibid., pp. 21f.; more recently idem, *Berømte Romere fra Republikkens Tid* (Copenhagen, 1982), pp. 50f.

77. The fundamental modern treatment of Cicero's portrait is Johansen, pp. 39–49 (with earlier literature); cf. Toynbee, pp. 28–30;

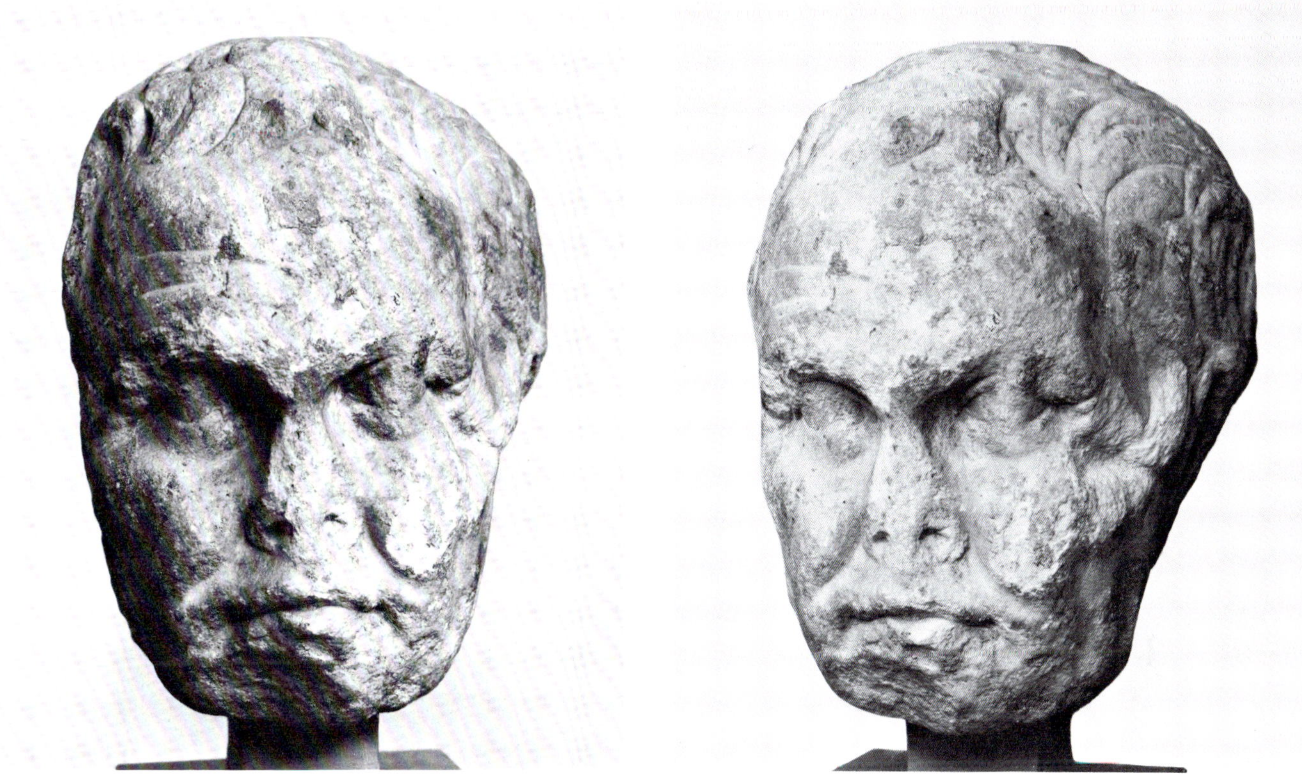

Figures 19a–b. Front and three-quarter views of bust of M. Tullius Cicero. Copenhagen, Ny Carlsberg Glyptotek, no. 461a.

tossed with apparent carelessness across the forehead, all bear close comparison with the Brutus portrait as do the dramatic intensity and concentration of the facial mimetics—the steely gaze projected from beneath overshadowing brows, the resolve and ironic self-possession of the compressed mouth. If the identification is correct, this portrait should antedate by some years the otherwise earliest known portrait type of the dictator, the Tusculum type, first numismatically attested in 44, the last year of Caesar's life, but which may well have been in existence for some years previously. The Chiaramonti-Lidingö portrait has many fewer of the marks of age than does the Tusculum type, and it still retains enough hair to be combed down over the forehead (though the receding hair around the widow's peak foretells baldness); it has the air of a man in his mid- or late forties. This would refer the original to the mid-fifties B.C., the period of the Gallic wars.

A further term of comparison is offered by one of the most famous, and most problematic, Roman portraits of the late Republic, that of Marcus Tullius Cicero.[77] The close relationship of the Cicero portrait to that of Brutus and to the Chiaramonti-Lidingö type has been obscured by two factors. The well-known replicas that have determined our image of the type have all been so altered by restoration and cleaning that their original stylistic character has been severely compromised, so much so that some critics have dismissed most of them—and in the extreme view the entire type—as modern.[78] Secondly, all but one have preserved the head alone, variously mounted on restored or nonpertaining busts, so that the original attitude of the head and intended angle of view are misrepresented. Only the replica at Apsley House retains its original bust and hence enables us to be sure of the correct attitude of the head (figs. 18a–c).[79] This is indeed the name piece of the type, but it is very

H. Goette, "Zum Bildnis des 'Cicero,'" *RömMitt* 92 (1985), pp. 291–318 now seeks to reattribute the Cicero type to an unidentified dignitary of the Augustan period, on grounds of its resemblance to the relief portrait of a balding man (sometimes called "Maecenas") located in the south processional frieze of the Ara Pacis (and on grounds of its resemblance to the portrait of Agrippa!). Goette's article has reached me too recently to be dealt with here.

78. Poulsen, pp. 15f.; J. Frel, in *Aspects*, pp. 96f., to no. 20; *Roman Portraits*, p. 117, to no. 96. I formerly inclined to this view myself: S. Nodelman, in *Aspects*, p. 97. The condition of the replica is such as to have misled even such a connoisseur as B. Schweitzer (*Bildniskunst der römischen Republik* [Leipzig, 1948], pp. 91–103) into distinguishing Cicero's portrait into three independent types, supposedly of different dates and stylistic affiliation

79. Johansen, pp. 41f., with earlier literature.

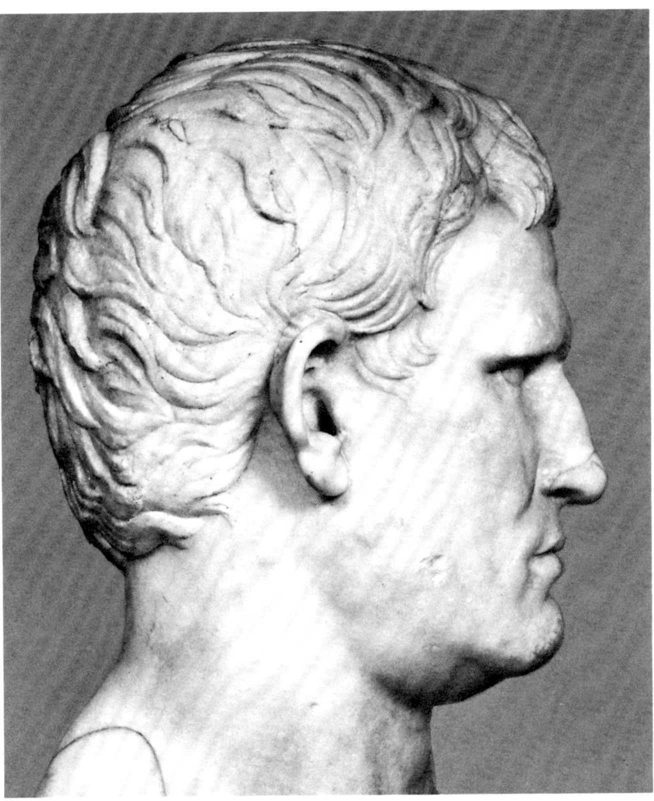

Figure 20a. Profile of bust of Marcus Agrippa. Paris, Musée du Louvre MA 1208. Photos: Courtesy Chuzeville, Paris.

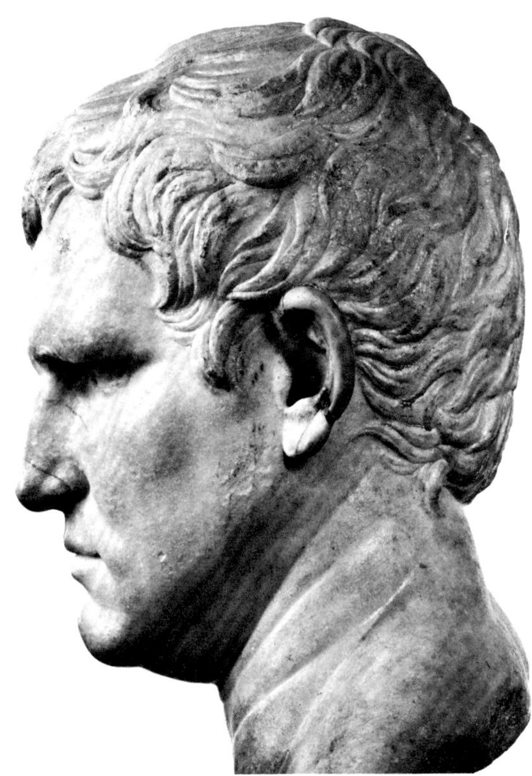

Figure 20b. Profile of bust, figure 20a.

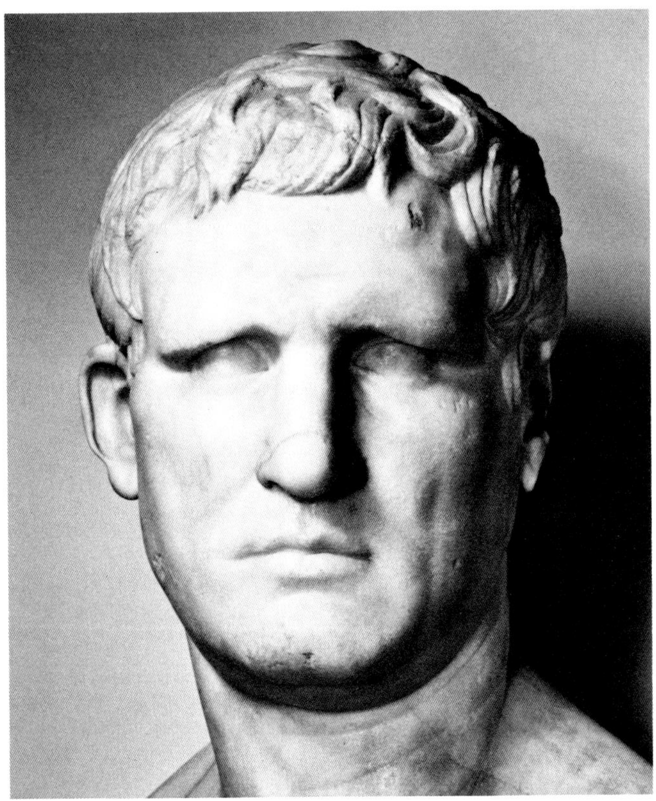

Figure 20c. Three-quarter view of bust, figure 20a.

heavily restored and somewhat off the beaten track; it is usually ignored as a basis for stylistic comparison in favor of the more prepossessing and ostensibly better preserved replicas in the major Italian collections.

Recently Johansen has introduced into the discussion of the Cicero portrait a hitherto unrecognized piece that can revolutionize our understanding of the authentic stylistic character of the type. This is a head now in the Ny Carlsberg Glyptotek, no. 461a (figs. 19a–b),[80] which derives from the nineteenth-century collection of the Danish sculptor Jerichau; it was almost certainly acquired in Rome. Although badly battered, the head has the merit of being unrestored and unquestionably antique. Element for element, its preserved features cor-

80. Poulsen, pp. 52f., no. 16, pl. 26; Johansen, pp. 45–46, fig. 11.

81. The modern comprehensive study of Agrippa's portraiture is F. Johansen, "Ritratti marmorei e bronzei di Marco Vipsanio Agrippa," *Analecta Romana Instituti Danici* 6 (1971); to be supplemented by N. Kunisch, in N. Kunisch and M. Imdahl, *Plastik: Antike und moderne Kunst der Sammlung Dierichs in der Ruhr-Universität Bochum* (Kassel and Bonn, 1979), pp. 66–75. Cf. also Toynbee, pp. 63–67, and most recently J.-M. Roddaz, *Marcus Agrippa*, BEFAR, no. 245 (Rome, 1984), pp. 612–633. For the Gabii bust in the Louvre: Johansen (supra, this note), pp. 26f., p. 27, fig. 9; Roddaz (supra, note this note), pp. 617f.,

respond to those of the previously known replicas of the type, including the surviving antique portions of the Apsley House bust. It thus demonstrates beyond question the antique origin of the type itself, if not necessarily that of all of its more familiar representatives. Furthermore, despite its damaged condition, the Glyptotek head is a work of unusually high quality. Of Greek marble, it evinces the vibrant plasticity and organic sensibility that are hallmarks of the best Greek sculptural workmanship. The familiar schoolbook replicas of the type have not merely lost much of their original style characteristics through restoration but, as products of periods ranging from the Julio-Claudian to the Antonine, they were already somewhat remote echoes of their original. The Copenhagen head, however, is unmistakably late Hellenistic not only in conception but also in execution. Alone among the surviving replicas, it is a product of the mid-first century B.C., more or less contemporary with its original, whose true stylistic character it allows us to envisage for the first time. If we mentally invest the Apsley House bust, in which uniquely the correct original relationship between head and bust is preserved, with the sculptural properties of the Copenhagen head, we will arrive at a fairly good idea of the character of the original.

Cicero's portrait represents him toward the end of his life; physiognomic indications suggest an age of about sixty, and the portrait should therefore date to the end of the fifties or early forties B.C. Allowing for the marks of age and Cicero's broader, fleshier face, the portrait displays a marked stylistic resemblance to those of Brutus and of Caesar (if it be he) of the Chiaramonti-Lidingö type. There is a similar depth and freedom of modeling disciplined within the clear, classically derived planar envelope, the same play of rhythmic contrast between the volume of the hair-cap, subdivided into shallow, vigorously curling locks, and that of the skull itself, the same exploitation of the drama of the gaze, projected from beneath overshadowing, contracted brows, and the same integration of the facial mimetics with the energetic twist of the head into a compressed but vivid narrative moment.

A fourth work can be added to this group. This is the portrait of Marcus Agrippa, in the familiar Gabii type, known in over a dozen replicas, of which the name piece in the Louvre is preeminent both in quality and preservation; it is quite adequate to stand duty for its original (figs. 20a–c).[81] Agrippa's portrait is the latest in the series. The original should date to some time in the thirties B.C. Here too, the head is turned toward its left, in a slower and more stolid motion than the heads of Cicero or Brutus, fixing its lowering gaze on an invisible target from beneath frowning, deeply overhanging brows. With its massive cranial structure and heavy layer of flesh, the head is most readily comparable to that of Cicero. The similarities in the modeling are striking, as is the way in which the fleshy layer is differentiated into interactive muscle groups over the underlying bony structure. (Poulsen had already remarked in 1962 on the strong resemblances between the then still anonymous Cicero, Copenhagen 461a, and the portraits of Agrippa.[82]) The Chiaramonti-Lidingö Caesar is a particularly relevant comparison in this regard, as it is also for the formidable, even intimidating psychological characterization. In frontal view, the similarity of the rectilinear layout of the facial design is particularly evident Other design features described repeatedly above, e.g., the treatment of the hair, with the patterned array of locks upon the forehead, recur in Agrippa's portrait as well.

The four portraits just described form a cohesive stylistic group. What might be a fifth contemporary portrait of this sort—that of the triumvir Marcus Antonius—is so far known only through its numismatic echo. The coins (fig. 21) show a head of broad, quadratic structure, richly modeled within firm contours; hair treated in long, flat locks animated by a sweeping rhythm; a piercing gaze combined with set mouth—all distinctive traits of the portrait style of our group. This possibility cannot be tested until a sculptured portrait in the round becomes available for comparison.[83] Within the range of Roman portrait sculpture in the first century B.C. the combination of style-characteristics that defines this group is not a commonplace, but distinctive and unusual. Its members were created over a period of perhaps

figs. 6–9.

82. Poulsen, pp. 52f., no. 16, pl. 26.

83. Kent Hirmer (supra, note 23), pl. 29, fig. 103, obverse, p. 274 (= H. Grueber, *British Museum. Coins of the Roman Republic,* rev. ed., vol. 2 [London, 1970], no. 499; Sydenham, no. 1196; cf. Sutherland [supra, note 22], fig. 169, p. 104). However, the results of recent endeavors to identify the sculptured portrait of the triumvir are discouraging (O. Brendel, "The Iconography of Marc Antony," *Hommages à Albert Grenier,* vol. 1. Collection Latomus, no. 58 [Brussels, 1962], pp. 359–367; H. Kyrieleis, "Ein Bildnis des Marcus Antonius," *AA,* 1976, pp. 85–90; Johansen [supra, note 41], pp. 62–81; B. Holtzmann and F. Salviat, "Les portraits sculptés de Marc-Antoine," *BCH* 105 [1981], pp. 265–288; cf. Toynbee, pp. 41–47). Between them these authors propose as assured or possible portraits of Marcus Antonius a total of at least sixteen works of various physiognomies, styles, and likely dates. No two are replicas, nor is it very likely that any two can represent the same individual. None in my opinion (not even the most credible, the basalt bust at Kingston Lacy) shows a convincing resemblance to the coin portraits.

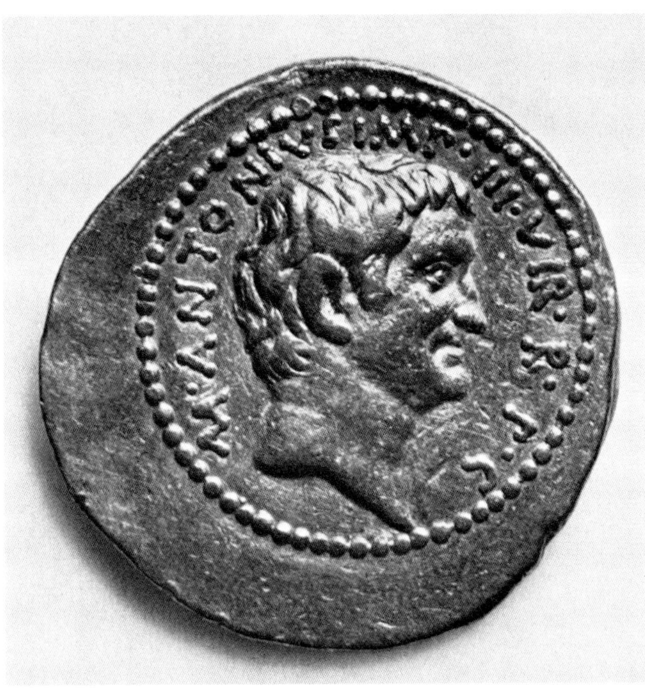

Figure 21. Aureus of M. Antonius. Obverse. Head of Marcus Antonius. From Kent-Hirmer, *Roman Coins,* pl. 29, no. 103o.

twenty to twenty-five years between the fifties and the thirties B.C. Three of those portrayed, Cicero, Caesar, and Brutus, moved in the same society and were on terms of the closest personal interaction. A fourth, Agrippa, emerged upon the scene through the patronage of Caesar's heir in the years just following the disappearance of the older three. His portrait has always looked somewhat out of place among those of Augustus and his family, with which it is linked by chronology and historical association.[84] It is now clear that this is so because its stylistic affinities are with a preceding generation.

In the context of contemporary portraiture at large, the distinctive characteristics shared by these portraits seem sufficient to mark them out as the product of a single atelier. Whether they may be the work of a single artist as well need not be argued. Common authorship of at least some of the four portraits is quite possible: e.g., the Chiaramonti-Lidingö Caesar and the portrait of Agrippa appear particularly closely related in their sculptural language. Nevertheless the more inclusive hypothesis of an atelier, in which a common general conception and sculptural style accommodate the idiosyncrasies of individual members of the team, seems well fitted to characterize the mix of basic similarities and secondary dissimilarities that the group evinces.

Such workshops, usually composed of members of the same family, are a common feature of sculptural production during the last two centuries B.C.[85] The style practiced by this atelier was able to unite in a subtle and singularly effective way a number of usually opposed tendencies in first-century art. It was able to invoke the cultural prestige associated with the classical style[86] and to avail itself of the effects of balance and control that its planar and rectilinear schemata afforded, while retaining the richness and immediacy of representational effect perfected in Hellenistic art. The interpenetration of classical and Hellenistic elements is carried here to a point of synthesis, far surpassing the unresolved combinations or mere awkward juxtapositions of the two found in much contemporary portraiture and other sculpture.[87] Such a creative and so to speak "organic" use of classical forms has little in common with the dry and academic neoclassicism represented, for example, by such a work of the previous generation as the portrait of Cicero's teacher, the Rhodian philosopher Poseidonios.[88]

One of the most distinctive innovations of this portrait group is not its sculptural style per se but rather the dramatic scenario within which its portrait subject is presented to the viewer. The dramatization of person-

84. See the perceptive remarks of L. Curtius, "Ikonographische Beiträge..., XII: Zum Bronzekopf von Azaila und zu den Porträts des jugendlichen Augustus," *RömMitt* 55 (1940), pp. 48ff.

85. For example, the family teams cited infra, in notes 120 and 121; also the activities of Pasiteles and his group: M. Borda, *La scuola de Pasitele* (Bari, 1953).

86. F. Coarelli has commented on the ideological significance of the neo-Attic style for the Roman aristocracy beginning as early as the second century B.C.: "Architettura e arti figurative in Roma 150–50 a.C.," in P. Zanker, ed., *Hellenismus in Mittelitalien*, vol. 1, AbhGött, 1976, pp. 21–51, esp. pp. 28f., 33, 34, 37; idem, "Classe dirigente romana e arti figurative," *Dialoghi di Archeologia*, vols. 4–5, nos. 2–3 (1970/71), pp. 241–279, esp. pp. 264f., 277f. See also H. Jucker, *Vom Verhältnis der Römer zur bildenden Kunst der Griechen* (Frankfurt, 1950), p. 167; Zanker, p. 45.

87. Compare the portrait of a philosopher or poet in Naples from the Villa dei Papiri at Herculaneum (Hekler, pl. 94a; Hafner, p. 70, no. A 17, pl. 29), which Hafner has identified as a copy after an Attic original of the first century B.C.; or, in a Roman milieu, the contemporary portrait of Cato of Utica (here p. 57 with note 57, supra) in which the academically precise linear treatment of the hair jars with the softer more plastic rendering of the face itself. Examples could easily be multiplied.

88. Arndt-Brunn, nos. 239–240; Hekler, pl. 126; Hafner, pp. 10f., no. R1, pl. 1; M. Bieber, *The Sculpture of the Hellenistic Age*, rev. ed. (New York, 1961), p. 163, figs. 696–697; Buschor, pp. 47, 50, 58f., 62; C.M. Havelock, *Hellenistic Art* (New York, 1979), p. 45, no. 32, fig. 32.

89. One need not necessarily accept J. Balty's proposed identification of the bronze "Ruler" as T. Quinctius Flamininus (see supra, note 70) to agree that the subject must be a Roman conqueror rather than a Hellenistic monarch; cf. Zanker, pp. 36f., 40. Very much in the same manner though perhaps a half-century later in date is a bronze head in the Getty Museum that surely also represents a Roman commander: *Roman Portraits*, pp. 12f. no. 1 (suggested as Sulla); Frel (supra,

ality through the mimetics of posture, movement, and facial expression and the claims thus advanced upon the admiration of the spectator were ultimately derived from the conventions of Hellenistic ruler portraiture. For a Roman audience, however, among whom sober *gravitas* and stern self-control were standards for aristocratic deportment, such a display might well be counterproductive. For a time during the mid-second century B.C.—the heady years of Rome's new eastern hegemony and the opening of the floodtide of Hellenistic cultural and artistic influence—successful Roman generals and ambitious politicians seem indeed to have tried to appropriate the format of the heroized Hellenistic ruler portrait *en bloc*. The so-called Hellenistic Ruler of the Terme Museum—of Roman provenance and lacking the diadem of Hellenistic kingship—is the best-known but not the only example of this procedure.[89] During the latter part of the century an attempt was made to adapt this Hellenistic portrait scenario more closely to the circumstances of a Roman clientele. The genre thus created featured strongly movemented postures and extreme momentary excitation of the facial expression combined with a near-caricatural sharpness of physiognomic particularization without parallel among known examples of the Hellenistic parent genre. A remarkable group of portrait heads in limestone, now in the Museo Nazionale in Syracuse, illustrates this genre.[90] Their original provenance seems to have been Africa, and they should thus postdate the large-scale colonization of the new province promoted by Caius Gracchus in the late 120s. A metropolitan portrait comparable to these provincial works is the well-known type of a famous contemporary, preserved in several marble copies of Imperial date, which is usually, though unconvincingly, identified as Aulus Postumius Albinus (*cos.* 99 B.C.) on grounds of its resemblance to the latter's numismatic portrait.[91] Poulsen made the tempting suggestion that it may represent Cato the Censor, deceased in 149.[92] Traces of this manner persist among the Delian portraits, many of which surely represent Romans and the majority of which must date to the decades around 100, in any case prior to the Mithradatic sack of 88.[93] The resemblance is particularly close in the two extraordinary deep busts from Skardhana, recently excavated and still essentially unpublished.[94] But for the most part the bodily stances are less movemented, the emotional excitation less extreme, and the exaggerated "realism" much softened; significantly the mouths are mostly closed—unlike the Syracusan portraits and the "Albinus"—even if not compressed. Such abandonment, or at least toning down, of this exaggerated theatricality after the turn of the century, and its apparent rarity in Rome itself—"Albinus" seems so far to be an isolated instance—suggests that it may have had limited success in the capital.

In the portraits of the Brutus group, facial mimetics are reorganized so as to accord with what was acceptable to a Roman public. The gaze is not lifted and directed far away toward an indeterminate goal so as to testify more to the subject's exalted inner state than to a concrete situation rooted in social reality. Rather, it and the focused attention that it represents are shown as if directed upon a tangible object in the near distance. Implicitly this is a human interlocutor envisioned in the specific terms of contemporary society, whose presence manifests a network of reciprocal recognitions, understandings, and obligations.[95] Despite the force of will and emotion that the portrait subject projects, the other and the constraints that he embodies are acknowledged. While the will is projected, as before, primarily through the medium of the gaze, these constraints are signaled especially in the mimetics of the lower half of the face; here the muscles are tensed and the mouth tightly compressed, in contrast to the relaxed musculature and parted lips characteristic of Hellenistic ruler portraits in the

note 42), pp. 40–43. Also a portrait preserved in two marble copies after an original of the later second century B.C.: 1) Museo Nazionale Romano: Felletti Maj (supra, note 10), p. 26, no. 32, fig. 32; F. Berger, "Ein Vorläufer Pompeius' des Grossen in Basel," Eikones. Festschrift Hans Jucker. *AK*, Beiheft 12 (Bern, 1980), p. 72; 2) location unknown: Berger (supra, this note) and pl. 22, 1–4.

90. G. Gentili, "Ritratti republicani in calcare del Museo Nazionale di Siracusa," *Siculorum Gymnasium*, n.s. 6 (1953), pp. 208–221; N. Bonacasa, *Ritratti greci e romani della Sicilia* (Palermo, 1964), pp. 22–26, nos. 22–27, pp. 33f., nos. 35–36. Cf. the review of Bonacasa by H. Jucker, *Erasmus* 20 (1968), col. 104.

91. Schweitzer (supra, note 78), pp. 59ff., figs. 53, 55, 57; Vessberg (supra, note 36), pp. 219f., pl. 56; V. Poulsen, "Eine verkannte Berühmtheit," *Theoria, Festschrift W.-H. Schuchhardt* (Baden Baden, 1960), pp. 173–178.

92. Poulsen (supra, note 91).

93. Michalowski (supra, note 60), passim; recently re-examined by Stewart, pp. 65–78.

94. G. Daux, in *BCH* 93 (1969), pp. 1042, 1043, fig. 22; G. Sieberg, in *BCH* 99 (1975), pp. 719, fig. 5, 721; Stewart, p. 68, nos. 16–17, pp. 70f., pl. 20a–b.

95. Cf. S. Nodelman, "How to Read a Roman Portrait," *Art in America* 63 (Jan.–Feb. 1975), pp. 30f. Earlier stages of this process of opening the narrative scenario to the spectator are described by L. Curtius, *Die Antike Kunst*, vol. 2, *Die klassische Kunst Griechenlands* (Berlin, 1938), pp. 399f., and by P. von Blanckenhagen in the important article, "Der ergänzende Betrachter," in *Wandlungen. Festschrift Ernst Homann-Wedeking* (Waldsassen-Bayern, 1975), pp. 193–201. Nevertheless the distinction is crucial between the Hellenistic device analyzed by von Blanckenhagen, in which the viewer must imaginatively supply missing components of the (ideal) scenario implied by the statue and that described here, in which the narrative scenario implied by the statue and that manifest in the actual situation and conduct of the viewer are superimposed upon one another.

Alexander tradition. The implied interlocutor is not necessarily the viewer himself, for the portrait subject's gaze is often averted from him; it is rather his fictional counterpart, inhabiting a congruent social and psychological space. This space is implicitly a civic one, within which certain norms of public conduct, reflected in an appropriate discretion of bearing and facial expression, are understood to apply. By contrast, the mimetics of the heroized Hellenistic portrait invoke a mythic horizon beyond the limits of the city, a world of primal struggle unconstrained by the decorum of civic intercourse. Here the disjuncture between the implied narrative situation of the portrait and the real-world context in which the viewer encounters it is maximized and forms the very basis of the status-claim that the portrait asserts on behalf of its subject. The so-called "bourgeois" portrait, as developed in the Hellenistic world during the second and first centuries B.C. and now omnipresent in mid-first-century Italy, sought to minimize that disjuncture, approximating the portrait narrative through attitude, gesture, and expression as closely as possible to everyday civic situations and sometimes specifying quite narrowly the conditions under which the encounter with the viewer was imagined to take place. (The Florentine "Arringatore" is an egregious example of this, but so in lesser degree are the innumerable dignified *togati* presented to us as if at some public occasion, in the forum or law courts.) The gain in concreteness and familiarity was usually accompanied by a sacrifice of dramatic force. The portraits of the Brutus group, however, are skillfully contrived to preserve the arresting prepotency of the heroized portrait within a narrative scenario adapted from that of the citizen portrait, turning to advantage both the latter's greater credibility and its acceptability within a society imbued, as that of first-century Rome still was, with Republican values. Thus the civic space and its conventions are invoked as a stage, within whose limits a "demythologized" adaptation of the heroic drama—now a drama of personality rather than of destiny—can be enacted.[96] The viewer is made the privileged observer of a condensed narrative transaction in which the superior qualities and status of the portrait subject are put on display.

The physiognomic characterization of the portrait subject is designed to contribute to the same equivocal rhetoric. Particularities are rendered sharply enough to create an effect of concrete individuality and the insistent irregularity of "real life," apparently grounding the portrait representation in unquestionable facticity.[97] Sagging jowls and furrowed flesh serve this purpose in the portrait of Cicero and to a lesser extent in those of Caesar and Agrippa. In Brutus' case it is the somewhat jumbled, discordant structure of the craggy face, with its beetling brows, deep-set eyes, abruptly angled nose, and jutting chin; and, on the psychological plane, the suggestions of anxiety in the frowning forehead, and of uncertainty and petulance in the pursed, protrusive mouth. These intimations are far removed from the prolixity of detail or the emotional bathos that characterize "veristic" portraiture and even from the incisive if reserved physiognomic and psychological "realism" of such contemporary artistocratic portraits as the pseudo-Cicero or the pseudo-Corbulo. Administered in nicely calculated dosage, so as not to impair the claims of physical and moral prepossession that the portrait schema as a whole asserts, they serve to narrow the psychological distance between the represented subject and the viewer, to ingratiate the former with the latter by the display of familiar foibles and marks of shared human fate, and to establish for the portrait itself a strengthened credibility by a show of apparent frankness and honesty. The rhetorical structure of these portraits is thus carefully adjusted to the requirements of the milieu and the patrons for whom they were produced. Despite their Hellenistic lineage they have no precise equivalent in contemporary Hellenistic portraiture. Rather they represent a unique adaptation of the stylistic and rhetorical possibilities of late Hellenistic art to the ideological and social conditions of the city of Rome.

The identifiable patrons of our portrait atelier were no ordinary members of the senatorial oligarchy but outstanding personalities in the front rank of political and

96. Cf. the masterly analysis of this device by R. Barthes, "L'Effet de Réel," *Communications* 11 (1968), pp. 84–89.

97. Nodelman (supra, note 95).

98. A valuable beginning has been made by P. Zanker, "Zur Rezeption des hellenistischen Individualporträts in Rom und in den italischen Städten," in Zanker (supra, note 86), vol. 2, pp. 581–609, and by J. Balty, "Portrait et société au Ier siècle avant notre ère," in *Römisches Porträt: Wege zur Erforschung eines gesellschaftlichen Phänomens*, Wissenschaftliche Zeitschrift der Humboldt-Universität zu Berlin, Gesellsch.- und Sprachwiss. Reihe 2/3, 1982, pp. 139–142.

99. See supra, pp. 57–59.

100. V. Poulsen, "Notes on a Group of Attic Portraits," *RA*, 1968, pp. 267–278.

101. V. Poulsen, *Vergil*, Opus Nobile, no. 12 (Bremen, 1959); Poulsen, pp. 44f., no. 5, 45f., no. 6, pls. 10–13. Poulsen's proposal (*Ny Carlsberg Glyptotek. Les portraits grecs* [Copenhagen, 1954], pp. 73ff.) was arrived at after a complex series of inferences based in important part on the belief that the partner of the pseudo-Seneca in the Naples bronze double herm from the Villa dei Papiri was to be identified as Callimachus; it is now incontrovertibly established (by the inscribed bronze bust in the Getty Museum: B. Ashmole, "Menander: An Inscribed Bust," *AJA* 77 [1973], p. 61, pls. 11–12; *Greek Portraits*, pp. 82f., no. 34, 115) that the traditional identification of the type as Menander is correct. Stylistic considerations (with which I fully concur) have led

social life. The atelier's finely balanced rhetoric was admirably suited to subjects who wished to advertise an *auctoritas* compounded of superior force of will, far-seeing intellect, and even the *felicitas* of divine favor, tempered nevertheless by reassuring acknowledgment of human limits and the binding force of Roman tradition, and packaged in a sculptural style that carried its own connotations of status and culture. In this they differed significantly from the drily "realist" portrait mode chosen by many contemporaries of the same class: Cato of Utica, the subjects of the pseudo-Cicero and pseudo-Corbulo types and their ilk, as well as from the outspokenly Hellenistic mode favored by, e.g., Pompey, all of which advertise very different sets of claims on the regard of the spectator, to say nothing of the exponents of the out-and-out "veristic" style. To what extent these differences may compare to real differences in status or political orientation awaits investigation.[98] Nevertheless a clearer picture of the sort of portraiture espoused by a significant element of the ruling class emerges. Such portraits will have inspired both emulation and contestation, helping to polarize the system of associations by which contemporary portraiture of all sorts addressed its various audiences. The separation of the portraiture of first-century Italy into its component genres, the analysis of the rhetorical stance and stylistic resources of each, and their ascription to their relevant social contexts is a task as yet hardly begun. The recognition of the Brutus group and its implications should aid in this process.

The distinctive sculptural style and portrait conception of this atelier set its products apart from other portrait modes employed by the Roman aristocracy during the final decades of the Republic.[99] In the wider spectrum of Roman portraiture of the first century B.C., as one leaves the ensemble of portraits demonstrably belonging to the limited circle of the high aristocracy, its distinctiveness and isolation are yet more noticeable. Despite its close attunement to the requirements of an elite city-Roman clientele, it seems to have no local roots; rather it stands out as a foreign body in the ensemble of Roman portrait sculpture of its time. On grounds of sculptural style, one would not hesitate to ascribe these works to a Greek rather than to a native Italian atelier. However, I believe it is possible to be more specific.

Two decades ago Poulsen attempted to link together a group of eight portraits that demonstrably or conjecturally represented personages of the final third of the first century B.C. (all, indeed, members of the entourage of Augustus) as the work of a single artist, an Attic sculptor working in Athens and "fighting a heroic rear-guard action for the good old Hellenistic tradition."[100] Poulsen's attempt is of signal importance, even though I do not believe that the group in fact coheres as the work of a single sculptor, nor can all of the identifications, and consequent datings, on which it is based be sustained.

Its point of departure, the now famous type of a poet that Poulsen has the merit of having first isolated and which he identified as Vergil, is in all probability a work of the third century B.C.[101] So also is the herm portrait of a poet in the Palazzo dei Conservatori, which was found in the so-called "auditorium" of Maecenas' villa on the Esquiline, and in which Poulsen saw a possible portrait of Maecenas himself.[102] The stylistic resemblances between this portrait and the "Vergil" are indeed close, as Poulsen himself stresses. In my opinion both also show a strong relationship to the portrait of Menander, whose identity is now conclusively established, and whose third-century date is hence no longer in doubt.[103] The portraits of Agrippa and of Augustus of the "Actium" type are, of course, contemporary and are not without certain stylistic as well as historical relationships; nevertheless I believe that it is impossible for them to be the work of the same artist. The profound difference between them was eloquently characterized by Curtius half a century ago.[104] Poulsen, following J. Charbonneaux, identified the Villa Adriana-Louvre portrait type of a frowning man with a row of pointed locks falling over his forehead as Marcellus, Augustus' son-in-law who died in 23 B.C.[105] However, the identification cannot be sustained,[106] and although the type does indeed appear to belong on stylistic grounds to the Augustan

a number of scholars to identify the "Vergil" as a third- or second-century Greek poet. K. Schefold (in *Gnomon* 35 [1963], pp. 811f.; idem, *Griechische Dichterbildnisse* [Zurich and Stuttgart, 1965], p. 29, fig. 17) has suggested Philemon; G. Hafner (*Das Bildnis des Q. Ennius* [Baden-Baden, 1968]) has suggested the Roman Ennius; and most recently U. Hausmann ("Zum Bildnis des Dichters Theokrit," *Stele. Tomos eis mnemen Nikolaou Kontoleontos* [Athens, 1980], pp. 511–524) has proposed Theokritos.

102. Poulsen (supra, note 100), p. 268; H. Stuart Jones, *The Sculptures of the Palazzo dei Conservatori* (Oxford, 1926), p. 70, pl. 24; H. von Heintze, "Neue Beiträge zu V. Poulsen's Vergil," *RömMitt* 67 (1960), pp. 103–110, pls. 31–33.

103. See supra, note 101.

104. See supra, note 84.

105. J. Charbonneaux, "Un portrait présumé de Marcellus," *MonPiot* 51 (1960), pp. 53–72. Charbonneaux's identification has been widely followed, e.g. by G. Säflund, "Il Germanico del Museo del Louvre," *Opuscula Romana*, vol. 9, pt. 1 (1973), pp. 7ff.; by J. Balty, "Notes d'iconographie julio-claudienne, IV: M. Claudius Marcellus et le 'Type B' de l'iconographie d'Auguste jeune," *AK* 20 (1977), pp. 112ff.; and by Kiss, pp. 24ff.

106. Charbonneaux's sole ground for the identification was the discovery of the Villa Adriana portrait in the same excavation as a bearded head of Hadrianic date in which he saw a portrait of Hadrian's in-

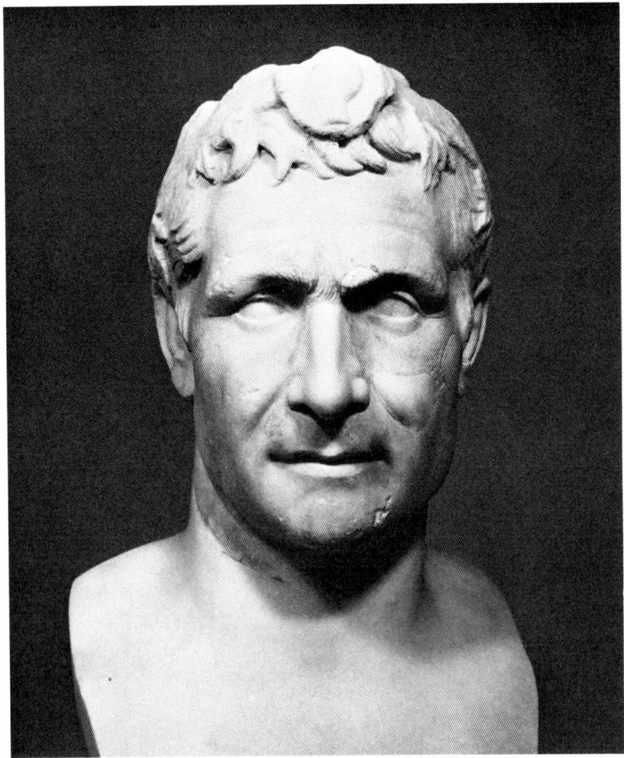

Figure 22a. Front view of bust of a man with priestly crown: "Fabius Maximus." Vatican, Sala dei Busti, inv. 716.

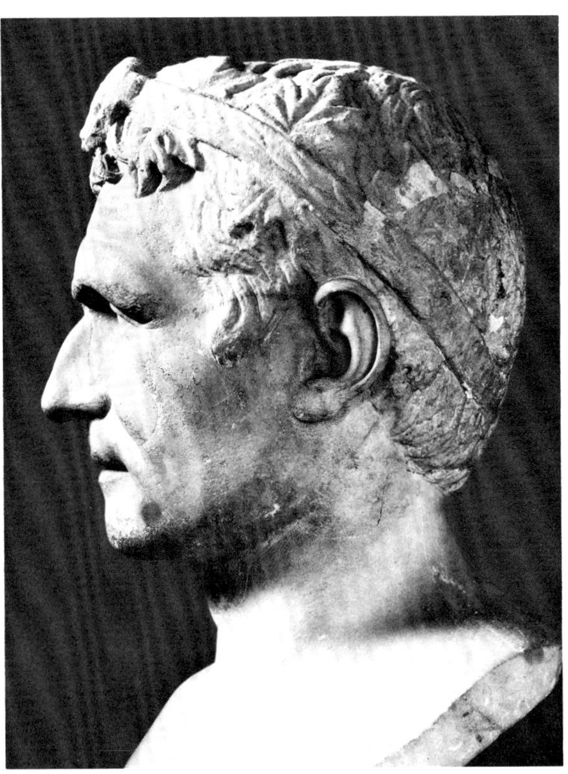

Figure 22b. Left profile of bust, figure 22a. Photo: Courtesy DAI, Rome.

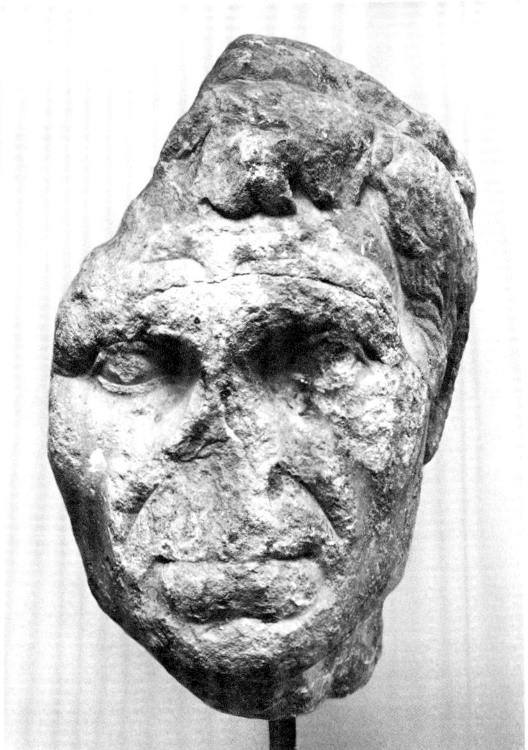

Figure 23a. Front view of head of a man: "Fabius Maximus." Athens, National Museum, no number. Photos: Courtesy DAI, Athens.

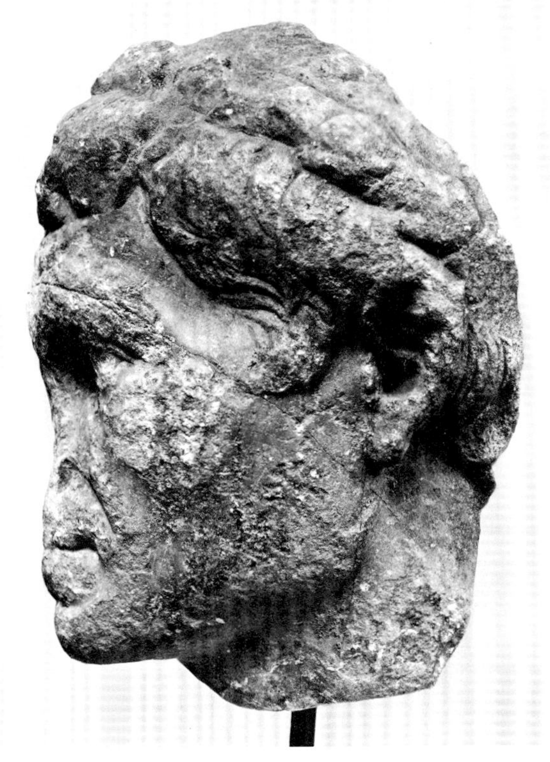

Figure 23b. Left profile of head, figure 23a.

period, I doubt that it represents someone of the family of the *princeps*. In any case, such similarities as it evinces to other portraits in the group, such as those of Agrippa and Augustus, seem to me too distant to support a claim of common authorship. The group is extended to include the portrait of the young King Juba II of Mauritania, in that first type best represented by the magnificent bronze bust from Volubilis[107] and the portrait of a man adorned with a priestly crown known in replicas in the Vatican (figs. 22a–b) and in the National Museum in Athens (figs. 23a–b). Poulsen suggests that this may be Paullus Fabius Maximus, a relative by marriage of Augustus and consul in 11 B.C.[108] Despite the failure of the works comprising this grouping to cohere as closely as Poulsen believed, he pointed out certain important relationships for the first time. With the exception of the "Vergil" and the Conservatori poet, the works he assembled do indeed form a significantly related group though not, I believe, related in quite the way that Poulsen proposed.

Poulsen's association of this group with Athens was largely based on stylistic intuition; he had already some years before ascribed the "Vergil" to an Attic sculptor.[109] None of the individual pieces or types so far mentioned, with the exception of the National Museum replica of the "Fabius Maximus," had an Athenian provenance or other secure connection with Athens (and the provenance of a particular replica of a multiplied type is of course no indication of the place of origin of the original). Nor could any conclusive historical linkage be shown. Poulsen was obliged to conjecture occasions on which various of the personages involved might have visited the city so as to have the opportunity of having their portraits made. It was left to the final piece in the group to provide an unquestionable link to Athens itself. This is the splendid though broken head of a long-haired man, perhaps a poet, which was found long ago in the Stoa of Attalos and which is now in the National Museum, no. 3266 (fig. 24).[110] Its Attic character is guaranteed not by the fact of provenance alone, which taken in isolation cannot be conclusive, but, as will be seen, by its stylistic context. Poulsen thought its resemblance in style to his "Vergil" particularly close. Here I must disagree, but it does evince marked resemblances to others of the group, notably the Agrippa and "Fabius Maximus," and to a lesser extent to the Actium type of Augustus. This piece thus suggests Athenian connections for a group of portraits that in terms of identities (so far as these are known) and of actual provenances have little or no association with Athens, and also opens up connections with other portraits that are demonstrably Attic in origin.

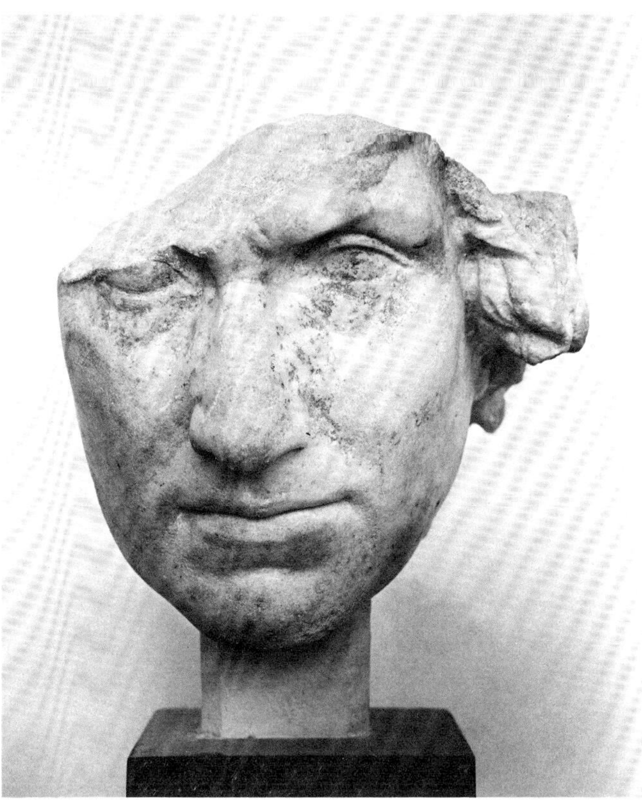

Figure 24. Head of a man. Athens, National Museum 3266. Photo: Courtesy DAI, Athens.

Recently A. Stewart has re-examined this question within an overall study of sculptural activity in late

tended successor, Aelius Verus (supra, note 105, pp. 57ff.); Hadrian is imagined to have set up a commemorative monument linking Aelius with another prematurely deceased heir, Marcellus. Obviously this is the merest conjecture. However, the argument has lost even this fragile basis: N. Hannestad, in his systematic study of Aelius Verus' iconography ("The Portraits of Aelius Caesar," *Analecta Romana Instituti Danici* 7 [1974], pp. 95f.) makes clear that the head from the Canopus has nothing to do with Hadrian's heir. I hope to treat the very interesting Louvre-Villa Adriana type elsewhere.

107. Poulsen (supra, note 100), pp. 275ff.; cf. K. Fittschen, "Die Bildnisse der mauretanischen Könige und ihre stadtrömischen Vorbilder," *MadMitt* 15 (1974), pp. 157f., 160ff., pls. 15a, 16a, 17a–b.

108. Poulsen (supra, note 100), pp. 277f., fig. 6, p. 276; W. Amelung, *Die Skulpturen des Vatikanischen Museums*, vol. 2 (Berlin, 1908), p. 475, no. 275; Hekler, pl. 124b; Helbig, p. 118, no. 155 (H. von Heintze).

109. Poulsen, pp. 45f., to no. 6. Hafner, pp. 78f., nos. 31–32 had already ascribed two portraits of Agrippa—that in Copenhagen, NC 609, and that of the Grimani statue in Venice—to (two separate) Athenian artists. Following L. Curtius, Hafner regarded them as stylistically distinct from the Gabii type of Agrippa; however they are plainly variants exhibiting the closest stylistic as well as typological dependence upon it.

110. Poulsen (supra, note 100), pp. 269, 278; S. Karouzou in *Archaiologikon Deltion* 21 (1966), pp. 8, 202, pls. 7–11; Stewart, pp. 84f., no. 1, pl. 27a.

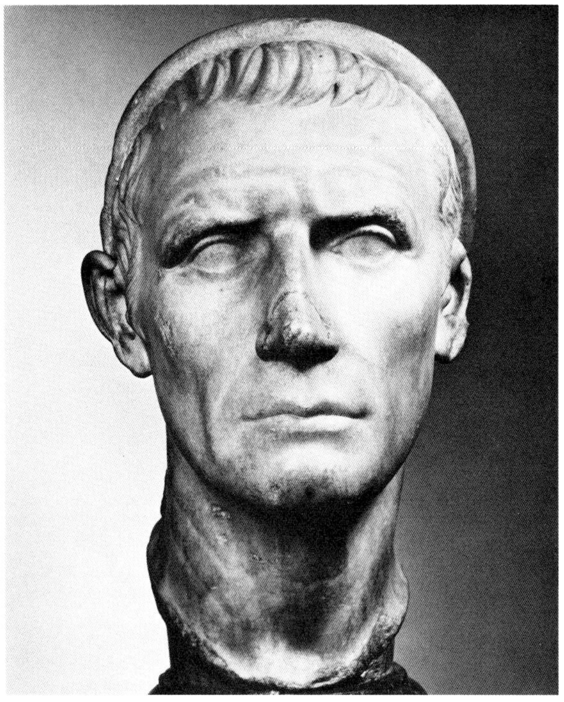

Figure 25. Head of a man with priestly crown: "Antiochus III." Paris, Musée du Louvre MA 1204. Photo: Courtesy Chuzeville, Paris.

Hellenistic Athens. Stewart accepts the group formulated by Poulsen both as Attic in origin and as the work of a single artist, "the sculptor to Augustus," modifying it slightly by the addition of the Prima Porta Type of Augustus and by the (surely justified) subtraction of Juba II and of "Marcellus."[111] More significant is his assembly of another, internally far more coherent group, that of "the sculptor of NM 351 and his circle," active in the forties and thirties B.C.[112] This is far more strongly linked on material grounds to Athens itself. Of the six portraits that it includes, three are of Athenian provenance and a fourth fits closely into this Athenian context on stylistic grounds. Two members of the group—the portrait type of a Roman, with replicas in Copenhagen and Florence, and a herm portrait in Villa Albani—can claim no Attic provenance, and the similarities of style seem less than compelling; they can be disregarded here.

There remain four closely related pieces whose connection with the city is in three cases certain, in the fourth highly probable. The group is centered round the extremely fine head of a priest or poet, National Museum 351. Closest in style of the remaining three to this centerpiece, is a head in the Louvre, MA 1204, long famous under the name of Antiochus III (fig. 25).[113] Doubts about this identification and inclinations toward a dating in the first century B.C. had never been completely stilled;[114] Stewart deserves credit for having restored this remarkable portrait to its correct context. Despite the lack of Attic provenance (the head was acquired by Napoleon in Rome), the commonality both of sculptural style and of psychological treatment between the erstwhile "Antiochus" and NM 351 is so close that they must surely be the products of the same workshop, if not of the same sculptor.

Whatever may be conjectured regarding the "Antiochus" head's Roman provenance, it indeed shares some notable features of design with the Roman portrait group, which I have tried to define. The contained overall shape; the strict vertical-horizontal scaffolding imposed upon the facial mask and controlling the alignment of brows, nose, and mouth; the precision in the rendering of detail; and the highly articulated yet sober and controlled description of the musculature beneath the skin are all held in common, as is the effect of contained emotional tension. Johansen has already commented upon the stylistic affinity between "Antiochus" and the portrait of Agrippa.[115] "Antiochus" particularly resembles the Chiaramonti-Lidingö Caesar as well, not merely in the strict architectonics of the face but also in the rendering of the level gaze from beneath a tightened brow, the firm set of the mouth, and even the rhythmic swing of the locks of hair over the forehead. Nevertheless, compared to the Roman group, "Antiochus" and his Attic congeners, especially NM 351, are somewhat overly dry and linear in modeling, with less generous contrasts of plane, less of a propulsive continuity of rhythmic energy; anatomical details are rendered in a more

111. Stewart, pl. 27a–d.

112. Stewart, pp. 82ff., pl. 26a–d.

113. Bieber (supra, note 88), p. 87, figs. 319–320; Hekler, pl. 123; L. Laurenzi, *Ritratti greci* (Florence, 1941), p. 123, no. 79, pls. 31–32; G.M.A. Richter, *Portraits of the Greeks*, vol. 3 (New York, 1955), p. 271, figs. 1878–1879; Havelock (supra, note 88), p. 31, no. 10, fig. 31; Stewart, pp. 82f., no. 3, pl. 26b.

114. A first-century date was already suggested over forty years ago by K. Schefold, *Die Bildnisse der antiken Dichter, Redner und Denker* (Basel, 1943), p. 201. The newly published portrait heads of Antiochus IV (H. Kyrieleis, *Ein Bildnis des Königs Antiochos IV von Syrien*, 127. WinckProgr [Berlin, 1980]); of Demetrius II (I. Jucker, "Ein Bildnis Demetrios II, von Syrien," *Hefte des archäologischen Seminars der Universität Bern* 6 [1980]); and of Antiochus IX (A. Houghton, "The Portrait of Antiochus IX," *AK* 27 [1984], pp. 123–128, pls. 13–14) for the first time provide valid comparanda for the putative Antiochus III in the form of assured Seleucid royal portraits of appropriate date. The comparison is the more telling in that the coin portraits of Antiochus III and IV resemble one another very much in style, format, and even physiognomy. The new Antiochus IV shows us the kind of sculptured portrait from which such a coin-profile derives. It and the portraits of Demetrius II and Antiochus IX are entirely in the tradition of Hellenistic ruler-portraiture deriving from Alexander and based on late fourth- to early third-century stylistic conventions. They provide

painstaking, small-scale fashion. The representation of emotion and action is similarly more constrained.

Stewart's NM 351 group is important in the present context for its relationship to the previously mentioned head from the Stoa of Attalos, NM 3266. The latter is particularly close to NM 351 itself and to the Louvre "Antiochus." Stewart indeed suggests a master-pupil relationship between the author of the NM 351 group and that of NM 3266. The latter retains the earlier group's decisive architectonic framework but dispenses with its edgy linearity and is modeled more broadly, with deeper planar contrasts; the NM 351 group's tendency toward a certain fixity and pedantic over-exactness in the notation of the secondary muscle-groups is replaced with a larger-scaled, more organic treatment. NM 3266's close affiliation with a group of portraits of secure Attic origin reinforces the evidence of its own provenance to embed it firmly within an Athenian tradition.

The significance of NM 3266 for our purposes lies in its connection with the Roman aristocratic portraits of the Brutus group. The portrait of Agrippa is indeed already included with NM 3266 in the Poulsen-Stewart group of putatively Attic portraits. The relationship between Agrippa's portrait and NM 3266 is in fact striking. The rectilinear architectonics of the facial mask, the rhythmic ductus of the modeling, the balance of tension and relaxation in the musculature, and the controlled orchestration of emotional expression are virtually identical in both. The same pattern of similarities can be observed between NM 3266 and the remaining members of the Roman group—the Chiaramonti-Lidingö Caesar, the Cicero, and the Brutus of the Chiaramonti type. Because of its level gaze and composed features, the first of these offers the closest terms of comparison with NM 3266, as against the more movemented Cicero and Brutus, but the resemblances to these as well in overall format, in plastic rendering, and in psychological conception are sufficient to allow NM 3266 to be assigned with confidence to the atelier responsible for the Roman works. What sets them apart is principally the differing dramatic scenarios in which the portraits are cast, reflecting the differing status claims of the subjects and the requirements of their differing social contexts. In contrast to the Roman characters' imperious display of authority and will, the mood of the Athenian portraits is sober and restrained, befitting the narrowed horizons of the Hellenic city-state in the first century B.C.

One other member of the Poulsen-Stewart group seems to show enough similarities of conception and style both with NM 3266 and with the four Roman works to suggest common authorship. This is the so-called "Fabius Maximus." The better-known replica, in the Sala dei Busti of the Vatican, has so suffered through restoration and heavy cleaning that it preserves more of the outward format of its original than of its intimate stylistic character. The Athens replica, however, although so broken that this format is hard to discern, is of far higher quality. The undamaged parts, unrestored, offer a lively if discontinuous sense of the powerful, vibrant modeling and elastic muscular rendering that the original must have displayed. If these qualities are projected back into the overall format preserved by the Vatican replica, a close stylistic kinship emerges not only with the portrait of Agrippa (indeed, such kinship had already been remarked on the basis, however inadequate, of the Vatican replica alone)[116] but also with NM 3266. These three in fact are what remain of the group posited by Poulsen and Stewart.

The Vatican-Athens "Fabius Maximus" type resembles not merely NM 3266 and the portrait of Agrippa but also other members of the Roman portrait group which I have sought to establish, most notably that among them closest in age and somatic type, the portrait of Cicero. Comparison of the Athens head with the also broken but similarly high-quality Copenhagen replica of Cicero's portrait makes the similarities of sculptural style and psychological characterization sufficiently clear. "Fabius Maximus" is surely not the consul of 11 B.C. whom Poulsen had in mind but must be an eminent personage of the preceding generation.[117] Anonymous though he remains, his portrait can probably join

no support for the identification of the stylistically incongruous Louvre portrait as Antiochus III.

Neither can it be argued that the rolled fillet that "Antiochus," like a number of other first-century Athenian portrait subjects (e.g. Athens, National Museum 437: Hafner, pp. 63f., no. A8, pl. 26; Buschor, p. 49, fig. 47, Stewart, pp. 97f., no. 5, pl. 26c, Agora S 333: Hafner, p. 60, no. A2, pl. 25; Buschor, p. 49, fig. 44; Stewart, pp. 80f., pl. 24), wears as the insignia of priestly office must be assimilated to the flat-band royal diadem (and hence be evidence of royal status) because his—unlike theirs—is knotted at the back with loose-hanging ends such as the diadem also has. Proof to the contrary is offered by the togate statue of a Roman worthy, probably M. Appius Bradua, an ancestor of Annia Regilla, from the Nymphaeum of Herodes Atticus at Olympia; R. Bol, *Das Statuenprogramm des Herodes-Atticus-Nymphäums*, Olympische Forschungen, no. 15 (Berlin, 1984), pp. 165ff., no. 34, pl. 29. Certainly no Hellenistic monarch, Bradua wears a priestly fillet of just the same sort as "Antiochus."

115. Johansen (supra, note 81), pp. 29ff.

116. By von Heintze: see supra, note 108.

117. Paullus Fabius Maximus was born in 46 B.C. and became consul in 11 (*RE*, vol. 6, pt. 1, cols. 1782ff., s.v. "Fabius no. 102"). The Vatican-Athens National Museum portrait is that of a man in his mid-forties at the youngest; if it were to represent Fabius, it would have to have been executed during the last decade B.C. or even later. Styl-

those of the Brutus group and with them the long-haired subject of NM 3266, who by contrast is surely a Greek intellectual rather than a Roman statesman.

If the above argumentation is valid, a specific atelier, Attic in origin, with clearly established roots in its own soil, emerges as creator of a distinctive portrait style employed on behalf of some leading Roman political figures of the mid-first century B.C.. Much if not most of its operations must have been carried on in Rome. Of the portraits so far ascribable to it only one—NM 3266, with no known replicas and perhaps representing a purely local celebrity—need be assumed actually to have been created in Athens. (The appearance in Athens of a *replica* of a type otherwise known is another matter entirely.) The others are prominent Roman personalities; of those who are identifiable, two at most (Brutus and possibly Agrippa) are known to or might have visited Athens during the years when their portraits were probably executed.[118] More importantly, these portraits present their subjects, as we have seen, in a manner calculated to be acceptable to a Roman public; the Hellenistic devices for the dramatization of character are never allowed to overstep these limits. This is not what we find when portraits of Roman leaders are created on Greek terrain.[119]

The portraits of our Roman group are thus likely to have been created in Rome itself, where their patrons chiefly resided, where the political careers that consumed their lives were focused, and for whose social and psychological conditions the portraits themselves were designed. Greek artists and workshops are abundantly documented as working in Rome and its environs from the second quarter of the second century B.C. onward, and sometimes it has been possible to trace the activities of such workshops both in Rome and on their home ground—the Athenian dynasty of Polykles and Timarchides during the second century being one case in point,[120] the Rhodian one of Hagesandros, Polydoros, and Athanodoros of the Augustan-Tiberian period being another.[121]

That a distinguished Roman clientele—including some of the most cultivated as well as most prominent men of the age, among them collectors and connoisseurs of Greek sculpture[122]—should have patronized such an Attic portrait atelier should not be surprising. Hafner and, more recently, Stewart have emphasized the importance of Athens as a center of late Hellenistic portrait sculpture.[123] The Brutus group now affords us a fuller sense of the resources of Attic sculptural style during the mid-first century B.C. Despite (or perhaps because of) its deep involvement with the values of Attic art of the High Classic era, the style of our atelier has little in common with the chilly, decorative neoclassicism practiced by the currently fashionable neo-Attic workshops.[124] Instead it cultivated a vibrant sculptural language and dramatic force in which living Hellenistic traditions were perpetuated. That there was a current in the Attic art of this period capable of the genuine development and creative transformation of Hellenistic traditions is confirmed by an isolated masterpiece, the Belvedere Torso in the Vatican (fig. 26). The Torso is dated by consensus to the middle of the first century B.C.—that is, precisely to the *floruit* of our portrait atelier. That Apollonios, son of Nestor, felt it necessary to add the epithet *Athenaios* to his signature indicates that the work was either made for export or perhaps, like some of our portraits, actually executed at Rome.[125]

Interestingly, Apollonios' masterpiece and our portrait group have much stylistically in common. First, the dramatic scenario implied by the pose: the hero or divinity, of still problematic identity, is shown twisting as if to rise from his position of rest, and looking upward toward some unexpected visitor or event by which his attention has suddenly been engaged. The powerful torsion of the Torso is paralleled in less violent form by the swivelled heads of Brutus and Cicero, and to a lesser extent of Agrippa, all of whom appear to have refocused their attention abruptly in response to some interruption. Formal resemblances are evident as well. The Torso and our portraits, especially the somatically most

istically, however, it belongs at least a generation earlier. Fabius is represented on coins of Hierapolis in Phrygia (unless indeed the portrait is intended to be that of Augustus): B.V. Head, *British Museum. Greek Coins of Phrygia* (London, 1906), pp. 243f.; older numismatic references are cited in *RE* (supra, this note), col. 1786. If they have any iconographic value, the coin images are strongly unfavorable to the identification. Poulsen's suggestion that the portrait cameo in the crown of the Vatican portrait shows the subject as priest of a provincial cult of the deified (living) Augustus seems inconsistent with the evidence of provenance. It is the replica in Rome (where no cult of the living Augustus existed) that wears the cameo and the Athenian replica that does not. It seems most likely that the much worn "youthful" head on the cameo is not that of Augustus but of Julius Caesar in the neoclassically rejuvenated Chiaramonti-Camposanto portrait type, and that the subject is a priest of Divus Julius, whose cult was established by 42, if indeed not earlier; cf. supra, note 73.

118. Brutus was in Athens in 44 (see supra, note 53); Agrippa does not seem to have had any opportunity to visit the city until the time of his Eastern command in 23–21 B.C.

119. Compare e.g. the heroized general (Augustus?) represented by the head from a bronze statue from Megara (or more probably Eleusis) in Copenhagen, Ny Carlsberg Glyptotek 460a: Poulsen, pp. 79ff., no. 43, pls. 72–73; Hafner, pp. 76ff., no. A 27, pl. 32; Kraus (supra, note 57), p. 252, no. 283 (von Heintze), pl. 283.

120. F. Coarelli, "Polycles," *Studi miscellanei* 15 (1970), pp. 77–89.

121. W. H. Gross, "Zur Laokoongruppe und ihren Künstlern," *Nachr. Akad. Wiss. Giessen* 35 (1966), pp. 107–116; G. Säflund, *The Polyphemus and Scylla Groups of Sperlonga* (Stockhom, 1972), pp. 73–77;

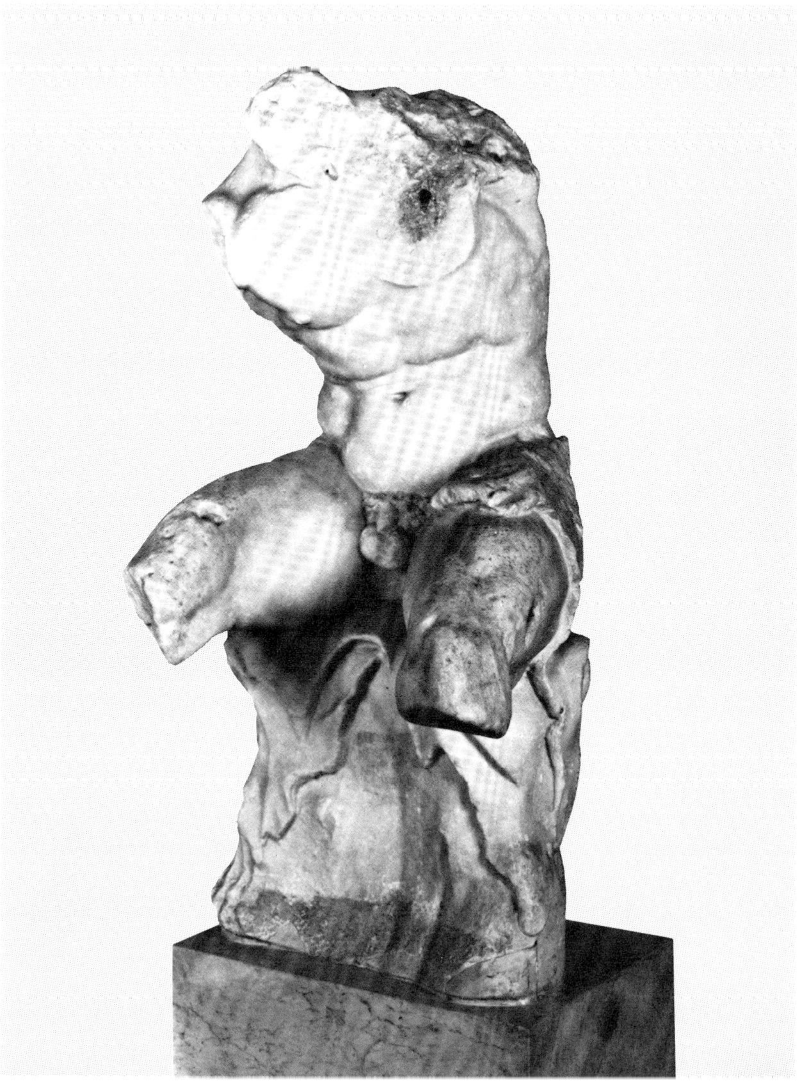

Figure 26. Belvedere Torso. Vatican, Sala delle Muse 1192.

comparable Cicero and Agrippa, share the same compact volumes constructed of broad, emphatically contrasted planes, accommodating a richly varied surface modeling and giving rise to a rippling profusion of nevertheless carefully controlled optical effects. The anatomical conception is remarkably similar: the flesh is stretched over the underlying bone-structure as a thick independent layer characterized by the elasticity and mutual responsiveness of the muscle-groups. Despite the apparent fullness of anatomical description, a careful selectivity in the treatment of detail ensures that the broad effects dominate: distracting minutiae such as minor wrinkles

B. Conticello, "I gruppi scultorei di soggetto mitologico a Sperlonga," *Antike Plastik* 14 (1974), pp. 41ff., 52f.; B. Andreae, "Die römischen Repliken der mythologischen Skulpturengruppen von Sperlonga," *Antike Plastik* 14 (1974), pp. 103ff.

122. Cicero's activities as an art collector are well known from his letters; representative passages are collected in J. J. Pollitt, *The Art of Rome, c. 753 B.C.–337 A.D.: Sources and Documents* (Englewood Cliffs, N.J., 1966), pp. 76ff. Brutus' collection evidently included an original bronze by the fifth-century sculptor Strongylion: Pliny *N.H.* XXXIV.82; Cf. Martial II.77, IX.50. On Caesar as art collector, Suetonius *Divus Julius* XLVII. On Agrippa as patron of the art, see most recently Roddaz (supra, note 81), pp. 245ff.

123. Hafner, pp. 58ff.; Stewart, pp. 65ff., 79ff.

124. Surveyed, e.g., by A. Giuliano, *La cultura artistica delle provincie della Grecia in età romana*, Studia Archaeologica, no. 6 (Rome, 1965), pp. 43ff., and recently by B. Ridgway, *Roman Copies of Greek Sculpture* (Ann Arbor, 1984) (richly annotated).

125. Lippold (supra, note 62), p. 380, pl. 134, fig. 1; Helbig, pp. 211ff., no. 265 (W. Fuchs); W. Fuchs, *Skulptur der Griechen*, 2nd ed. (Munich, 1979), pp. 284ff., figs. 313–314. Despite its centuries of fame, the style of the Belvedere Torso remains only partially analyzed and its place in the development of sculpture during the first century B.C. insufficiently explored. The proper assessment has been hindered by the tendency to conflate the style of the Torso with that of the well-known bronze Boxer of the Terme Museum (W. Helbig, *Führer durch die öffentlichen Sammlungen klassischer Altertumer in Rom*, H. Speier, ed., 4th ed., vol. 3 [Tübingen, 1969], pp. 184f., no. 2272 [W. Fuchs]; R. Lullies and M. Hirmer, *Griechische Plastik*, 4th rev. ed. [Munich, 1979], pp.

or blemishes in the portraits, or veins in the Torso, are omitted. These resemblances form a consistent pattern and establish a close stylistic relationship.

Another contemporary work exhibits notable motivic and formal connections with the Torso and with our portrait group. This is the large bronze statuette representing an artisan—probably the reduced copy of a famous monumental original, since other copies or variants after the same prototype survive—acquired by the Metropolitan Museum of Art in 1972 (figs. 27a–c).[126] Although at first glance it seems a piece of conventional Hellenistic genre sculpture, the head is forcefully characterized with highly individual features and is unmistakably a portrait. The short, muscular figure wears an *exomis* with a writing-tablet thrust into the belt, head downturned, and arm folded in a reflective, calculating posture, which the missing right arm and leg prevent us from completely grasping. The head is balding and bearded, with a grave seriousness and inwardness of expression unexpected in such subject matter. Among the conjectures as to the subject's identity—ranging from Daedalus to the Stoic Chrysippos—the most persuasive by far is that of Phidias,[127] into whose iconographic tradition, deriving ultimately from the shield of the Parthenos, it fits very well. The unusual gravity and contemplative attitude, so unlike the typical genre image of the craftsman, would be only appropriate for the revered fashioner of godlike images, the greatest sculptor of antiquity. However this may be, the statuette evinces significant affinities with the portraits of our group, especially with that of Cicero which it greatly resembles in age and physiognomy, with its high, balding forehead and near-identical profile (fig. 27a; cf. fig. 18a). The vivid characterization of subject and mood, the action caught in a moment of transition, the phenomenon of deflected attention and hence the startling close-up view we are vouchsafed of the narrative transaction and of the subjective experience of its protagonist—all these link the bronze with out portraits and with the Torso. So, formally, do the compact volumes and clear contouring of the heads and bodies, the contained richness of the modeling, the elastic musculature and discreet indication of anatomical detail. Such resemblances extend to the idiosyncrasies of formal description: the tight, sharply profiled ringlets of the artisan's hair are paralleled stylistically, if not motivically, in the sharply drawn hairlocks of the portrait group; but the pointed, comma-shaped locks of his beard have a marked resemblance to those framing Cicero's head and indeed to the short, serried pubic locks of the Torso, as recent de-restoration has revealed them.

The bronze has aptly been termed "remarkable for its synthesis of Hellenistic immediacy and classic composure,"[128] a description that could hardly be bettered for the portraits of our group and for the Torso as well. Although the bronze has been called Alexandrian (perhaps as a reflex of its rumored North African provenance as well as of the reputed Alexandrian taste for "realistic" genre-pieces),[129] its style has nothing in common with certifiably Alexandrian late Hellenistic works, but associates it (or its original) firmly with the portraits and with the Belvedere Torso as closely related Attic products. (Indeed the apparent choice of subject-matter reinforces the bronze's appropriateness to an Attic context: in an era of neoclassic leanings, in which the fifth century loomed as a vanished Golden Age, and at a time when Athens to a great extent lived off the renown of its past cultural and artistic glories, the evocation of the figure of Phidias was a gesture of civic pride as well as a response to the interests of the market.)

Together, these works testify to a previously little suspected vigor and originality in first-century Attic sculp-

142f., pls. 294–295; Fuchs [supra, this note], pp. 281ff., pls. 311–312; Bieber [supra, note 77], p. 180, figs. 766–767; A. Giuliano, ed., *Museo Nazionale Romano. Le Sculture*, vol. 1, pt. 1 [Rome, 1979], pp. 194ff., no. 123 [O. Vassori]). Despite general recognition of the erroneousness of Rhys Carpenter's (*MAAR* 18 [1941], pp. 84ff.) attempt to make out the signature of Apollonios, son of Nestor, upon the Boxer of the Terme Museum, most authorities continue to accept his attribution of the Boxer to Apollonios on grounds of style. I find this incomprehensible. Aside from the general similarity of the motif, the sculptural conceptions of the two works are so fundamentally different as to preclude common authorship. The dynamism of the Torso's movement, its propulsive rhythms, strong asymmetries and modeling exaggerated to a near-expressionistic intensity contrast with the Boxer's static pose, rather monotonous evenness of rhythmic accent, and descriptive sobriety. This additive approach is noticeable also in the abrupt juxtaposition of the incongruously classicistic head to a body utterly different in style. These dissimilarities far outweigh certain shared characteristics (i.e., the pictorialism of surface rendering, a neoclassic selectivity in the anatomical treatment) of these no doubt contemporary works. For an acute summary of some of the stylistic incongruities in the Boxer, see Havelock (supra, note 88), p. 128, no. 101.

126. S. Boucher-Colozier, "Un bronze d'époque alexandrine," *MonPiot* 54 (1965), pp. 25–38; N. Himmelmann, "Realistic Art in Alexandria," *Proceedings of the British Academy* 67 (1981), pp. 205–207; idem, *Alexandria und der Realismus in der griechischen Kunst* (Tübingen, 1983), pp. 76–85, pls. 56–58; J. Mertens, *BMMA* 43 (Fall 1985), pp. 60ff., no. 41. A number of terracottas, some of much later date, seem to be free variants of the same original (Himmelmann 1983 [supra, this note], pp. 79ff., pl. 59a–b). Their connection with the New York bronze is problematic: from the surviving indications it is difficult to imagine its attitude completed according to their example. Nevertheless, that there is some connection can scarcely be denied; and this and the wide timespan involved are sufficient to establish the celebrity of the prototype.

127. *Greek Portraits*, p. 17. The identification as Daedalus (Himmelmann, 1983 [supra, note 126], p. 78) finds some support in the ico-

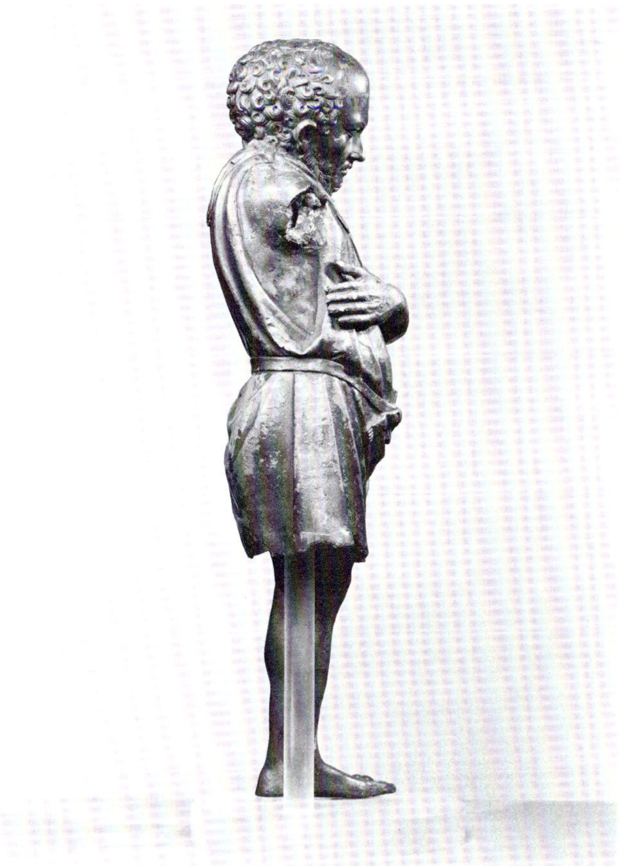

Figure 27a. Profile of bronze statuette of an artisan: Phidias? New York, The Metropolitan Museum of Art 1972.11.1.

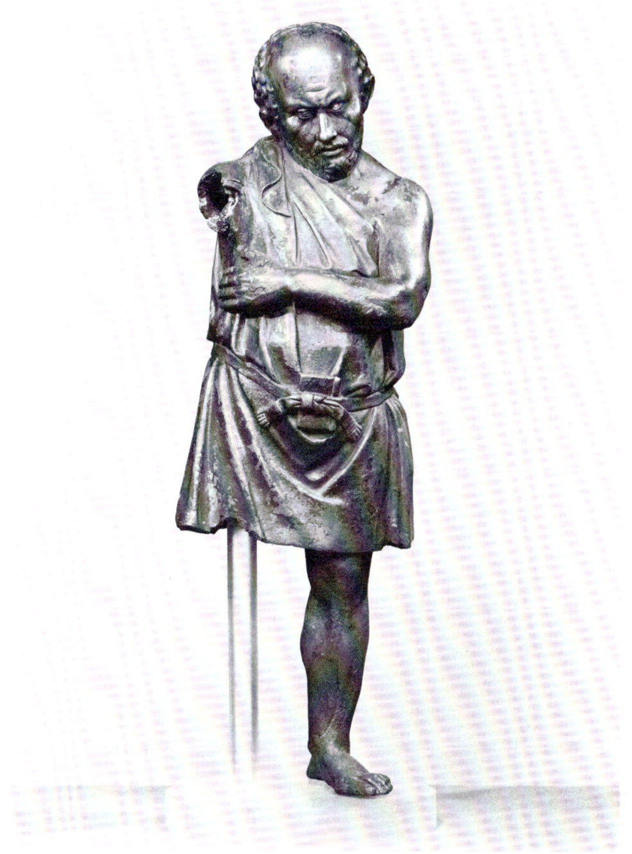

Figure 27b. Front of statuette, figure 27a.

ture. The identification of this movement may be of considerable value for our art historical understanding of this and the subsequent period. On the one hand, as I shall argue below, it provides an important part of the background for the classicizing Augustan court style. On the other hand, by witnessing to the continuity of

nographic tradition but not before Roman times; the tradition of Phidias in this guise seems older and stronger and might have influenced representations of the legendary craftsman in later times. That as Chrysippos (Boucher-Colozier [supra, note 126], pp. 36ff.) is contradicted by the well-known portrait type of the philosopher.

128. Mertens (supra, note 126), p. 61.

129. As argued at length by Himmelmann, 1983 (supra, note 126). But the New York bronze has very little in common stylistically—and nothing at all in *ethos*—with the Alexandrian grotesques and genre-pieces discussed and illustrated by Himmelmann. Indeed, it appears in his book as a quite alien presence. As to the terracottas adduced as reflections of the same type (ibid., pp. 79ff., pl. 59a–b), their Egyptian provenance is far from constituting proof for the homeland of the original. Indeed the type seems to appear in terracottas from mainland Greece as well (ibid., p. 81, n. 199)—specifically from Elis where an evocation of Phidias' memory would be particularly apt owing to the proximity of the Olympian Zeus.

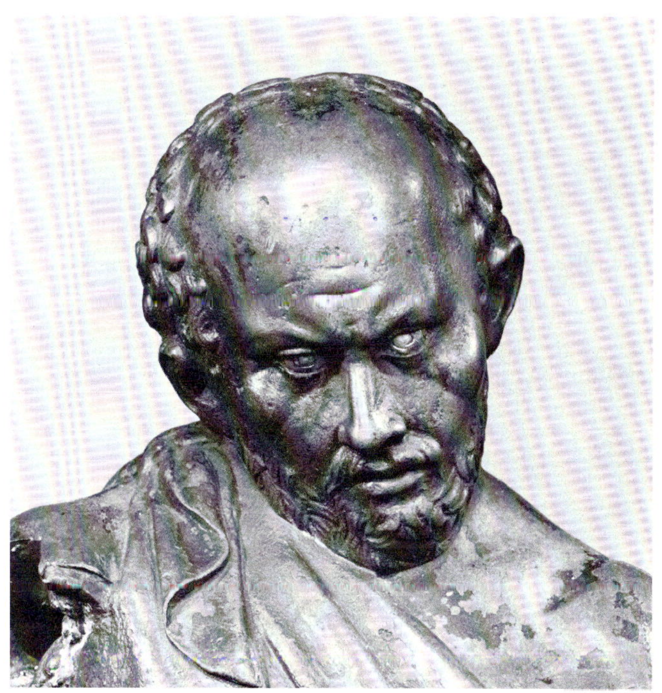

Figure 27c. Front view of head of statuette, figure 27a.

Hellenistic traditions deep into the first century B.C., it provides a bridge to what have been called the "neo-Hellenistic"[130] works of the first century A.D. (e.g. Laokoon, Sperlonga), thus helping to rescue from isolation some of the most remarkable as well as problematic works of ancient art.

Can the context and the authorship of this movement be more closely defined? A fifth-century A.D. commentary on the *Timaeus* preserves a tantalizing scrap of information: one Apollonios, not otherwise identified, had executed the gold and ivory cult statue of Jupiter Optimus Maximus for the Capitoline temple in Rome.[131] Such a commission could have been motivated on one of two occasions: Sulla's rebuilding of the temple after the fire of 83 B.C. (necessitating a replacement for the ancient terracotta cult image ascribed to Vulca of Veii), or Domitian's rebuilding after the fire of A.D. 80. (The Vespasianic rebuilding after the fire of A.D. 69 was so shortlived as hardly likely to have left much trace in the tradition.) If the former, the work was presumably completed either in time for the rededication of the temple by Lutatius Catulus in 69 B.C. or within a few years after. Apollonios thus might well be identical with his contemporary and homonym, Apollonios, son of Nestor, as has indeed been suggested.[132] However, as has also been pointed out, nothing in the brief passage in Chalcidius' commentary guarantees that Apollonios' activities need be referred to the Sullan rather than the Domitianic rebuilding, and nothing, even if the former were the case, guarantees the identity of two bearers of a not uncommon name.[133]

The link between the author of the statue of Jupiter and that of the Belvedere Torso would thus appear forever condemned to the limbo of tempting but unprovable conjectures. If, however, it were possible to form an idea of the stylistic character of the lost Capitoline statue through the evidence of copies or works of minor art securely referrable to the Sullan version, the question might be resolvable. Such evidence is perhaps available.

A group of bronze statuettes, the best of which is in the Metropolitan Museum in New York (fig. 28),[134] repeat the type of the Capitoline Jupiter in its Sullan form, as the numismatic documentation proves: the Sullan Jupiter's right arm, grasping the thunderbolt, was lowered and rested across the raised right upper leg as in the New York statuette; that of the Domitianic cult image is lifted and outstretched.[135] So far as the small scale of the New York bronze permits comparison, the style of the Sullan Jupiter was not at all incompatible with Apollonios, son of Nestor's, grandiose Torso. Allowing for the differences in motif, the attitude and rhythm of the two seated figures have much in common. The author of the Capitoline statue presents the enthroned Jupiter in a particularized moment of action, incorporating into the pose the utmost degree of movement consistent with patriarchal dignity. The god leans forward as if in response to the appeal of a petitioner, abandoning the solemn fixity of the Phidian Zeus and of its principal successor, the (Bryaxian?) statuary prototype of the Zeus of Otricoli,[136] and twists upon his throne, right leg lifted and flexed, as if about to rise. While not so extreme as the torsion of the Belvedere statue, this movement is of very similar type, and the resemblance is heightened if we mentally restore the Torso's missing arms; the left raised probably to the height of the head, the right lowered and resting across the right thigh just as in the case of Jupiter. The bodily proportions of the two figures also seem quite comparable as does—so far as comparison is possible—the anatomical treatment. The New York bronze shows the large, compact divisions and even a suggestion of the elastic musculature of the Torso.

More detailed stylistic comparison is offered by a marble head of Zeus-Jupiter type in the National Museum in Naples, proposed by M. Bieber as a copy after the Capitoline statue (fig. 29).[137] As part of the Farnese collection, the head is almost surely of Roman provenance. On the basis of sculptural execution, one would not wish to date the copy later than the first century A.D., which strengthens its connection with the Sullan

130. E. Simon, "Laokoon und die Geschichte der antiken Kunst," *AA*, 1984, pp. 670f.

131. Chalcidius, *in Timaeum*, p. 440 (ed. Meurs) = J. Overbeck, *Die antiken Schriftquellen zur Geschichte der bildenden Künste bei den Griechen* (Leipzig, 1868), no. 2215.

132. Bieber (supra, note 88), p. 180.

133. Thieme and Becker, *Künstlerlexikon*, vol. 2 (Leipzig, 1908), s.v. "Apollonius IX" (W. Amelung); cf. ibid., s.v. "Apollonius VIII"; Stewart, p. 79.

134. G.M.A. Richter, *The Metropolitan Museum of Art. Greek, Etruscan and Roman Bronzes* (New York, 1915), pp. 110ff., no. 200; idem, *Ancient Italy* (Ann Arbor, 1955), p. 61, fig. 200; Bieber (supra, note 88) p. 180, fig. 768.

135. Our sole incontrovertible evidence as to the appearance of the Sullan version of Jupiter Capitolinus is provided by a Civil War coin of A.D. 68 (H. Mattingly, *Coins of the Roman Empire in the British Museum*, vol. 1, *Augustus to Vitellius* [London, 1923], p. 307, no. 70, pl. 51, fig. 22), where it is explicitly identified by the legend and shown within the abbreviated facade of the temple itself. Pose and attributes are those of the New York bronze. The same pose and attributes were standard for the seated Jupiter on earlier Imperial coinage, e.g., on that of Nero (ibid., pp. 209ff., nos. 67–79, pl. 39, figs. 19–23). When the seated Jupiter appears with the thunderbolt on Flavian coins and throughout the second century, the arm is almost always raised; this must surely reflect a modification introduced in the Domitianic (and perhaps already Vespasianic) cult statue. Thus the statuette proposed by A. Zadoks Jitta ("Jupiter Capitolinus" *JRS* 28 [1938], pp. 50–55) as repeating the type of the Sullan statue must on the contrary derive from

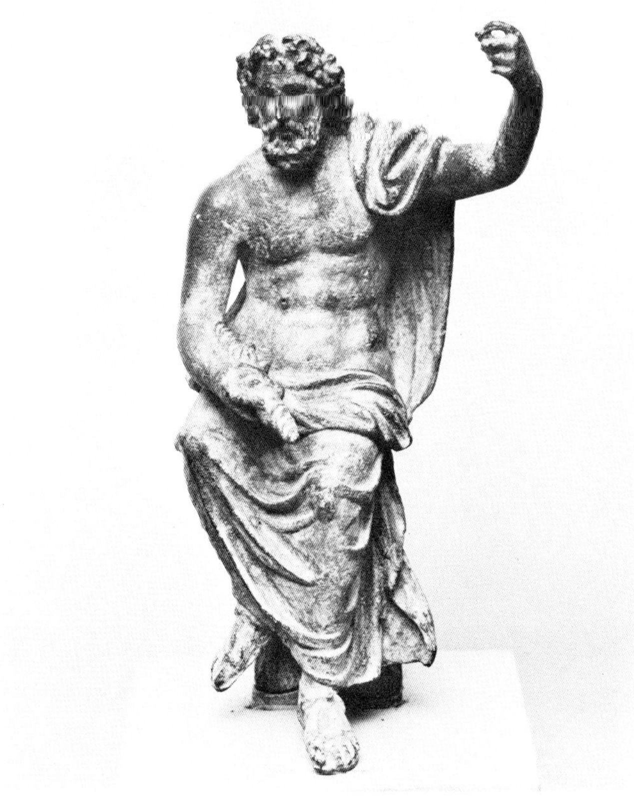

Figure 28. Bronze statuette of Jupiter Capitolinus. New York, The Metropolitan Museum of Art, Rogers Fund, 1917 (17.230.32).

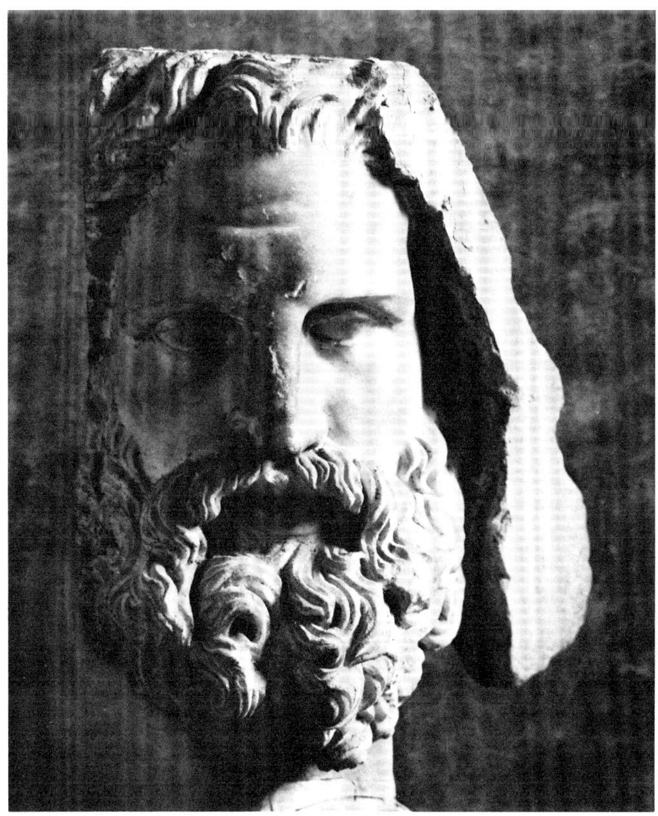

Figure 29. Head of Jupiter Capitolinus. Naples, Museo Nazionale 6260. Photo: Courtesy Fotografia Foglia.

commission, and its quality suggests quite a reasonable degree of faithfulness to its original. The hair of the Naples head was intended to be completed in stucco, with indications of gilding which—contrasted with the white of the marble face—would have provided a polychromy evocative of the chryselephantine original. The head is loosely modeled on the fourth-century prototype of the Zeus of Otricoli, but can by no means be considered a replica; it has been transformed in both characterization and style. Jupiter inclines his head graciously, in contrast to the level gaze and regal impassivity of the fourth-century Zeus; the features are softer, with a benevolent and thoughtful, almost contemplative expression—suggestive of the ethical preoccupations of the age of Cicero.

Allowing for the obvious divergencies of subject-matter, the Jupiter head displays a notable stylistic kinship with Apollonios' Torso. The big, rather generalized facial planes, their emphatic demarcations softened by the continuities of a fluent chiaroscuro, and the thickly modeled layer of flesh with its hints of the reciprocal pull of the muscles beneath the skin recall the equivalent elements in the anatomical rendering of the Torso. Such similarities extend to the handling of the creases in the

one of the later versions. Zadoks Jitta deserves credit, however, for having for the first time attempted to establish a distinction between the Sullan and Domitianic Jupiter types as these have survived through reflections in the minor arts.

136. However, as Zadoks Jitta (supra, note 135), p. 55 points out, following A. B. Cook, there was a fourth-century Zeus type, reflected in reverses of the Alexander coinage, with a much more dynamic pose, which may well have influenced the Sullan cult statue. Zadoks Jitta conjectures an attribution of the original to Lysippos. Cf. A. B. Cook, *Zeus*, vol. 2, pt. 1 (Cambridge, 1925), pp. 760ff.

137. Inv. 6260. *Guida Reusch* (Naples, Museo Nazionale), pp. 97f., no. 296 (rev. ed. [Naples, n.d.], p. 56, no. 203); Brunn-Bruckmann, text to pl. 605, pp. 2ff. with fig. 3 (J. Sieveking); Bieber (supra, note 88), p. 180, fig. 770. The type of the Naples head is reflected in that of the Jupiter Verospi of the Vatican (W. Amelung, *Katalog der Skulpturen des vatikanischen Museums*, vol. 2 [Berlin, 1908], p. 519, no. 326, pl. 73; Lippold [supra, note 1], pp. 380ff.; Helbig, pp. 130ff., no. 176 [H. von Steuben]), which despite its late date preserves quite a bit of the stylistic character of the original. The similarities are sufficient to confirm the Naples head as representative of a distinct and established type, not as a casual variant of the Otricoli Zeus. The surviving original parts of the body of the Verospi statue strengthen the connection of the type (and hence of the Naples head) with the Sullan commission. Given its probable date of execution, the Jupiter Verospi can hardly have been copied directly after the by now long-lost Sullan statue, but numerous intermediaries must have existed.

flesh—those of Jupiter's forehead and that across the stomach of the Torso just below the rib-cage. However, it is with the heads of our portrait group and with that of the bronze artisan in New York that the head of the Capitoline Jupiter shows the most obvious relationships. This kinship is naturally most apparent in the case of the Cicero and Agrippa portraits, particularly the former, whose broad cranial structure and heavy flesh more closely approximate the somatic type of the Naples head (cf. figs. 18, 19, 20). Allowing for the degree of idealization inherent in the representation of a divinity, and the Jupiter head's deliberate evocation of its late Classical prototype, the similarities of the overall plastic conception and of the specific rendering of anatomical structure are striking. Here again one notices how in all these works the firm classicistic scaffolding of the skull is softened by the overlying layer of doughy flesh, whose consistency is tellingly indicated in the handling of creases and folds—here one might refer also to the furrows in the knotted brow of the bronze artisan in New York. The Jupiter head's thick wreath of corkscrew curls in hair and beard—mandated in its iconographic tradition—finds no ready motivic parallel in the portraits, with their longer, shallower locks. Here the New York artisan offers the best comparison: his balding pate is fringed with tight ringlets, whose resemblance to those of the Jupiter extends even to the sharply incised, convergent lines that render the interior of each lock.

The sum of these observations associates the Naples head closely in style with the Belvedere Torso, with the portraits of our Attic-Roman group, and with the original of the New York bronze, thus strengthening both the head's claim to represent that of the contemporary Sullan version of the Capitoline statue and the latter's connection with an Apollonios who is stylistically close to if not indistinguishable from Apollonios, son of Nestor.

These associations are most provocative. If Apollonios, the author of the Capitoline cult statue, should be identical with Apollonios, son of Nestor, and with the leader of our portrait atelier, much would be explained. The chryselephantine Jupiter, intended, as its choice of materials makes plain, as rival and counterpart of the famed Zeus of Olympia, was undoubtedly in its time the most prestigious commission that the Roman state could confer. It would presumably be offered to a sculptor of outstanding reputation and accomplishment. A better indication of the basis of such renown than the Belvedere Torso itself could scarcely be desired. It is hard to believe that such a tour de force would not have evoked from contemporaries the same admiration that it has elicited from artists and connoisseurs of a later age, from Michelangelo to Winckelmann and beyond.[138] Conversely, the award of such a commission could only shed further luster on its recipient and renders unsurprising the patronage of leading figures in contemporary society, who would naturally turn for their portraits to an artist of recognized eminence. The author of the statue of Jupiter was surely present and available in Rome.

Cult statue, Torso, and portraits were thus all most likely executed in Rome during the middle decades of the first century. With the bronze artisan—which, if it is indeed Phidias, would be a subject particularly fitting for a sculptor who, as creator of the Capitoline Jupiter, was his successor and emulator—and shorn of the erroneous and seriously misleading attribution of the bronze Boxer of the Terme,[139] they provide for the first time a fairly comprehensive picture of the sculptural style, thematic range, and narrative-dramatic resources of the atelier of which Apollonios must surely have been the leader. He emerges as a major figure in late Hellenistic art, very likely the most important Attic sculptor of the first century B.C.

Among the most interesting consequences of the identification of this current and of the atelier which seems to have been its principal exponent, is the light that it sheds on the emergence in the following years of the Augustan portrait style. The widespread reluctance to draw the obvious conclusions as to the identity and date of the portrait that inaugurates this style, the "Type B" of Brendel, has surely been motivated by the difficulty of imagining this work within the accepted picture of stylistic possibilities in the late forties B.C. The reconstruction of the activities of the Attic atelier responsible for the portraits of Brutus and of his eminent contemporaries ends this apparent isolation and provides a context within which the appearance of Type B seems much less incongruous. Poulsen and Stewart had already associated Type B's successors, the Actium and Prima Porta types of Augustus, with certain portraits of the Attic-Roman group that I have tried to define, and I have pointed out above the resemblances between Type B and the Chiaramonti Brutus. It will be remembered that the Brutus portrait itself has been considered Augustan in date on the grounds of just such resemblances.

138. See e.g. C. Schwinn, *Die Bedeutung des Torsos vom Belvedere für Theorie und Praxis der bildenden Kunst vom 16. Jahrhundert bis Winckelmann* (Bern and Frankfurt, 1973); F. Haskell and N. Penny, *Taste and the Antique* (New Haven and London, 1981), pp. 311ff., no. 80; H. Ladendorf, *Antikenstudium und Antikenkopie* (Berlin, 1953), p. 31.

139. See supra, note 125.

140. The Lysippan tradition could be found very much alive in late Hellenistic ruler portraits such as that in Boston, dating to the begin-

Nowhere else in contemporary portrait sculpture except in the products of our Attic-Roman atelier could the creator of Type B have found the precedent for his own severe architecture of facial planes, which are nevertheless animated by a palpitative chiaroscuro. The portrait of Agrippa (whose affinities to Type B's subsequent developments in the Actium and Prima Porta types has often been pointed out) and even more strikingly the Chiaramonti-Lidingö Caesar compare remarkably closely to Type B (figs. 15, 17). The latter's clear overall contour; decisive vertical-horizontal structure formed by brows, nose, and mouth; neoclassic rendering of the hair in shallow, sharply profiled locks; and the play of patterned forehead locks over the brow are prefigured in both. Type B, and even more markedly the Actium type adopt the characteristic dramatic scenario of the Brutus group—the head turned as if in response to some incident or challenge in the near distance, allowing the subject to be beheld close at hand, yet absorbed in his own sphere of action, an object of admiration for the spectator. The same adroit equivocation is maintained between the searching, imperious gaze of the eyes with its Hellenistic royal associations and the treatment of the other major expressive organ of the face, the mouth, here not parted in self-abandoned pathos but firmly closed to indicate the resolve and self-control appropriate to the *disciplina Romana*.

Given the narrow time frame, the shared historical situation, and the closely knit corrections among the portrait subjects themselves, these resemblances suggest that Type B and the works I have attributed to the Attic-Roman atelier cannot have been created independently. Nevertheless, Type B and its successors cannot be products of the same authorship as the Brutus group itself. There are differences too great to be accounted for merely by different physiognomies or by willful manipulations of style. The pattern derived from the portraiture of the Attic-Roman group has been transformed. Type B has been purified of the strong contrasts of form, the bold oppositions of light and shadow, the atmospheric qualities that are part of the Attic-Roman group's Hellenistic heritage. These are replaced by a severer, more programmatic classicism: a more insistent closure of the contour, an ornamental fixity in the rendering of the hair and the forehead design, a sharper linearism throughout, a reduction of contrast and incident in the luminous surface planes. These planes are now shallower and more evenly aligned in depth, and the rectilinear pattern that they form with their intersections is retracted from the outer contour toward the center of the head. No longer does it reach out to grip the whole volume and to implicate that volume in its movement. Thus vignetted, the facial mask abandons large-scale sculptural plasticity for a kind of pictorial illusionism.

These changes reflect the broader evolution of artisitic style in the latter part of the first century (as well as the incorporation of certain Lysippan elements absent from the Attic-Roman group).[140] They are paralleled by developments in painting. The portraits of the Attic-Roman atelier are comparable in style to the fictive architectures of the middle phase of the Second Style, as found at Boscoreale and at the Villa dei Misteri. Type B and its Augustan successors correspond to late Second Style wall paintings of the kind seen in the House of Livia and in the Farnesina villa, with their shallow, attenuated linearism and vignetted central motifs. The appearance of such charcteristics in Type B as early as 43 B.C.—well in advance of the corresponding developments in Second Style painting—marks the inception of a new artistic generation.[141]

Given the extent of his debt to the plastic language and dramatic devices of the Attic-Roman atelier, the sculptor of Octavian's portrait seems likely to have been formed within the atelier itself. Nevertheless, the sharp linearity, the cool fastidiousness, and the tendency toward ornamental fixity that are such notable features of Octavian's portrait are new elements, quite foreign to the style of the atelier. But these were not innovations *ex nihilo* of the new sculptor. They were distinctive qualities of a mode of sculptural design deriving from the Hellenistic minor arts, which was much in evidence in Rome during the first century B.C. This is the elegant decorative style, often, if imprecisely, termed neo-Attic, that characterizes a large body of ornamental reliefs, generally architectural friezes and luxury furnishings. Most of this production is too inexactly datable for its priority or otherwise to Octavian's portrait to be made out with any confidence. A few instances, however, figure in public monuments that can be dated with fair assurance and which are prior to or contemporary with the portrait.

One belongs to the preceding generation: the relief fallen from the Capitoline, which formed the base of a

ning of the first century B.C., which probably represents Ptolemy IX: K. Parlasca, "Ein verkanntes hellenistisches Herrscherbildnis," *JdI* 82 (1967), pp. 167–195; H. Kyrieleis, *Bildnisse der Ptolemäer* (Berlin, 1975), pp. 71f., 175f., no. H6, pls. 62, 64.1–3.

141. Cf. S. Nodelman, "Roman Illusionism," *Art News Annual* 37 (1971), pp. 27–28.

142. On the Bocchus monument, see most recently the works of T. Hölscher and T. Schäfer cited supra in note 59; also G.-C. Picard,

commemorative monument identified as that erected in honor of Sulla by the Numidian king, Bocchus; though the monument was dedicated in 91 B.C., the existing remains are thought to be those of a restored version of circa 82–80, replacing the original, which would have been destroyed by Marius (fig. 30).[142] The second is the frieze from the Temple of Divus Julius, begun in 42 and completed by 29 B.C.; the frieze should have been executed closer to the latter date (fig. 31).[143] As is typical of this style, these reliefs display sharply profiled forms set in shallow relief planes upon a plain ground, and combine fluent contours with a strong inclination toward abstract symmetry and an ornamentalizing isolation and fixity of detail.

This manner does not seem previously to have been employed for portrait sculpture nor indeed generally for sculpture in the round. It was the genius of the new sculptor to grasp the potential of this elegant decorative manner to convey the effect of detached superiority desired in the portrait of Caesar's heir, an effect appropriate to one presenting himself—for the first time in Roman politics—as *divi filius*, the son of a god. In fusing it with a plastic energy and narrative vividness derived from the portrait style of the Attic-Roman atelier, he created at one stroke a new style, that of the Augustan court portrait—and with it the earliest work of what was to be Augustan art.

The appearance of Type B, perhaps its sculptor's first independent work, signified no immediate break in the activity of the atelier. Its older generation remained active for some years more, as the portrait of Agrippa attests. The creation of Type B nevertheless marks a new phase in the art of the ancient world. Despite its obvious debt to its predecessors, the portrait of Octavian is no longer work of a Hellenistic art. It employs a new rhetoric, which presupposes a changed set of relationships between the portrait and the viewer, corresponding to a changed set of power-relationships in the outside world and a new ideology charged with justifying that power. In its self-conscious stylistic purism, its programmatic invocation of the legitimizing authority of a classical past, its air of correctness and rigor, it bids farewell to the dramatic immediacy, the direct engagement with space, the essential freedom implicit in Hellenistic sculpture. Hellenistic portraiture sought to demonstrate and justify to the viewer the status claims of its subject; here they are assumed a priori.

The portraits of the Attic-Roman group had derived their dramatic force from the representation of a narrative transaction still in process, one whose outcome remained in doubt; in so doing, they continued a long tradition of Greek art rooted in the agonistic ideology of the *polis*. Despite a subdued evocation of transitory process in its facial mimetics, the portrait of Octavian reflects in its achieved composure a later narrative stage in which the outcome is already decided. The narrative openness of the earlier works has been foreclosed. From the implicit, as it were "organic" classicism of the earlier portraits, intimately bound up with the whole form that is expressed and organized, the new sculptor has abstracted a comprehensive and self-sufficient network of outlines, a kind of ideal pattern continuously legible upon the surface of the head, hovering as an image of remote authority above the form that it controls but in which it no longer participates.

The age of Augustus was witnessing the early stages of the process by which classical civilization was to become academicized, codified into a cultural ideal to be consciously and laboriously acquired by a society for which it was no longer a lived, immediate reality. The abstracted, idealized classicism of Octavian's portrait is already emblematic of this situation. Here fetishized culture is a calculated political instrument, reinforcing the brute reality of power with the claim of an intellectual and moral *auctoritas* preemptive of all debate. The new portrait presupposes a monarchical ideology, whose surprisingly rapid development can be traced during the final years and months of Caesar's dictatorship—despite the hesitation of modern scholarship to accept the testimony of the sources—and which was acquired by the new Caesar with the rest of his inheritance.

There would soon be no room in the world of imperial absolutism for portraits of the kind the Attic-Roman atelier had created, as there would be none for the political careers they had served.[144] Its patrons and their peers would soon appear in the light of senatorial nostalgia as *ultimi Romanorum*—the last Romans. The portraits remain, illuminating a crucial stage in the adaptation of Hellenistic art to new realities and its ultimate transformation into the art of the Roman Empire.

University of California, San Diego

"Recherches sur la composition héraldique dans l'art du ler siècle av. J.-C.," *MEFRA* 85 (1973), pp. 181–195.

143. W. Helbig, *Führer durch die öffentlichen Sammlungen klassischer Altertümer in Rom*, 4th ed., vol. 2 (Tübingen, 1966), pp. 828f., no. 2057 (E. Simon). On the temple of Divus Julius see E. Nash, *Pictorial Dictionary of Ancient Rome*, rev. ed., vol. 1 (New York and Washington, D.C., 1968), pp. 512ff. with literature.

144. For a concise account of the aristocracy's progressively more restricted opportunities and scope for public monumental self-expression after the establishment of the principate, see W. Eck, "Senatorial Self-Representation: Developments in the Augustan Period," in F. Millar and E. Segal, eds., *Caesar Augustus* (Oxford, 1984), pp. 129–168.

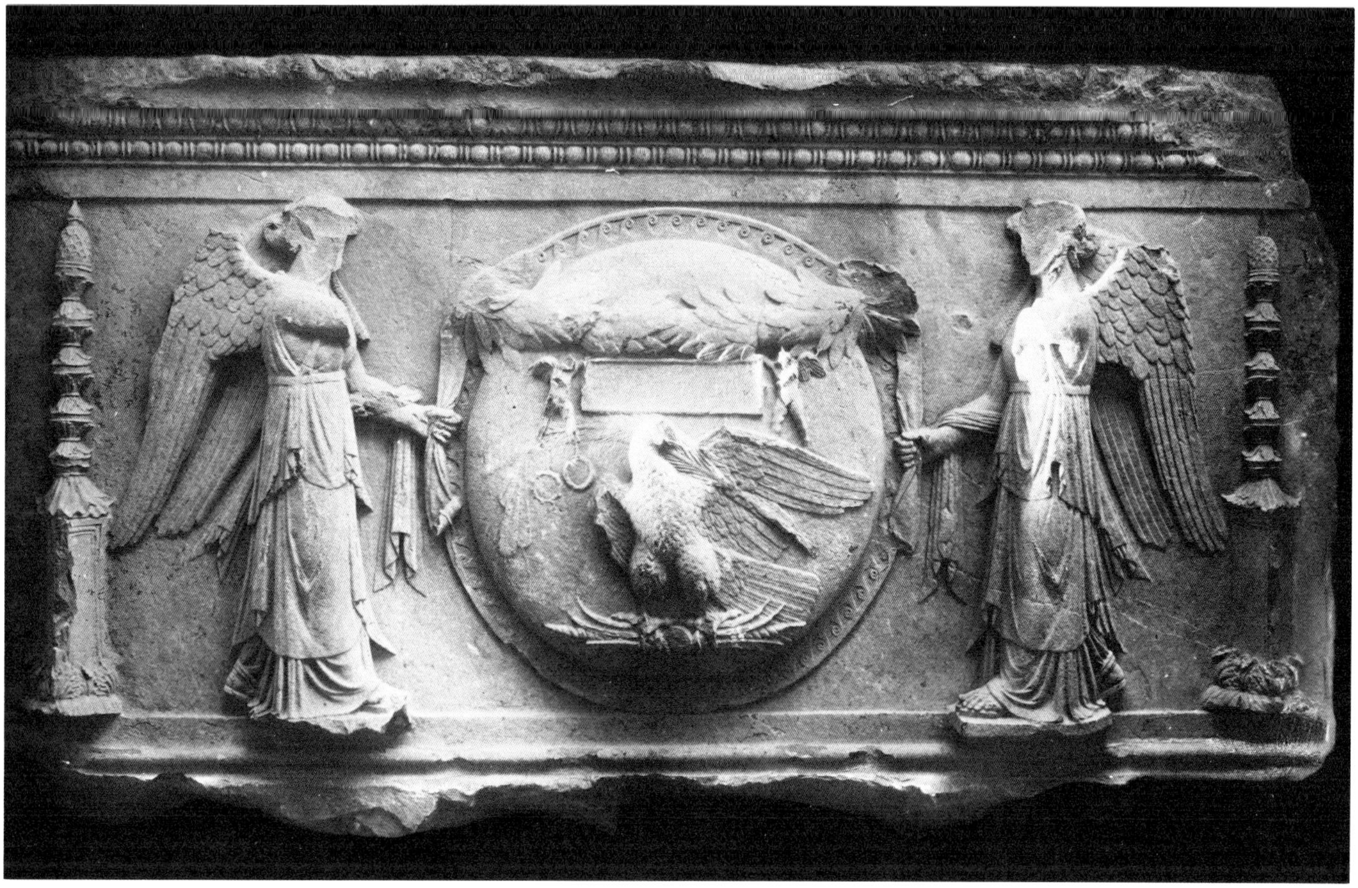

Figure 30. Frieze with Victories and Shield. Rome, Palazzo dei Conservatori, Braccio Nuovo 2750. Photo: Courtesy DAI, Rome.

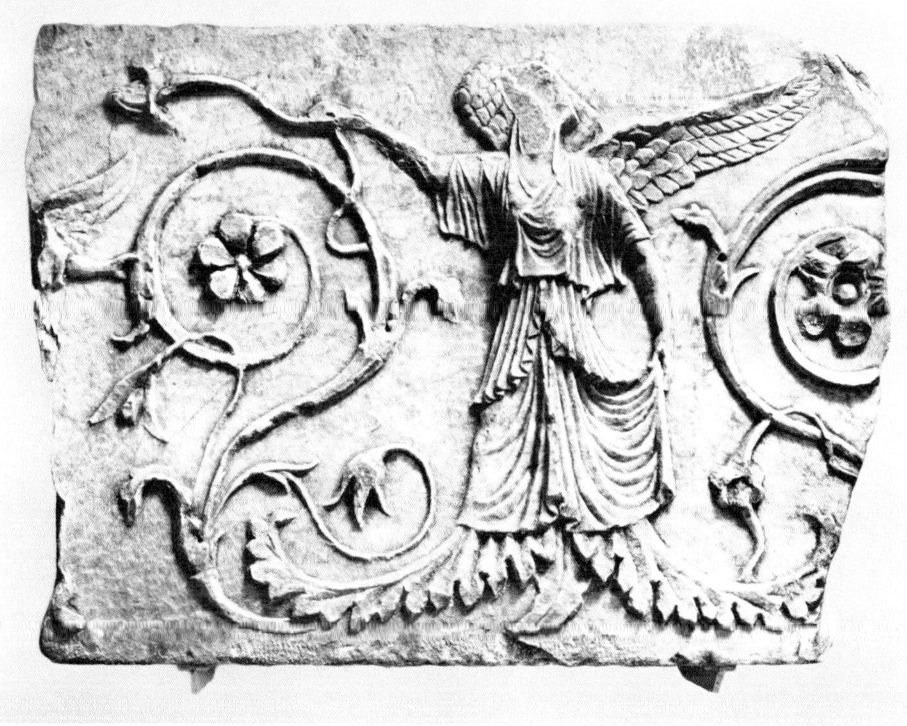

Figure 31. Frieze of the Temple of Divus Julius. Rome, Antiquario del Foro Romano. Photo: Courtesy DAI, Rome.

ADDENDUM

A portrait of Brutus corresponding to the type of the Chiaramonti bust appears upon a bronze ring preserved in the Cabinet des Médailles, Paris.[145] The profile of the ring portrait matches that of the bust with remarkable fidelity, especially considering the latter's vastly reduced scale—showing the characteristic head-shape, the volume and contouring of the hair-mass, and the distinctive facial profile complete with compressed, protrusive lips and jutting chin. The marks of age that distinguish the Stockholm portrait from the more youthful Chiaramonti type are absent. Brutus' head is associated upon the ring with emblems which, in default of an inscription, nevertheless identify it incontrovertibly as a portrait of the tyrannicide. Conjoined with the image of a serpent—a symbol of good fortune—these are the liberty cap and the dagger, just as they appear on Brutus' famous reverses struck by Plaetorius Cestianus with inscriptional reference to the Ides of March.[146] Since Brutus' coin images appear exclusively to reflect the later version of his portrait with its marks of greater age (represented in sculpture only by the qualitatively inferior Stockholm bust), the ring provides additional and direct confirmation of the identity of the more youthful Chiaramonti portrait. It is also useful in respect to the chronology of the two types, for it shows that the younger portrait remained in vogue until some time subsequent to the Ides of March, which suggests that the Stockholm type may not have been created until a later date—perhaps for the Athenian dedication which seems to have occurred in late 44.[147]

145. Cabinet des Médailles 566; Vollenweider (supra, note 26), pl. 98.1–2 with pp. 59f.

146. See supra, p. 51 and note 24.

147. See supra, p. 57.

The Sculpted Portraits of Caligula

Flemming S. Johansen

Gaius Iulius Caesar Germanicus, the son of Germanicus and Agrippina Maior, was born on August 31, A.D. 12, in Antium, present-day Anzio. He received the nickname Caligula in a Roman army camp on the Rhine, where he spent his early childhood with his parents. There he wore military uniform, which included *caligae,* bootlike shoes with ties. Because of those boots, the soldiers gave him the nickname by which he is known to this day: Caligula means "little boot" or "little soldier."

Caligula's father died in A.D. 19. From then until he was sixteen years old, Caligula lead a very protected life in his mother's house in Rome. For the next two years, while he was seventeen and eighteen, he lived in his grandmother Livia's house. He delivered her funeral oration when he was seventeen. He then stayed with his other grandmother, Antonia, until he was twenty years old.

The young Caligula lived a very secluded life, almost hidden away, until Emperor Tiberius took him into his house in A.D. 34. The previous year, at the age of twenty, Caligula had received permission to marry Iunia Claudilla, a daughter of M. Iunius Silanus; she died only three years later. In 37 Tiberius made Caligula and his cousin Gemellus his joint heirs.

By March of that year Caligula became the emperor, skillfully supported by the prefect of the Praetorian Guard, Macro. Gemellus was adopted by Caligula, but was wise enough to commit suicide soon thereafter. That summer, on July 1, 37, Caligula made his sisters Drusilla, Livilla, and Agrippina vestal virgins. In the autumn of 37 Caligula became seriously ill. After this illness his attitude became more and more despotic. He married his sister Drusilla, and when she died in June 38, his grief was extreme to the point of exaggeration.

The following year, 38–39, Caligula married Lollia Paulina. He then went to Germania, where shortly afterwards, a military revolt broke out in which the senate, Iulia, and Agrippina took part. In 40 Caligula returned to Rome, and in January of 41 the officers of the Praetorian Guard swore fidelity to Callistus to murder Caligula. The deed was carried out on January 21. The Roman historian Gaius Suetonius Tranquillus, A.D. 70–140, describes Caligula in his *De vita Caesarum*, published in A.D. 121.

> Height: tall; complexion: pallid; body: hairy and badly built; neck: thin; legs: spindling; eyes: sunken; and temples: hollow; forehead: broad and forbidding; scalp: almost hairless, especially on the top. Because of his baldness and hairiness he announced that it was a capital offense for anyone either to look down on him as he passed or to mention goats in any context. He worked hard to make his naturally forbidding and uncouth face even more repulsive, by practising fearful and horrifying grimaces in front of a mirror.
>
> (Suet., *Calig.* 50)

At the time Suetonius wrote, Caligula had been dead for eighty years, so it is possible that he looked quite different from this description.

Suetonius also tells us that Caligula stole the breast armor from the tomb of Alexander the Great in Alexandria and wore it. In one passage the historian writes:

> He even dressed up as Venus and, even before his expedition wore the uniform of a triumphant general, including sometimes the breastplate which he had stolen from Alexander the Great's tomb at Alexandria.
>
> (Suet., *Calig.* 53)

Slightly closer in time to Caligula was the Roman historian Tacitus (A.D. 55–115), whose *Annals* were written seventy-five years after Caligula's death. Books seven and eight, which were on Caligula, are unfortunately lost.

Pliny the Elder (A.D. 23–79) published his *Natural History* in the year 77, only thirty-six years after Caligula's assassination. Unfortunately all that Pliny relates is that Caligula had staring eyes (Pliny, *NH* XI. 144).

Lucius Annaeus Seneca (A.D. 4–65), orator and philosopher, was a contemporary of Caligula. After the emperor's death he published *De constantia sapientis*, which contains a shocking first-hand description of the psychopathic condition of the young tyrant:

> So repulsive was the whiteness of his face, which showed mad escapades, so haggard were his eyes hidden deep under his forehead, which was like that of an old man, and so large was the repulsiveness of this baldness of his

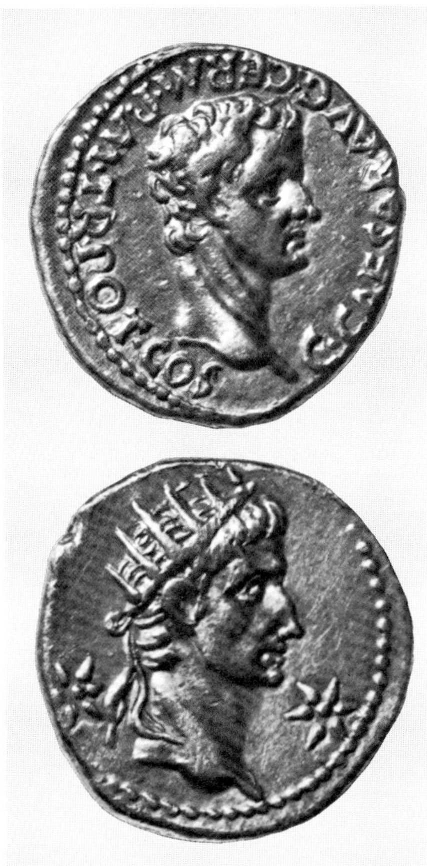

Figure 1. Aureus. Obverse: Caligula. Reverse: Augustus. London, British Museum. From J. P. C. Kent et al., *Roman Coins* (New York, 1978), pl. 48.165.

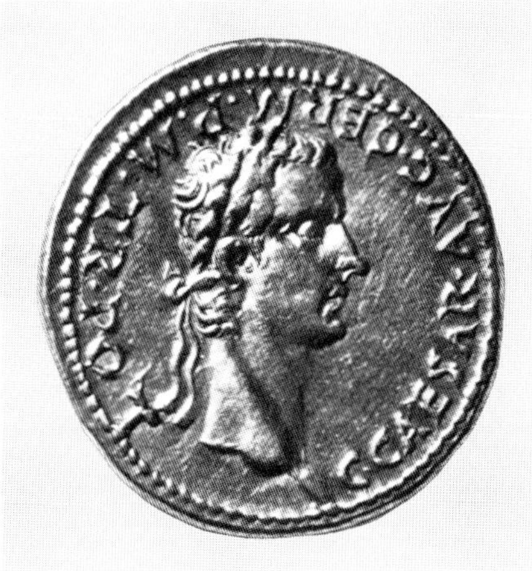

Figure 2. Aureus. Obverse: Caligula. London, British Museum. From J. P. C. Kent et al., *Roman Coins* (New York, 1978), pl. 48.166.

head, which was only partly covered with hair. His neck was covered with hair, his legs were thin and his feet enormous.

(*De Constantia Sapientis* 18)

In another book, *De ira*, Seneca says that Caligula was able to torture people with his eyes (*De ira* III.19).

We know from Suetonius that Caligula allowed his beard to grow after the death of his sister and wife Drusilla (Suet., *Calig.* 24) and that he had this beard gilded, probably in imitation of an image of Jupiter or Neptune (Suet., *Calig.* 52). While this kind of information is helpful for an idea of Caligula's appearance, it is not useful for an understanding of what his portraits may have looked like. All in all, the ancient literature is of little help in discovering how Caligula actually appeared.

Portrait images on coins are of more assistance. For these representations, Caligula placed great importance on his personal status and on that of his family. During the four insecure years of Caligula's reign the production of the Roman empire's gold and silver coins still took place in Lyons (Lugdunum) where it had been since the time of the emperor Augustus, who had transferred it there in 15 B.C. At the same time the minting of copper coins, which took place in Rome, became more and more an imperial business, although it had formerly been in the hands of the senate. Walter Trillmich recently devoted a book to the problem of *Familienpropaganda der Kaiser Caligula und Claudius*, published in Berlin in 1978. Gold and silver coins, which were mainly used as payment for the army and the imperial administration, reveal only a small variety of portrait types. On these coins, Caligula is joined with images of Augustus; his dead mother, Agrippina Maior; or his father, Germanicus. For example, an aureus from Lyons dating to 37–38 (fig. 1)[1] has Caligula's portrait on the front and Augustus' on the back; another aureus from the same year shows Caligula's portrait on the front and Agrippina's on the back (fig. 2).[2]

The surviving copper coins from the city of Rome are of consistently higher quality and better draughtsmanship than the gold and silver coins from Lyons, and therefore more can be discovered from a study of them than from the Gallic gold and silver issues. The most important coins are sesterces dating to 37–38 with Caligula's head on the obverse and a triad of his sisters Agrippina, Drusilla, and Livilla on the reverse repre-

This paper is based in part on a lecture given at the J. Paul Getty Museum February 3, 1983.

1. J.P.C. Kent, B. Overbeck, and A. U. Stylow, *Die römischen Münzen* (Munich, 1978), pl. 44.166.
2. Kent, et al. (supra, note 1), pl. 44.167.
3. Kent, et al. (supra, note 1), pl. 44.168.

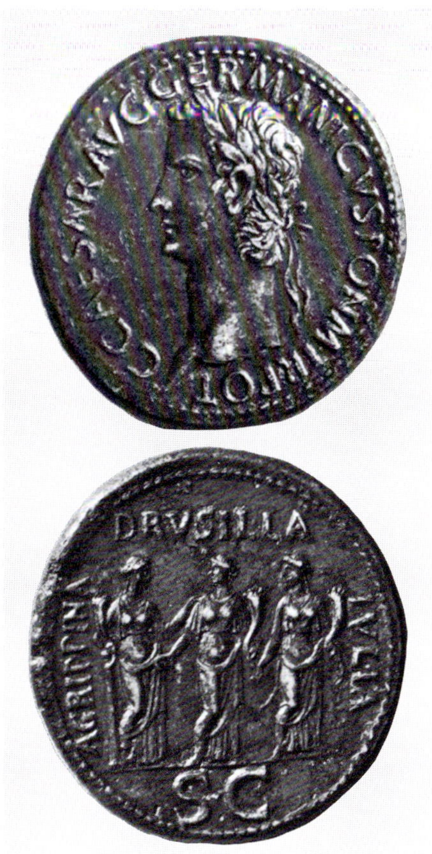

Figure 3. Sesterce. Obverse: Caligula. Reverse: Agrippina, Drusilla, Livilla. London, British Museum. From J. P. C. Kent et al., *Roman Coins* (New York, 1978), pl. 48.167.

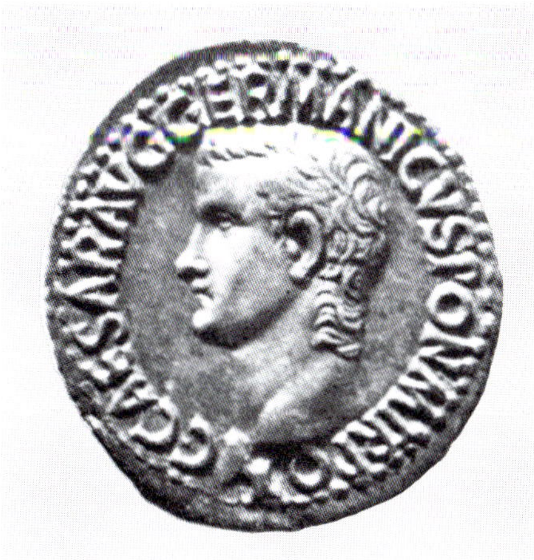

Figure 4. As. Obverse: Caligula. Vente Publique XXVIII, June 19–20, 1964.

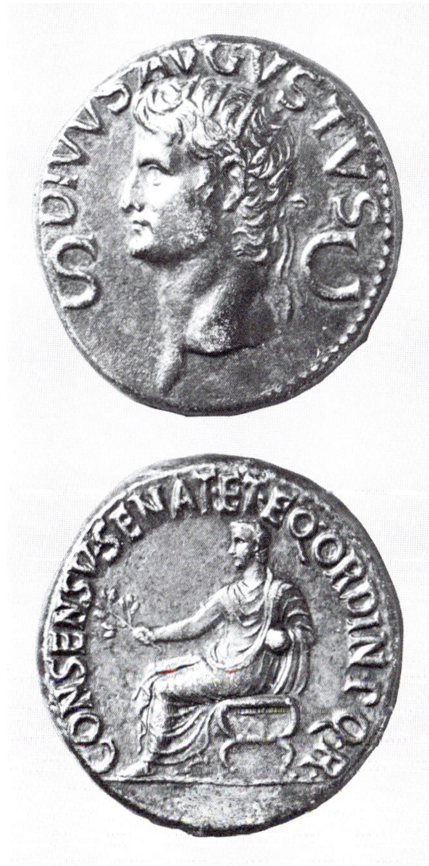

Figure 5. Dupondius. Obverse: Augustus. Reverse: Caligula. Bern, Bernisches Historisches Museum.

sented as the goddesses Securitas, Concordia, and Fortuna (fig. 3).[3] One of the most interesting coins of Caligula was sold at auction in 1964 (fig. 4).[4] It is an as, also from 37–38, with a portrait of Caligula closely resembling some of the extant marble portraits attributed to him. Another interesting sesterce, from Rome, dating to Caligula's last year was sold at auction in Switzerland in 1964.[5] The sitting togatus on the reverse of a dupondius of Caligula now in the Historical Museum of Bern (fig. 5)[6] probably represents an actual statue of the emperor. On the obverse is a portrait of Augustus.

Some literary and epigraphical evidence survives of the portrait statues of Caligula. Dio Cassius records that the senate ordered a guard to keep watch at each of Caligula's statues,[7] which does not imply great popu-

4. Basel, Münzen und Medaillen, Vente Publique XXVIII, June 19–20, 1964, lot 269, M.

5. Basel, Münzen und Medaillen, Vente Publique XXVIII, June 19–20, 1964, lot 270.

6. H.-M. von Kaenel, *SchweizMünzbl* 28 (1978), pp. 39ff.

7. Dio Cassius LIX.26.

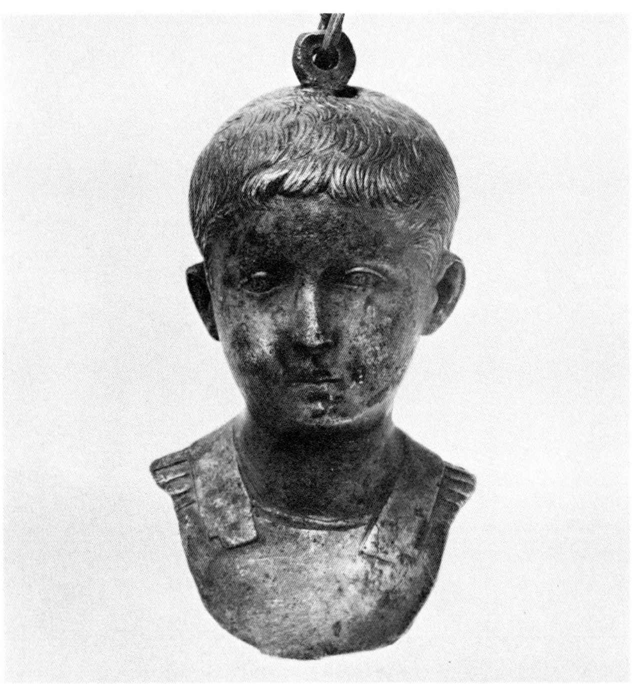

Figure 6. Head of a young man. Bronze steelyard weight. Leningrad, State Hermitage Museum.

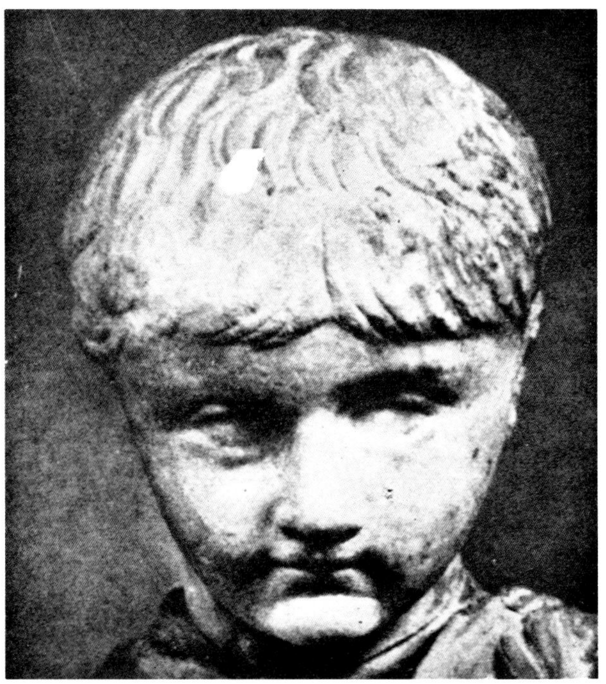

Figure 7. Head of a young man. Marble. Vatican, Galleria dei Candelabri 92. From Kiss, *L'Iconographie,* fig. 534.

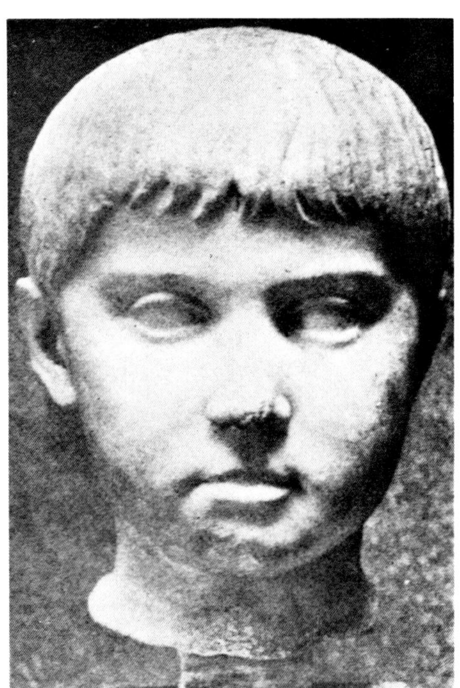

Figure 8. Head of a young man. Sabratha, Museum of Antiquities 19-9-1941. From Kiss, *L'Iconographie,* fig. 536.

larity. Caligula also had a golden portrait shield, which was brought every year to the Capitol in Rome.[8] Suetonius relates that Caligula established a shrine to himself as a god with attendant priests and sacrificial animals, and that he erected a life-size golden image of himself, which was dressed daily in clothing identical to that which the emperor wore.[9]

In June of 40 Caligula sent orders to Petronius, the legate of Syria, to have a statue of himself as Zeus executed and set up in Jerusalem.[10] Orders must have reached Petronius in Syria by July, and he must have marched south to the Jewish city in July or August. The statue was no doubt to be made during the winter and set up the following spring, but the work was never completed.[11] Philo records that a Jewish delegation from Alexandria tried in vain to change the decision to place a statue of Caligula in their synagogue.[12]

Because of Caligula's insistence on being treated as a god, he sent orders to the temples with the most revered or artistically famous statues of the Greek deities, including that of Phidias' Zeus at Olympia, and de-

8. Dio Cassius LIX.16.
9. Suet. *Calig.* 22.
10. Josephus *Antiquitates Judaicae* 18,8.
11. Philo *i Leg.* 349–367; Eusebius *HE* 2.6. J.P.V.D. Balsdon, *The Emperor Gaius* (Oxford, 1934; 2nd ed., Oxford, 1964), p. 139.
12. Philo *i Leg.* 349–367.

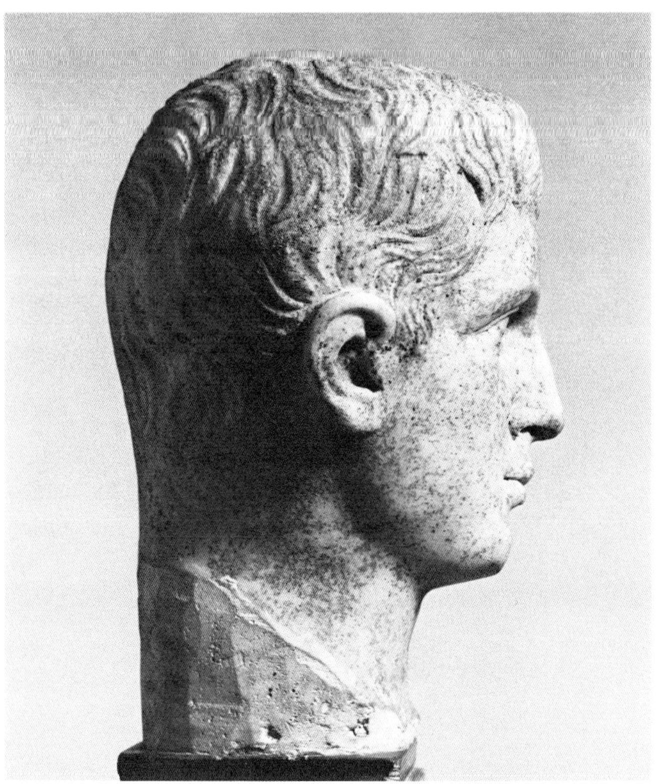

Figure 9a. Profile of a young man. Baltimore, Walters Art Gallery 23.102.

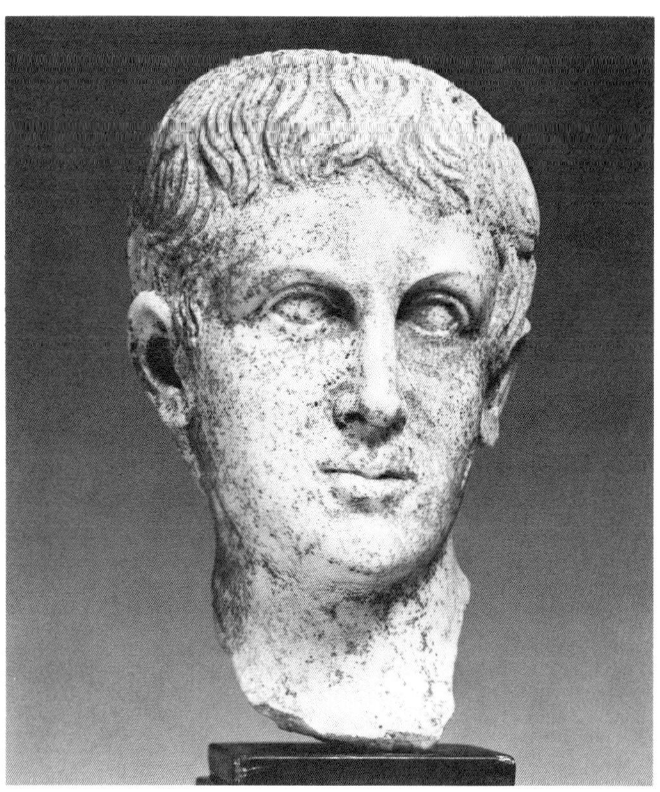

Figure 9b. Head of a young man, figure 9a.

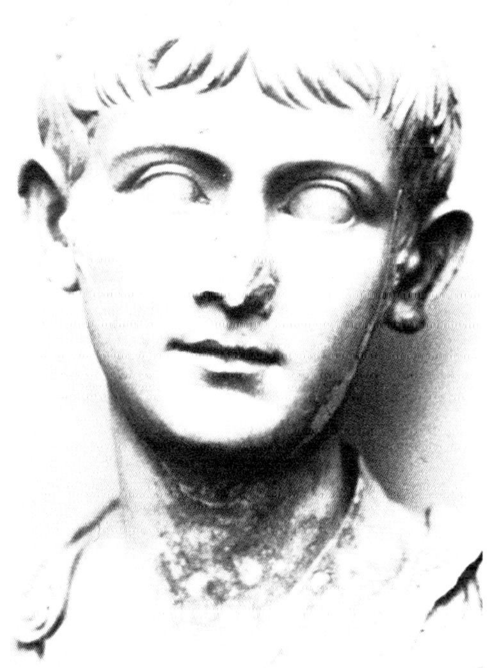

Figure 10. Head of a young man. La Spezia, Museo Civico e Museo Archeologico Lunense 54. From *JWalt* 40 (1982), p. 11, fig. 21.

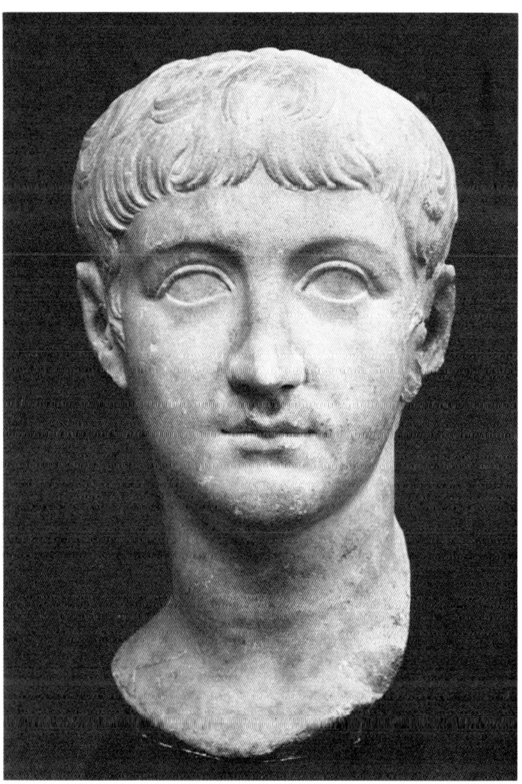

Figure 11. Head of a young man. Dresden, Staatliche Kunstsammlungen.

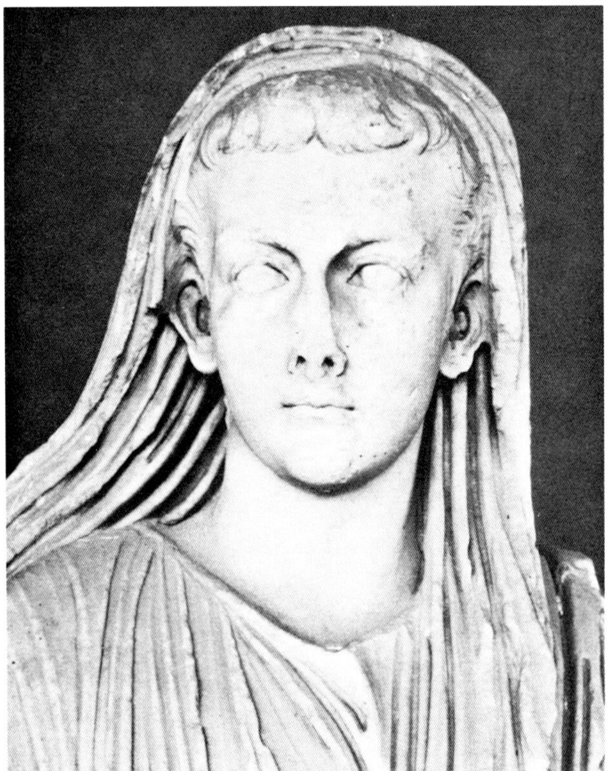

Figure 12. Portrait of a young prince. Gortyn, Crete. From *JWalt* 40 (1982), p. 5, fig. 10.

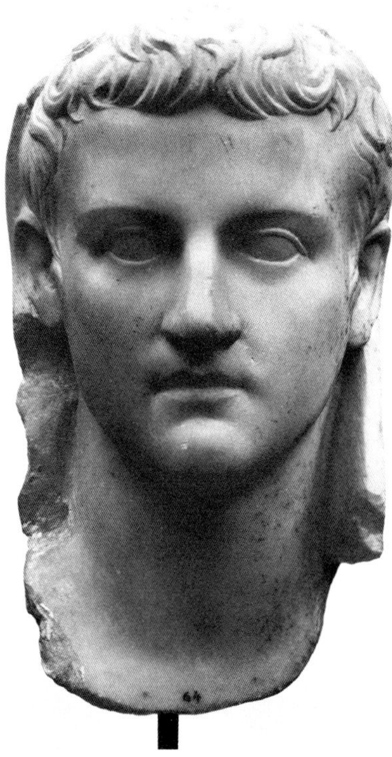

Figure 13. Head of a young man. Iraklion, Archaeological Museum.

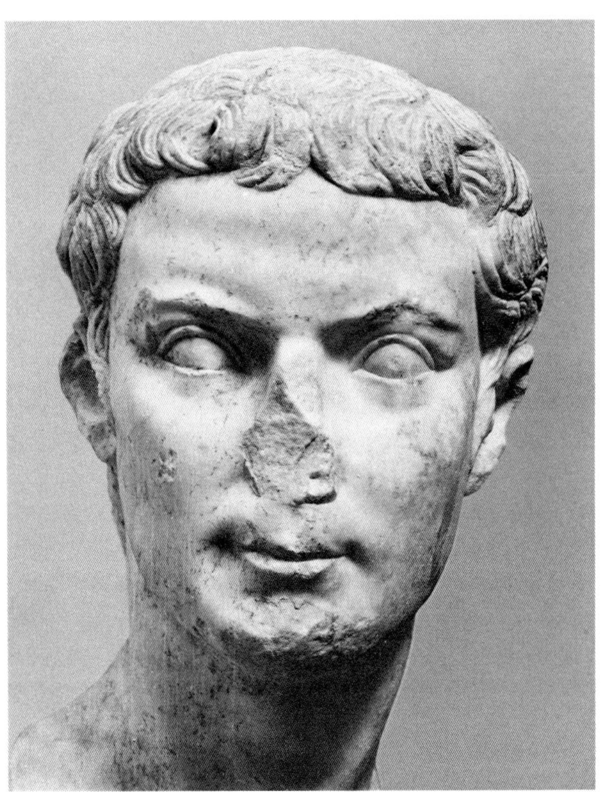

Figure 14. Caligula. Carthage, Musée de Carthage. Photo: Courtesy DAI, Rome.

manded that their heads be replaced with his own. Suetonius says that this became a normal practice, which other Roman emperors were to follow (Suet., *Calig.* 22). Elsewhere he writes:

> He threw down the statues of famous men, which for the lack of room Augustus had moved from the court of the Capitol to the Campus Martius, and so utterly demolished them that they could not be set up again with their inscriptions entire; and therefore he forbade the erection of any statue of any living man anywhere without his knowledge and consent.
>
> (Suet., *Calig.* 34.1)

Suetonius also says that "while the statue of Olympian Zeus was being dismantled before removal to Rome at his command, it burst into such a roar of laughter that the scaffolding collapsed and the workmen took to their heels" (Suet., *Calig.* 57).

After Caligula was murdered, the senate wanted to order *damnatio memoriae*, but Claudius prevented it. However, Claudius allowed all portraits of Caligula to

13. Dio Cassius LX.4.
14. Dio Cassius LX.22.
15. M. Stuart, *AJA* 43 (1939), pp. 601–617.
16. *IGR* IV, 1022.
17. *CIL* XII, 1848, 1849.

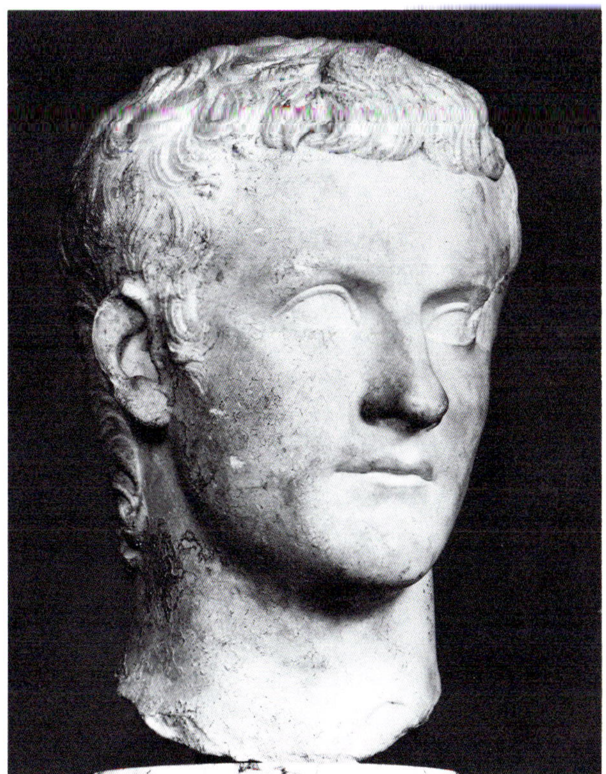

Figure 15a. Three-quarter view of emperor Caligula. Fulda, Schloß Fasanerie, cat. no. 21.

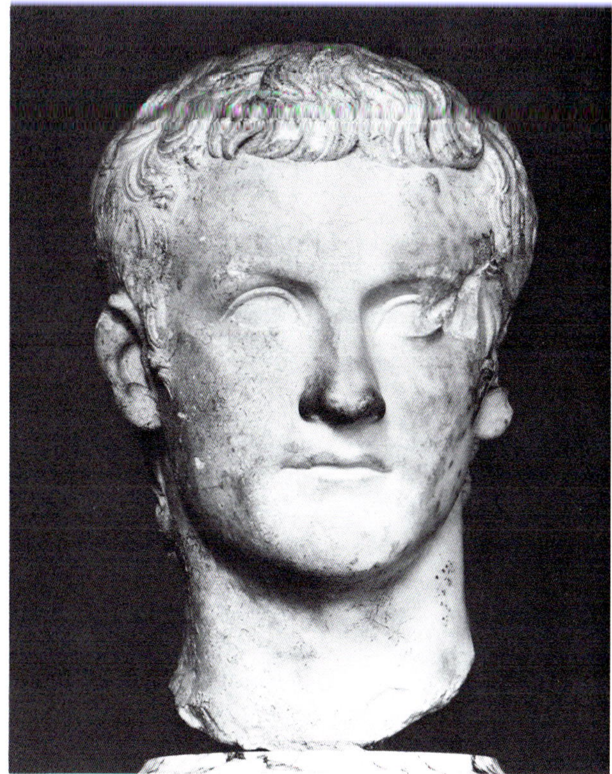

Figure 15b. Head of Caligula, figure 15a.

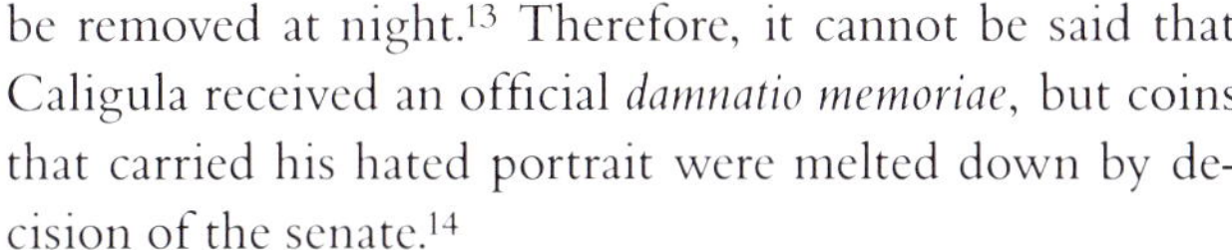

be removed at night.[13] Therefore, it cannot be said that Caligula received an official *damnatio memoriae*, but coins that carried his hated portrait were melted down by decision of the senate.[14]

In Mercury street in Pompeii a triumphal arch of honor carried an equestrian statue of Caligula, as we know from the remaining inscription. There are also a few statue bases preserved with inscriptions naming Caligula. Of the fifteen known portrait inscriptions, only five can be dated with any accuracy, and only two of them to the years before 37 when Caligula became emperor.[15] One, from Calymna in Asia Minor, is dated to A.D. 18 when Caligula traveled in Asia Minor with his father;[16] one is from Vienna from the year 33; and three are from after 37.[17] This small number of inscriptions from 37 could be explained by the fact that he was designated heir only shortly before he actually became emperor. It is further known that Caligula gave the Greeks permission to erect six statues of him,[18] one in Delphi, one each in Isthmia, Nemea, and Olympia, and two in Athens.[19] But the scant number of surviving statues may well be explained in the light of Claudius' removal of all Caligula statues from Rome. The portrait inscriptions are probably too few to offer reliable conclusions, but the fact that two of the three datable inscriptions are from 37/38 seems to suggest that production of his portrait was greatest at the outset of his reign.

We can now consider the surviving marble portraits attributed to Caligula. The Polish archaeologist Z. Kiss attempted to identify five portraits of young boys as the young Caligula:[20] a small bronze weight in Leningrad (fig. 6), a marble head in the Vatican (fig. 7), another in Sabratha (fig. 8), one in the University Museum, Philadelphia, and one on the art market in Rome. None of these portraits has any real connection with Caligula; they are all simply nice young Roman boys dating to the same period, probably all grave or funeral portraits.

Recently, J. Pollini tried to identify a head of a young man in the Walters Art Gallery as the young Caligula (figs. 9a–b) along with a portrait in La Spezia (fig. 10)

18. Dio Cassius LIX.4; *IG* VII, 2711.

19. *IG*, 2nd ed., vols. 2–3, 3266–3267. Athens together with Drusilla; Graindor, *BCH* 38 (1914), p. 401, no. 18; Seyrig, *RA*, 1929, p. 90. See also T. Pekary, *Monumentum Chiloniense* (Amsterdam, 1975), p. 107; E. Köberlein, *Caligula und die ägyptische Kulte* (Meisenheim am Glau, 1962), p. 54.

20. Z. Kiss, *L'Iconographie des Princes* (Warsaw, 1975), p. 150, figs. 533–539.

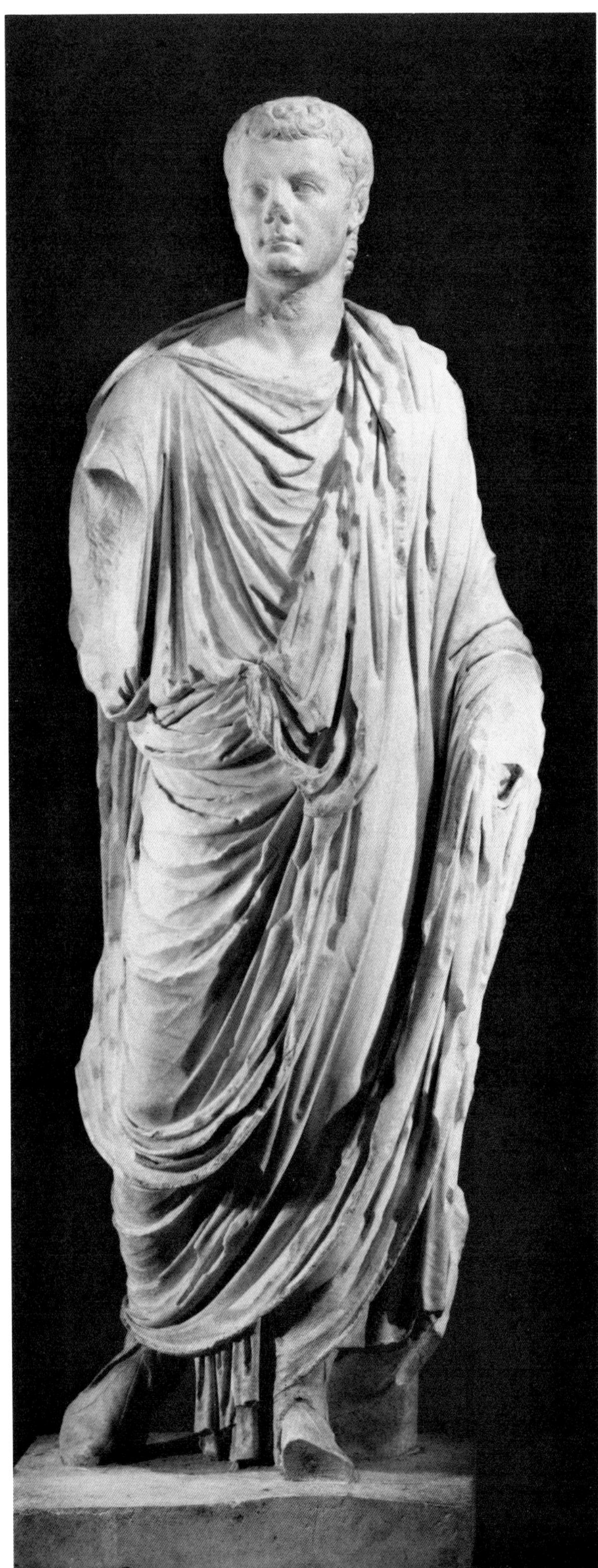

Figure 16a. Emperor Caligula. Richmond, Virginia Museum of Fine Arts, The Glasgow Fund 71-20.

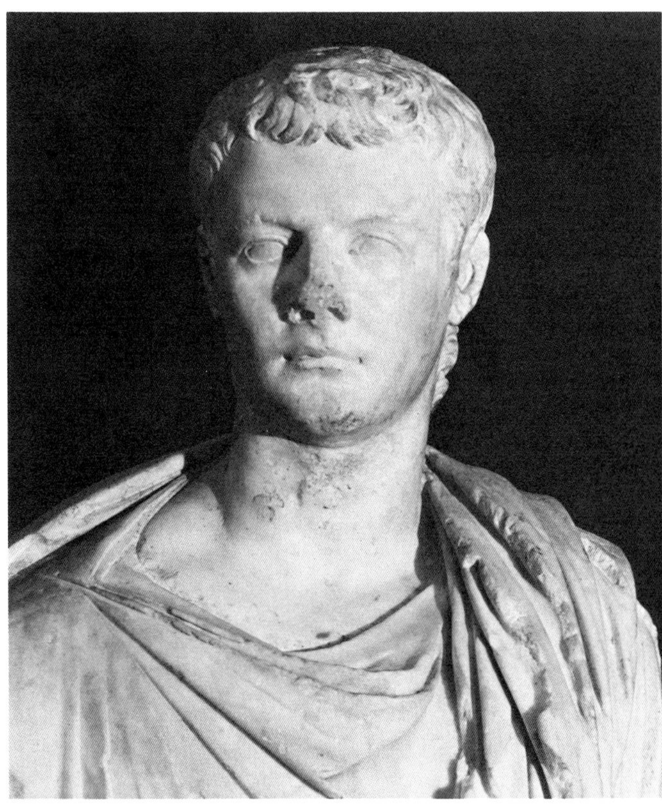

Figure 16b. Head of statue of Caligula, figure 16a.

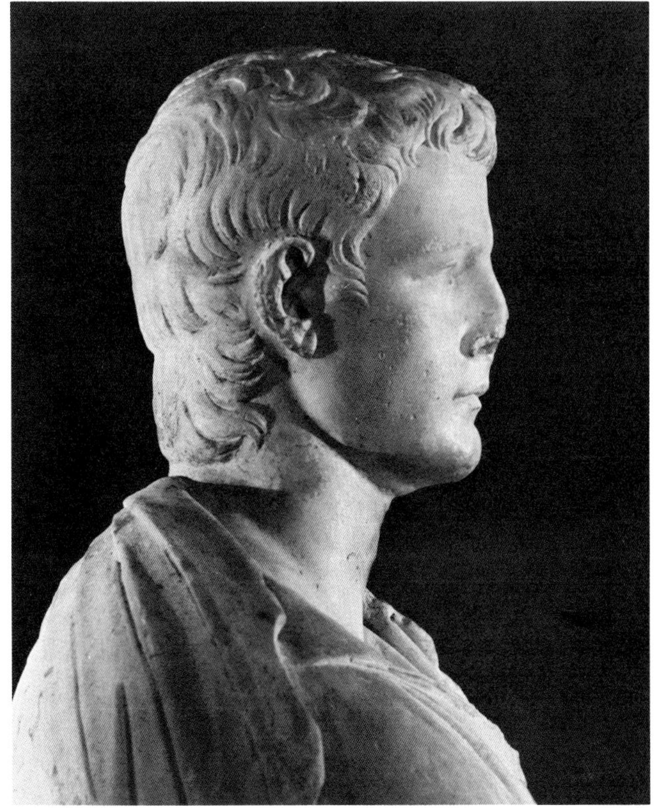

Figure 16c. Profile of head of statue of Caligula, figure 16a.

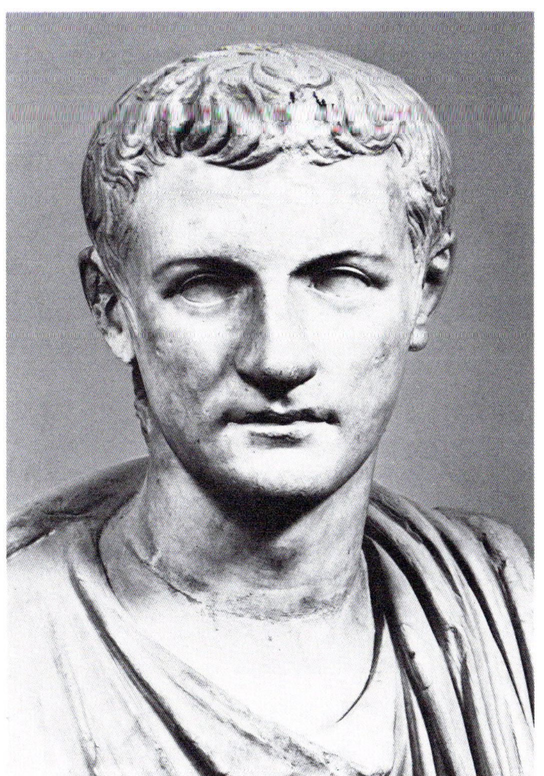

Figure 17a. Caligula. Paris, Musée du Louvre MA 1267. Photos: Courtesy Chuzeville, Paris.

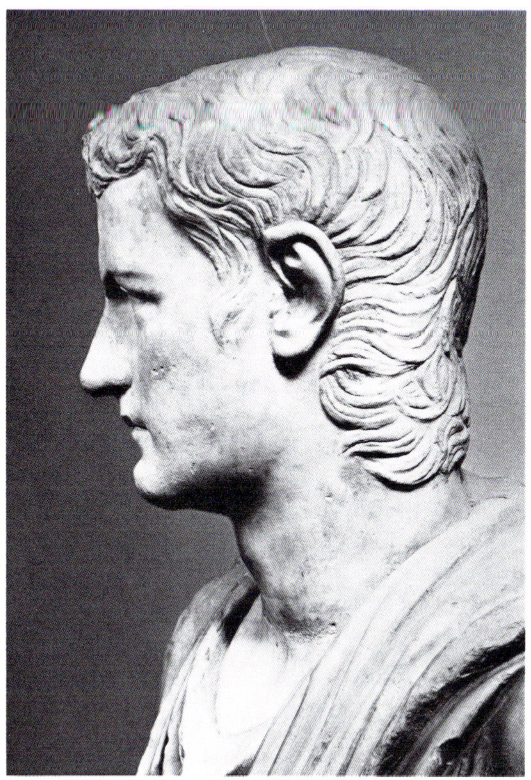

Figure 17b. Profile of Caligula, figure 17a.

and one in Dresden (fig. 11).[21] Identifications like these are always tempting, but the only portrait of the three with strong similarities to Caligula's features is the head in Dresden. There were many Roman princes who died young, and I would therefore suggest that these three last portraits were funeral portraits of private individuals.

In 1967 L. Fabbrini republished a portrait of a young prince found in Gortyn on Crete (fig. 12).[22] The head of this young man is fitted into a togatus. The workmanship is—as can be expected of local work from Crete—rather provincial, but if the portrait is compared with Caligula's coins, the identification seems quite possible. Also from Gortyn, but now in the museum in Iraklion, is a veiled head of a young man, which Fabbrini has also identified as Caligula (fig. 13). It was found in the agora in Gortyn where statues of Livia, Tiberius, and Germanicus are known to have been erected.[23]

A portrait found at Carthage has been identified as Caligula by Fabbrini and must be considered an early portrait of him, before his accession (fig. 14).[24]

Among the beautiful collection of portraits in Schloß Fasanerie, near Fulda, West Germany, is a superb portrait of the emperor Caligula (figs. 15a–b).[25] The main part of this collection was assembled by Frederick II (1760–1785), but no precise information remains to say where this portrait was found. Possibly it is from Rome. In the 1968 catalogue of the collection, H. von Heintze wrote: "The head is the most beautiful portrait of the emperor Gaius, called Caligula, that has been preserved until today." Normally such a statement sounds unconvincing, but in this case it fits. The head is 37 cm high and was made to join a toga statue. Although the hairstyle resembles that of Augustus and Tiberius, the portrait is marked by particular physiognomic traits unlike those two emperors. Very individual are the high forehead, the small, thin mouth, the in-drawn lower lip, the nose, which is thicker in its lower parts, and the protruding chin. In technique, the portrait is typical for the time, with the excellent quality of the surface, polished like porcelain. It is an open question whether the por-

21. J. Pollini, *JWalt* 40 (1982), pp. 1ff.

22. L. Fabbrini, *RömMitt* 73–74 (1966–1967), pp. 140ff., pls. 44–45; H. Jucker, *Art in Virginia* 13, no. 2 (1973), fig. 6; V. Poulsen, *MeddNC* 14 (1957), p. 45, no. 5; C.C. Vermeule, *Roman Imperial Art in Greece and Asia Minor* (Cambridge, Mass., 1966), p. 386.

23. Fabbrini (supra, note 22), pls. 45.2, 47.2.

24. Fabbrini (supra, note 22), pp. 140ff., pls. 49–50.

25. H. von Heintze, *Die antiken Porträts in Schloß Fasanerie bei Fulda* (Mainz, 1968), no. 21.

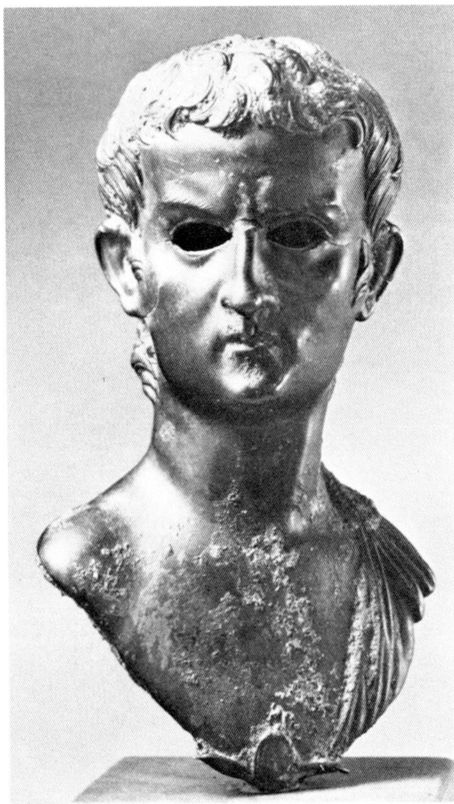

Figure 18a. Caligula. Gilded bronze. Zurich, Schinz collection. From A. Massner, *Bildnisangleichung* (Berlin, 1982), fig. 26b.

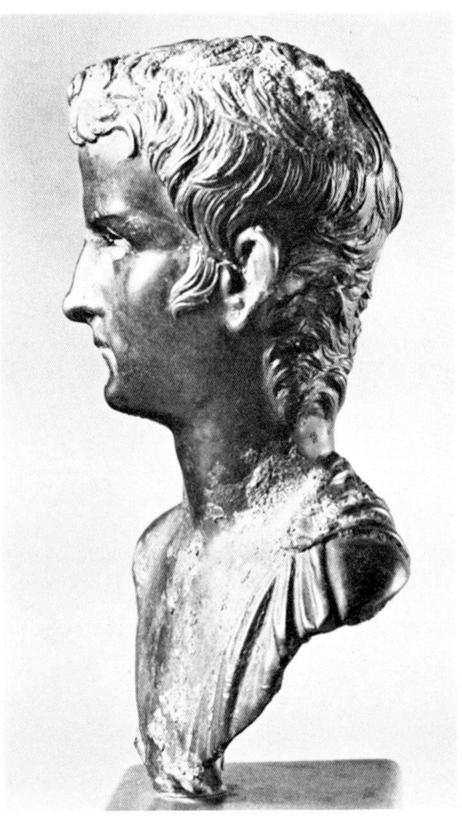

Figure 18b. Profile of Caligula, figure 18a. From A. Massner, *Bildnisangleichung* (Berlin, 1982), fig. 26c.

trait can be considered realistic, in view of Suetonius' statement that Caligula was ugly. Notably, this portrait type is very close to the coin portraits of the Roman mint on sesterces dating to 37–38 (which, too, are not appreciably ugly).

In the Virginia Museum of Fine Arts is a statue, which H. Jucker published as Caligula (figs. 16a–c).[26] Until 1880 the statue was in Palazzo Colonna in Rome, but it was then hidden away for almost ninety years until 1971 when it arrived in Virginia. The head and the body belong together. Clad in toga, tunic, and sandals, the emperor stands in the pose of public address. His left hand once held a papyrus scroll (the box for such scrolls serves as a support at the left foot), and the right hand is raised in a gesture of address.

Also of the Fulda type is a portrait in the Louvre (figs. 17a–b), which is now placed on a seated togatus-type statue to which it does not belong.[27] The nose, ears, and mouth are modern. It was formerly in the Campana collection and comes originally from the Aventine in Rome.

Another example of this Fulda type is a small gilded bronze bust, only 20 cm high, from the Schinz collection in Zurich (figs. 18a–b).[28] It was found in the Tiber, into which it either fell or was thrown without having been damaged previously. The portrait resembles the Fulda portrait not only in the long combed hair on the neck but also in the way the eyebrows are drawn toward the nose. These furrows above the nose, in fact, remind us of Suetonius' description of Caligula practicing fearful and horrifying grimaces in front of a mirror.

Another small bronze portrait, only 9.7 cm high, which was also found in the Tiber, is now in a private collection in Switzerland (figs. 19a–b).[29] It was damaged before it was thrown into the river: the forehead, the

26. F. Matz and F. von Duhn, *Antike Bildwerke in Rom*, vol. 1 (Leipzig, 1882), p. 361, no. 1247; Jucker (supra, note 22), pp. 17ff.; J. Ternbach, *Art in Virginia* 14, no. 2 (1974), pp. 28–31; *Ancient Art in the Virginia Museum* (Richmond, Virginia, 1973), no. 139; M. Jentoft-Nilsen, *Ancient Portraiture: The Sculptor's Art in Coins and Marble*, ex. cat. (Richmond, Virginia Museum of Fine Arts, 1980), no. 159.

27. V. Poulsen, *ActaA* 29 (1958), p. 179, no. 2.

28. H. Jucker and D. Willers, eds., *Gesichter: Griechische und römische Bildnisse aus Schweitzer Besitz*, ex. cat., 3rd ed. (Bernisches Historisches Museum, 1982), no. 116 with bibliography.

29. H. Jucker, "Die Bildnisstrafen gegen dem toten Caligula," *Praestant interna: Festschrift für U. Hausmann*, B.v. Freytag et al., eds. (Tübingen, 1982), pp. 110ff., pl. 14; Jucker and Willers (supra, note 28), no. 117.

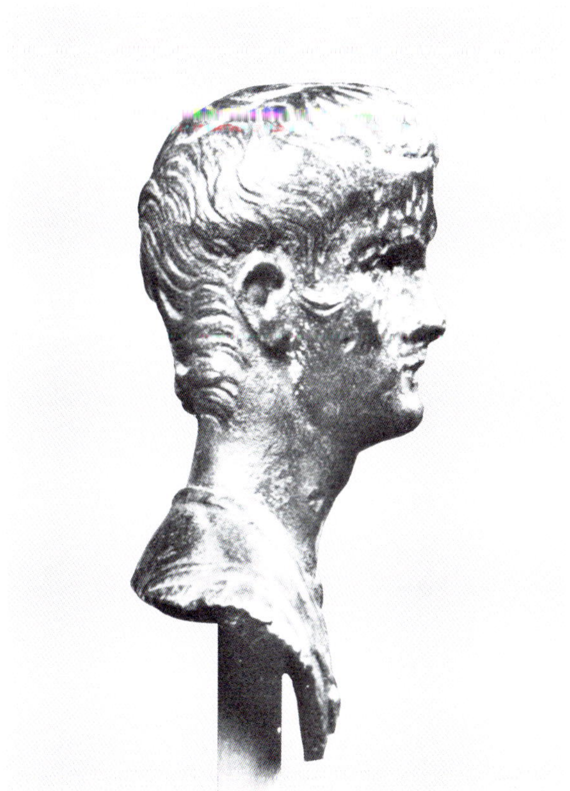

Figure 19a. Profile of Caligula. Bronze. Switzerland, private collection. From Jucker and Willers, *Gesichter,* p. 258.

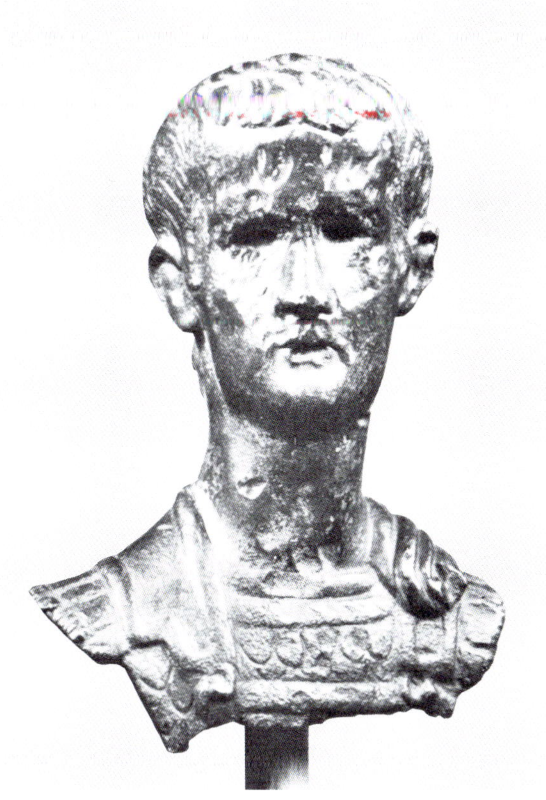

Figure 19b. Head of Caligula, figure 19a. From Jucker and Willers, *Gesichter,* p. 258.

nose, and the mouth were intentionally mutilated, and the inlaid eyes have fallen out. It follows the bronze portrait in the Schinz collection and thus the Fulda type.

The sixth portrait of the Fulda type was purchased by the Getty Museum in 1972 (figs. 20a–b).[30] The provenance of Asia Minor provided by the dealer is possibly correct. The style, however, is not provincial. I would say rather that this portrait was made in Rome or elsewhere in Italy and exported to Asia Minor. The head is of a fine-grained white marble, 41 cm high. As it is turned slightly to the right, it differs from the Fulda portrait, which is turned to the left. The neck was cut into a conical point intended to fit into a statue body. The hairstyle resembles the Fulda head. Both the Fulda and the Getty portraits were probably made shortly after Caligula's accession, while the following portraits must be a little later, perhaps A.D. 38–40.

In 1923 the Ny Carlsberg Glyptotek, Copenhagen, purchased a Caligula portrait in Paris (figs. 21a–b).[31] It is of white marble, 28 cm high, and it is said to have come from Asia Minor. Cornelius Vermeule wrote that "the head follows the Roman model so closely that it must have been made in Italy."[32] I think that the quality of the portrait is such that it must be considered a work made in Rome (or Italy), which was then exported to Asia Minor, unless the alleged provenance is hopelessly inaccurate. Only part of the neck is preserved, and the back of the head is broken off. The portrait is remarkable for the traces of original paint that survive in the eyes and hair.

A portrait of Caligula from Aquileia was identified by D. Kaspar. Though it is only a fragment of a life-size marble head (figs. 22a–b),[33] it is of excellent quality. Only the lower part of the head, the mouth, and

30. Malibu, The J. Paul Getty Musem 72.AA.155, J. Frel, *Roman Portraits in the J. Paul Getty Museum*, ex. cat. (Tulsa, Oklahoma, Philbrook Art Center, and Malibu, The J. Paul Getty Museum, 1981), no. 24; Jucker (supra, note 22), p. 20, fig. 13.; K. Vierneisel and P. Zanker, *Die Bildnisse des Augustus*, ex. cat. (Munich, Glyptothek, 1979), p. 96, no. 10.7; J. Inan and E. Alfoldi-Rosenbaum, *Romische und frühbyzantinische Porträtplastik aus der Türkei* (Mainz, 1979), pp. 69–70, no. 16, pls. 13.3–4, 14.2–3; J. Chamay, J. Frel, and J.-L. Maier, *Le monde des Césars*, ex. cat. (Geneva, Musée d'Art et d'histoire, 1982), no. 13.

31. V. Poulsen, *Les portraits romains*, vol. 1 (Copenhagen, 1962), no. 54 with bibliography; A. De Franciscis, *BolldArte* 48 (1963), p. 25; G. Hafner, *RömMitt* 71 (1964), p. 176; W. H. Gross, *WZHumboldt*, 1982, p. 205.

32. Vermeule (supra, note 22), p. 387, no. 2.

33. Jucker (supra, note 29), p. 111, pl. 15.1–2.

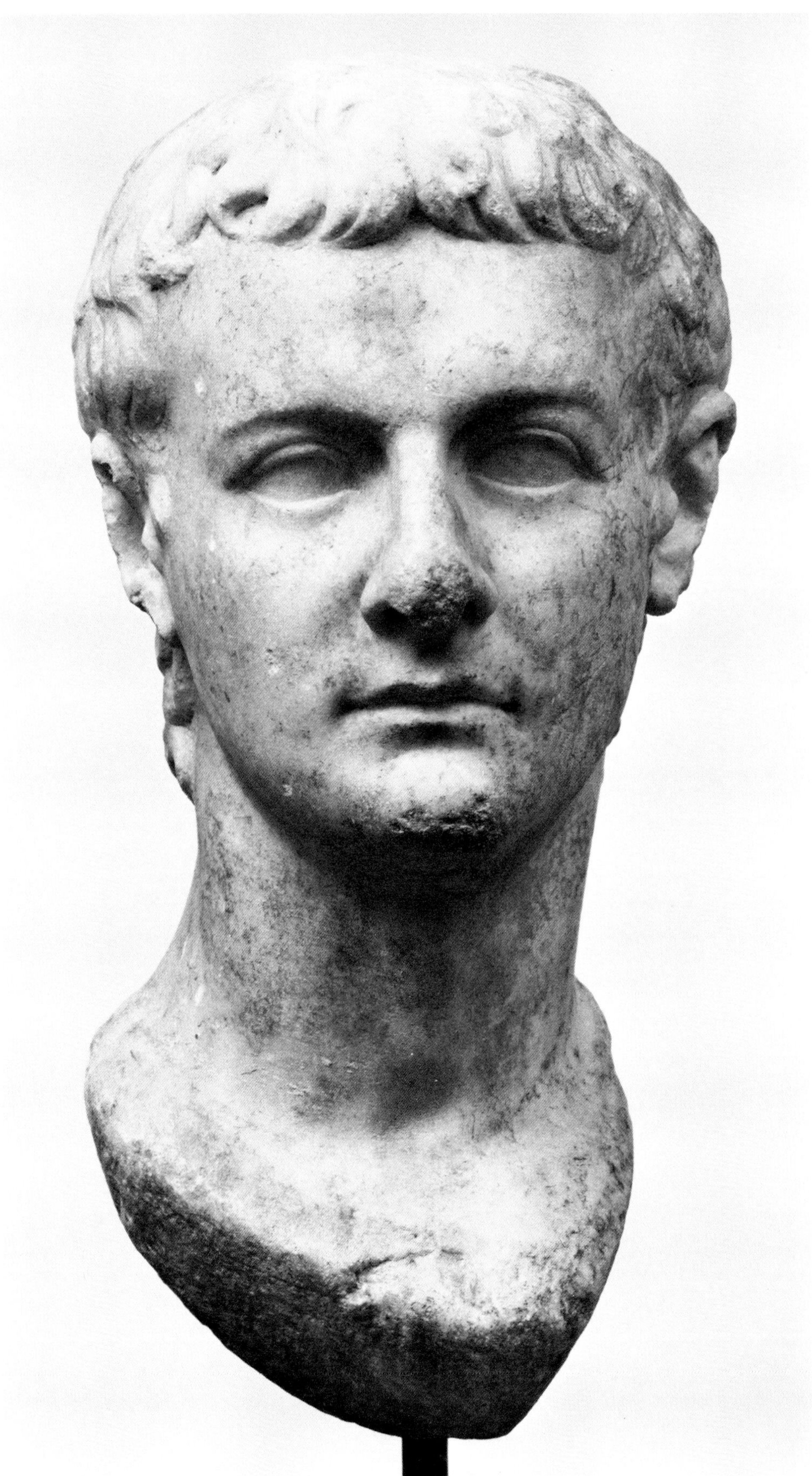

Figure 20a. Caligula. White marble. Malibu, The J. Paul Getty Museum 72.AA.155.

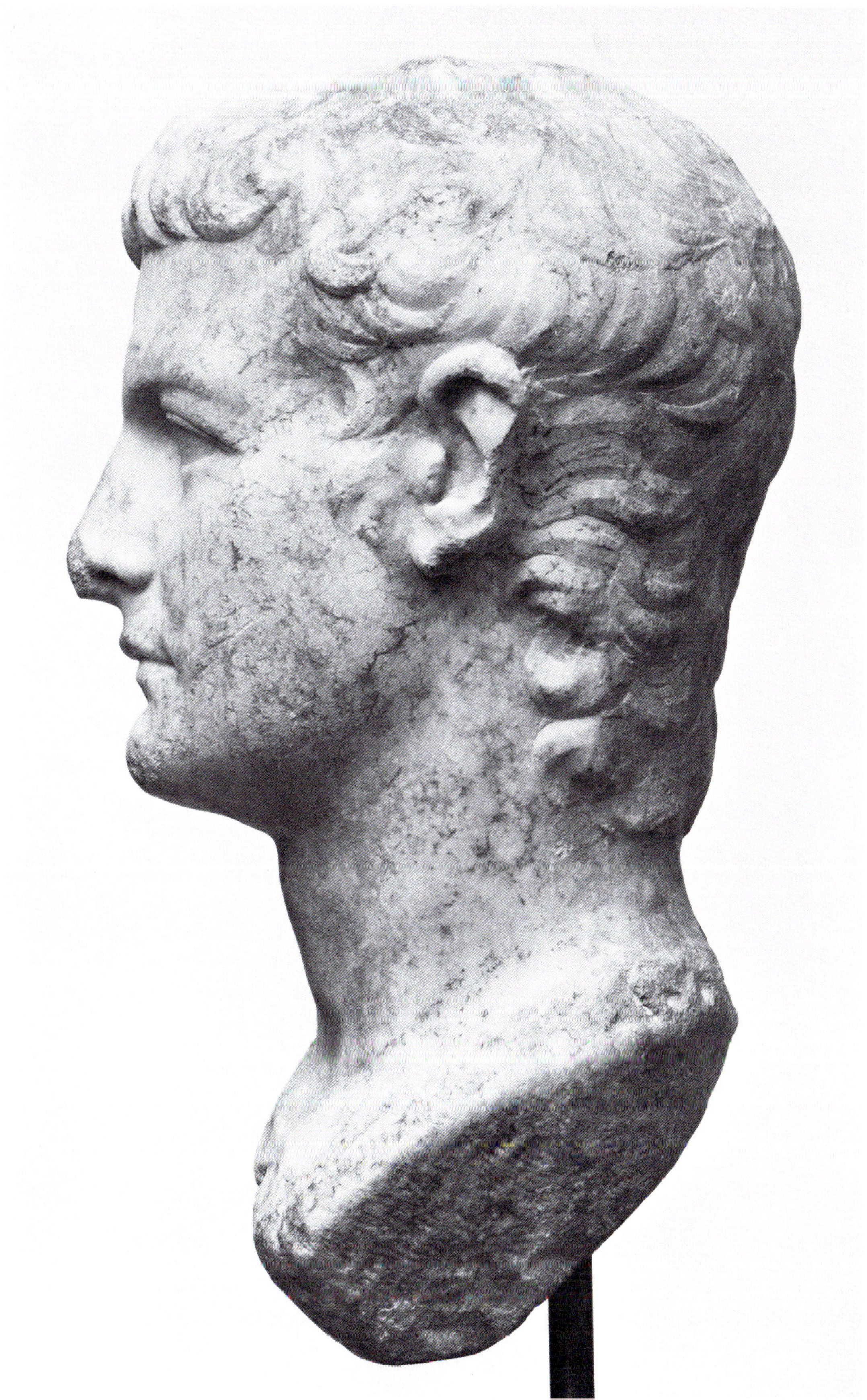

Figure 20b. Profile of Caligula, figure 20a.

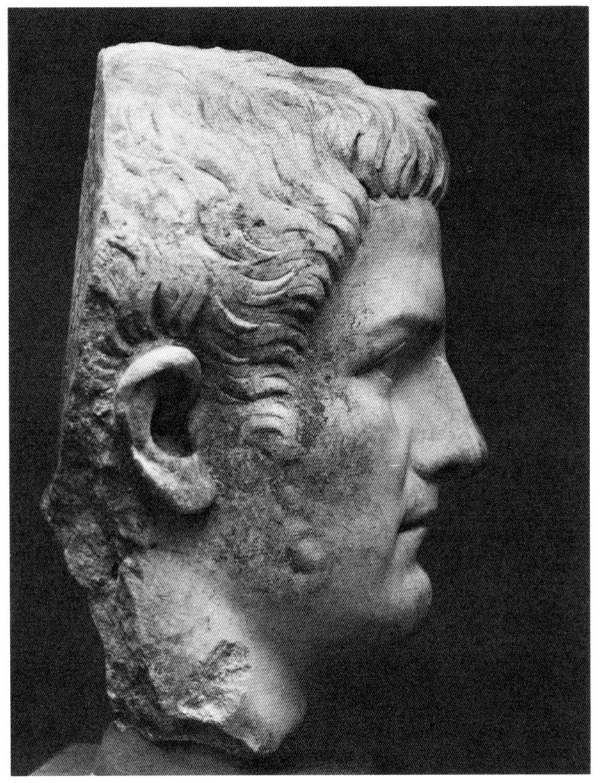

Figure 21a. Profile of Caligula. White marble. Copenhagen, Ny Carlsberg Glyptotek 2687, cat. no. 637a.

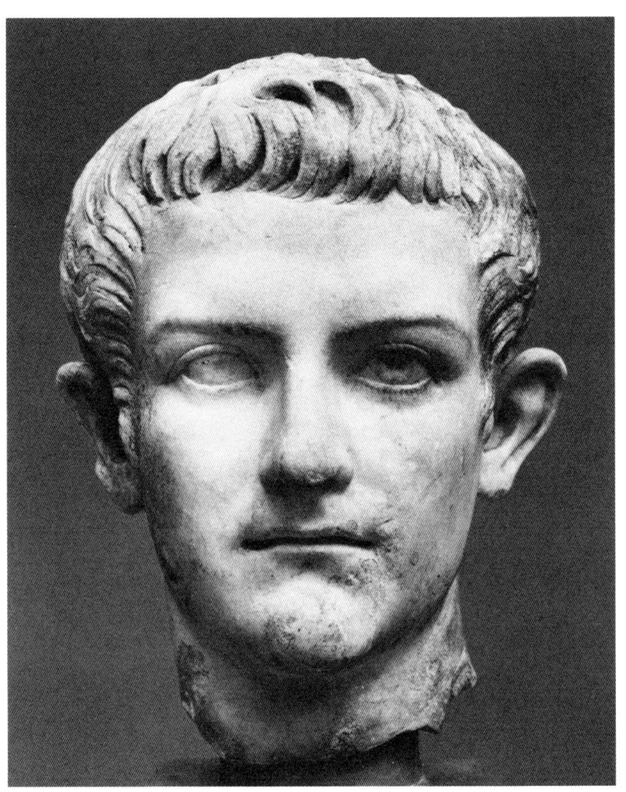

Figure 21b. Head of Caligula, figure 21a.

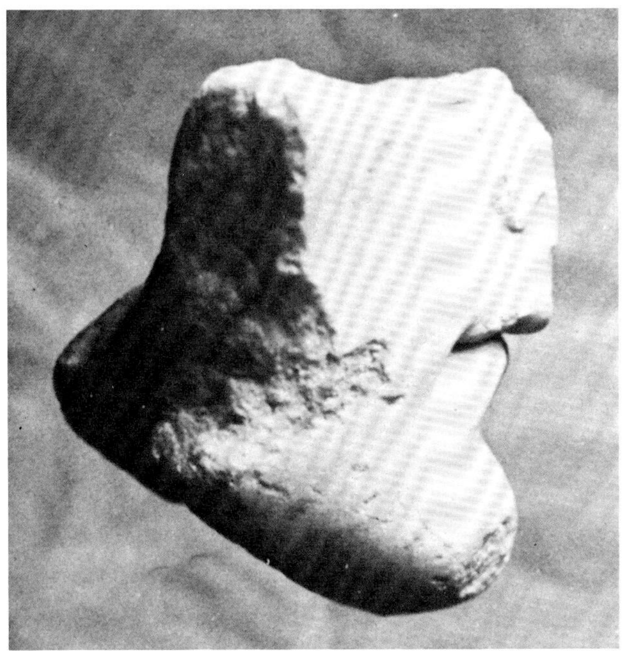

Figure 22a. Profile of Caligula. Marble fragment. Aquileia, Museo Archeologico 128, cat. no. 201. From Jucker, *Festschrift für U. Hausmann,* fig. 15.1.

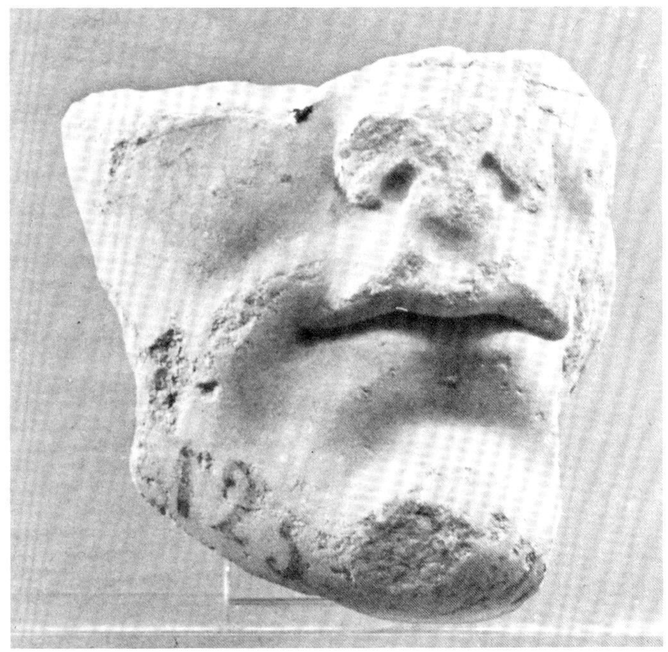

Figure 22b. Head of Caligula, figure 22a. From Jucker, *Festschrift für U. Hausmann,* fig. 15.2.

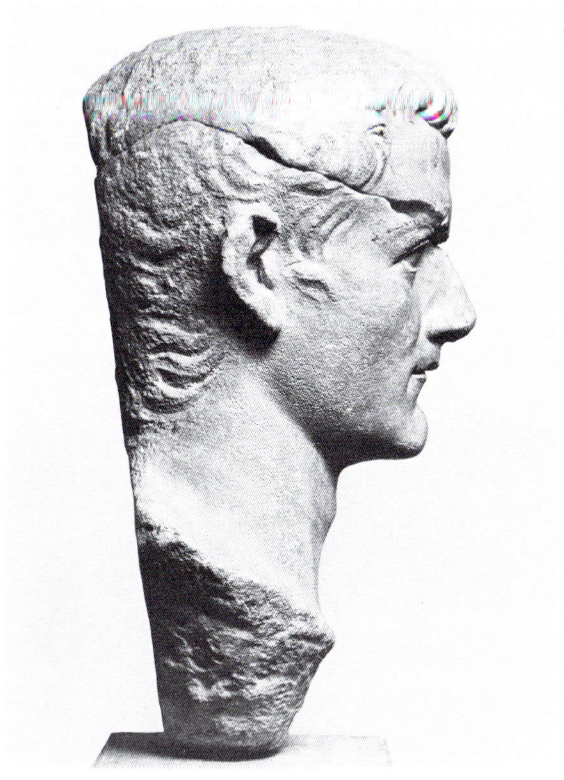

Figure 23a. Profile of Caligula. Iesi, Museo Archeologico. From *JdI* 73–74 (1981), p. 263, fig. 30.

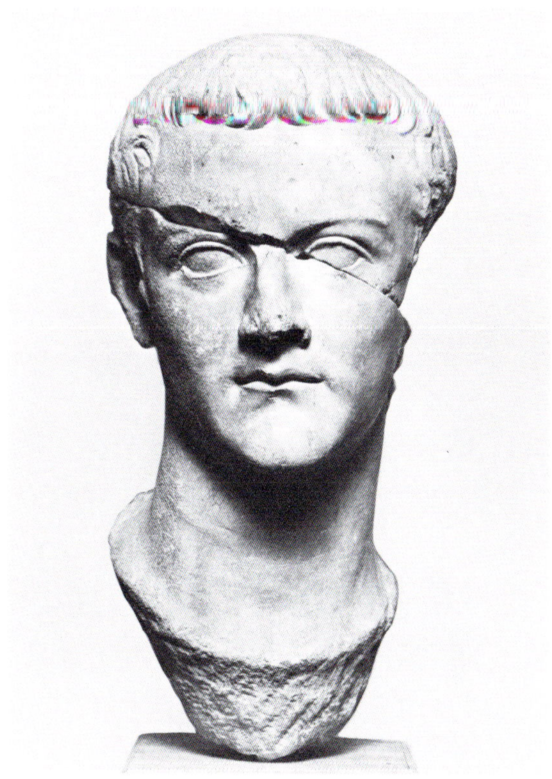

Figure 23b. Head of Caligula, figure 23a. From *JdI* 73–74 (1981), p. 263, fig. 29.

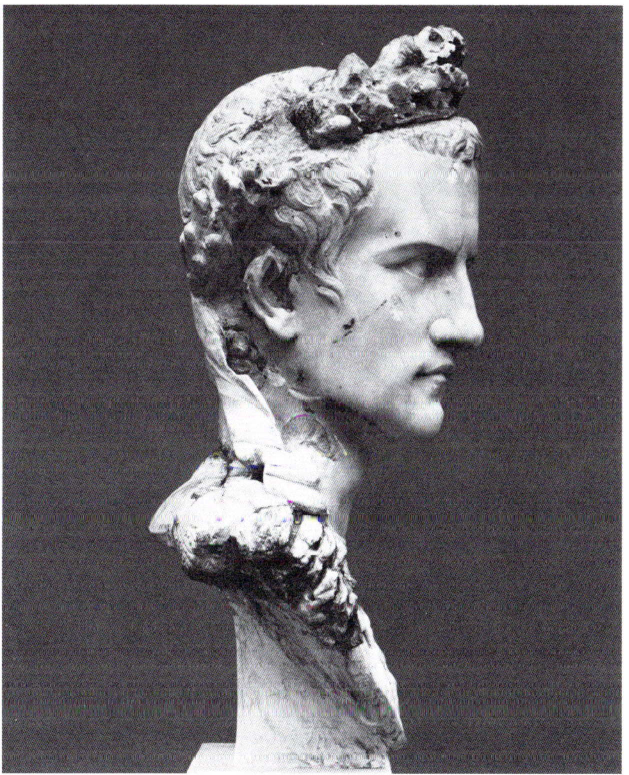

Figure 24a. Profile of Caligula. White, large-grained Greek marble. Copenhagen, Ny Carlsberg Glyptotek 1453, cat. no. 637.

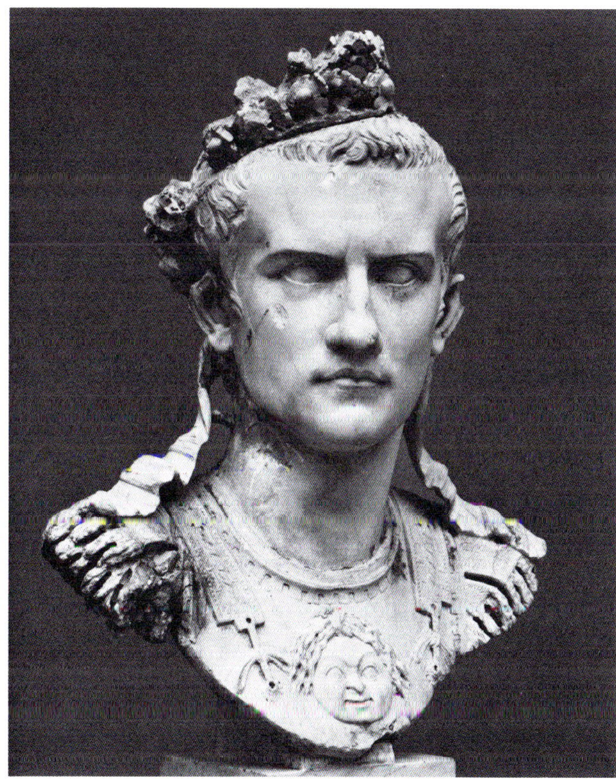

Figure 24b. Head of Caligula, figure 24a.

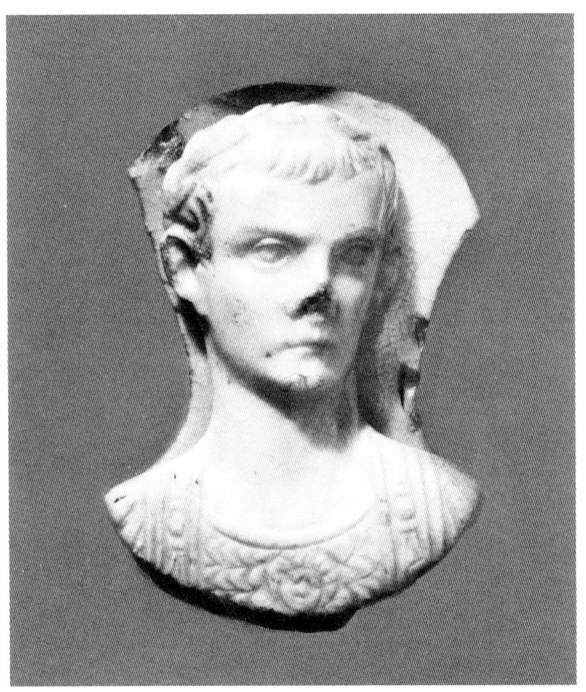

Figure 25. Caligula. Onyx gem. New York, The Metropolitan Museum of Art, Rogers Fund, 1911, 11.195.7.

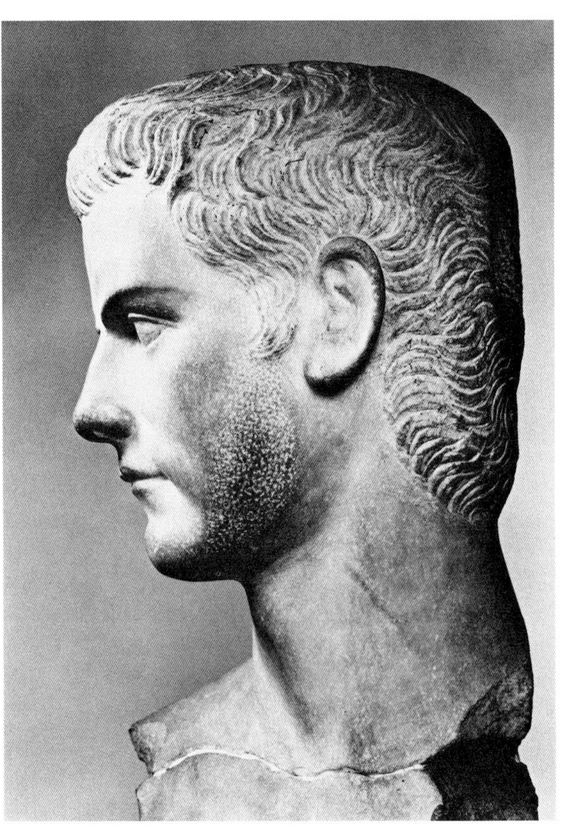

Figure 26. Caligula. Marble. Paris, Musée du Louvre MA 1234. Photo: Courtesy Chuzeville, Paris.

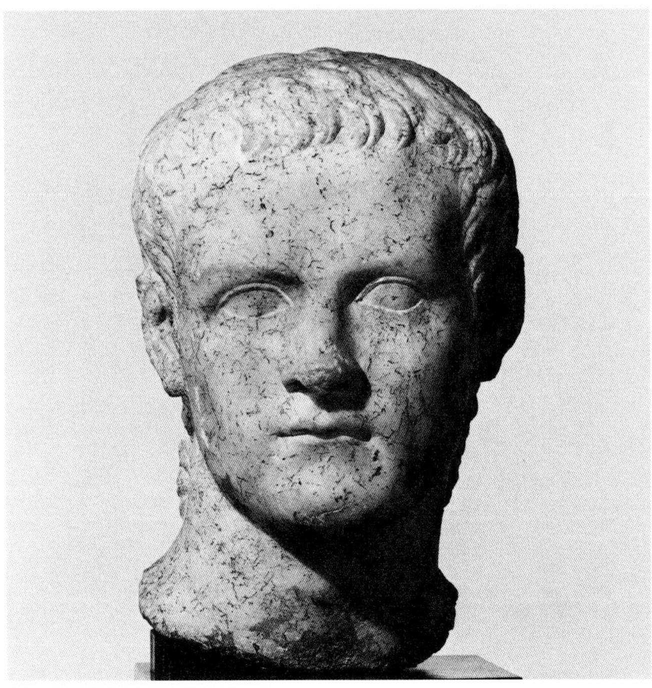

Figure 27a. Caligula. White Italian marble. New Haven, Yale University Art Gallery, lent by Frank Brown.

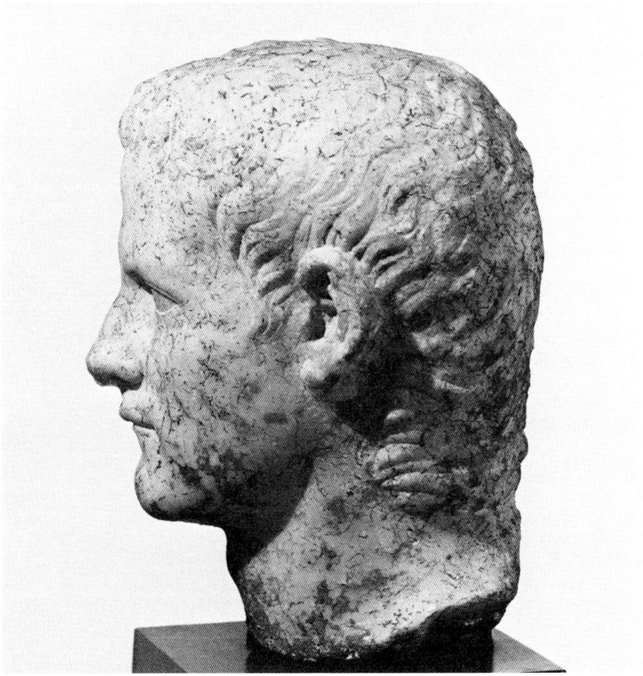

Figure 27b. Profile of Caligula, figure 27a.

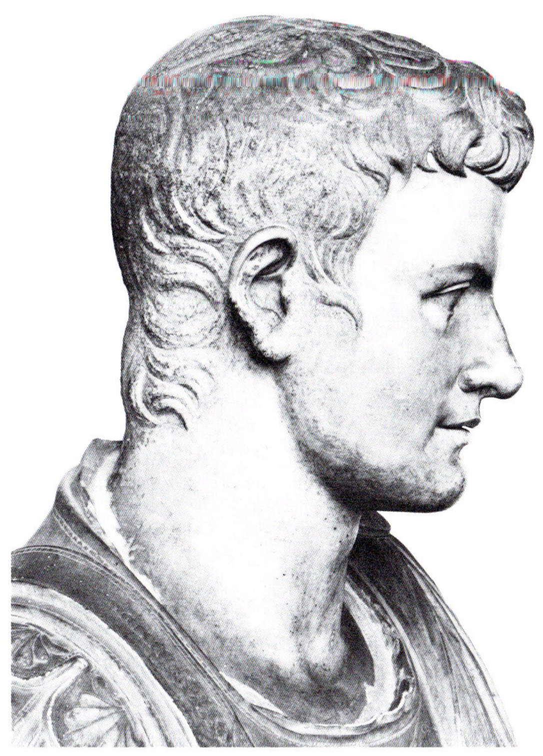

Figure 28a. Profile of Caligula. Venice, Museo Archeologico 142, sala IX.

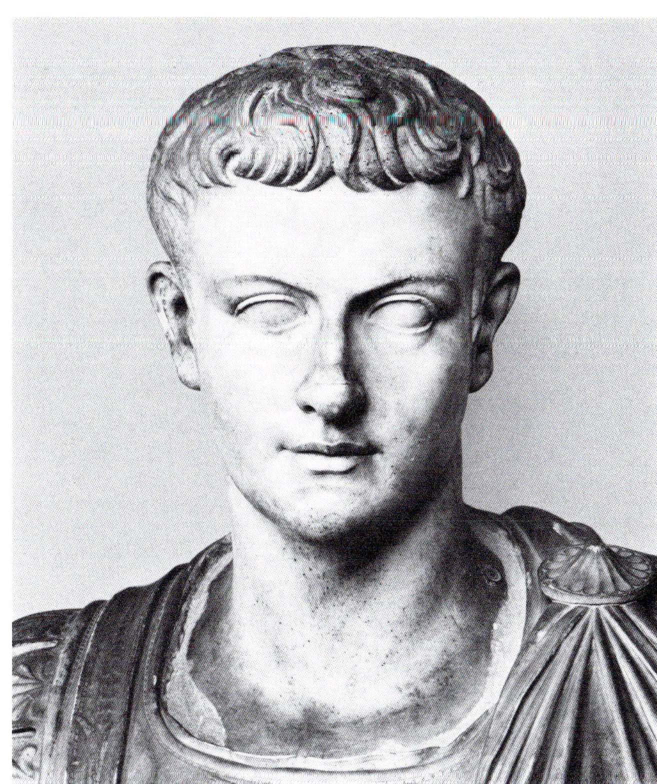

Figure 28b. Head of Caligula, figure 28a.

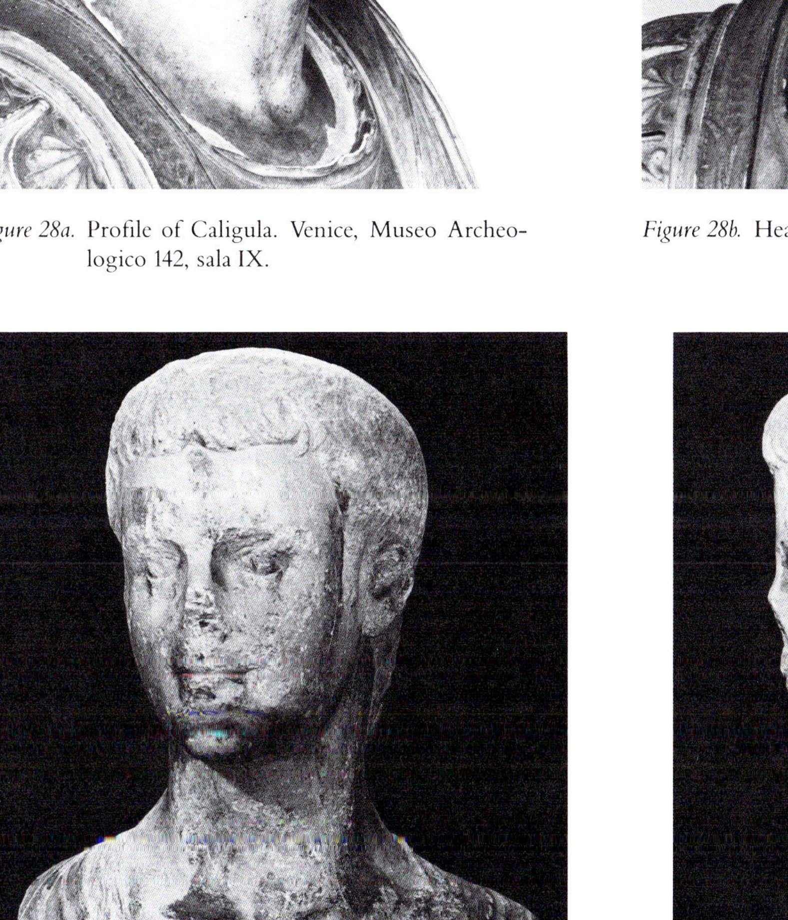

Figure 29a. Caligula. Trieste, Civico Museo di Storia ed Arte.

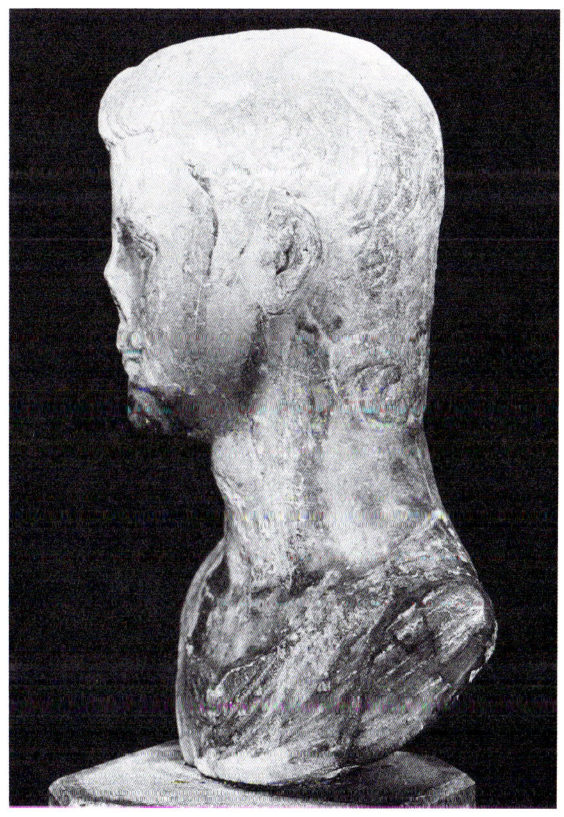

Figure 29b. Profile of Caligula, figure 29a.

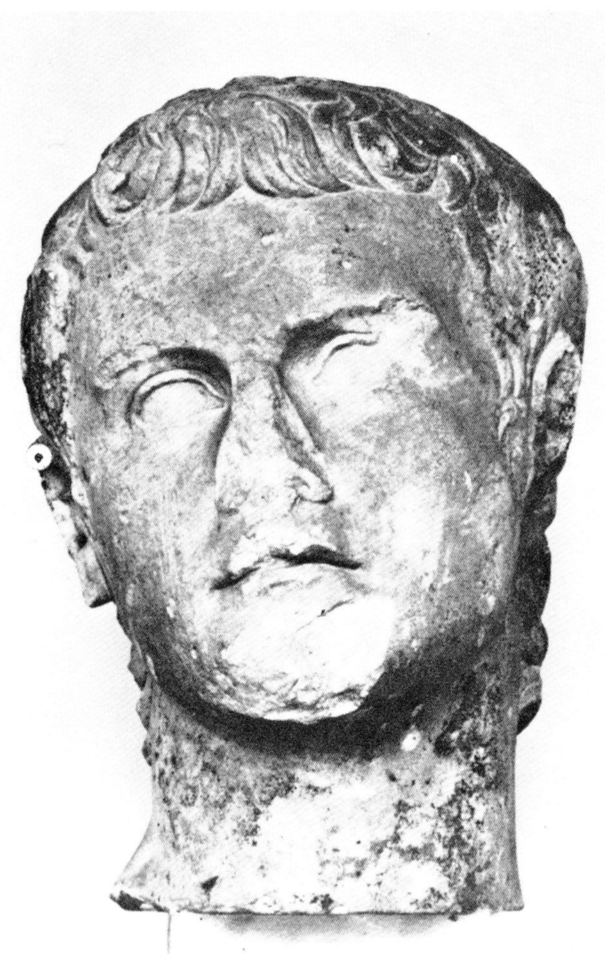

Figure 30. Caligula. Pegli, Museo Civico 614. From *Athenaeum* 51 (1973), fig. 3.

the chin are preserved, but it closely follows the Copenhagen head, which adds further evidence that the Copenhagen portrait was made in Italy, probably in Rome. From a local workshop in Iesi, Marches, west of Ancona, comes another portrait of the Copenhagen type, one which was republished by Jucker (figs. 23a–b).[34] The Iesi portrait was found in 1784 or 1787 in a cistern along with portraits of Tiberius and Augustus.

As early as 1897 Carl Jacobsen, the founder of the Ny Carlsberg Glyptotek, acquired another marble portrait of Caligula from Rome (figs. 24a–b).[35] It is a 51 cm high bust made of white, large-grained Greek marble. The head, neck, and bust are unbroken. The greatest damage has been to the ears: the upper parts are broken off. A small part of the neck is missing. The portrait shows Caligula with a crown of oak leaves around his head and wearing a breastplate with a centered gorgoneion. The crown is cut partly from the same block of marble as the head and partly from a separate block. In the top of the head is an oblong hole where the now missing part of the crown was inserted. On the back of the head are traces of ancient paint. The mouth and possibly the nose must have been recut in antiquity. Both Furtwängler and Lippold doubted the authenticity of the portrait. One of their arguments was that cuirass bust portraits did not exist in the first century. However, several other busts survive, which show that the type actually did exist. Although the Caligula bust was cleaned with acid in the last century, the acid did not penetrate to some of the deeper areas, where traces of the very heavy incrustation that originally covered the whole bust still are to be found. This incrustation confirms the dealer's statement that the portrait was found in the Tiber.

In 1911 the Metropolitan Museum bought a 4.3-cm high onyx gem that was allegedly from Rome (fig. 25);[36] it follows the Copenhagen portrait type in reduced scale, and the same can be said of the small bronze bust in a private collection in Switzerland. The Copenhagen portrait is also close to a marble portrait in the Louvre (fig. 26)[37] and to one in the Yale University Art Gallery from the collection of Professor Frank Brown (figs. 27a–b). The latter is life-size, 33 cm high, of white Italian (probably Luna) marble and is said to have been found in Rome, close to the Tiber at Ponte Milvio around 1950.[38] This portrait may, however, be a fake. A portrait in Venice mounted on a Renaissance bust is also of this type (figs. 28a–b).[39] There may also be three provincial variants of the Copenhagen type: a portrait bust in Trieste, Civico Museo (figs. 29a–b),[40] a portrait in Pegli (near Genoa) (fig. 30),[41] and a very worn portrait in Sabratha (figs. 31a–b).[42]

Quite different from all other Caligula portraits are two heads that were found together just before World War I near Marino at Lake Albano. One is in the Worcester City Museums and Gallery and may be the image

34. H. Jucker, *JdI* (1981), p. 263, figs. 29–31.

35. Poulsen (supra, note 31), no. 125; F. Johansen, *MeddNC* 37 (1981), figs. 17–17c; F. Johansen, *WZHumboldt*, 1982, p. 223; H. Jucker, *JbBerlM* 26 (1984), p. 67, n. 98.

36. New York, The Metropolitan Museum of Art. Poulsen (supra, note 27), p. 181, no. 12; Johansen (supra, note 35), p. 95, fig. 24.

37. Poulsen (supra, note 27), p. 182, no. 1.

38. Poulsen (supra, note 27), p. 187, II 2.

39. G. Traversari, *Museo Archeologico di Venezia: I Ritratti* (Rome, 1968), no. 20.

40. J. Banko and P. Sticotti, *Antikensammlung im erzbischöflichen Seminare zu Udine*, ArchepMitt 18 (1895), p. 69; Johansen, *MeddNC* 37 (1981), p. 93, fig. 21.

41. C. Saletti, *Athenaeum* 51 (1973), p. 42, fig. 3; Johansen (supra, note 35), p. 93, fig. 22.

42. Caputo, *Quaderna di Arch. della Libia* 1–2 (1950–1951), p. 13, pl. 1; Johansen (supra, note 35), p. 95, fig. 23.

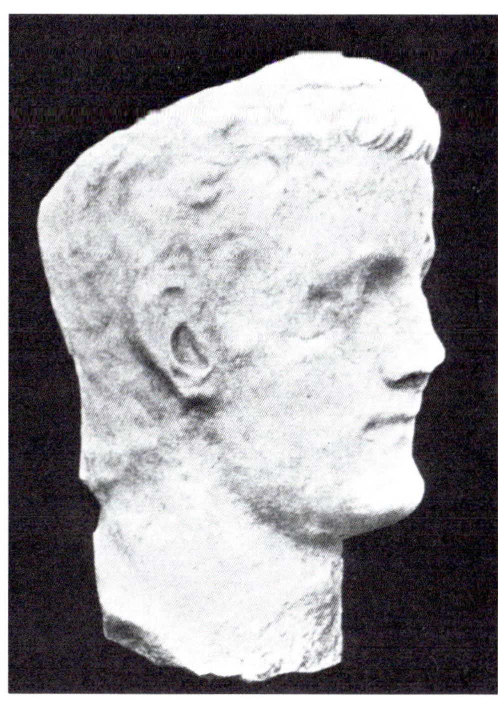

Figure 31a. Profile of Caligula. Sabratha, Museum of Antiquities. From Johansen, *Meddelelser fra Ny Carlsberg Glyptotek,* p. 95, fig. 23.

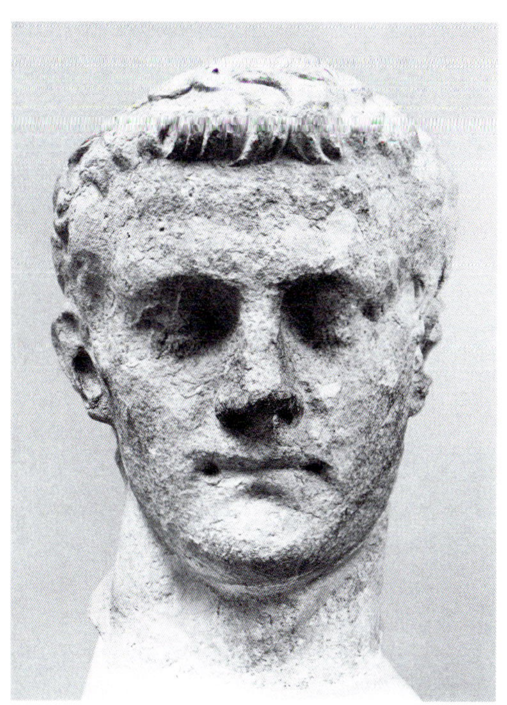

Figure 31b. Head of Caligula, figure 31a.

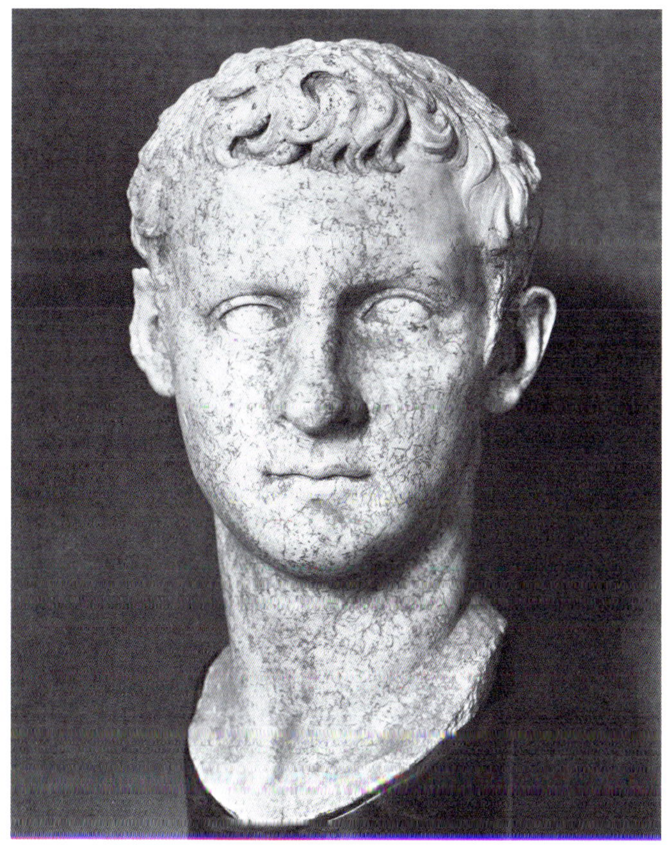

Figure 32a. Caligula. White, large-grained marble. Worcester, Worcester City Museums and Gallery 1914.23.

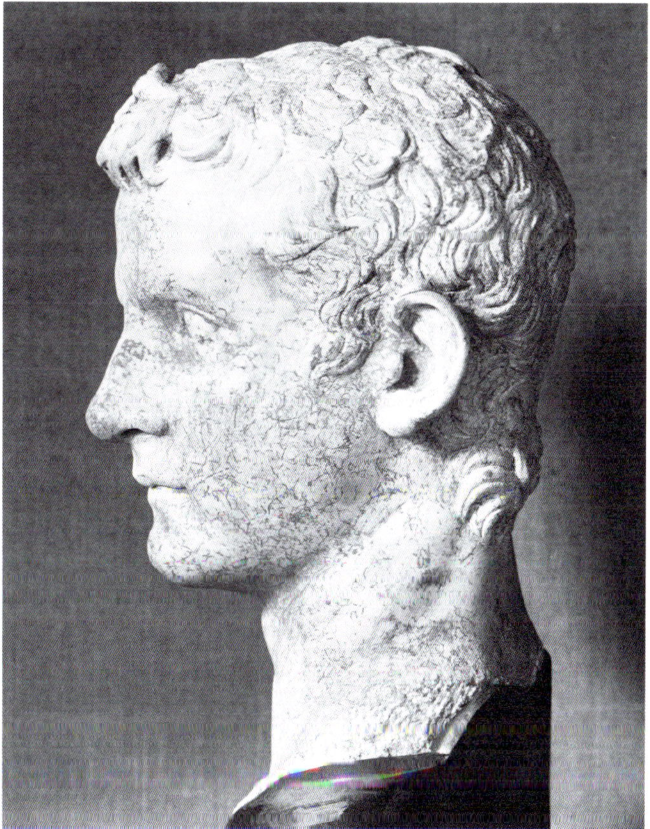

Figure 32b. Profile of Caligula, figure 32a.

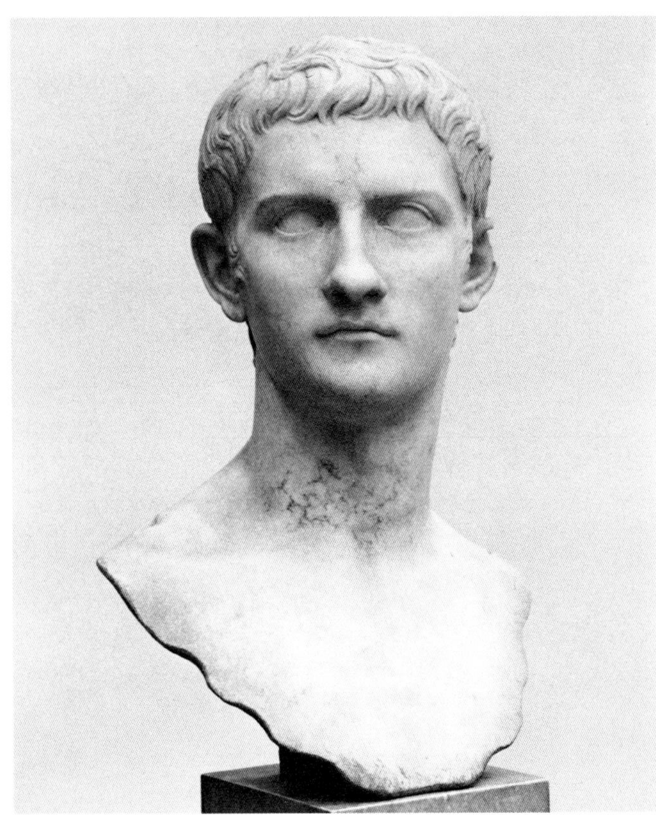

Figure 33. Caligula (?). White, large-grained marble. New York, The Metropolitan Museum of Art, Rogers Fund, 1914, 14.37.

most like Caligula (figs. 32a–b).[43] Jucker has suggested that perhaps it is a later creation from the time of Nero. The second atypical portrait, in the Metropolitan Museum of Art (fig. 33), [44] looks very different from all the other attributed portraits, perhaps due to the fact that it is *not* Caligula but another Julio-Claudian prince. Both these portraits are carved in white large-grained marble. The surfaces of both are very clean, but there are traces of brown patina on the necks of both.

To conclude, two fundamental Caligula portrait types exist in marble: the Fulda-Getty type and the Copenhagen type. The other accepted portraits of Caligula are all either replicas or variants of these two main types, both of which must have been made while Caligula ruled. His isolated life as a prince allows only a few possibilities for portrait production before his accession. As he was emperor for only four years, no great evolution in Caligula's portraits can be expected. In fact, the Fulda-Getty type and the Copenhagen type actually resemble each other closely.

Ny Carlsberg Glyptotek
Copenhagen

43. Worcester City Museums and Gallery 1914.23. M. Milkovich, *Worcester Art Museum, Roman Portraits* (Worcester, 1961), no. 9 with bibliography. C.C. Vermeule, *Greek and Roman Sculpture in America* (Malibu, 1981), no. 248.

44. The Metropolitan Museum of Art 14.37. G.M.A. Richter, *The Metropolitan Museum: Roman Portraits* (New York, 1938), no. 38.

Ein antoninischer Frauenkopf aus Palmyra in Malibu

Klaus Parlasca

Die in den letzten Jahren dank der tatkräftigen Erwerbungspolitik Jiří Frels erheblich vermehrte Sammlung römischer Porträts im J. Paul Getty Museum[1] enthält auch einen unterlebensgroßen, weiblichen Reliefkopf aus Palmyra (Abb. 1a–b)[2]. Dieser auf den ersten Blick eher bescheiden anmutende Überrest der reichen Grabplastik dieses bekannten kulturellen Zentrums in der syrischen Wüste erweist sich bei genauerer Betrachtung als sehr interessant. Das bisher unveröffentlichte Fragment kann wegen seiner geringen Abmessungen nicht zu einem der zahlreichen, sepulkralen Büstenreliefs gehört haben, die allerdings—ebenso wie diese ganze Gattung—in den Museen an der Westküste der USA nur in geringer Anzahl vertreten sind.[3]

Der mit seinem Halsansatz erhaltene Kopf ist leicht nach seiner linken Seite hin gewendet. Die Gesichtszüge sind regelmäßig und kaum individuell geprägt, wie es dem Stilcharakter dieser Gattung entspricht. Dabei fällt das runde, wenig betonte Untergesicht auf, das ausgesprochen jugendlich wirkt. Die mandelförmig geschnittenen Augen zeigen eine vom Oberlid überdeckte Irisritzung mit zentraler Pupillenbohrung. Das Haar wird am Stirnrand von zwei symmetrisch hinter die Ohren gekämmten Strähnen begrenzt. Eine flache Kranzflechte bildet den oberen Abschluß des im übrigen melonenartig gegliederten Haars. Die kokett in die Stirn fallende Locke am Scheitelansatz war ein in der palmyrenischen Haartracht dieser Zeit beliebtes Motiv. Als einzigen Schmuck trägt die junge Dame schlichte Ohrringe, bestehend aus zwei durch einen senkrechten Steg verbundene Perlen. Von diesem weit verbreiteten Typus sind auch zahlreiche Originale bekannt.[4]

Die Maßverhältnisse erlauben es, das Fragment als Teil der Deckelgruppe eines Sarkophags zu bestimmen. Eine anschauliche Parallele bietet ein Sarkophag in Damaskus aus dem Grab des Malku.[5] Die früheren Beispiele dieser Gattung[6] zeigen wie im vorliegenden Falle statt einer rundplastisch ausgearbeiteten Gruppe eine Reliefkomposition, bei der im Hintergrund ausreichend Platz für die Wiedergabe stehender, jüngerer Familienangehöriger des gelagerten Toten verblieb. Seine Gemahlin wurde in der Regel ganz links auf einem

Abgekürzt zitierte Literatur:

Colledge	M.A.R. Colledge, *The Art of Palmyra* (London, 1976).
CIS	J.-B. Chabot, in *Corpus Inscriptionum Semiticarum*, Bd. 3, Teil 2, Fasz. 2, *Text* (Paris, 1947); *Tafeln* (Paris, 1954).
Ingholt	H. Ingholt, *Studier over palmyrensk Skulptur* (Kopenhagen, 1928).
Parlasca, *Grabreliefs*	K. Parlasca, *Syrische Grabreliefs hellenistischer und römischer Zeit: Fundgruppen und Probleme*, 3. Trierer Winckelmannsprogramm (1981).
Parlasca, *Probleme*	K. Parlasca, "Probleme der palmyrenischen Grabreliefs: Chronologie und Interpretation," in *Palmyre: Bilan et perspectives*, Akten eines Colloquiums in Straßburg, 18.–20. Oktober, 1973 (Straßburg, 1976), S. 33–43.

1. Der vorliegende Beitrag bildet die Fortsetzung einer Studie, die ich früher über Skulpturen des Getty Museums veröffentlicht habe: "Zur syrischen Plastik der Kaiserzeit," *GettyMusJ* 8 (1980), S. 141–146. Hierzu folgende Nachträge: Das Grabrelief zweier Männer—Vater und Sohn—(Malibu, The J. Paul Getty Museum 71.AA.282; Parlasca, a. O., S. 141, Nr. 1, Abb. 1) ist erneut besprochen in Parlasca, *Grabreliefs*, S. 12 mit Vorsatztafel, besonders S. 27, Anm. 110 zur Inschrift, die Köpfe im Getty Museum (71.AA.272) bzw. in Brooklyn (71.36), Parlasca, a. O., Abb. 3f. bzw. 5f.; Parlasca, *Grabreliefs*, S. 13, Taf. 15, 15.3 bzw. 15.2. Das Relief ist ferner besprochen in J. Frel, *Roman Portraits in the J. Paul Getty Museum*, ex. cat. (Tulsa, Oklahoma, Philbrook Art Center, and Malibu, The J. Paul Getty Museum, 1981), S. 84 und 129, Nr. 66, Abb.; der Kopf ebenda S. 85 und 129, Nr. 67 mit zwei Abb.; und im Genfer Ausstellungskatalog, J. Frel, J. Chamay, und J.-L. Maier, *Le monde des Césars: Portraits romains*, Ausstellungskatalog (Genf, Musée d'Art et d'histoire, 1982), S. 175, Taf. 37 und 37a–b auf S. 172ff. (irrig von 'haut-relief'). Zu dem falschen Relief im Getty Museum, Inv. 71.AK.319 (Parlasca, a.O., S. 145–146, Abb. 7), vgl. J. Frel, *GettyMusJ* 9 (1981), S. 79ff., Nr. 19.

2. Inv. 81.AA.170; erworben als anonymes Geschenk. H: 16,5 cm (Kinn bis Oberkante des Haars: 11,7 cm); Relieftiefe: 8 cm; Stärke des Reliefgrundes ca. 6,5 cm. Für das großzügige Publikationsangebot sei J. Frel auch an dieser Stelle herzlich gedankt. Die erste Niederschrift erfolgte im Frühjahr 1984 während eines Aufenthalts als 'Guest Scholar' des Getty Museums, wofür ich mich ihm gleichfalls zu aufrichtigem Dank verpflichtet fühle.

3. Vgl. meinen Beitrag, "Palmyrenische Skulpturen in Museen an der amerikanischen Westküste," in G. Koch, Hrsg., *Greek and Roman Funerary Sculpture*. Occasional Papers on Antiquities, 5 (Malibu, im Druck).

4. Vgl. D. Mackay, "The Jewellery of Palmyra and Its Significance," *Iraq* 11 (1949), S. 171, Abb. 2c, J. El-Chehadeh, "Untersuchungen zum antiken Schmuck in Syrien" (Ph.D. Diss., Freie Universität, Berlin, 1972), Beilage 5, Typus II d.

5. S. Anhang, Nr. 5.

6. Vgl. K. Parlasca, *MarWinckProg*, 1984, S. 289, Abb. 6 (Paris, Sammlung Varsano).

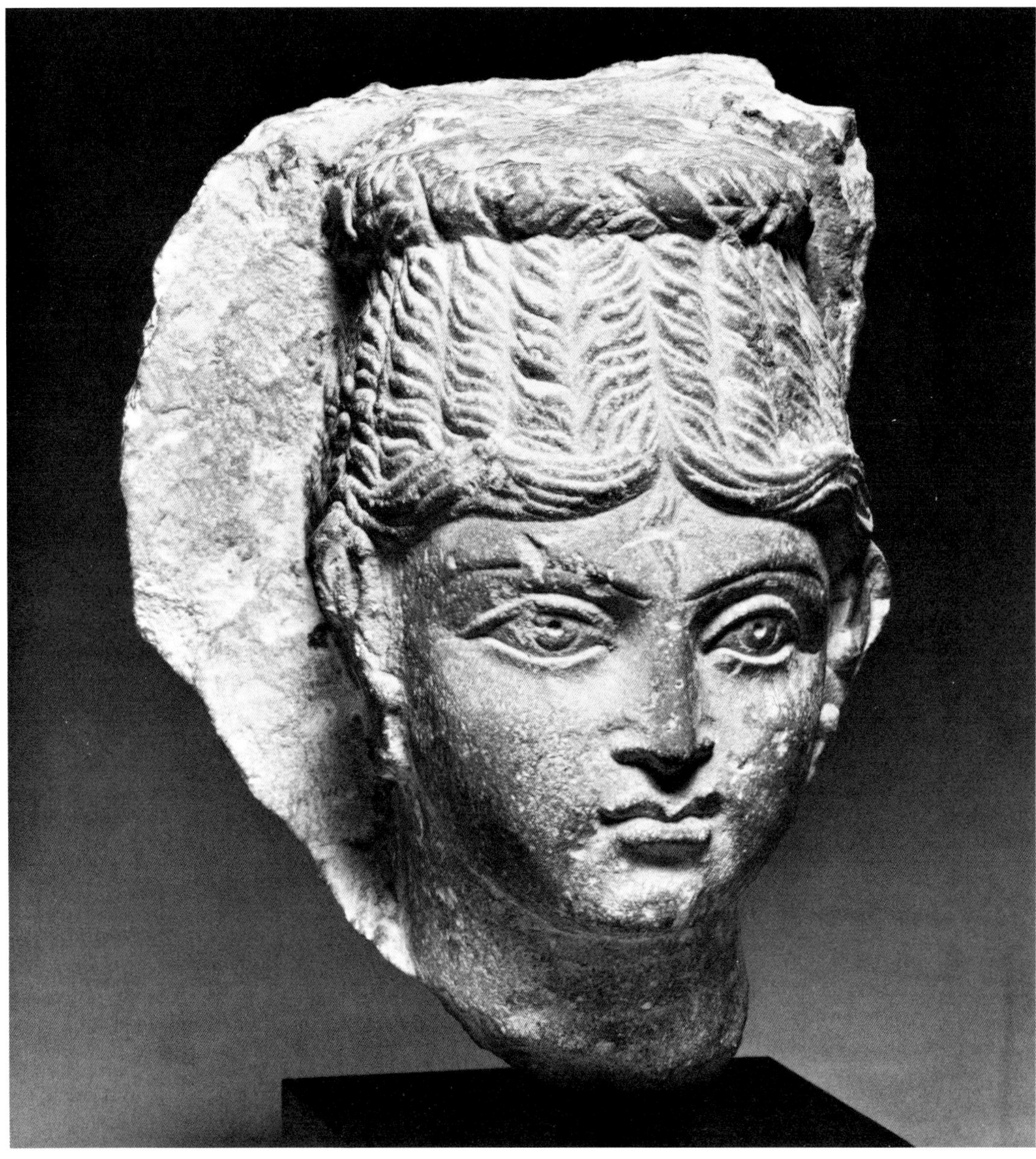

Abb. 1a. Antoninischer Frauenkopf aus Palmyra. Kalksteinrelief. Malibu, The J. Paul Getty Museum 81.AA.170.

besonderen Sessel sitzend dargestellt. Die stehend wiedergegebenen Familienmitglieder waren zumeist halberwachsene Kinder des Sarkophaginhabers. Unverheiratete Töchter unterlagen offensichtlich nicht den traditionellen Trachtgewohnheiten verheirateter Frauen. Hierzu gehört in erster Linie die strenge Verhüllung des Haupthaars, von dem zumeist nur seitlich einige Strähnen herausgekämmt wurden. Abgesehen von einem Kopftuch spielte dabei ein turbanartiger Stoffwulst mit einem breiten Stirndiadem eine wichtige Rolle. Aus diesem Grunde steht uns bei den Reliefs von Frauen nur selten eine modische Frisur als Datierungshilfe zur Gebote.

Zu der von den Hauptpersonen kaum überschnittenen Mädchengestalt des Sarkophags in Damaskus gibt es ein Gegenstück, ein Fragment in Kopenhagen (Abb. 2);[7] nur die obere Körperhälfte überragte den gelagerten Toten. Ganz ähnlich ist der Befund eines Gruppenfrag-

7. S. Anhang, Nr. 10; Abb. 2.

8. S. Anhang, Nr. 3.

9. Zu den Bildnissen dieser Kaiserin (zumeist aus dem stadtrömischen Bereich), vgl. M. Wegner, *Die Herrscherbildnisse in antoninischer Zeit* (Berlin, 1939), S. 26ff. und 153ff., Taf. 10–13; zuletzt K. Fittschen und P. Zanker, *Katalog der römischen Porträts in den Capitolinischen Museen und den anderen kommunalen Sammlungen der Stadt Rom*, vol. 3 (Mainz, 1983), S. 13ff. mit ausführlicher, weiterer

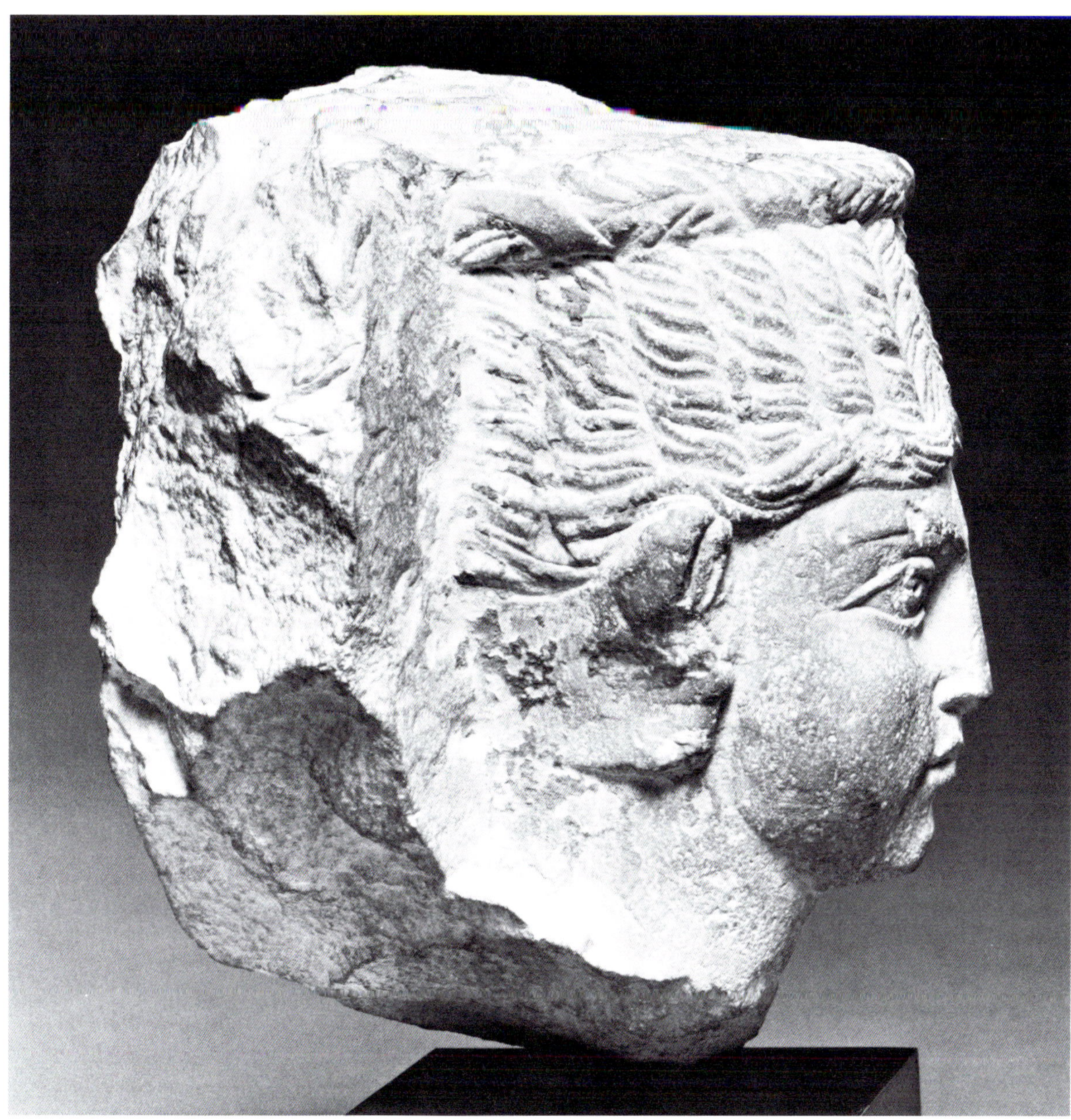

Abb. 1b. Seitenansicht des Kopfes Abb. 1a.

ments in Beiruter Privatbesitz.[8] Hier sind in Relief die Oberkörper einer analogen Mädchenfigur und eines jungen Mannes mit Priestermütze oberhalb eines Armrestes des Gelagerten erhalten.

Zunächst soll die Datierung des Köpfchens geklärt werden. Bei der Frisur handelt es sich anscheinend um die freie Weiterbildung einer Haartracht der älteren Faustina, der Gemahlin des Kaisers Antoninus Pius.[9] In dieser speziellen Form sind aus Palmyra einige Parallelen bekannt; die erstmals von H. Ingholt zusammengestellten Belege[10] haben sich noch etwas vermehrt.[11] In einer früheren Studie hatte ich alle diese Skulpturen in die Jahre kurz vor oder nach 141 n. Chr., dem Todesjahr der genannten Kaiserin, datiert. Ingholt hatte sie hingegen in seine Gruppe II eingeordnet, die nach seiner Chronologie von 150–200 n. Chr. gedauert hat.[12] Dieser Klassifikation hatte sich auch Colledge angeschlossen, der aber auf die Verwandtschaft der Haartracht mit der-

Literatur.

10. Ingholt, S. 37f., 74f., 142f.

11. Parlasca, *Probleme*, S. 40. Die Liste der dort in Anm. 44 und 45 zusammengestellten Beispiele ist hier in erweiterter Form als Anhang gegeben.

12. Ingholt, S. 142f.

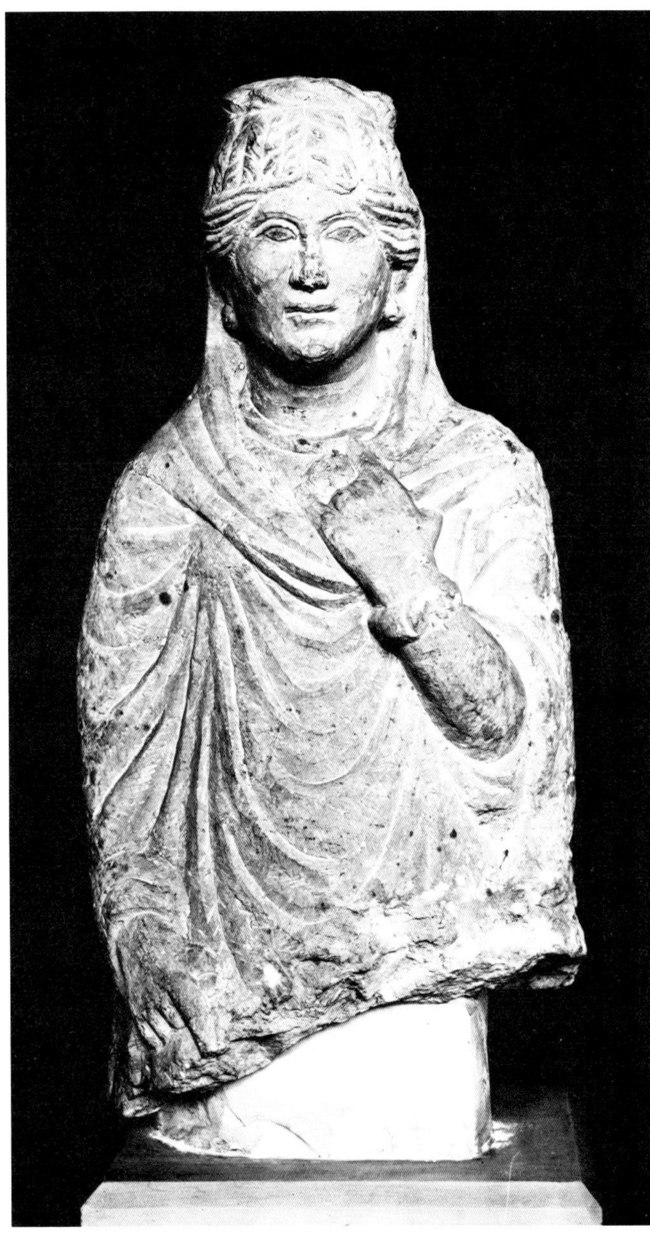

Abb. 2. Fragmentierter Oberkörper eines Mädchens. Relief von einem Kalksteinsarkophag. Kopenhagen, Ny Carlsberg Glyptotek 1150.

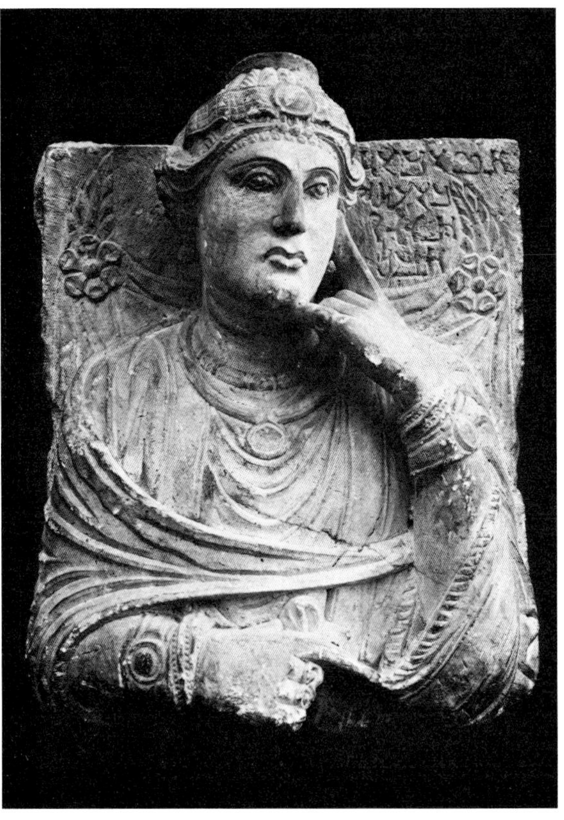

Abb. 3. Büstenrelief einer Frau. Kalkstein. Damaskus, Nationalmuseum 12. Photo: Archiv des Verfassers.

jenigen der älteren Faustina nicht eingegangen ist.[13] Das antiquarische Kriterium verdient aber, wie mir scheint, den Vorzug gegenüber einer globalen Einordnung dieser Skulpturen in die zweite Jahrhunderthälfte. Jenes Urteil schien allerdings gerechtfertigt durch ein Doppelbüstenrelief im Museum der Amerikanischen Universität in Beirut mit Angabe des Jahres 181 n. Chr.[14] Das Datum bezieht sich jedoch, wie ich an anderer Stelle begründet habe, in Wirklichkeit auf den Tod des überlebenden Bruders der mit dieser Frisur dargestellten Dame.[15] Meine Folgerung, das Relief als solches nicht unerheblich früher anzusetzen, also spätestens in das Jahrzehnt 140/150 n. Chr., läßt sich in dieser Form allerdings nicht aufrecht erhalten. Der besagte Sarkophag aus dem Malku-Grab stammt aus einer Seitenkammer,

13. Colledge, S. 261; vgl. die beiläufige Bemerkung ebendort, S. 70, daß Reliefs von Frauen mit unbedecktem Kopf selten sind.

14. Parlasca, *Probleme*, S. 39f., Taf. 6.2; hier Anhang, Nr. 1.

15. Eine Variante dieser Frisur zeigt die Frau auf einem Büstenrelief in Kopenhagen mit Angabe des Todesjahres 149 n. Chr. (s. Anhang, Nr. 8). Das von mir damit verglichene Relieffragment in Gaziantep, Inv. 2095 (zuletzt Parlasca, *Grabreliefs*, S. 10f., Taf. 7.1 mit älterer Literatur), gehört vielmehr in das mittlere 3. Jahrhundert (freundlicher Hinweis von M. Bergmann). Mein Urteil stützte sich auf die von mir

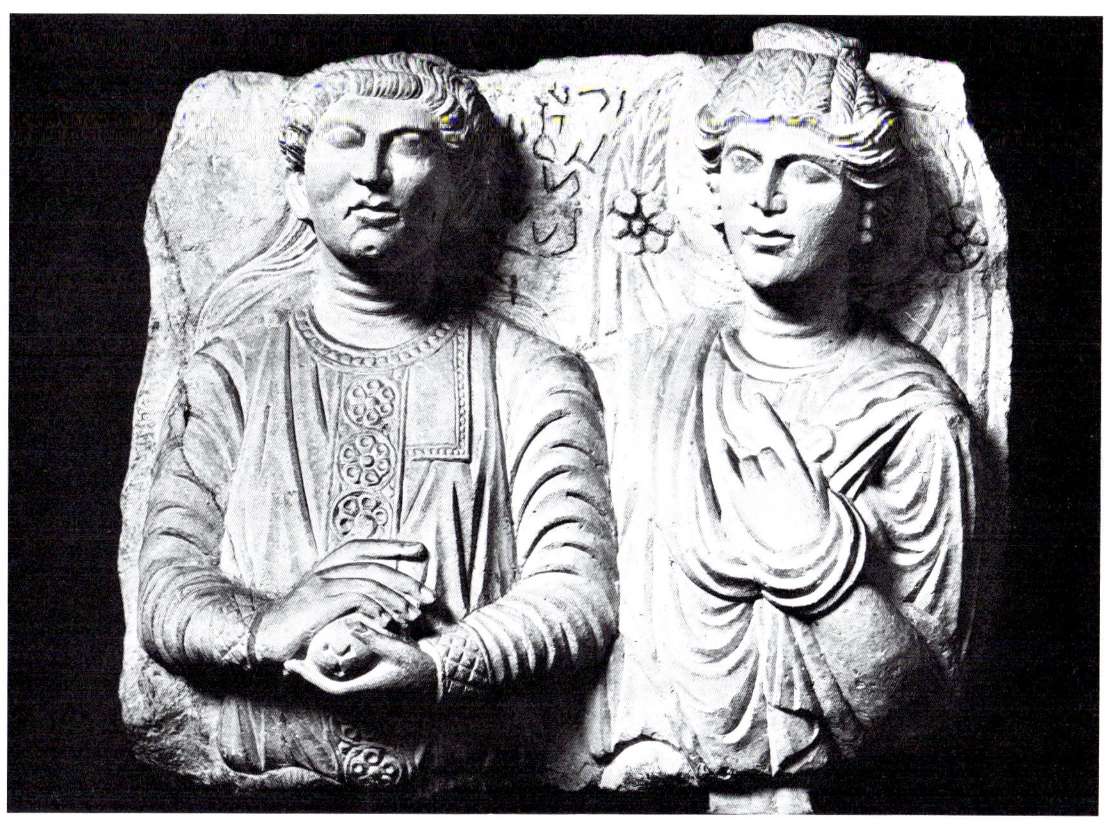

Abb. 4. Büstenrelief mit Mann und Frau. Kalkstein. Kopenhagen, Ny Carlsberg Glyptotek 1153.

die nach Aussage einer Konzessionsinschrift erst im Jahre 186 n. Chr. verkauft worden ist.[16] Als wahrscheinlichste Datierung für den Sarkophag ergeben sich daraus die unmittelbar folgenden Jahre. Die besprochene Frisur wurde also noch in den späten 80-er Jahren des 2. Jahrhunderts getragen. Die Entstehung des Geschwisterreliefs in Beirut kann deshalb näher an das inschriftliche Todesdatum herangerückt werden. Anhaltspunkte für die genauere Festlegung des mutmaßlichen Vorbilds für diese spezielle Haartracht fehlen, zumal außerhalb Palmyras geeignete Vergleichsstücke sehr selten sind. Die nächsten Parallelen im Osten bieten das Porträt auf einem Intaglio aus Armaziskhevi in Tiflis[17] sowie ein Mumienporträt aus Memphis in London.[18] Hier sieht man eine von kleinen Löckchen am Stirnrand begrenzte

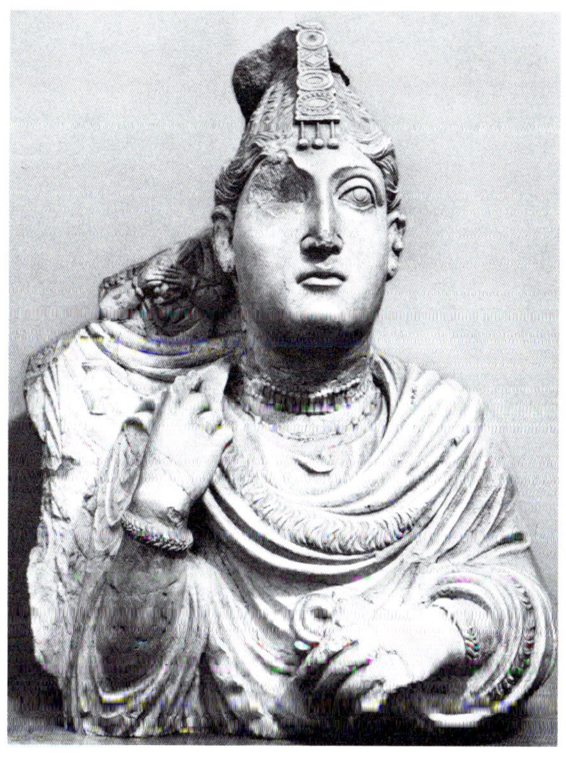

Abb. 5. Büstenrelief einer Frau. Kalkstein. London, British Museum 125016.

reproduzierte Photographie mit stark verschattetem Hintergrund, auf der die Frisur nicht klar genug zu erkennen ist.

16. Ingholt, *MélUSJ* 38 (1962), S. 102.

17. M. Lordkipanidze, "Au pays de la toison d'or," *Les Dossiers: Histoire et archéologie* 88 (November 1984), S. 83, Abb. S. 84 links oben.

18. British Museum, Egyptian Department 29772: A. F. Shore, *Portrait Painting from Roman Egypt* (London, 1972), S. 10 und 25, Taf. 7; K. Parlasca, *Ritratti di Mummie*, vol. 2, *Repertorio d'Arte dell'Egitto grecoromano B* (Rom, 1977), S. 43, Nr. 306, Taf. 72.3.

Frisur, die von einer flachen Kranzflechte bekrönt wird.

Der konische Teil der Haarpartie erinnert an die Struktur der 'Melonenfrisur'. Ein echtes Beispiel derselben ohne Kranzflechte ist, soweit ich sehe, in Palmyra nur einmal belegt. Sie findet sich bei einer Büste aus der Sammlung des auch um die palmyrenische Epigraphik verdienten Semitisten Julius Euting in der Straßburger Universitätsbibliothek.[19]

Ein Teil der Parallelen für die besprochene Frisur gehört wie das hier vorgestellte Fragment (Abb. 1a–b) zu Deckelreliefs von Sarkophagen (Abb. 2);[20] andere sind normale Büstenreliefs (Abb. 3–5).[21] Wir wissen nicht, ob es sich hierbei um unverheiratete junge Mädchen handelt, da diese Reliefs keine altersmäßig bestimmbaren Porträts darstellen und in den Inschriften Angaben über das Alter der Verstorbenen fehlen. Hätte es Büstenreliefs junger Mädchen ohne matronale Kopftuchtracht öfter gegeben, so müßten Reliefs weiblicher Personen mit unbedecktem Haupthaar aus allen Perioden der palmyrenischen Kunstentwicklung erhalten sein. Dies ist aber eindeutig nicht der Fall. Vielmehr sind sie nur Ausnahmen von der Regel und zudem auf einen relativ kurzen Zeitraum beschränkt.

Abgesehen von der besprochenen, durch den Kopf des Getty Museums repräsentierten frühantoninischen Gruppe gibt es noch eine begrenzte Anzahl anderer Reliefs, die Frauen mit schlichtem, in der Mitte gescheiteltem Haar ohne Diadem und Turbanwulst zeigen.[22] Diese Frisur ist in modischer Hinsicht weit weniger ausgeprägt als die frühantoninische Kranzflechtentracht, zumal die rückwärtigen Haarpartien nicht verglichen werden können. Die Augenbehandlung schließt sowohl eine besonders frühe Datierung (1. Jahrhundert) als auch eine solche in die letzte Phase der palmyrenischen Kunst (3. Jahrhundert) aus. Im Rahmen der Möglichkeiten innerhalb des 2. Jahrhunderts reduziert sich die Frage auf die Alternative, ob hier eine Frisur der Sabina oder der Crispina vorliegt. Das Haar fast keiner dieser schlicht frisierten Palmyrenerinnen weist die ausgeprägt schematische Wellung auf, wie sie seit der späteren Antoninenzeit üblich war. Deshalb ergibt sich für die Gruppe zwingend eine Datierung in hadrianische Zeit.

Diese Datierung bestätigt sich im Lichte weniger Ausnahmen etwas späterer Zeitstellung, die eine für die Frisur der Crispina typische Wellung aufweisen. Vereinzelte Vorstufen einer derartigen Haartracht in Rom wie z.B. die bekannte Reliefbüste der Zeit um 100 n. Chr. aus dem Hateriergrab[23] sind selbst für den stadtrömischen Bereich so wenig typisch,[24] daß sie als Vorbild für die palmyrenischen Reliefs ausscheiden. Diese lassen sich auch aus anderen Gründen, z.B. aufgrund ihrer Augenbehandlung, keinesfalls in das frühe 2. Jahrhundert hinaufdatieren. Das charakteristischste palmyrenische Beispiel für die Crispina-Frisur ist eine Büste aus der Sammlung Émile Bertone im Louvre.[25]

Das im Ausschließungsverfahren aus einem beträchtlichen Denkmälerbestand gewonnene Resultat ist in kulturgeschichtlicher Hinsicht sehr aufschlußreich. Die liberale Haarmode, wie wir diese Ausnahmen bezeichnen dürfen, ist praktisch auf rund ein halbes Jahrhundert beschränkt. Ihr Beginn fällt sicherlich nicht zufällig mit der Zäsur zusammen, die äußerlich durch den Besuch des Kaisers Hadrian in Palmyra während des Jahres 129 (oder 130) n. Chr. markiert wird.[26] Der im Zusammenhang mit diesem Ereignis gewährte Status einer freien Stadt mit dem Titel 'Hadriana' scheint mittelbar bei den Frauen eine aufgeschlossenere Einstellung zu westlichen Modegewohnheiten bewirkt zu haben. (Bei den Männern bestanden derartige Tendenzen seit jeher.) Dieser Trend hat sich aber weder durchgesetzt noch längere Zeit hindurch behaupten können. Rein zahlenmäßig bilden die Reliefs dieser Gruppe auch im Zeitraum ihres Vorkommens nur eine begrenzte Minderheit. Für die spätere palmyrenische Kunst ist eine konsequente, konservative Einstellung der Frauen bezüglich ihrer Trachtgewohnheiten charakteristisch. Modisch orientiertes Repräsentationsbedürfnis konnte sich nur noch im Bereich der Schmucks artikulieren, wofür zahlreiche spätere Bildnisreliefs ein beredtes Zeugnis ablegen.

Friedrich-Alexander-Universität
Erlangen

19. Seit 1905, dem Todesjahr des Gelehrten (ehemals Direktor der Straßburger Universitätsbibliothek), uninventarisiert in seinem dortigen Nachlaß. J.-B. Chabot, *Choix d'Inscriptions de Palmyre* (Paris, 1922), S. 131, Taf. 30.9; *CIS* II 3, S. 450f., Nr. 4539, Taf. 41; Colledge, S. 71 und 263, Tafelabb. 93 mit Datierung in das 3. Jahrhundert (nicht bei Ingholt).

20. S. Anhang, Nr. 3, 5 und 10 (Abb. 2).

21. S. Anhang, Nr. 1, 2, 4, 6–9, und 11–15 (Abb. 3–5).

22. Ingholt, *Berytus* 3 (1936), S. 114, hat zuerst einige Beispiele für diese Haartracht in Palmyra zusammengestellt. Vgl. ferner die Büste in Lawrence, Kansas, Helen Foresman Spencer Museum of Art 51.100: M. Stokstad, *Handbook: Museum of Art* (Lawrence, Kansas, 1962), S. 13 mit Abb.; C. C. Vermeule, *ProcPhilSoc* 108 (1964), S. 106; *From the Collection of the University of Kansas Museum of Art*, Ausstellungskatalog (Houston, 1971), Nr. 5 mit Abb.

Unberücksichtigt bleiben in diesen Zusammenhang Büsten derselben Zeit, bei denen das ähnlich frisierte Stirnhaar nicht von einem Diadem verdeckt ist. Vgl. eine Stele in Palmyra: Parlasca, *Grabreliefs*, S. 21–22, Taf. 24.4 mit einem epigraphischen Exkurs von H. Heinen, S. 33ff.

23. Rom, Vatikan (ex-Lateran) 10126; E. Simon, in: W. Helbig, *Führer durch die öffentlichen Sammlungen klassischer Altertümer in Rom*, 4.

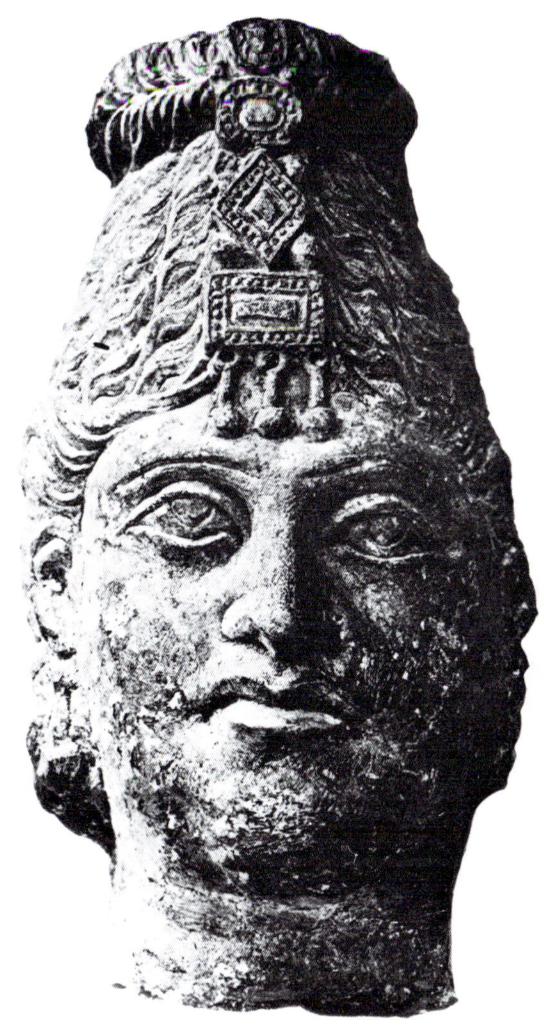

Abb. 6. Frauenkopf aus einem Kalksteinrelief. Ehemals in der Sammlung Schloß Gołuchów, Polen. Photo: Auktionskatalog H. Hoffmann, Paris, 15./16. Juni, 1891, Nr. 49, Taf. 5.

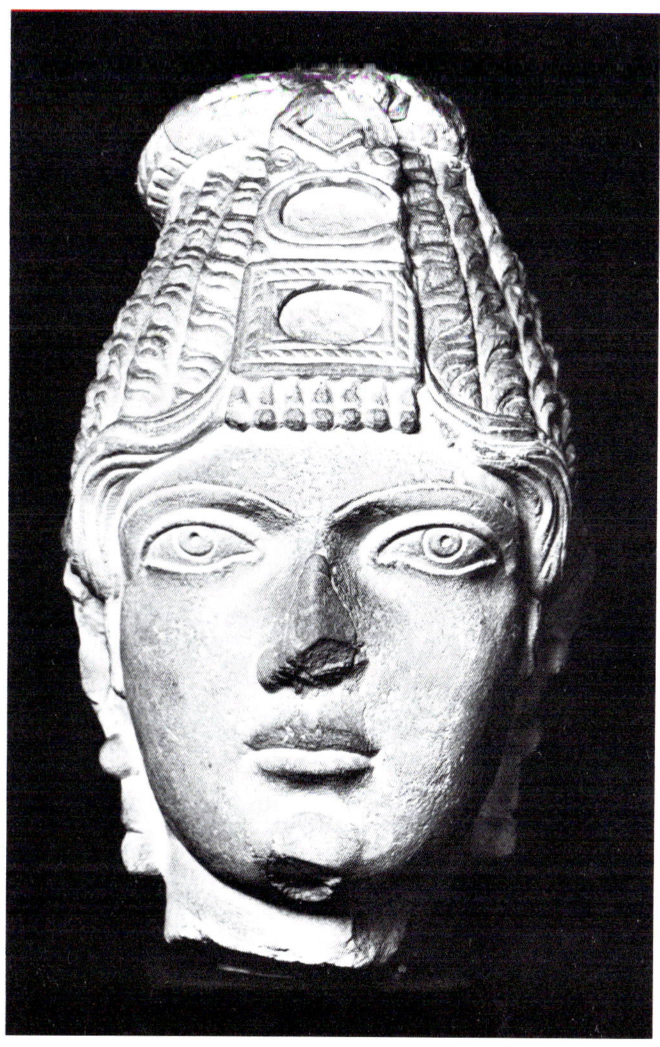

Abb. 7. Frauenkopf aus einem Kalksteinrelief. Kopenhagen, Ny Carlsberg Glyptotek 1090.

ANHANG

Büstenreliefs und Sarkophagfragmente

1. Beirut, American University 2733: Ingholt, S. 37f. PS 15, Taf. 5.1 (die Männerbüste, S. 74f. PS 15 bis); *CIS*, Bd. 2, Teil 3, S. 345, Nr. 4256, Taf. 44; A. Champdor, *Les ruines de Palmyre* (Paris, 1953), Abb. S. 128 oben; Parlasca, *Probleme*, S. 39ff., Taf. 6.2; derselbe, *Grabreliefs*, S. 11, 26, Anm. 80: um 150 n. Chr.

2. Ebendort, Inv. 2753: Ingholt, S. 142 PS 447; Champdor (a. O., Nr. 1), Abb. S. 107 oben rechts.

3. Beirut, Privatsammlung H. Pharaon: unpubliziert. Eine Photographie verdanke ich J. Starcky; s. o. Text zu Anm. 8.

Auflage, Bd. 1 (Tübingen, 1963), S. 773f., Nr. 1071 (vgl. folgende Anmerkung).

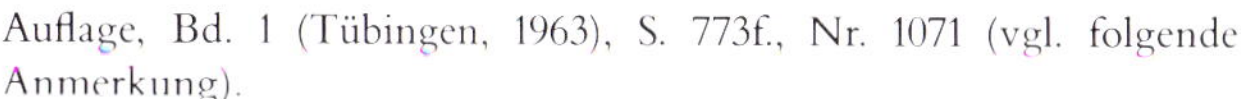

24. Vgl. die von K. Fittschen zusammengestellten Beispiele (a. O., Anm. 9), S. 60 zu Nr. 80 (Nr. 6 seiner Liste ist die Büste aus dem Hateriergrab).

25. AO 21383; P. Amiet, *RevLouvre* 17 (1967), S. 297, Abb. 3; *Vingt ans d'acquisitions au Musée du Louvre, 1947–1967*, Ausstellungskatalog (Paris, Musée du Louvre, 1967), Nr. 18, mit Tafel; Colledge, S. 71 und 294, Anm. 570, Tafelabb. 87 (mit Datierung in das 3. Jahrhundert; ohne Literaturangaben), J. Starcky, in: *Au pays de Baal et d'Astarté*, Ausstellungskatalog (Paris, Musée du Louvre, 1983), S. 258, Nr. 2301 mit Abb. Diese Büste ist nicht identisch mit dem von Ingholt (a. O., Anm. 22), S. 114, Anm. 249 erwähnten Exemplar derselben Sammlung.

26. W. Weber, *Untersuchungen zur Geschichte des Kaiser Hadrianus* (Leipzig, 1907), S. 237 ("130 n. Chr."), H. Seyrig, *Syria* 22 (1941), S. 164f. = *AntSyr* 3 (1946), S. 151–152; Colledge, S. 19–20 ("towards A.D. 129"); ähnlich J. Teixidor, *The Pagan God* (Princeton, N.J., 1977), S. 109 und 132; anders A. M. Dobias, *Listy filologické* 55 (1928), S. 190ff.; vgl. *RA*, 1929, vol. 2, S. 398–399.

4. Damaskus, Nationalmuseum 12: Ingholt, S. 143 PS 453; *CIS*, Bd. 2, Teil 3, S. 417, Nr. 4449, Taf. 60; S. und A. Abdul-Hak, *Catalogue illustré du Département des Antiquités Gréco-romaines au Musée de Damas* (Damaskus, 1951), S. 36f., Nr. 21, Taf. 15.2a; L. Hahl, *BonnJb* 160 (1960), S. 21, Nr. 58; B. Zouhdi, "La Femme dans l'art de Palmyre," *Damaszener Mitteilungen* 1 (1983), S. 316, Anm. 1 (hier Abb. 3).

5. Damaskus 4946 (10940) (Sarkophag aus dem Grab des Malku): Abdul-Hak (a. O., Nr. 4), S. 42, Nr. 37, Taf. 19.1; B. Zouhdi, in: *Catalogue du Musée National de Damas* (Damaskus, 1976), S. 121. Vgl. die Bemerkungen des Ausgräbers, H. Ingholt, "Tomb in the Syria Desert," *Asia* 41 (1941), S. 511; ders., "Some Sculptures from the Tomb of Malkû at Palmyra," in *Mélanges offerts à K. Michałowski* (Warschau, 1966), S. 459. Ferner J. Ambler, *Bulletin, City Art Museum of St. Louis* 45 (1961), S. 85, Abb. 3.

6. Istanbul, Archäologisches Museum 3727: Ingholt, S. 142 PS 451.

7. Ebendort 3740 (Doppelbüstenrelief): Ingholt, S. 142 PS 446; *CIS*, Bd. 2, Teil 3, S. 440, Nr. 4512, Taf. 50.

8. Kopenhagen, Ny Carlsberg Glyptotek 2794 (datiert 149 n. Chr.): Ingholt, S. 64f. PS 39, Taf. 12.2; Champdor (a. O., Nr. 1), Abb. S. 10; Colledge, S. 71, Abb. 88.

9. Ebendort 1074: Ingholt, S. 142 PS 445; *CIS*, Bd. 2, Teil 3, S. 403f., Nr. 4408, Taf. 40; S. Ronzevalle, *Orientalia* 3 (1934), S. 127, Taf. 6.1.

10. Ebendort 1150 (Oberteil der Figur einer Sarkophaggruppe): Ingholt, S. 142 PS 450 (hier Abb. 2).

11. Ebendort 1153 (Doppelbüstenrelief): Ingholt, S. 143 PS 452; ders., *Berytus* 2 (1935), S. 80, Taf. 37.2; Colledge, S. 71, 263, Abb. 94 (hier Abb. 4).

12. London, British Museum WAA 125016: Ingholt, S. 142 PS 448; H.-P. Eydoux, *Les grandes dames de l'archéologie* (Paris, 1964), S. 264, Abb. 300; Colledge, S. 261, Gruppe II V a (hier Abb. 5).

13. Pittsfield, Mass., Berkshire Museum 03.7.2: Ingholt, S. 142 PS 449.

14. Palmyra, Museum: A. Sadurska, *ArchCl* 27 (1975), S. 307, Taf. 61.1; dies., *Le tombeau de famille de 'Alainê*, Bd. 7, *Palmyre* (Warschau, 1977), S. 160ff., Nr. 68, Abb. 108 (Frisur nicht erkannt, deshalb zu spät datiert in die erste Hälfte des 3. Jhs.).

15. Mentana (Rom), Privatsammlung F. Zeri; Ronzevalle (a. O., Nr. 9), Taf. 6.3 (= S. 144), ohne Text.

Separate Köpfe

16. Ehemals Gołuchów (Polen), Schloß 149: Ingholt, S. 143 PS 454; Auktionskatalog H. Hoffmann, Paris, 15./16. Juni, 1891, S. 20, Nr. 49, Taf. 5 (beste Abbildung; danach hier Abb. 6); P. Bieńkowski, *Zapiski Muzealne* 4/5 (1920), S. 20f., Nr. 17, Taf. 10a; Hahl, (a. O., Nr. 4), S. 22, Nr. 73 (zum Schmuck); M. Gawlikowski, *Studia palmyreńskie* 4 (1970), S. 87 bezweifelt zu Unrecht den palmyrenischen Ursprung.

17. Kopenhagen, Ny Carlsberg Glyptotek 1090: Ingholt, S. 143 PS 455; G. Rodenwaldt, *Die Kunst der Antike: Hellas und Rom*, 4. Ausgabe (Berlin, 1944), S. 82f., 755, Abb. S. 686 (in den früheren Auflagen, Abb. S. 666); D. Mackay, "The Jewellery of Palmyra and Its Significance," *Iraq* 11 (1949), S. 179, Taf. 60.2; H. Th. Bossert und R. Naumann, *Altsyrien* (Tübingen, 1951), S. 37, Abb. 537; Hahl (a. O., Nr. 4), S. 21, Nr. 61; Eydoux (a. O., Nr. 12), S. 261, Abb. 297 (hier Abb. 7).

18. Malibu, The J. Paul Getty Museum 81.AA.170 (hier Abb. 1a–b).

19. Paris, Musée du Louvre AO 22248: Ingholt, S. 143 PS 456; A. de Ridder, *Collection de Clercq*, Bd. 4 (Paris, 1906), S. 76, Nr. 55, Taf. 30 (der nicht zugehörige Torso, Louvre AO 22249); Bossert und Naumann (a. O., Nr. 17), S. 37, Abb. 538.

20–22. Palmyra, Museum (Magazin) B 539/1742, B 2531/8775 und B 2532/8776: drei unpublizierte Fragmente.

Child-Emperors and Heirs to Power in Third-Century Portraiture

Susan Wood

The identification of specific children and young adolescents from all periods of Roman sculpture—and indeed from all periods of the history of art in which realistic portraiture has been attempted—presents particular problems to the modern historian of art. These problems are for the most part the direct result of the special challenges such portraits present to their artists. The task of the portrait sculptor who must create a recognizable likeness is made more difficult when his subject has the soft and unformed features of youth: many of the traits that can most successfully be exploited to signal identity and to express individual personality tend to be those that develop with increasing age. Furthermore, in a society like that of Imperial Rome, where portraiture tended to be either funerary or public and honorific, dignity would have been required for the presentation of most subjects. When the subject was a child, that need generally insured that he would be represented with a look of precocious seriousness, regardless of whether such an expression was true to the child's character. When the child was a member of the imperial family, and in particular when he was a designated heir to power, the importance of the portrait as a vehicle of propaganda and as a means to present the boy to the public in a favorable manner made the need for dignity particularly strong.

These same problems make the identification of portraits of young boys particularly difficult for the art historian. In sculpture of the third century after Christ, the increasing tendency toward abstraction of all organic forms further complicates the task. Yet it is in precisely this period that several boys in their early teens were elevated not only to high rank as heirs to power but (in name, at least) to supreme command of the empire. Elagabalus was fifteen at the time of his acclamation by the army in A.D. 218; his cousin Alexander Severus was appointed as his Caesar at the age of twelve in A.D. 221 and succeeded him as Augustus a year later. Gordian III was only fifteen in A.D. 238 when he was adopted as the Caesar of Pupienus and Balbinus, whom he succeeded only three months later, following their assassination. And many of the short-lived adult emperors of the turbulent century had sons who as mere children or young teenagers were appointed to high offices in the generally futile hope of securing some dynastic stability for the reigns of their fathers. More than the antiquarian pur-

Abbreviations:

Bergmann	M. Bergmann, *Studien zum römischen Porträt des 3. Jahrhunderts n. Chr.*, vol. 18, *Antiquitas*, 3rd series (Bonn, 1977).
Bernoulli	J. J. Bernoulli, *Römische Ikonographie*, vol. 2, pt. 3 (Stuttgart, 1894).
Felletti Maj, *Iconografia*	B. M. Felletti Maj, *Iconografia Romana Imperiale* (Rome, 1958).
Felletti Maj, *I ritratti*	B. M. Felletti Maj, *Museo Nazionale Romano: I ritratti* (Rome, 1953).
Helbig[4]	W. Helbig, *Führer durch die öffentlichen Sammlungen klassischer Altertümer in Rom*, 4th ed., 4 vols, edited by H. Speier (Tübingen, 1963–1972).
Herrscherbild, vol. 3, pt. 1	H. Wiggers and M. Wegner, *Das römische Herrscherbild*, vol. 3, pt. 1, *Caracalla bis Balbinus* (Berlin, 1971).
Herrscherbild, vol. 3, pt. 2	R. Delbrueck, *Das römische Herrscherbild*, vol. 3, pt. 2, *Die Münzbildnisse von Maximinus bis Carinus* (Berlin, 1940).
Herrscherbild, vol. 3, pt. 3	M. Wegner (with J. Bracker and W. Real), *Das römische Herrscherbild*, vol. 3, pt. 3, *Gordianus III bis Carinus* (Berlin, 1979).
PIR	*Prosopographia Imperii Romani*, 1st ed. (Berlin, vol. 1, 1897; vol. 2, 1897; vol. 3, 1898). 2nd ed., 4 vols. (Berlin and Leipzig, vol. 1, 1933; vol. 2, 1936; vol. 3, 1943; vol. 4, 1952–1966).
Poulsen	V. Poulsen, *Ny Carlsberg Glyptotek: Les portraits romains*, vol. 2 (Copenhagen, 1974).
RIC 4	H. Mattingly, E. A. Sydenham, *The Roman Imperial Coinage*, vol. 4, pt. 1 (London, 1936); H. Mattingly, E. A. Sydenham, and C. H. V. Sutherland, vol. 4, pt. 2 (London, 1938), and pt. 3 (London, 1949).
Roman Portraits	J. Frel, *Roman Portraits in the J. Paul Getty Museum*, ex. cat. (Tulsa, Oklahoma, Philbrook Art Center, and Malibu, The J. Paul Getty Museum, 1981).
SHA	*Scriptores Historiae Augustae*, 3 vols., The Loeb Classical Library, trans. David Magie (Cambridge, Mass. and London, 1953).

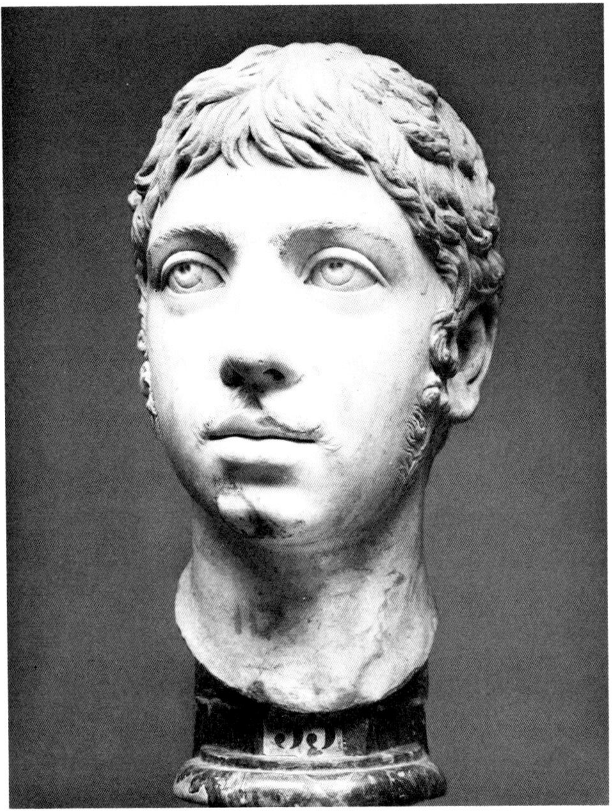

Figure 1. Elagabalus. Rome, Capitoline Museum, Stanza degli Imperatori 470. Photo: Courtesy DAI, Rome.

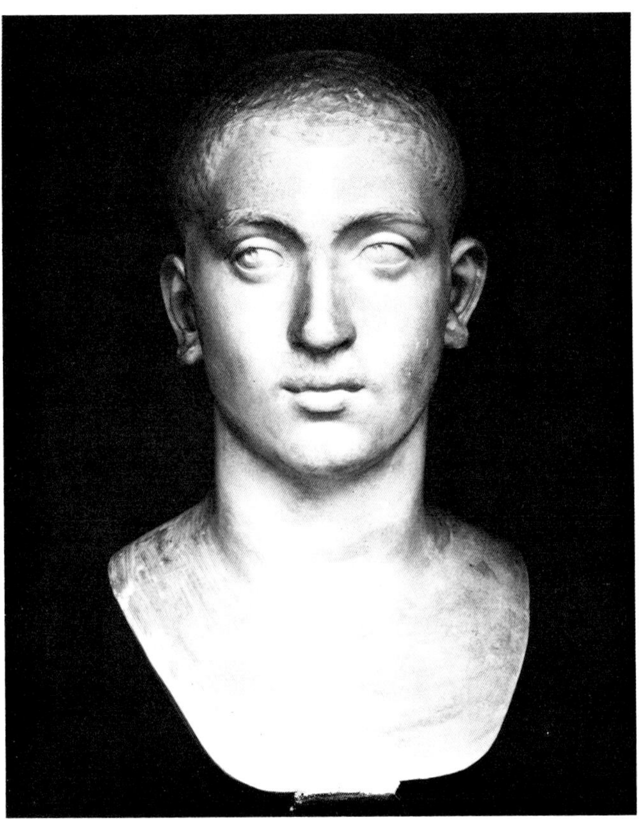

Figure 2. Alexander Severus. Paris, Musée du Louvre Ma 1051. Photo: Courtesy Alinari.

pose of matching names to faces makes correct identifications of the official portrait types of these youths an important goal. The era of the last Severans and soldier emperors was one of rapid and radical changes in art which cannot be properly analyzed unless we possess a broad selection of securely dated works—which, where portrait sculpture is concerned, means identifiable likenesses of public figures—to serve as guidelines for chronology. However, the special problems presented by portraits of children, the iconography of the boy Augusti, and particularly that of the many young Caesars, has engendered many controversies.

The purpose of this study will be not so much to advance any new identification for portraits of any of these youths as to review and assess some existing theories, and to consider the implication of various identifications for our understanding of the development of sculpture and portraiture during this period.

SECURELY IDENTIFIED PORTRAITS

The recognition of the likenesses of imperial figures in sculpture-in-the-round must generally be based upon comparison of the profiles of portrait heads to the likenesses that appear with identifying legends on coins. However, coins present certain obvious drawbacks, notably the small scales of the flan and the freehand execution of the profiles, which could vary drastically depending upon the die-cutter's skill and upon his access to a reliable prototype. Therefore, other means as well must be used: sculptures in the round can be compared to one another, and the identity of a problematic object or group of objects can often be confirmed or disproved on the basis of relationships to more securely identified works.

1. Rome, Capitoline Museum, Stanza degli Imperatori 55, inv. 470. Marble head. H: 0.46 m. Nose, chips from chin and from upper lip restored. Surface damaged by harsh modern cleaning. *Herrscherbild*, vol. 3, pt. 1, p. 151, with complete earlier references; Bergmann, p. 22, pl. 1, figs. 3–4. The identification originated with Bernoulli, p. 88.

2. Oslo, Nasjonalgalleriet. Head and neck in marble. H: 0.33 m; of head alone 0.22 m. H. P. L'Orange, "Zur Ikonographie des Kaisers Elagabals," *SymbOslo* 20 (1940), pp. 152–159, figs. 1, 3, 4; H. von Heintze, "Studien zu den Porträts des 3. Jahrhunderts, 7: Caracalla, Geta, Elagabal, und Alexander Severus," *RömMitt* 73–74 (1966–1967), p. 216; S. Nodelman, "Severan Imperial Portraits, A.D.. 193–217," (Ph.D. diss., Yale University, 1965), pp. 384–388; Bergmann, p. 22; *Herrscherbild*, vol. 3, pt. 1, p. 150. Bergmann raises the possibility that this work may be a modern forgery; since I have not seen the work except in photographs, I am not able to make a definite judgment on this theory, but based on published information concerning the condi-

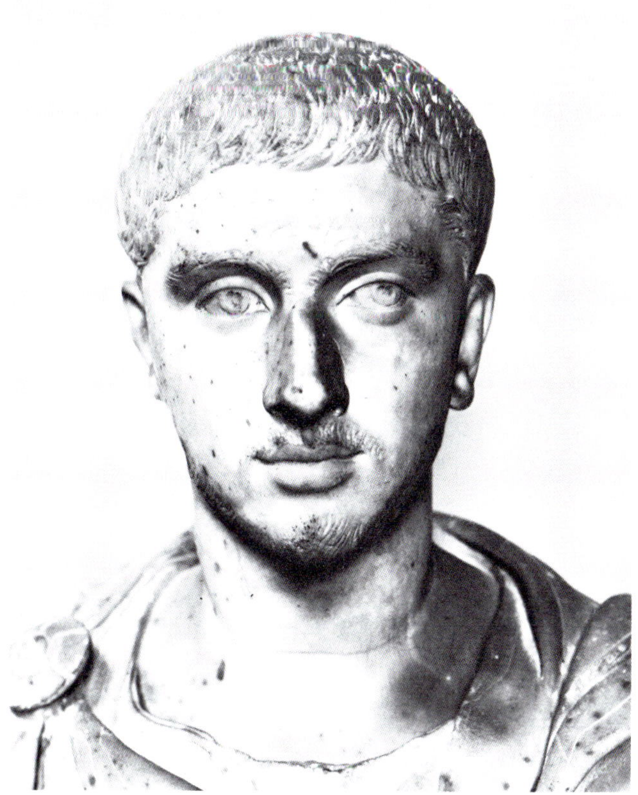

Figure 3a. Alexander Severus. Rome, Vatican Museum, Sala dei Busti 632.

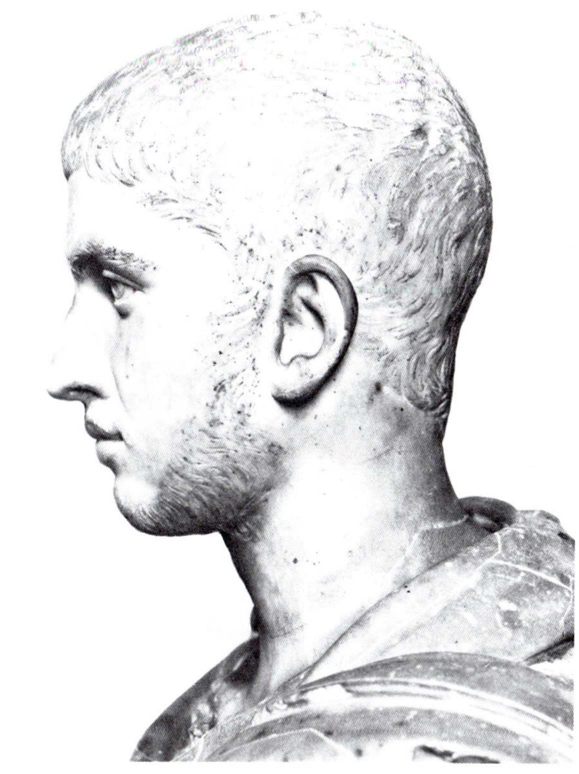

Figure 3b. Profile of Alexander Severus, figure 3a.

A portrait head in the Capitoline Museum (fig. 1) is generally agreed to represent Varius Avitus Bassianus, commonly known as Elagabalus.[1] Both this head and a replica in Oslo[2] coincide well with the characteristics of his coins: the compact, round head, slightly chubby cheeks, large eyes, soft, childlike features, and full-lipped mouth.[3] The immature facial hair demonstrates an age consistent with Elagabalus's age, between fifteen, when he became emperor, and eighteen at the time of his death. Some doubt concerning the identification has been raised by von Heintze, who argues that the style of the Capitoline head is too abstract to permit a date as early as 218–222; she proposes instead that the head represents the deified Alexander Severus in a likeness made long after his death.[4] But though the exaggerated size and abstract regularity of the arcs of the eyes do foreshadow styles of the later third century, the soft and

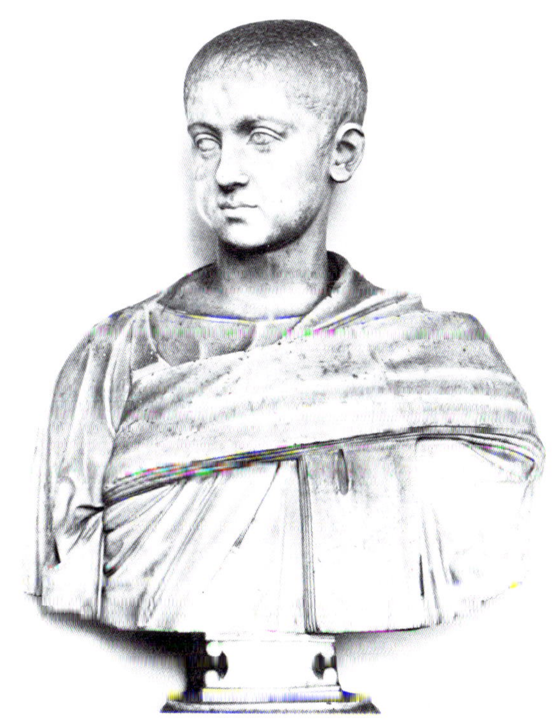

Figure 4. Alexander Severus. Rome, Capitoline Museum, Stanza degli Imperatori 480. Photo: Courtesy DAI, Rome.

tion of its surface, I am inclined to agree with those who accept it as genuine.

3. *RIC* 4, pt. 2, pp. 23–44, nos. 1–204, pl. 2, figs. 2–20, and pl. 3, figs, 1–6; *Herrscherbild*, vol. 3, pt. 1, pls. 38–41.

4. von Heintze (supra, note 2), pp. 218–219. A date for this work in the Gallienic period was also proposed in the catalogue by the British School in Rome: H. Stuart Jones, ed., *The Sculptures of the Museo Capitolino* (Oxford, 1912), p. 160, no. 55.

naturalistic modeling of the hair argues for an earlier date. Much of this seeming abstraction is due to a harsh modern cleaning that has erased the subtleties of modeling still visible in the Oslo head.

An exceptionally fine bust in the Boston Museum of Fine Arts,[5] which portrays a round-faced young boy without any facial hair, has recently been identified by Vermeule as a portrait of Elagabalus at a slightly younger age, circa A.D. 219.[6] Though this work does share certain traits with the Capitoline head, such as fleshy lips and large, wide-set eyes, the resemblances to the Capitoline Elagabalus (fig. 1) are not so strong as to prove beyond a doubt that the same person is represented. The same is true of a less impressive bust in the Museo Torlonia, which H. P. L'Orange has identified as Elagabalus.[7] Only the Capitoline-Oslo type, therefore, which must portray the boy-emperor near his death at the age of eighteen, can be securely accepted.

In the case of Alexander Severus it is similarly those types that portray him as a young adult that are most commonly accepted. On the basis these portraits, however, it is quite easy to arrive at a secure identification of his childhood portraits. Two securely established portrait types represent Alexander.[8] One shows him in his late teens with a little "chin-strap" beard, the other as a young man in his twenties with a short but more fully developed beard. The former type is exemplified by a colossal head in the Louvre (fig. 2), which still shows some boyish softness in the broad, fleshy oval form of the face.[9] The latter, best represented by a head in the Vatican (figs. 3a–b), has a more pinched and thinner lower face, though the bone structure is still not very strongly asserted.[10] The younger Alexander type bears a striking resemblance to a well-established group of portraits representing a young boy with no facial hair (fig. 4).[11] When these two types are compared, for

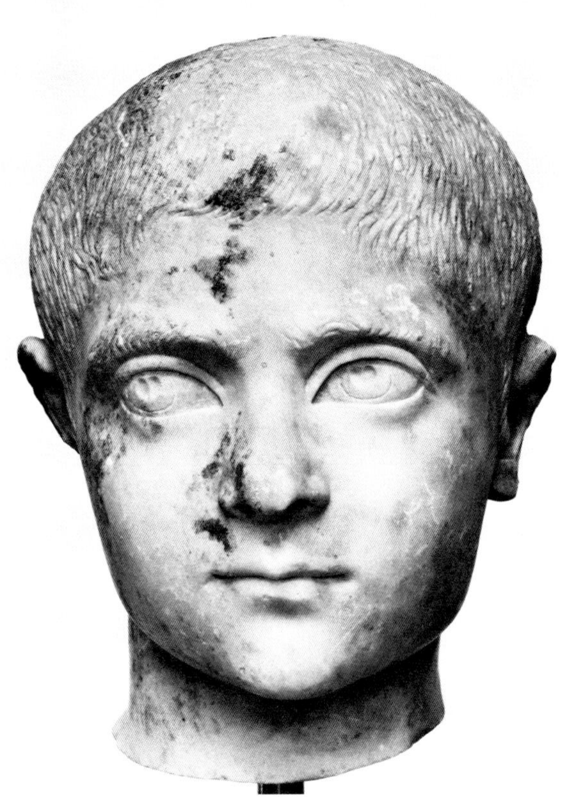

Figure 5. Philip II. Munich, Glyptothek und Antikensammlung 360. Photo: Hartwig Koppermann.

example, the Louvre head (fig. 2) and the replica of the child type in the Capitoline museum[12] (fig. 4), no question remains that the same individual is portrayed. Indeed the later type is an only slightly modified version of the child-type. The distinguishing characteristics include the overall shape of the head with its broad, slightly flat cranium and long, yet plump, lower face, the shape and expression of the mouth with its dreamy, delicate smile, and the form of the hairline. In all three

5. Marble bust of a boy in contabulate toga, Boston, Museum of Fine Arts 77.337. H: 0.71 m; of face 0.23 m. Part of bust restored: spool-shaped base is modern. Most of the nose is broken away; the break seems to have been smoothed for a restoration that is now removed. Preservation otherwise excellent. C. C. Vermeule, *Iconographic Studies* (Boston, 1980), pp. 37–38, photographs pp. 49–51.

6. Vermeule (supra, note 5), p. 38.

7. Rome, Museo Torlonia 574. L'Orange (supra, note 2), pp. 156–159; von Heintze (supra, note 2), pp. 216, 219, pl. 73, fig. 11; Vermeule (supra, note 5), p. 38, no. 4, photographs pp. 55–56. L'Orange argues on stylistic grounds that this work is later, not earlier, than the Capitoline-Oslo type. However, since the bust clearly shows neither mustache nor sideburns, the boy—if he is indeed the same subject—must be shown at a younger age than that indicated in the two more securely identified works. Vermeule differs from L'Orange in identifying this as a portrait of the young Alexander Severus.

8. For a recent discussion of these types, and the coin evidence for their dating, see Bergmann, pp. 28–29.

9. Paris, Musée du Louvre Ma 1051. Marble. H: 0.39 m. Original parts: head and neck. Restored: tip of nose, small bib-bust. Surface damaged by modern cleaning. Felletti Maj, *Iconografia*, pp. 92–93, no. 17, pl. 4, fig. 9; *Herrscherbild*, vol. 3, pt. 1, pp. 182, 190, pl. 52, with full literature; Bergmann, pp. 27–29.

10. Vatican, Sala dei Busti 361, inv. 632. Head set on modern bust. Marble. H: 0.28 m. Nose, right ear, part of left ear, and fragments of neck restored. Felletti Maj, *Iconografia*, pp. 94–95, no. 21, pl. 4, fig. 11; Helbig[4], no. 186; *Herrscherbild*, vol. 3, pt. 1, p. 197, pl. 54; Bergmann, pp. 27–29, pl. 2, fig. 3.

11. For a recent list of members of this type, see Bergmann, p. 26, and my book, *Roman Portrait Sculpture, A.D. 217–260: The Transformation of an Artistic Tradition*, vol. 12, *Columbia Studies in the Classical Tradition* (Leiden, 1986), pp. 124–125.

12. Rome, Capitoline Museum, Stanza degli Imperatori 69, inv. 480. Marble bust. H: 0.76 m. Foot of bust restored, surface cleaned. Provenance: Cività Lavinia. Felletti Maj, *Iconografia*, pp. 85–86, no. 2, pl. 2, fig. 5; *Herrscherbild*, vol. 3, pt. 1, pp. 191–192; Bergmann, pp. 26, 28–29, pl. 2, fig. 2; *Herrscherbild*, vol. 3, pt. 3, pp. 43, 46–47, pls. 17a and 18a, with literature.

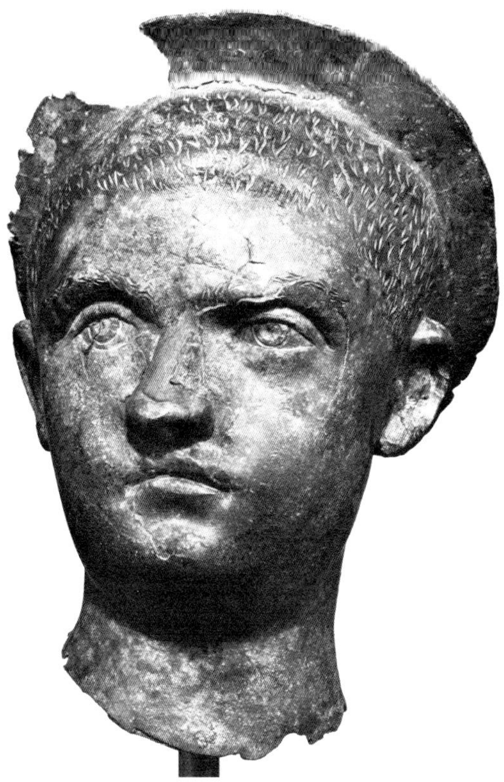

Figure 6a. Philip II. Malibu, The J. Paul Getty Museum 79.AB.120.

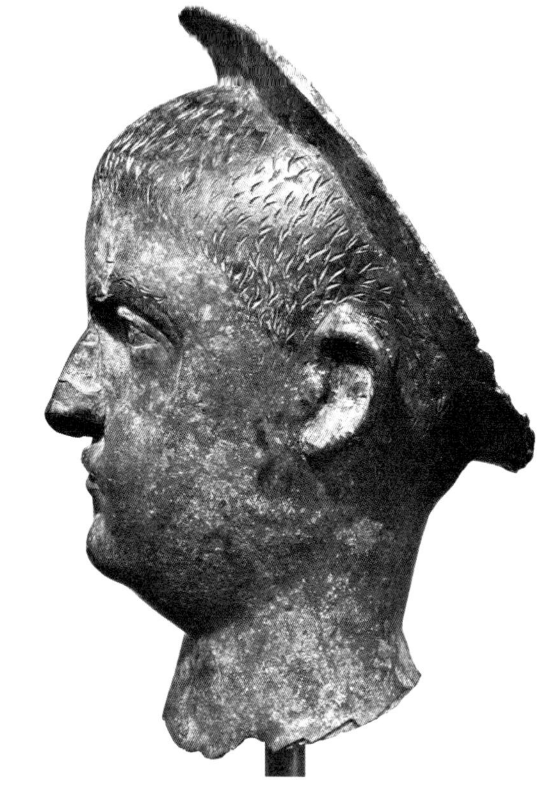

Figure 6b. Profile of Philip II, figure 6a.

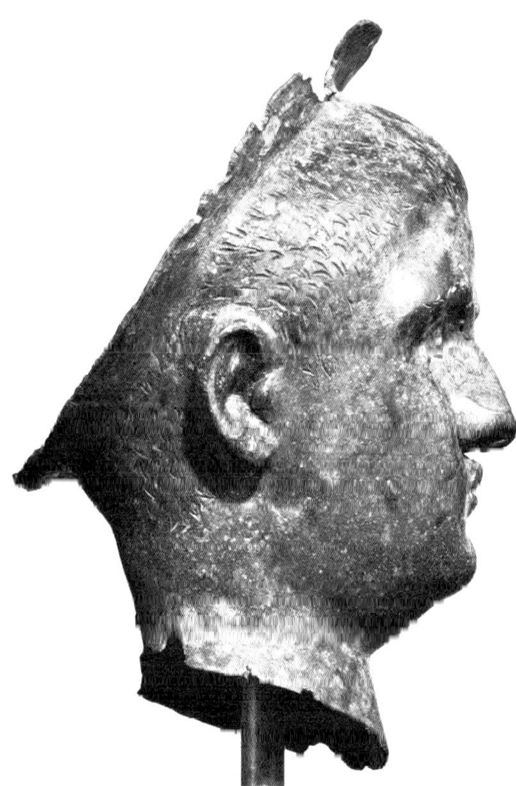

Figure 6c. Profile of Philip II, figure 6a.

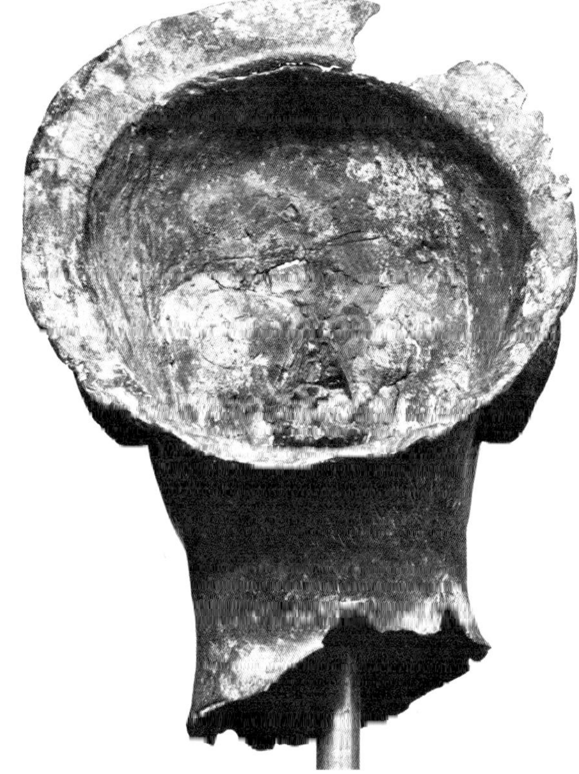

Figure 6d. Back of Philip II, figure 6a.

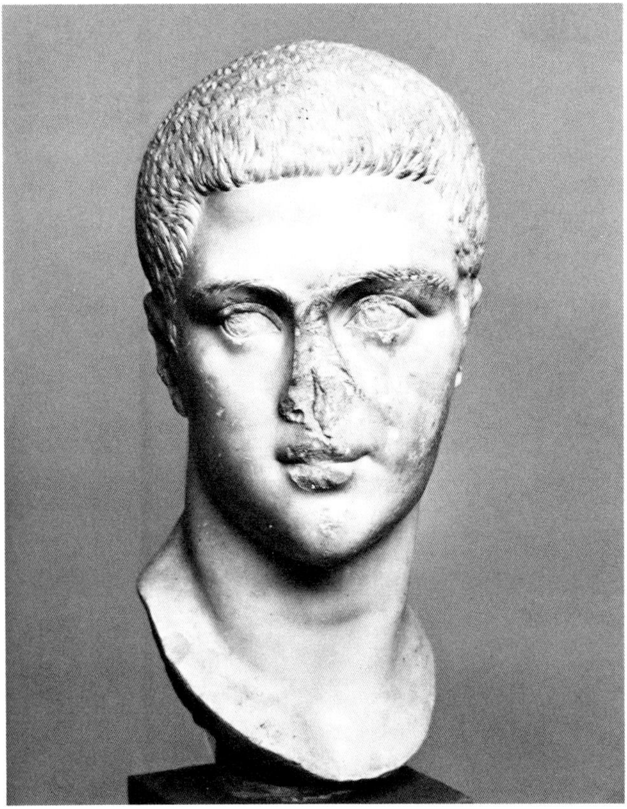

Figure 7a. Maximus. Copenhagen, Ny Carlsberg Glyptotek 819.

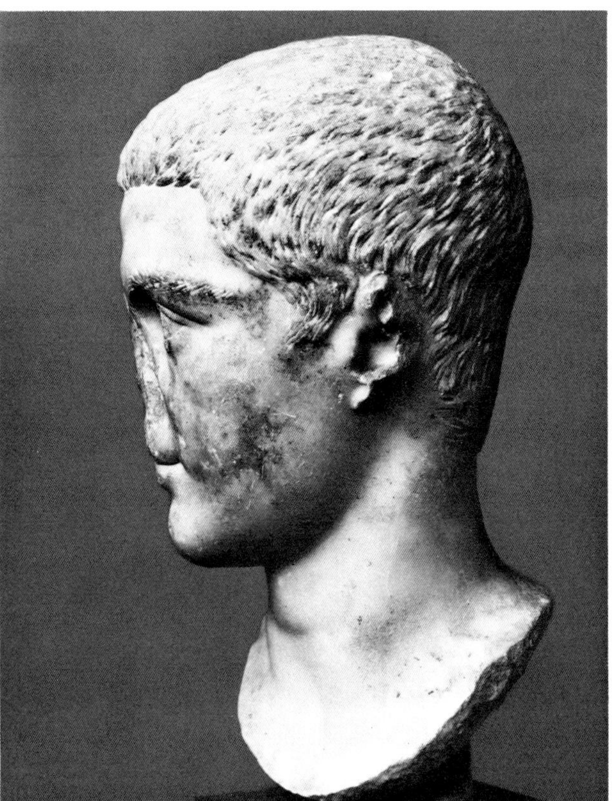

Figure 7b. Profile of Maximus, figure 7a.

Alexander types (figs. 2–4) the hair slopes upward from the left ear and temple in a gentle diagonal, then rises somewhat higher toward the right-hand side, where the strands of hair swirl around a curve at the corner of the forehead.

The identity of Alexander's child-type was already established over fifty years ago by H. P. L'Orange,[13] who has been followed by many scholars, including Felletti Maj[14] and Bergmann.[15] The authors of the two latest volumes of *Das römische Herrscherbild*, however, have attempted to revive an older identification of this type as Philip II, son of Philip the Arab (A.D. 244–249).[16] Philip II's portraits do indeed resemble those of Alexander Severus, and the visual reference is very likely to have been intentional, designed to remind viewers of the last comparatively stable rule with legitimate dynastic claims to power. But as Bergmann has recently demonstrated, several portraits of Philip II can be distinguished from those of Alexander Severus.[17] The finest extant replica of the type is a head in the Munich Glyptothek (fig. 5).[18] The characteristic traits of these sculptured heads include rectilinear contours, thinner lips, and more regular, horizontal hairlines, features also well attested on the coins of Philip II.[19] The swirl of the hair around the right corner of the forehead is an element of similarity to Alexander Severus that the creator of the type appears to have stressed, but the contour of Philip's forehead lacks the fluid, asymmetrical curve from ear to ear of the

13. H. P. L'Orange, *Studien zur Geschichte des spätantiken Porträts* (Oslo, 1933), pp. 94–96.

14. Felletti Maj, *Iconografia*, pp. 85–91.

15. Bergmann, pp. 26–28.

16. *Herrscherbild*, vol. 3, pt. 1, pp. 188, 191–192; *Herrscherbild*, vol. 3, pt. 3, pp. 42–50, pls. 15–20.

17. Bergmann, pp. 35–38.

18. Munich, Glyptothek 360. Formerly set on a bust to which it did not belong. Rims of ears broken away; preservation otherwise good. Felletti Maj, *Iconografia*, p. 85, no. 1, pl. 1, fig. 4 (as Alexander Severus); *Herrscherbild*, vol. 3, pt. 1, p. 189; *Herrscherbild*, vol. 3, pt. 3, p. 46. I am indebted to S. Nodelman for pointing out to me the relationships of this head to the Toulouse-Ostia-Getty type.

19. Coins of Philip II: *RIC* 4, pt. 3, pp. 95–104, nos. 213–272, pl. 8, figs. 1–20, and pl. 9, figs. 8–10. Felletti Maj, *Iconografia*, pp. 182–183, pl. 26, figs. 85–86; *Herrscherbild*, vol. 3, pt. 3, pp. 42–50, pls. 15–20.

20. Toulouse, Musée St.-Raymond 30.128. Marble head, life-size. Part of nose and rims of ears broken off. Felletti Maj, *Iconografia*, p. 91, no. 15, and p. 185; *Herrscherbild*, vol. 3, pt. 3, pp. 44, 49, pl. 15; Bergmann, pp. 36–38, pl. 5, figs. 1–3.

21. Ostia Antica, Museo Ostiense 1129. Marble head. H: 0.18 m. Unrestored; nose broken off. Felletti Maj, *Iconografia*, p. 89, no. 9; Helbig^4, no. 3070; *Herrscherbild*, vol. 3, pt. 1, pp. 189–190; Bergmann, pp. 35–38, pl. 4, figs. 1–2; *Herrscherbild*, vol. 3, pt. 3, pp. 25, 46.

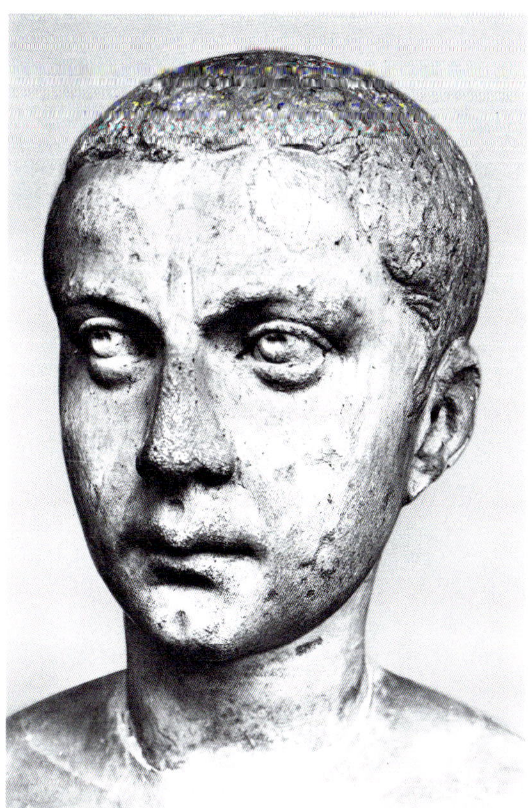

Figure 8a. Gordian III. Rome, Capitoline Museum, Sala degli Imperatori 490. Photo: Courtesy DAI, Rome.

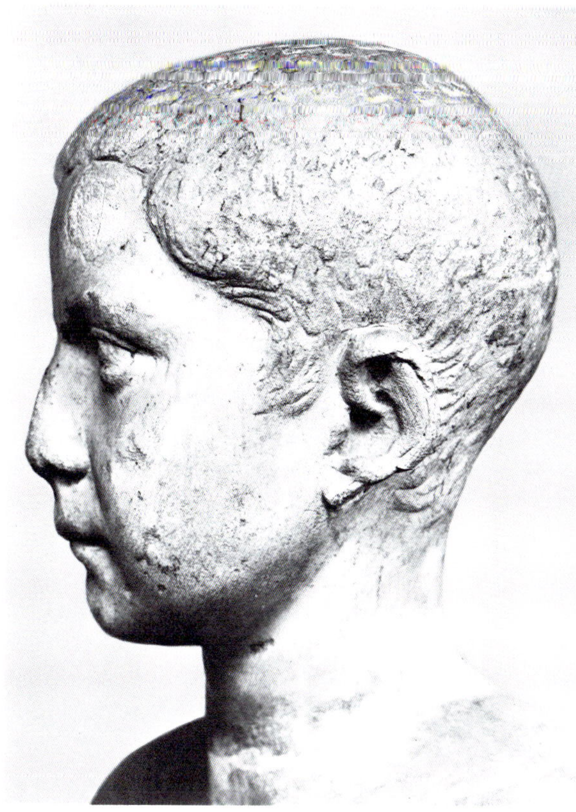

Figure 8b. Profile of Gordian III, figure 8a. Photo: Courtesy DAI, Rome.

earlier boy-emperor. Instead, the forehead is outlined as a regular trapezoid with nearly straight sides and only slightly rounded corners.

Other replicas of this type of Philip II that can be accepted with reasonable certainty are a life-size head in Toulouse,[20] a miniature head in Ostia,[21] and a recently acquired bronze in the J. Paul Getty Museum (figs. 6a–d).[22] The Getty replica is unfortunately badly damaged in the lower face, but it clearly shows the characteristic forms of the hairline and forehead, the same heavy brows and large, intense eyes that can be seen in the Munich head. The Munich example (fig. 5) differs from the others in emphasizing the thinness of the subject's face and the angularity of his delicate bone structure. The other replicas suggest the childlike fleshiness of the cheeks, despite the fact that their faces are far more rectangular in shape than in the portraits of Alexander Severus. The Munich replica seems to have carried this taste for dry, geometric contours and volumes to greater lengths, giving the large, lunette-shaped eyes a particularly compelling stare. A portrait in Castle Howard (which appears, unfortunately, to have been defaced by modern cleaning), may also belong to the type.[23]

Maximus, the son of Maximinus Thrax (A.D. 235–238), has also been reliably identified in three portrait heads, all in the Ny Carlsberg Glyptotek (figs. 7a–b).[24] The portraits represent an adolescent boy with a smooth, softly modeled face and delicate smile like that

22. Malibu, The J. Paul Getty Museum 79.AB.120. Bronze head. H: 0.22 m. Top of head missing; projecting flange around cranium may have supported a radiate crown. Lower face crushed, several cracks and holes in center of face provisionally repaired with plastic. *Roman Portraits*, pp. 104 and 131, no. 86.

23. Castle Howard, under life-size head and neck set in modern bust. H: of ancient part 0.21 m. Felletti Maj, *Iconografia*, p. 91, no. 14; *Herrscherbild*, vol. 3, pt. 1, p. 187; Bergmann, pp. 36–38, pl. 4, figs. 3–4.

24. All three portraits of Maximus are in the Ny Carlsberg Glyptotek in Copenhagen:

A). Cat. 745, inv. 819. Marble head. H: 0.42m. Restorations now removed: nose, part of upper lip, chin, ears. Felletti Maj, *Iconografia*, p. 124, no. 93; H. von Heintze, "Aspekte römischer Porträtkunst," *Gymnasium*, Beiheft 4 (1964), pp. 160–162; *Herrscherbild*, vol. 3, pt. 1, pp. 232 and 234, pl. 71; Poulsen, pp. 162–163, no. 166; Bergmann, pp. 32–33.

B). Cat. 746, inv. 823. Marble head. H: 0.42m. Restorations now removed: nose, lips, ears. Eyes badly damaged. Felletti Maj, *Iconografia*, pp. 123–124, no. 92, pl. 10, fig. 34; *Herrscherbild*, vol. 3, pt. 1, p. 234, pl. 70a; Poulsen, pp. 162–163, no. 165. Other references as for preceding.

C). Cat. 759, inv. 826. Marble head. H: 0.34 m. Nose, chin, ears, side of neck damaged. Bernoulli, p. 157; Felletti Maj, *Iconografia*, p. 125, no. 96; von Heintze (supra, note 24), p. 161, pl. 16a.

of Alexander Severus, but also with a large and protruding jaw. This feature, a family characteristic inherited from his father, is clearly represented on his coins and gives his profile a very characteristic shape sufficient to secure the identification beyond serious doubt.[25]

Finally, Gordian III (A.D. 238–244) is perhaps the most easily recognizable and widely represented of the boy-emperors of the third century. At least twenty securely identified portraits survive, all characterized by his strikingly individual features and by a distinctive style, which was to prove highly influential in later portraiture.[26] The majority of the extant portraits represent Gordian III as a prepubescent boy without facial hair (e.g., a bust in the Capitoline Museum, figs. 8a–b),[27] but several show a lightly engraved mustache and occasionally sideburns as well (for example, a colossal bust in Paris).[28] The later portraits also suggest increased maturity through a thickening of the neck and a heavier, broader treatment of the jaw. Both the boyhood and adolescent types, however, have a basically triangular face, tapering from a broad, convex forehead toward a small, knobby chin; a peaked hairline; round cheeks; narrow, almond-shaped eyes that tend to slant downward toward the nose; a protruding upper lip with a sharp, beaklike dip at its center; and a characteristic frowning expression. In profile, the rounded forehead, jutting line of the nose, receding lower lip, and prominent, round chin make Gordian's portraits readily recognizable and easy to match with his numismatic likeness.[29]

Several other more controversial identifications have been made of Gordian, which have, however, been generally rejected. A group of portraits of a round-cheeked young boy (including fig. 9, a bust in the Vatican, to be discussed at more length later) have been identified by von Heintze as the most youthful type of Gordian.[30] These works, however, share with the portraits of Gordian neither the characteristic features described above nor their stiff, subtly abstract patterning.[31] The portrait of a boy on the well-known sarcophagus from Acilia[32] has also been identified as Gordian, but though this boy shares Gordian's triangular face and strongly outlined eyes, his hairline, mouth, and facial expression show significant discrepancies from Gordian's standard types.[33]

On the basis of the securely identified portraits, then, what overall conclusions can be drawn concerning portraiture of children, which might be of use in dealing with the more problematic pieces? Even among the portraits of the five boys whose iconographies are well established, we can observe the complex pattern of advance, reaction, revival, and abrupt change of styles, which has led some scholars to despair of tracing any coherent development in sculpture of this period.[34] In the Capitoline (fig. 1) and Oslo portraits of Elagabalus, the simplicity of detail and compactness of volume call attention to the large, intense eyes and big, slightly open mouth. In the portraits of Alexander Severus we see a rejection of these dramatic effects, a reduction of the size of the eyes in proportion to the other features, and longer, more gently curved contours. The hair is swept smoothly from left to right rather than tossed and disheveled.

The portraits of Maximus show close relationships to those of Alexander Severus and may conceivably be based on a prototype by the same master portraitist. Those of Gordian, on the other hand (figs. 8a–b), differ strikingly from Alexander's in the hard angularity of their volume, line, and contour. The surface is no longer luminously polished and united by fluid modeling, but interrupted by sharply cut lines of shadow that outline or define certain features. Finally, the portraits of Philip II (figs. 5, 6a–d) show a retreat from the abstract effects of Gordian's portraits and a style sufficiently similar to the portraits of Alexander Severus to have caused some confusion in distinguishing them from the latter's childhood type.

In each of these cases, of course, style is in part dic-

25. Coins of Maximus: *RIC* 4, pt. 2, pp. 154–157, nos. 1–18, pl. 10, figs. 11–13, and pl. 11, fig. 9; *Herrscherbild*, vol. 3, pt. 2, pl. 1, figs 11, 12, 14.

26. For a thorough, recent listing of the extant portraits of Gordian III, see *Herrscherbild*, vol. 3, pt. 3, pp. 20–29.

27. Rome, Capitoline Museum, Stanza degli Imperatori 78, inv. 490. Marble bust. H: 0.45 m. Restorations to nose, ears, left temple. Bernoulli, p. 133, no. 17, pp. 135, 175; Stuart-Jones (supra, note 4), p. 212, no. 78, pl. 52; Felletti Maj, *Iconografia*, p. 150, no. 150, pl. 20, fig. 60; von Heintze, "Studien zu den Porträts des 3. Jahrhunderts n. Chr; 1: Gordian III," *RömMitt* 62 (1955), pp. 181–182, pl. 68, figs. 2, 4; Helbig[4], no. 1321; *Herrscherbild*, vol. 3, pt. 3, p. 26.

28. Paris, Musée du Louvre Ma 1063. Half-body bust (possibly cut down from a statue). H: 0.75 m. Restored: tip of nose, fragment of sword and part of left hand, chips of drapery. Right arm broken away at elbow, restored arm now removed. Bernoulli, p. 131, no. 1, p. 134, pl. 38; Felletti Maj, *Iconografia*, pp. 151–152, no. 152, pl. 19, figs. 61–62; J. Charbonneaux, *La Sculpture grecque et romaine au Musée du Louvre* (Paris, 1963), p. 179, no. 1063 and p. 180, with illustration; *Herrscherbild*, vol. 3, pt. 3, pp. 19, 26, pl. 8, with full literature.

29. Coins of Gordian III: *RIC* 4, pt. 3, pp. 1–52, pls. 1–4; *Herrscherbild*, vol. 3, pt. 2, pp. 70–78, pls. 2 (fig. E), 3–5.

30. von Heintze (supra, note 27), pp. 174–184; idem, "Studien zu den Porträts des 3. Jahrhunderts n. Chr, 5: Der Knabe des Acilia-Sarkophags," *RömMitt* 66 (1959), pp. 177–179. von Heintze identifies four replicas of this type: Vatican, Sala dei Busti 345; Florence, Uffizi Gallery 1914.226; Innsbruck, Archäologische Sammlung der Universität, head of a boy (accession number unavailable); Copenhagen, Ny Carlsberg Glyptotek 828, cat. 766. Another portrait, in Paceco, Sicily, in the collection of Baron Curatolo, was identified by K. Fittschen as a fifth replica, "Bemerkungen zu den Porträts des 3. Jahrhunderts n. Chr.," *JdI* 84 (1969), pp. 214–216.

tated by political circumstances and by the message that each work was meant to convey. Despite the differences imposed by circumstances, however, some stylistic continuities can be traced in the portraits. Varius Avitus Bassianus was a zealous devotee and priest of the Syrian sun god Heliogabalus, from whom his nickname is derived.[35] The rapt and intense expression of his portrait, with its parted lips, widened eyes, and suggestion of movement may well be designed to convey a spiritual and ecstatic character. After the assassination of Elagabalus, Alexander Severus would have had an urgent and obvious need to distance himself from the character and reputation of his hated predecessor. Hence, the presentation of Alexander in all three of his portrait types is placid and smiling (figs. 2–4). On the other hand, his portraits share with those of Elagabalus a taste for closed, simple contours and a treatment of the hair as a shallow, almost volumeless mass.[36] Furthermore, if the head in Oslo is a representative example of Elagabalus's portraits, they seem to have shared with those of Alexander a subtle but rich modeling of the skin areas and a calligraphic elegance in the outlining of the eyes. In many portraits of Alexander Severus, the fluidity of the modeling is emphasized by a luminous, glasslike polish that gives the "skin" a living, translucent quality.

The rather vapid and emotionless appearance of Alexander's two earlier portrait types (figs. 2 and 4) seems to have become dissatisfactory once the memory of the unpopular Elagabalus had had a chance to fade. The last portrait type of Alexander (figs. 3a–b), with its thinner cheeks and more pinched lower face, no longer has the symmetrical balance of the earlier works, which invited the viewer's gaze to travel over the whole surface. Instead, the more triangular shape of the face tends to draw attention to the level of the eyes. The eyes themselves, though not overly large, have strikingly deep and elongated tearducts, which dip down toward the nose with a calligraphic flourish.

The portraits of Maximus (figs. 7a–b), like the later ones of Philip II, appear to make intentional references to those of Alexander Severus. The only hope of his father, Maximinus Thrax, for reconciling the public to his usurpation of power was to present himself as the bearer of a new political and military stability and as the founder of a new, stable dynasty. For this reason, his son Maximus, who embodied his dynastic ambitions, had to be represented according to the traditions for "crown princes," with an air of aristocratic grace and detachment.[37] Inevitably, therefore, the formal vocabulary of his predecessor's portraits continued to be used in those of his son, even though Maximinus Thrax himself[38] was portrayed with a harsh, brutal realism that expressed the military virtues that had enabled him to seize and exercise power.[39]

The portraits of Maximus (figs. 7a–b) were of course meant to display a family resemblance with the realistic portraits of his father, with elements borrowed from those of Alexander Severus. The mouth still has its delicate little smile, the eyes their elegantly drawn curves, and the surface the same glasslike polish, but the bone structure under the silky skin is far more prominent and angular. Not only do the chin and jaw jut strongly forward, but the lower half of the forehead and the eyebrow ridge also protrude, thus calling attention to the eyes. A subtle but telling difference from the portraits of Alexander Severus is the hairline, which in the portraits of Maximus forms a neatly squared-off trapezoid, with a straight line above the forehead and crisp angles at the corners.

In the portraits of the next boy-emperor, Gordian III (238–244), the taste for simple, closed contours and compact volumes is still evident, but the tendency is toward angularity of form and emphasis on a few expressive features. The decorative grace of the late Severan style has been decisively rejected. The abstract style described above seems deliberately harsh, perhaps because the creator of Gordian's portrait types felt that a

31. Fittschen (supra, note 30), pp. 214–225.

32. Rome, Museo Nazionale Romano 126.372. Marble sarcophagus of "bathtub" form, pieced together from fragments discovered in 1950 near Acilia. Left end well preserved, but from middle of front to right end little is preserved of the figures except their feet. The cover is lost. The head of the portrait-figure of the boy is broken off and reset, but fits neatly along breaklines; it was definitely not recut or substituted for a different head in antiquity. Only the lower half of the portrait face of the man near the center is preserved. R. Bianchi-Bandinelli, "Sarcofago da Acilia con la designazione di Gordiano III," *DdA* 4th ser., 39 (1954), pp. 200–220; Felletti Maj, *Iconografia*, pp. 148–149, no. 147, pl. 17, fig. 56; von Heintze (supra, note 30), p. 184, no. 24, and pp. 185–191, pl. 49, fig. 1, pl. 50, fig. 1, pl. 51, fig. 2, pl. 55, fig. 2; *Herrscherbild*, vol. 3, pt. 3, pp. 163–164; M. Sapelli, in A. Giuliano, ed., *Museo Nazionale Romano: le sculture*, vol. 1, pt. 1 (Rome, 1979), pp. 298–304, no. 182, with full literature.

33. Bianchi-Bandinelli (supra, note 32), pp. 204–209.

34. E.g., D. Strong, *Roman Art*, 2nd ed., edited by J. Toynbee (Harmondsworth, 1980), pp. 228, 250–255.

35. *SHA*, "Heliogab." I. 5–7, III. 4–5, VI. 6–9.

36. On the incised pattern of locks, or "a penna" treatment of the hair of Alexander Severus, see Felletti Maj, *Iconografia*, p. 86.

37. See von Heintze (supra, note 30), pp. 178, 180.

38. On the portraits of Maximinus, see Felletti Maj, *Iconografia*, pp. 114–121; *Herrscherbild*, vol. 3, pt. 1, pp. 223–226.

39. See B. Schweitzer, "Altrömische Traditionselemente in der Bildniskunst des 3. nachchristlichen Jahrhunderts," in E. Wasmuth, ed., *Zur Kunst der Antike: Ausgewählte Schriften*, vol. 2, (Tübingen, 1963), p. 273.

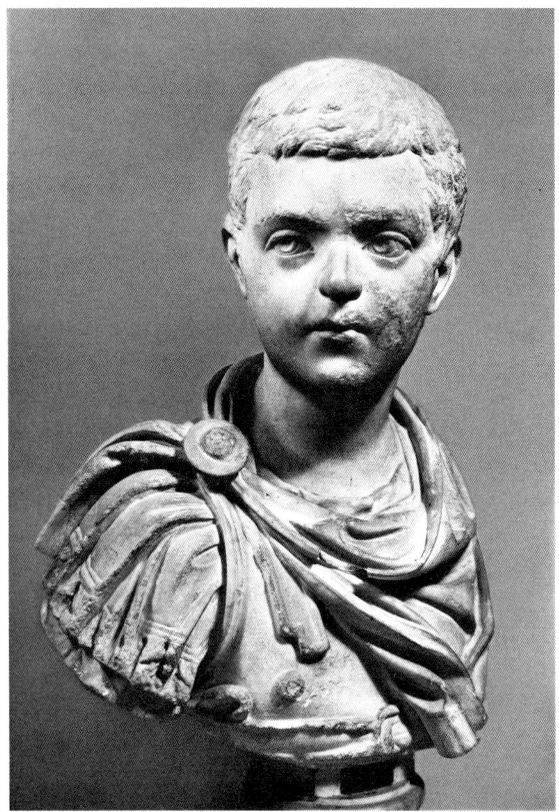

Figure 9. Bust of a boy. Rome, Vatican Museum, Sala dei Busti 345.

certain degree of austerity would be effective for conveying an air of authority in a young face. It is most significant that instead of the detached and spiritual smile seen in the portraits of Alexander Severus and Maximus, Gordian has a definite frown borrowed from the artistic conventions for the official images of adult emperors.[40] As adapted for the boyish face of Gordian, however, the scowl has been frozen into a stiff pattern, which allows Gordian's likenesses to retain some of the cool, aristocratic detachment traditional in official portraits of boys.

The portraits of Philip II (fig. 5), like those of his father, Philip the Arab, mark an abrupt change in style from that of the official images of the preceding reign.[41] Like the portraits of both his father[42] and his mother, Otacilia Severa,[43] they appear superficially to be more naturalistic than those of Gordian, showing a renewed softness in the treatment of the fleshy parts of the face. On the other hand, despite the obvious allusions to the portraits of Alexander Severus, the face definitely does not smile; the lips appear taut and tense. The eyes are subtly enlarged, their upper lids strongly arched to suggest that they are very widely opened, and their curves emphasized by the deeply cut grooves of the orbital folds, which run closely parallel to the rims of the eyelids. An especially geometric hardness in the rectangular contours can be most clearly seen in the Munich portrait, but even the more stylistically conservative Toulouse replica has a noticeably blockier head than the earlier portraits of Alexander Severus. Thus, this portrait type demonstrates the continued trend toward compact form, toward angular, geometric volume and contour, and toward expressive emphasis on a few important features.

These portraits of imperial children follow stylistic trends that can also be traced in the images of adults. The patterns of abstraction in the likenesses of Gordian III find very close parallels in some portraits of the adult Balbinus[44] as well as in anonymous private busts of his contemporaries.[45] But other trends evident in the portraits of grown men could not be applied to those of children. The so-called impressionistic style of the earlier third century depended for much of its effect on the interruption of surfaces by deeply carved furrows and wrinkles and on the movement of the resulting pattern

40. The device originated with Caracalla's "Tyrannentypus" (*Herrscherbild*, vol. 3, pt. 1, pp. 28–35; Nodelman [supra, note 2], pp. 185–203; Bernoulli, pp. 58–63), and was widely imitated in portraits of the soldier emperors such as Macrinus and Maximinus.

41. For a more thorough discussion of the differences of the portraits of Gordian and his wife Tranquillina from those of Philip the Arab and his family, see my article, "Subject and Artist: Studies in Roman Portraiture of the Third Century," *AJA* 85 (1981), pp. 59–68.

42. See *Herrscherbild*, vol. 3, pt. 3, pp. 30–41 and pls. 11–14; Felletti Maj, *Iconografia*, pp. 169–177, pls. 23–25.

43. On the identification of the type that I believe to represent Otacilia, see Bergmann, pp. 39–41; *Herrscherbild*, vol. 3, pt. 3, pp. 57–62; Wood (supra note 41), pp. 61–64.

44. The best examples of the portraits of Balbinus that display this style are the figures on the relief of the box-part of his sarcophagus in Rome, Museo delle Catacombe di Pretestato. Marble. H: 1.17 m; L: 2.32 m; D: 1.31 m; cover: H. 0.83 m; L: 2.32 m; D: 1.17 m. Reconstructed from fragments discovered during excavation of the catacomb. One portrait head, excavated separately, is in the Cleveland Museum of Art. M. Gütschow, *Das Museum der Praetextatkatakombe*, vol. 4, *MemPontAcc*, 3rd ser. (1938), pp. 77–106, pls. 10–12; B. Schweitzer (supra, note 39), p. 277; Felletti Maj, *Iconografia*, pp. 142–143, no. 136, pl. 15, fig. 50, and pl. 16, figs. 51–52; H. Jucker, "Die Behauptung des Balbinus," *AA* 81 (1966), pp. 501–514; H. Jucker, "A Portrait Head of the Emperor Balbinus," *Bulletin of the Cleveland Museum of Art* 54 (1967), pp. 11–16; *Herrscherbild*, vol. 3, pt. 1, p. 247.

45. A particularly good example of an adult portrait similar in style to those of Gordian III is a bust in Copenhagen, Ny Carlsberg Glyptotek, cat. 761, inv. 827. H: 0.38 m. Tip of nose chipped and forehead battered, front cleaned but back still covered with calcareous accretions. No restorations. F. Poulsen, *Ny Carlsberg Glyptotek: Catalogue of Ancient Sculpture*, 2nd ed., trans. W. E. Calvert (Copenhagen, 1951), no. 761; Poulsen, p. 178, no. 181, pls. 293–294.

46. On the impressionistic style, see H. P. L'Orange, "Plotinus-Paul," in *Likeness and Icon* (Odense, 1973), pp. 32–42, originally published in *Byzantion* 25–27 (1955/1957), pp. 473–485.

47. On the portraits of the young Gallienus, see L. McCoull, "Two New Third Century Imperial Portraits in the Ny Carlsberg Glyp-

of line.[46] Since such devices could obviously not be applied to the faces of children, artists were forced to seek other means to achieve expressive force for their young subjects, and for those purposes, the more abstract and geometric style was very well suited. It is perhaps no accident that a bold and progressive use of this style found its first widespread use in the portraits of Gordian III, though it was later developed to a level of much greater sophistication in those of the adult emperor Gallienus.[47]

IDENTIFICATIONS IN SEARCH OF PORTRAITS

All the reasonably secure identifications discussed so far belong to the first half of the third century. No portrait of the crown princes after Philip II has been identified with any certainty, perhaps due in part to the increasingly abstract style of portraiture from the 250s onward. One prince from the early third century still presents a problem however: Diadumenian, the son of the short-lived usurper Macrinus (A.D. 217–218). The group of five portraits that von Heintze identified as the young Gordian III[48] and that has also been attributed to Saloninus, the son of Gallienus,[49] (fig. 9) appears on stylistic grounds to belong close to the appropriate date for portraits of Diadumenian. Fittschen has argued by process of elimination that this is whom they must represent, since their style cannot be later than the Severan period; furthermore, none matches the established likenesses of any other young princes of that time, such as Caracalla, Geta, or Alexander Severus.[50] However, they differ in one significant detail from the coin portrait of Diadumenian: the chinline of the sculptured portraits is soft and fleshy, while the coins show a slim throat and straight jawline.[51] It is possible, of course, that the scarce, hastily minted coins of this prince are unreliable as likenesses, but in that case, no identification of his portraits in stone can be more than tentative either.

If these five portraits represent an imperial child, then the identification as Diadumenian is by far the most plausible yet advanced, and indeed perhaps the only one possible. However, Wegner has argued in the latest volume of *Herrscherbild* that despite superficial resemblances to one another, the five portraits of the so-called "Diadumenian" type do not after all follow a common original.[52] All share certain stereotypical childlike characteristics—soft features, round cheeks, and large, wide eyes, for example—but only the Vatican[53] (fig. 9) and Florence[54] examples seem to be true replicas of a portrait type. These busts share an energetic turn of the head to the right, a slight flare of the eyebrows toward their outer corners, a pattern of short locks of hair brushed left-to-right across a straight hairline, and a bust costumed in cuirass and paludamentum. The others differ in details of physiognomy, pose, facial expression, and arrangement of locks of hair around the face. Von Heintze dismisses some of these variations as attributable to liberties taken by copyists.[55] While it is true, however, that such variations can be found within replicas of a single Roman portrait type, the tendency of child portraits to follow standard formulae should make us wary of grouping them together on the grounds of general physical resemblance alone.

Another portrait type, represented by a head in Woburn Abbey and one in the Lenbachhaus in Munich, has been proposed by Meischner as a likeness of Diadumenian.[56] These heads conform somewhat better to Diadumenian's coins than does the Vatican-Florence type, and they seem to portray the child closer to his age (about nine years old) at the time of his father's election by the army.[57] The Lenbachhaus head, however, like the Vatican-Florence type, appears to have had a soft, fleshy chinline unlike that of Diadumenian's coin profiles, though the breakage of

totek," *Berytus* 17 (1967/1968), pp. 66–71, *Herrscherbild*, vol. 3, pt. 3, pp. 107–108; Bergmann, pp. 51–53.

48. See supra, note 32.

49. Felletti Maj, *Iconografia*, pp. 243–246. For a discussion of this identification, see *Herrscherbild*, vol. 3, pt. 3, pp. 123–125.

50. Fittschen (supra, note 30), pp. 214–225. Poulsen, pp. 140–141, reaches the same conclusion for different reasons: he argues that the Copenhagen replica, cat. 766, bears a family resemblance to another head in Copenhagen, cat. 750, which Poulsen believes to represent Macrinus. However, the latter identification has not been widely accepted.

51. *RIC* 4, pt. 2, pp. 13–14, nos. 100–118, p. 22, nos. 211–220, pl. 1, figs. 17–21, pl. 2, fig. 1, and pl. 5, figs. 13–16. See also *Herrscherbild*, vol. 3, pt. 1, p. 142; von Heintze (supra, note 27), p. 178.

52. *Herrscherbild*, vol. 3, pt. 3, pp. 124–125.

53. Vatican, Sala dei Busti 345. Marble bust. H: 0.44 m., of head 0.20 m. Nose, fragments of ears, left cheek, and drapery restored, but head and cuirassed bust are preserved in one piece. Bernoulli, p. 65; W. Amelung, *Die Skulpturen des vatikanischen Museums*, vol. 2 (Berlin, 1908), p. 533, no. 345, pl. 69; Felletti Maj, *Iconografia*, p. 244, no. 333; von Heintze (supra, note 27), pp. 175–176, pl. 66; Helbig^4, no. 180; Fittschen (supra, note 30), pp. 204, 214–225, figs. 29 and 39; *Herrscherbild*, vol. 3, pt. 1, p. 41, n. 95, and pp. 83, 112; *Herrscherbild*, vol. 3, pt. 3, p. 28.

54. Florence, Uffizi Gallery 1914.226. Marble bust. H: 0.53 m; of head 0.22 m. Tip of nose and fragment of drapery restored, preservation otherwise good. Bernoulli, p. 74; Felletti Maj, *Iconografia*, p. 245, no. 334; von Heintze (supra, note 27), p. 176, pl. 67, figs. 1–2; G. Mansuelli, *Galleria degli Uffizi: Le sculture*, vol. 2 (Rome, 1961), pp. 113, no. 139; Fittschen (supra, note 30), pp. 214–225, figs. 27 and 35; *Herrscherbild*, vol. 3, pt. 3, pp. 22 and 125.

55. von Heintze (supra, note 27), p. 177.

56. J. Meischner, "Der Diadumenian Woburn-München," *AA* 85 (1970), pp. 241–247. For a dissenting opinion, see *Herrscherbild*, vol. 3, pt. 1, pp. 144–145.

57. *Herrscherbild*, vol. 3, pt. 1, p. 141. On the birth date of Diadumenian, Wegner cites *SHA*, "Diadumenian," V.4–5, and Cassius Dio LXXIX.20,1.

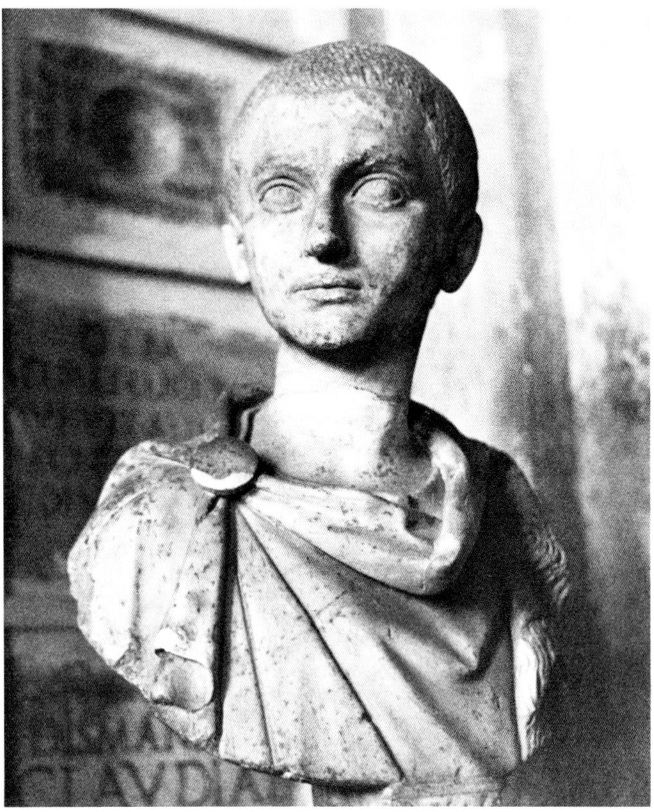

Figure 10. Bust of an unidentified young boy. Rome, Capitoline Museum, Sala degli Imperatori 481. Photo: Courtesy DAI, Rome.

the piece makes certainty difficult. Again the similarites of these two heads may be due more to conventions for representing youthful faces than to the identity of their subject.

The portraits of the sons of Trajan Decius, Herennius Etruscus and Hostilianus, have given rise to more controversy than those of any other princes of the third century. Not even the birthdates of the boys are known; the *PIR* gives a tentative birthdate of Herennius Etruscus between 220 and 230, but cites no basis for this information.[58] If the date is correct, Herennius would have been a young man is his twenties when his father became emperor in 249. It is known that Herennius commanded the army, at least in name, during a campaign in Illyricum against the Goths, which would tend to indicate that he was a young adult in 251.[59] All known coins of Herennius and of his younger brother, however, show them as boys without any facial hair.[60] As Fittschen has argued, if Decius had full-grown sons, it is unlikely that he would have failed to stress their maturity and readiness for public responsibility in their coin images.[61] Because of these conflicting data, portraits that have been identified with the sons of Decius range from the bearded young general of the great Ludovisi battle sarcophagus to the portraits of very young children.[62]

Von Heintze's identification of the Ludovisi general as the younger son, Hostilianus, has been accepted by some scholars and amended by others, who would prefer to identify the figure with the older brother, Herennius.[63] Problems of age aside, however, there is another important discrepancy between the portrait on the sarcophagus and the coin profiles of both of Decius's sons. As Fittschen has pointed out, both boys wore their hair clipped short, while the Ludovisi general's hair forms long, wavy locks that lie smoothly along the scalp but are not clipped in the military "crew cut" typical of the first half of the third century.[64] The hairstyle of the Ludovisi general does not appear to have become fashionable until several years later, toward the end of the coregency of Valerian and Gallienus (A.D. 253–260). These identifications of the portrait on the battle sarcophagus rest primarily on the cross-shaped mark on the general's forehead, which seems to be shared by some coin profiles of Decius and his sons, and which may be the mark of Mithraic initiation.[65] If this explanation of the *sphragis* is correct, however, the mark is likely to have been borne by other initiates as well. Two life size portraits in the round have been identified as replicas of the same type as the Ludovisi general, largely on the basis of the *sphragis*, but both differ from it in important respects.[66] The beard of the Capitoline head is shorter and more immature, its downy texture suggested only by engraving.[67] The beard of the portrait in the Munich Glyptothek is longer, fuller, and curlier than those of

58. *PIR*, 2nd ed., vol. 4, pp. 73–74, no. 106.

59. F. S. Salisbury and H. Mattingly, "The Reign of Trajan Decius," *JRS* 14 (1924), p. 18; *PIR*, 2nd ed., vol. 3, p. 74.

60. *RIC* 4, pt. 3, pp. 138–150, nos. 138–226, pl. 11, figs. 9–20, pl. 12, figs. 1–4; *Herrscherbild*, vol. 3, pt. 2, pp. 89–90, pl. 10, figs. 15–21, 24, 25.

61. K. Fittschen, "Sarkophage römischer Kaiser, oder vom Nutzen der Porträtforschung," *JdI* 94 (1979), p. 582.

62. von Heintze, "Studien zu den Porträts des 3. Jahrhunderts n. Chr., 4: Der Feldherr des großen Ludovisischen Schlachtsarkophages," *RömMitt* 64 (1957), pp. 69–91. See also G. Rodenwaldt, *Antike Denkmäler*, vol. 4 (Berlin, 1929), pp. 61–68, pl. 41, figs. 1–18; B. Andreae, *Motivgeschichtliche Untersuchungen zu den römischen Schlachtsarkophagen* (Berlin, 1956), p. 16, no. 17, and pp. 85–86; Helbig[4], no. 2354; *Herrscherbild*, vol. 3, pt. 3, pp. 71–72 and 76–77, with full literature.

63. E.g., G. Gullini, *Maestri e Botteghe in Roma da Gallieno alla Tetrarchia* (Turin, 1960), pp. 12–15; O. Pelikàn, *Vom antiken Realismus zur spätantiken Expressivität* (Prague, 1965), p. 116. If this theory is true, then the sarcophagus would have to be a cenotaph, since the bodies of Decius and Herennius were never recovered after their deaths in battle.

64. Fittschen (supra, note 61), p. 582.

65. von Heintze (supra, note 62), pp. 74–75.

66. Rome, Capitoline Museum, Sala delle Colombe 340, and a head in the Munich Glyptothek. See Rodenwaldt (supra, note 62), pp.

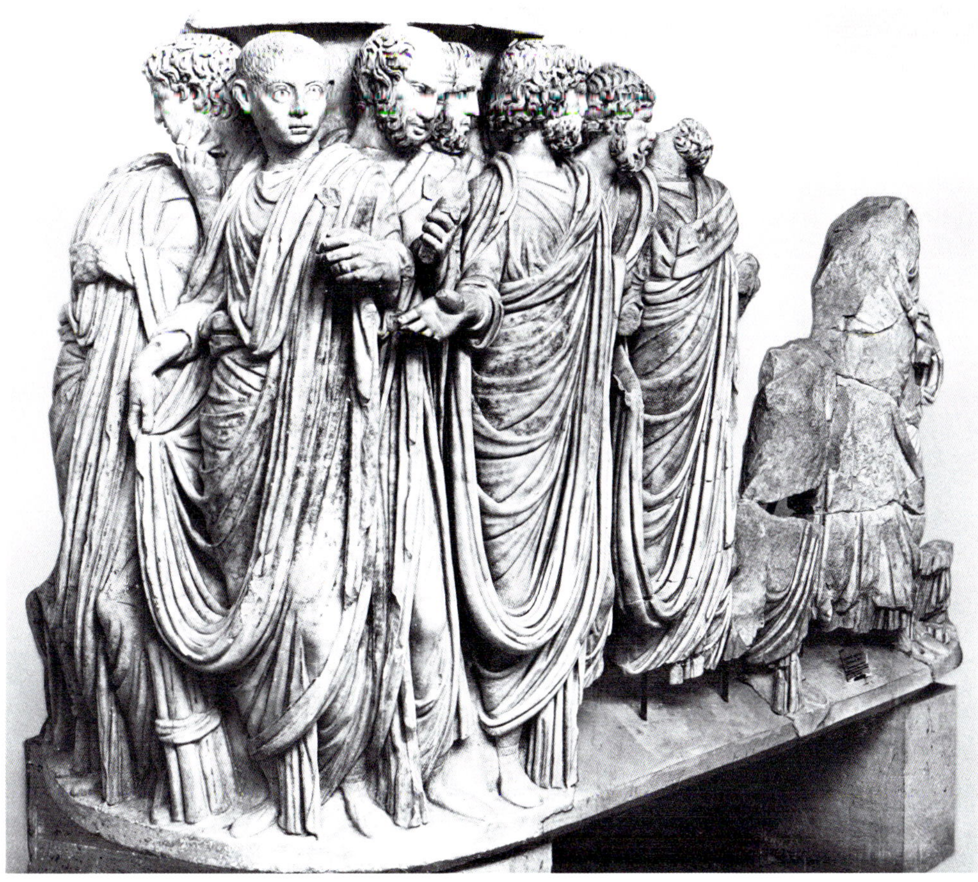

Figure 11a. Sarcophagus from Acilia. Rome, Museo Nazionale Romano 126.372. Photo: Courtesy DAI, Rome.

either of the other two. These may simply be portraits of two different men who both happened to be followers of Mithraism.

At the other extreme of age, Felletti Maj, following Bernoulli, has tentatively suggested that a bust of a very young child in the Capitoline Museum (fig. 10) may represent one of the two princes, probably the younger brother, Hostilianus.[68] This portrait does show the short-cropped, military hairstyle worn by both Decius and his two sons, and of course it is beardless. Furthermore, the bust—which appears to belong to the head despite a break through the neck—wears not only a mil-

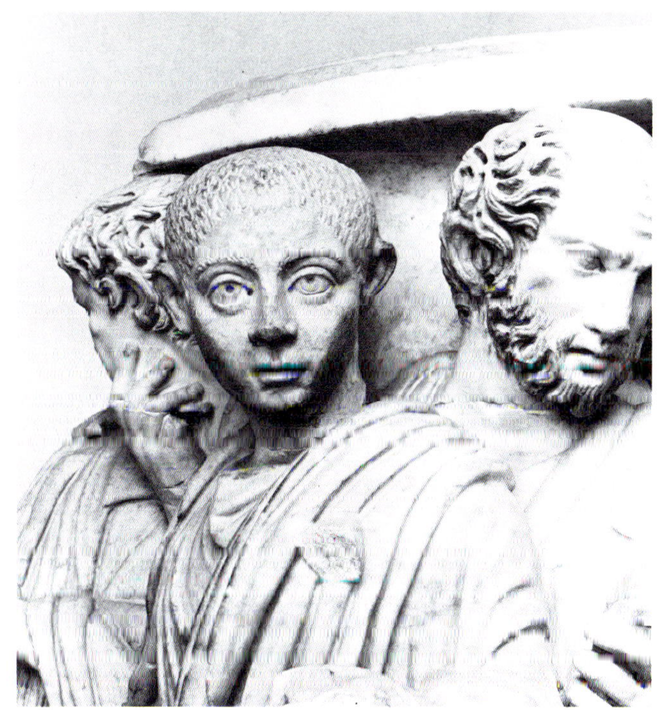

Figure 11b. Detail of sarcophagus, figure 11a. Photo: Courtesy DAI, Rome.

63–66; von Heintze (supra, note 62), p. 74; *Herrscherbild*, vol. 3, pt. 3, p. 76.

67. Wegner, in *Herrscherbild*, vol. 3, pt. 3, p. 76, claims that this head is so heavily reworked as to be useless for stylistic study, and that both the beard and the *sphragis* are the result of modern recutting. Though this work, like many in the Capitoline Museum, may have been harshly cleaned, I have not detected traces of such drastic recutting in my observations of the piece.

68. Felletti Maj, *Iconografia*, p. 197, no. 251, pl. 33, fig. 104. Marble bust. Capitoline Museum 481. H: 0.44 m. See also Bernoulli, p. 157; Stuart-Jones (supra, note 4), p. 210, no. 71, pl. 51; *Herrscherbild*, vol. 3, pt. 3, pp. 71, 76; Helbig[4], no. 1247.

itary cuirass but also a fringed paludamentum, which would seem to imply high military rank, which only an imperial child could have held at such an age.

The portrait of this little boy is unmistakably influenced by those of Gordian III (figs. 8a–b) in the severely triangular contour of the face, the peak of the hairline (which is used to emphasize the central axis of the face), the stiff, stylized frown, and the deeply cut creases outlining the eyes. The abstraction here is much further advanced than in Gordian's portraits: the eyes are unrealistically enlarged, and the cheeks are very flat and simple, reducing the head to a more prismatic shape in which the large, intense eyes stand out dramatically. The only curvilinear element of composition besides the arcs of the eyes and eyebrows is provided by the hairline, which rises from the ears to the forehead in regular curves, arches slightly on either side, and then dips down to form the central peak. This almost heartshaped pattern reinforces the arches of the eyelids. The hair itself is represented by a dense pattern of single chisel strokes that no longer suggest the texture of stubbly hair but rather a pattern created for its own sake. This little bust, though somewhat crude looking at first glance and not particularly pleasing to modern tastes, is a compelling and effective work. The erect pose of the skinny neck and slight, stiff turn of the head lend the bust an air of authority, which Felletti Maj has cited as evidence that it might have had a public, propagandistic function.[69]

Such developments might be possible in a work of sculpture just a few years later than the portraits of Gordian, assuming that at least some sculptors had continued to experiment rapidly with the abstract style. But the very exaggerated and stylized treatment of the eyes and the inorganically flat, stiff planes of the face suggest a much later date. This bust was probably made after the time of Gallienus (253–268), for abstraction was then firmly entrenched as a dominant style, short hair had returned to fashion, and some of the decorative richness of Gallienic sculpture had been rejected. Stylistically, the work shows closer affinities to the portraits of Probus[70] and Carinus,[71] for example, than to those of Trajan Decius, the father of the young princes in questions.[72] One more point against the identification is that none of the coins of Decius' sons appears to show a peaked hairline.

Some other works that have been suggested as candidates for the two princes include a head in the Terme Museum[73] and the portrait figure on the Acilia sarcophagus (figs. 11a–b).[74] In both, the influence of Gordian's portraits can be traced in the severely simple triangular faces and the emphasis on the eyes, though neither appears as late as the Capitoline bust. In both, however, the identifications with Herennius and Hostilianus must be rejected. There is nothing special about the Terme head to suggest imperial rank, and no securely identified copies survive.[75] The sarcophagus on which the other portrait appears cannot be that of Decius, for Fittschen has pointed out that the central portrait figure of an adult man wore a full and curly beard.[76] Decius is never represented with such a beard, either in his sculptured portraits or his coins; his beard is invariably clipped to a stubble, in military fashion.

One more possible "Herennius," a slightly over-life-size head in the Ny Carlsberg Glyptotek, was tentatively proposed by Vagn Poulsen, whose suggestion, however, has not to my knowledge been accepted by anyone.[77] The shape of this head in profile is, indeed, reasonably consistent with the coin likenesses of Herennius: it has a rather long head, a high forehead, straight hairline, and firm chin. The nose is missing and cannot be compared with those of the coin images. There is nothing about the portrait head, however, to suggest imperial rank except its scale, which is not sufficiently large to be unthinkable for a private portrait, and there are no known replicas. It is possible that the work is an imperial image of an adolescent, made a few years after the time of Gordian, since the treatment of the eyes and mouth show the influence of his images. It is equally possible, however, that this is a private portrait that reflects the

69. Felletti Maj, *Iconografia*, p. 197.

70. The over-life-size marble head in the Capitoline Museum, inv. 493, H: 0.45 m, provides a particularly striking comparison with the little bust of a boy displayed nearby, despite the difference in scale and in age of the subjects. On the portrait of Probus, see Bernoulli, p. 196; Stuart-Jones (supra, note 4), pp. 306–307, no. 66, pl. 75; Felletti Maj, *Iconografia*, pp. 277–278, pl. 45, fig. 192; Helbig[4], no. 1245; *Herrscherbild*, vol. 3, pt. 3, p. 153, with literature.

71. On the portraits of Carinus, see Felletti Maj, *Iconografia*, pp. 282–285, and *Herrscherbild*, vol. 3, pt. 3, pp. 157–159, pl. 61.

72. The best extant portrait head of Decius, and the only one almost unanimously accepted by scholars, is Capitoline Museum 482. Marble head. H: 0.24 m. Restored: tip of nose, ears, part of upper lip. Set on bust to which it does not belong. Felletti Maj, *Iconografia*, p. 189, no. 235, pl. 29, fig. 95; Helbig[4], no. 1320; Bergmann, pp. 42–43, pl. 6, figs. 3–4; *Herrscherbild*, vol. 3, pt. 3, pp. 64, 66, pl. 26, with full literature.

73. Rome, Museo Nazionale Romano 632, cat. 293. Marble head. H: 0.22 m. Nose restored in plaster, ears damaged. Felletti Maj, *I Ritratti*, p. 147, no. 293; Felletti Maj, *Iconografia*, pp. 197–198, no. 252, pl. 34, fig. 105.

74. C. C. Vermeule, review of *Lullingstone Roman Villa*, by G. W. Meates, *AJA* 60 (1956), p. 209; Gullini (supra, note 63), pp. 6–8.

75. Felletti Maj, *Iconografia*, p. 198, proposes that a head on a statue in the Villa Albani, Sala del Bigliardo 321, is a replica of the same type. No photographs of this work are available for comparison, however, and Wegner, in *Herrscherbild*, vol. 3, pt. 3, pp. 72–73, raises questions as to the antiquity of the Albani piece, pointing out that neither work conforms well to the coin profiles of Herennius.

76. Fittschen (supra, note 61), pp. 584–585.

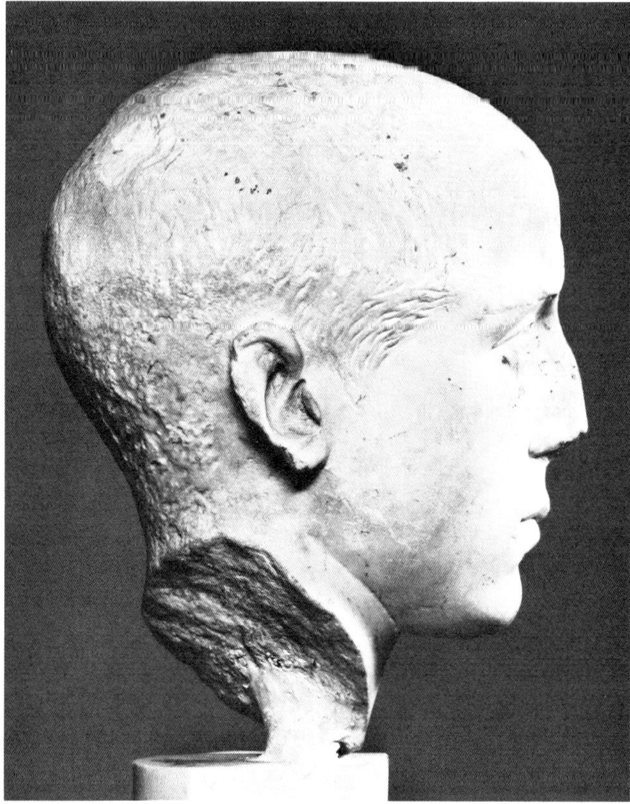

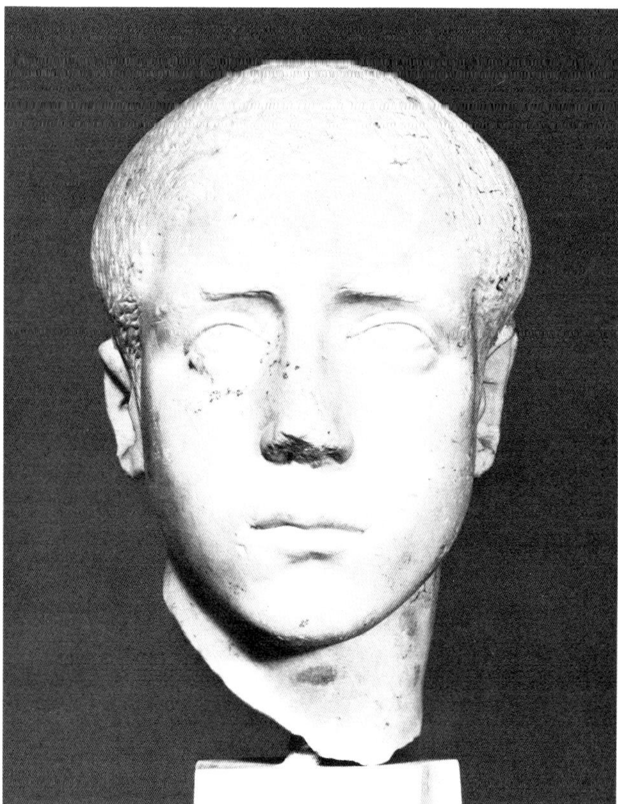

Figures 12a–b. Profile and portrait of a young man. Schloß Fasanerie near Fulda. Photo: Courtesy DAI, Rome.

style of contemporary imperial portraits of boys. On the basis of current evidence, it cannot be identified.

Given the scarce and conflicting evidence about the ages and appearances of Herennius and Hostilianus, several scholars have attempted to approach the problem of their iconography by comparing possible candidates not only to the coin profiles of the boys but also to the securely identified portrait of their father, a work that would presumably show both stylistic parallels and physical resemblances to the portraits of his sons. This is certainly a sensible and practical methodology, making the fullest possible use of extant visual information; it is a little discouraging, therefore, that its application has led to two completely different conclusions. Fittschen[78] has compared the bust of an adolescent in Venice[79] both with the Capitoline portrait of Decius and with the coins of Herennius and concluded that both comparisons justify its identification with the older son of Decius. Balty and Balty[80] have used essentially the same method to reach the same conclusions about a very different portrait head in Schloß Fasanerie (fig. 12a–b).[81]

Both works appear to represent boys in their middle or late teens with fairly mature bone structures but without facial hair. They thus conform well both to the

77. Copenhagen, Ny Carlsberg Glyptotek, cat. 766a. Marble head. H: 0.33 [illegible] moved, rims of ears damaged, polish of surface probably not original. F. Poulsen, *Greek and Roman Portraits in English Country Houses* (Oxford, 1923), p. 110, no. 110; von Heintze (supra, note 30), p. 176, no. 11; p. 179, pl. 45, fig. 3, Poulsen, p. 160, no. 172, pls. 275–276, *Herrscherbild*, vol. 3, pt. 3, p. 71. Wegner's entry points out that in profile view the hairline is not consistent with that of the coin portraits of Herennius.

78. Fittschen (supra, note 30), pp. 211–214, figs. 22–26.

79. Venice, Museo Archeologico 177. Marble. H: 0.47 m. Tip of nose restored, ears chipped, but preservation otherwise good; head and togate bust preserved intact. The work has also been identified as Philip II and Gordian III. Bernoulli, p. 151; Felletti Maj, *Iconografia*, p. 183, no. 229; J. Bracker, "Bestimmung der Bildnisse Gordians III nach einer neuen ikonographischen Methode" (Ph.D. diss., Westfälische Wilhelmsuniversität, Münster, 1965), pp. 25–26, 28, 122–123; G. Traversari, *Museo Archeologico di Venezia: I Ritratti* (Rome, 1968), pp. 92–93, no. 74; Fittschen (supra, note 30), pp. 211–214; *Herrscherbild*, vol. 3, pt. 3, pp. 29, 50, 73.

80. J. Balty and J. C. Balty, "Notes d'iconographie romaine, II," *RömMitt* 83 (1976), pp. 178–180, pls. 43, 44.

81. Schloß Fasanerie near Fulda. Marble head. H: 0.255 m. Surface root-marked, tip of nose broken off, parts of both ears missing, chips and flecks on forehead, eyebrows, and face. von Heintze, *Die antiken Porträts der landgräflich-hessischen Sammlungen in Schloß Fasanerie bei Fulda* (Mainz, 1968), pp. 77, 108, no. 51, pls. 84, 85, 131b.

coin evidence and to the historical information, which indicates that Herennius must have been more than a mere child. Both also share with the Capitoline portrait of Decius a representation of the hair through simple chisel strokes scattered rather sparsely on the surface of the scalp, which suggest but do not outline short locks of hair. Both portraits, therefore, seem to date to the appropriate years. In treatment of the faces, on the other hand, they display some significant differences, both physical and stylistic. The cheeks of the Venice bust are flat, and the angles where they meet the jaw rather sharp; the features are stiff, the expression masklike, the eyes slightly enlarged and strongly outlined. All these elements are consistent with the tradition of the portraits of Gordian III, with whom Bracker formerly identified this bust.[82] Though it shares many physical features with Decius, such as a long, slightly arched nose, high forehead and retreating chin, it differs strikingly from his portraits in this apparance of stiff, calm immobility. The Schloß Fasanerie portrait, on the other hand, shares with the Capitoline portrait of Decius a more transitory expression of emotion, and a mobile, curvilinear contour that sinks inward at the temples and swells outward into the broad dome of the cranium. The boy's eyebrows are anxiously contracted and drawn slightly upward toward the nose, the forehead muscle has a subtle but distinct bulge, and the corners of the mouth droop slightly.[83]

These similarities to the portrait of Decius do not, of course, prove that the Schloß Fasanerie head portrays Herennius. As we have seen in the case of Philip II, it is possible for the portrait of a young prince to follow the more abstract tradition of Gordian III, while that of his father follows the "impressionistic" tradition in which effects of movement and emotion are attempted. A stronger point against the Venice bust is that its antiquity is somewhat suspect.[84] Unlike other third-century works in the more abstract style, its features seem slightly discordant rather than parts of a coherently planned schema. If the Venice bust is eliminated on these grounds, then the Schloß Fasanerie head remains as the most convincing identification of Herennius Etruscus yet proposed. Its correspondences with his coin profiles, though close, are however not perfect; the shape and proportions of the head are right, but the coins generally show a straight rather than a slightly arched nose. Unless replicas of the head are found, therefore, its imperial status must remain unproven, and the possibility that it represents a private contemporary of Decius remains open.

Gallienus, who ruled from 253 until 260 as the coregent of his father, Valerian, and from 260 until 268 as sole ruler, also had two young sons, Valerian II and Saloninus.[85] The elder son became Caesar in 253, but died two years later, at which time his younger brother Saloninus became Caesar. In 258 he, too, died in the war against Posthumus. Much of his brief tenure as crown prince was spent in Cologne. Again, the birthdates for the boys are unknown, though their coins represent them as young children without any facial hair and with soft, immature faces.[86] The coins of Valerian II vary too much to be of great value in identifying portrait types, and given the brevity of his life as a public figure, it would not be surprising if no portraits of him are extant. Both his coin portraits and those of Saloninus indicate that these boys, like adult men, were wearing their hair somewhat longer. Their wavy locks lie smoothly along the scalp, short, but no longer clipped to a stubble. The coins also indicate that both boys were rather pudgy, tending to have pronounced double chins. Both are generally represented with large, wide-open eyes. Saloninus generally has a rounded forehead and soft snub-nose, while his head has a very characteristic shape: long and almost flat along the top, with a projecting occiput and a steep diagonal from the occiput to the nape of the neck.

Given all these highly individual features, it is ironic and vexing that no portraits have yet been recognized that can be identified with Saloninus. The only possibility that has received serious recent attention is the group of portraits in Florence, the Vatican (fig. 9), Innsbruck, Copenhagen, and Paceco (near Trapani, in

82. Bracker (supra, note 79), pp. 122–123. He has since discarded the identification: see *Herrscherbild*, vol. 3, pt. 3, p. 29.

83. See Balty and Balty (supra, note 80), p. 180.

84. See *Herrscherbild*, vol. 3, pt. 3, pp. 29, 73; M. Wegner, "Bildnisbüste im 3. Jahrhundert n. Chr.," in H. Keller and J. Kleine, *Festschrift für Gerhard Kleiner* (Tübingen, 1973), p. 111.

85. Coins offer some scanty evidence for the existence of a third son, named Quintus Gallienus, but little is known of this obscure figure. See H. Mattingly, E. Sydenham, and P. H. Webb, *Roman Imperial Coinage*, vol. 5, pt. 1 (London, 1927), pp. 28–29.

86. *Roman Imperial Coinage* (supra, note 85), pp. 116–128; Valerian II: nos. 1–54, pl. 4, figs. 65, 66, 68, and pl. 5, fig. 70; Saloninus: nos. 1–37, pl. 5, figs. 71–75; *Herrscherbild*, vol. 3, pt. 2, p. 120, pl. 13, figs. 20–24, 26, pl. 14, figs. 35, 39–43, pl. 15, fig. 50; *Herrscherbild*, vol. 3, pt. 3, pp. 121, 123, pls. 48, 49.

87. See Felletti Maj, *Iconografia*, pp. 243–246; *Herrscherbild*, vol. 3, pt. 3, pp. 123–125; A. Wotschitzky, "Ein Knabenporträt des dritten Jahrhunderts n. Chr.," *ÖJh* 39 (1952), pp. 128–132.

88. See Fittschen (supra, note 30), pp. 218–219, photo comparisons, figs. 31–32 and 35–36.

89. See *Herrscherbild*, vol. 3, pt. 3, p. 125.

90. *PIR* 2 (1897), p. 407, s.v. "Nigrinianus," no. 75; A. H. M. Jones, J. R. Martindale, and J. Morris, *The Prosopography of the Later Roman Empire*, vol. 1, *A.D. 260–395* (Cambridge, 1971), p. 631; Felletti Maj,

Sicily), which were discussed in relation to Diadumenian.[87] As mentioned above, however, neither the style[88] nor the physical features[89] of any of these heads supports such an indentification, and it is questionable whether more than two of them can really be grouped as replicas of a common type. All five have shorter and more rounded heads than the head shape indicated on the coins of Saloninus. Their foreheads are not convex, and although their cheeks and throats are fleshy, they do not actually have double chins.

Finally, one more rather obscure young boy of an imperial family has yet to be securely identified: Nigrinianus, the short-lived son of Carinus. Little is known of this boy except that he died in 284, was deified, and was honored on coins as "Divus Nigrinianus."[90] Von Heintze has attempted to recognize this prince in the boy on the Acilia sarcophagus (fig. 11a–b), arguing that the monument is probably that of his father, Carinus.[91] The circumstance of Carinus's death and subsequent *damnatio memoriae*, however, make it most unlikely that he would have been honored with such a sumptuous sarcophagus.[92] Furthermore, though the date of the Acilia sarcophagus remains controversial, one fragmentary female head from the relief wears a type of coiffure that seems no longer to have been in fashion after the reign of Gallienus, evidence in favor of a date prior to 268.[93] One other possibility may be proposed here, however. The little bust in the Capitoline Museum (fig. 10), which was discussed and rejected above as a possible likeness of Herennius or Hostilianus, has a style consistent with a date of 284. Its association with Nigrinianus finds some support in the admittedly scarce coin portraits of this child,[94] some of which seem to show a small, pinched lower face, large, staring eyes, and a peaked hairline.[95]

What conclusions can be drawn from this review of theories about the identification of portraits of the more problematic young princes of the third century? At present, none of the various identifications that have been proposed can be securely accepted, but we can at least eliminate some identifications that have been accepted too uncritically, and that have consequently somewhat distorted our knowledge of the developments in portrait sculpture of this period. Diadumenian, Herennius, Hostilianus, Valerian II, Saloninus, and Nigrinianus are still without reliably identified extant portraits. The head in Schloß Fasanerie proposed by the Baltys as a portrait of Herennius has perhaps the strongest claim among the various candidates, but even that is very tenuous. None of the portraits discussed in this section, then, can be used with any reliability as a dated monument on which to base study of sculpture of the period. We can assign approximate dates to some of them, but the dates must be based on only stylistic criteria and on comparison with the securely identified portraits.

PORTRAITS IN SEARCH OF IDENTIFICATIONS

A common theme in many of the identifications just reviewed is the attempt to attach names to some portraits, not because they show any particular similarity to coin profiles of imperial figures, but because some element of costume, attribute, scale, or their existence in more than one replica suggest imperial status. However, since these assumptions seem in many cases to have led to unacceptable identifications, perhaps they should be re-examined. More than one extant replica of a portrait type is particularly strong evidence that it must represent a prominent public figure, since the survival today of even two replicas implies the original existence of many more. It is therefore common automatically to assume that such a portrait type represents someone of imperial status, particularly when the subject is a child or young adolescent, who presumably could not have won public distinction through any other means.

There exists at least one widely duplicated portrait type of a young boy, however, that contradicts this assumption: Polydeukion, the favorite student of Herodes Atticus.[96] The memory of this boy was held in great honor by his former mentor, whose private estates were decorated with portraits of him, many of which survive. Herodes Atticus was probably not the only such patron of the arts; even in the troubled third century, aristocrats of Italy as well as of Greece might have displayed family

Iconografia, p. 287; *Herrscherbild*, vol. 3, pt. 3, p. 163.

91. von Heintze (supra, note 30), pp. 187–190.

92. Gullini (supra, note 63), p. 6; Sapelli (supra, note 32), p. 300.

93. Gullini (supra, note 63), p. 8; Bianchi-Bandinelli (supra, note 32), pp. 210–211, fig. 6. On the dating of female coiffures, see K. Wessel, "Römische Frauenfrisuren von der severischen bis zur konstantinischen Zeit," *AA* 61–62 (1946/1947), pp. 62–76.

94. H. Mattingly, E. Sydenham, and P. H. Webb, *Roman Imperial Coinage*, vol. 5, pt. 2 (London, 1927), pp. 124, 202–203, nos. 471–474, pl. 8, fig. 18; *Herrscherbild*, vol. 3, pt. 2, pp. 181, 184, pl. 31, fig. 36.

95. Cf. especially the example illustrated in *Herrscherbild*, vol. 3, pt. 3, pl. 59f., and *Roman Imperial Coinage* (supra, note 94), pl. 8, fig. 18.

96. See K. Fittschen, "Zum angeblichen Bildnis des Lucius Verus im Thermenmuseum," *JdI* 86 (1971), p. 223. For a recent study of Polydeukion's portraits, see E. Gazda, "A Portrait of Polydeukion," *Bulletin of the Museums of Art and Archaeology* 3, University of Michigan (1980), pp. 1–8. The type was originally identified by K. A. Neugebauer, "Herodes Atticus, ein antiker Kunstmäzen," *Die Antike* 10 (1934), pp. 99–100; K. A. Neugebauer, *AA* 46 (1931), p. 360. For a publicly displayed group of portraits of the family of Herodes Atticus, not including Polydeukion but including Herodes Atticus' young sons and daughter, see R. Bol, *Olympische Forschungen*, vol. 15, *Das Statuenprogramm des Herodes Atticus Nymphaeums* (Berlin, 1984), pp. 16, 22–30, 50–58, 84–91.

portraits at more than one house or villa and have used their sponsorship of public works as an opportunity to display public images of themselves and their families. The two replicas of a single portrait in the Vatican (fig. 9) and Florence might represent the child of such a private patron.

A feature shared by the Vatican (fig. 9) and Florence busts that is generally interpreted to indicate imperial status is their costume: a military cuirass with the cloak, or *paludamentum*, and sash of a high-ranking officer. Such a costume also appears on the little Capitoline bust, which, for that reason, Bernoulli and later Felletti Maj attempted to identify with one of the sons of Decius. Wegner has recently cited an example, however, of a portrait of a child who was demonstrably not of imperial rank but who is represented in the cuirass and paludamentum.[97] This is Florentinus Domitius Marinianus, whose name and age (nine years old) are preserved together with his likeness on a sarcophagus in the former Lateran collection. In funerary contexts, therefore, it seems to have been considered appropriate to represent young boys in military costume, though the reasons for this type of portrayal are not readily apparent. The uniform might represent the accomplishments that the child's parents believed he would have achieved if he had lived to grow up; it might indicate membership in some paramilitary youth organization; or it might have some obsure religious or funerary significance. The first explanation is perhaps the most plausible, since there are other examples of funerary monuments of children in which either little boys and girls or putti are portrayed engaging in adult activities. One such work, datable to the period with which we are concerned, shows the portrait-figure of a boy no older than five declaiming like a philosopher amid a group of little girl muses.[98]

Similar skepticism should also be applied to the commonly held notion that the so-called "contabulate" toga signals consular rank, and that therefore only a child of the imperial family would be entitled to wear it. In the third century, a variant of the traditional Roman garment appears in which the fabric is folded and clamped into broad and thick masses of pleats across the chest and down the left side of the body.[99] This garment should not be confused with the "trabeated" toga: the ancient sources describing the *toga trabeata* as the garment of a consul, king, or figure of high authority, appear to refer to a toga of a certain color or to a toga with a stripe of color woven into its fabric.[100] The contabulate toga could probably have been worn by any male Roman citizen, and therefore is not strong evidence that princes or young emperors are necessarily portrayed by the bust in Boston tentatively identified as "Elagabalus," the bust in Venice variously identified as "Gordian III," "Philip II," and "Herennius Etruscus," or the child of the Acilia sarcophagus.

The child of the Acilia sarcophagus was not the primary focus of the original composition, although the current state of preservation of the monument tends to exaggerate his importance, but he was the focal point of the left short side. Figures on either side of him bend outward from the background and turn in opposite directions, making the more frontal figure of the boy the center of a triad; the cluster of projecting arms also serves to draw attention toward the boy. His pose, turning backward to view the central scene, and his representation in high relief, insured that he would be prominently visible from a frontal view of the sarcophagus as well. The pose of the Genius Senatus, who turns his head toward the central couple but seems to point with his right hand to the boy, has been interpreted as a gesture of presentation, marking out the boy as a future emperor.[101]

Bianchi-Bandinelli has argued, more on the basis of historical probability than on the grounds of iconographic comparison with Gordian's established portraits, that this sarcophagus is that of Gordian III's father, whose young son therefore appears in a subsidiary position. However, as observed above, the boy shares little with Gordian besides a generally triangular facial shape and a severe, somewhat abstract modeling. His forehead is narrower and flatter than that of Gordian's well-established portraits, his hairline more curvilinear, his upper lip less prominent, and his facial expression relaxed rather than frowning. Bianchi-Bandinelli was aware of these discrepancies but attempted to explain them by dating the sarcophagus to the early part of Gordian's reign, possibly to the time when he was still the Caesar of Balbinus and Pupienus and no official type had yet been established for him.[102] Von Heintze has likewise assumed that this must be the sarcophagus of an emperor, whose son is pointed out as his successor, but she

97. Wegner, in *Herrscherbild*, vol. 3, pt. 3, p. 125. See also E. Josi, "Cimitero alla sinistra della via Tiburtina al Viale Regina Margherita," *RACrist* 11 (1934), pp. 214–217, fig. 76.

98. Vatican, Gallerie dei Candelabri I, no. 20, inv. 2422. M. Wegner, *Die antiken Sarkophagreliefs*, vol. 5, pt. 3, *Die Musensarkophage*, edited by F. Matz (Berlin, 1966), p. 58, no. 139, pls. 59, 69, with full literature.

99. L. Wilson, *The Roman Toga* (Baltimore, 1924), pp. 89–115; L. Wilson, *The Clothing of the Ancient Romans* (Baltimore, 1938), pp. 47–49. See also Wegner (supra, note 84), pp. 105–121, especially p. 105, no. 1.

100. Wilson, *Toga* (supra, note 99), pp. 36–39.

101. Bianchi-Bandinelli (supra, note 32), pp. 203–204.

102. Bianchi-Bandinelli (supra, note 32), p. 204.

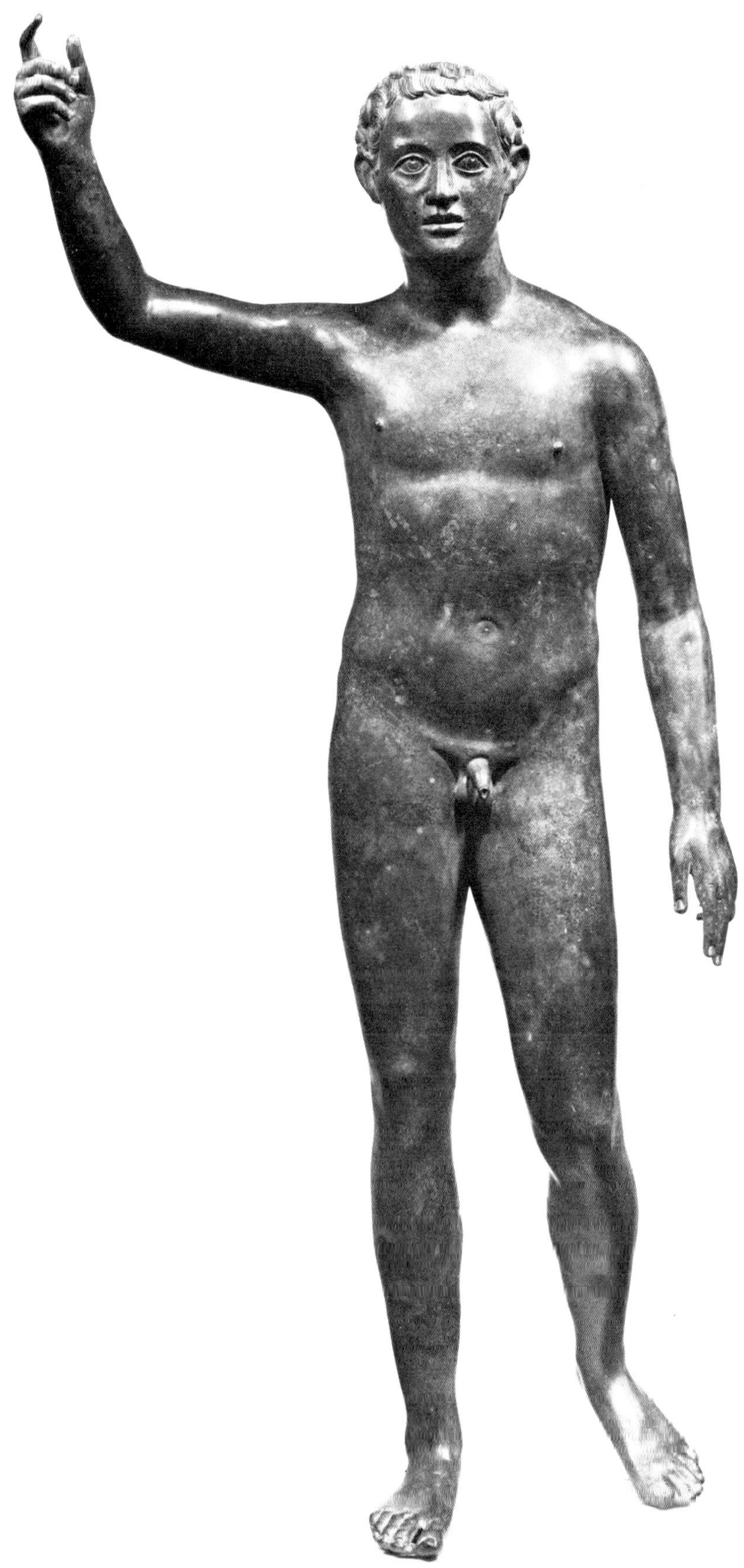

Figure 13a. Bronze statue of a boy. Malibu, The J. Paul Getty Museum 71.AB.454.

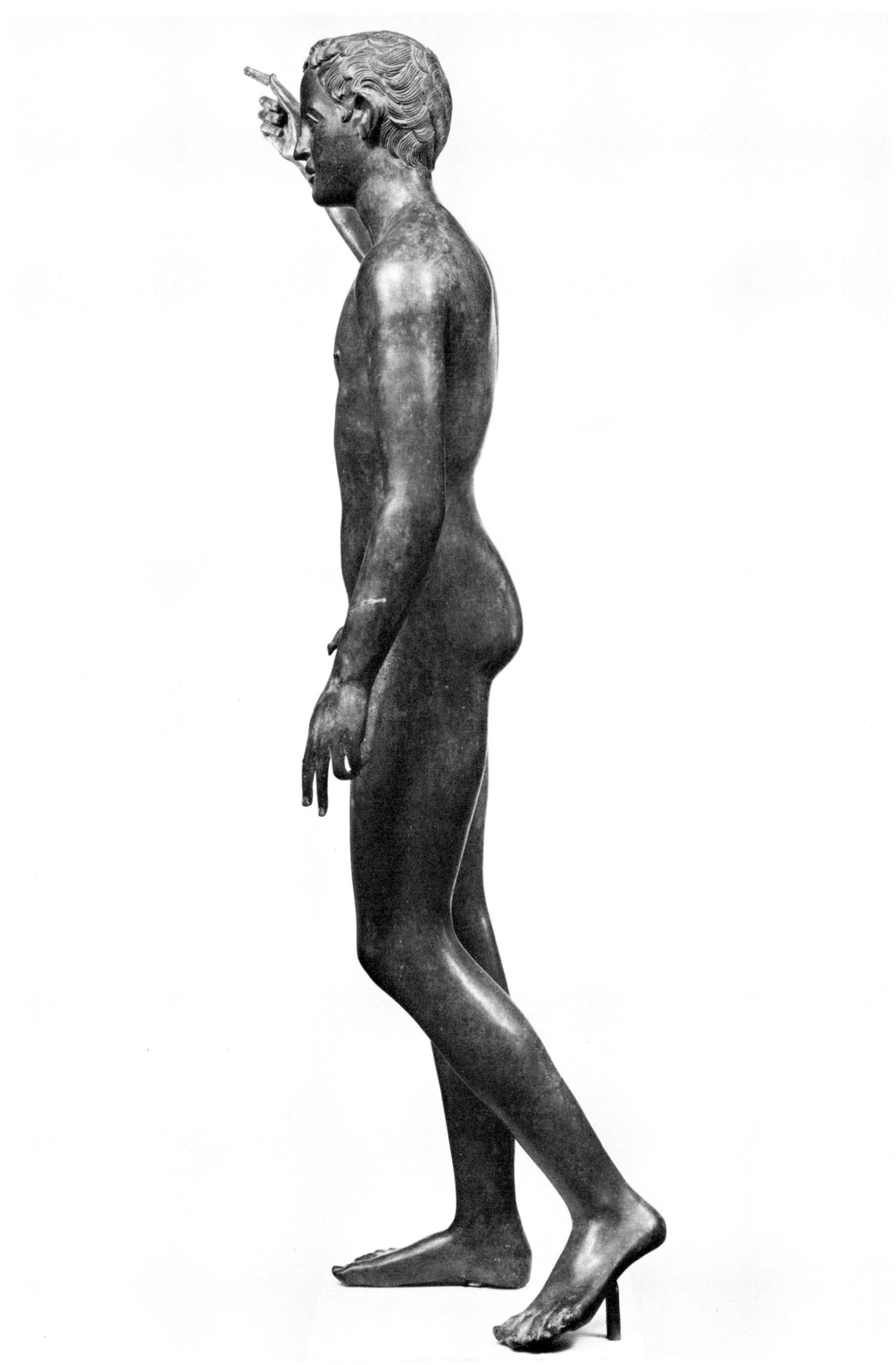

Figure 13b. Profile of statue, figure 13a.

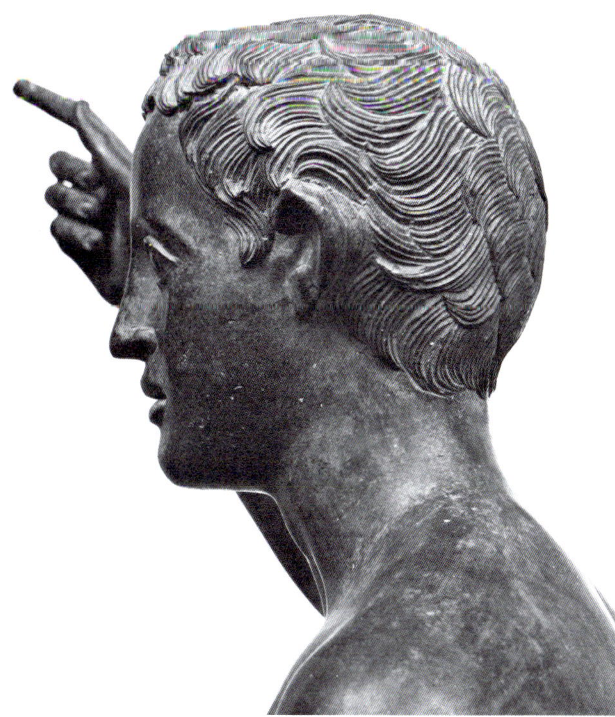

Figure 13c. Profile of head of statue, figure 13a.

suggested that the man and boy were Carinus and Nigrinianus, respectively.[103] The merits of this argument have already been discussed. Both these imperial identifications, however, depend on the interpretation of the gesture of the Genius Senatus.

Andreae has advanced an alternative theory: that the sarcophagus represents a *processus consularis*, or ceremonial procession on the occasion of the entry into consular office, of the man whose portrait appeared near the center.[104] In this case, the gesture of the personified senate would merely point the way along the route of the procession. Even if the gesture of the Genius Senatus does indicate the boy, that does not necessarily indicate that he must have been an Augustus or Caesar. If the deceased was a senator who perhaps had attained consular rank, it would have been natural for him to hope that his son would continue the family tradition. The gesture of the Genius Senatus, then, would point out the youth not as a future ruler but as a future senator and possible consul.

One other work of third-century sculpture that seems to demand an imperial identification yet defies efforts at identificaton is a statue in the J. Paul Getty Museum (figs. 13a–c), a provincial bronze of a twelve-to-fifteen year old boy.[105] The under life-size nude figure stands in a proud, commanding position, with one arm raised above his head. This pose might be interpreted as a gesture of formal address, or *adlocutio*.[106] The arm is raised unusually high, however, for an oratorical gesture, while the position of the fingers suggests that they may originally have been wrapped around the shaft of a long scepter or spear.[107] If this is the case, the figure would be loosely based on the model of Lysippos's famous "Alexander with the Lance," which served as an inspiration for many later portraits of rulers.[108]

Both the gesture and the heroization implied by the nudity (generally reserved for gods or deified mortals) seem to suggest imperial rank. In that case, however, whom could the statue represent? The boy cannot be Elagabalus, Alexander Severus, Maximus, Gordian III, or Philip II, for his face bears no resemblance to their well-established portrait types. He cannot be Herennius Etruscus, Hostilianus, or Nigrinianus, for the coin portraits of all three clearly show short-cropped hair, while this statue has somewhat longer curls, which lie smoothly along the scalp. His hairstyle is consistent with that of Valerian II and Saloninus, but not one of the physical features characteristic of those boys' coin profiles is evident here. The forehead, except for a slight curvature at the very top, is flat, the nose sharp and straight, and the chinline firm, with no trace even of fleshiness, let alone of a double chin. Provincial style could hardly account for so many deviations from an official type.

Finally, an identification with Diadumenian is possible but unlikely. The hairstyle and features are reasonably consistent with his coin profiles, while the probably eastern provenance would seem logical for the portrait of the son of an emperor whose entire reign was spent in Asia Minor. The style, on the other hand, seems to belong to a later part of the century, probably no earlier than the time of Gallienus. The very enlarged and abstracted form of the eyes, the flattening of the face and features almost into a single plane, and the decorative,

103. von Heintze (supra, note 30), pp. 187–190.

104. B. Andreae, "Processus Consularis," in P. Zazoff, ed., *Opus Nobile: Festschrift zum 60. Geburtstag von U. Jantzen* (Wiesbaden, 1969), pp. 3–13; Helbig^4, no. 2316 (B. Andreae); Sapelli (supra, note 32), pp. 301–302.

105. J. Paul Getty Museum 71.AB.454. Bronze statue. H: 1.20 m. *Roman Portraits*, pp. 102–103, no. 85, p. 113; J. Inan and E. Alföldi-Rosenbaum, *Römische und frühbyzantinische Porträt-Plastik aus der Türkei: Neue Funde* (Mainz, 1979), pp. 331–333, no. 331; J. Frel, *Greek and Roman Portraits from the J. Paul Getty Museum*, ex. cat. (California State University, Northridge, 1973), pp. 30–31, no. 44.

106. *Roman Portraits*, p. 102; Frel (supra, note 105), pp. 30–31.

107. Inan and Alföldi-Rosenbaum (supra, note 105), p. 334.

108. On "Alexander with the Lance," see M. Bieber, *Alexander the Great in Greek and Roman Art* (Chicago, 1964), pp. 32–38.

non-naturalistic pattern of the hair all point to a date after 260, though it must be noted that in the dating of provincial works, such criteria are not always as reliable as for sculpture from Rome and other major artistic centers. The most plausible conclusion appears to be that we are dealing here with a private portrait, probably a funerary statue, in which the nudity and the pose borrowed from Lysippos' "Alexander with the Lance" serve the purpose of a private rather than a public apotheosis of the deceased. Precedents do exist for such use of divine and imperial attributes in private portraits: many funerary portrait statues use body types that are based on Greek prototypes and that clearly associate their subjects with divinities.[109]

The conclusion drawn from all of the portraits discussed here is that more than historical probability is required to affix a name to a portrait. An attribute or aspect of presentation that seems to imply imperial rank is not always borne out by other evidence. If there is a common factor in the secure identifications discussed in the first section, it is that all of them are corroborated by several forms of evidence. All types are represented in multiple replicas, and all are closely matched by the coin portraits of the respective boys. Where the specific identification is in doubt, as in the case of the young Alexander Severus, it can be corroborated by comparison to more securely identified sculptural portraits, as well as to the coins. Though it is very much to be hoped that the portraits of some of the more problematic young Caesars can someday be identified, we must proceed cautiously, always bearing in mind the scarcity and fragility of the evidence.

Harvard University
Cambridge, Mass.

109. See M. Bieber, *Ancient Copies* (New York, 1977), pp. 46–66, on the uses of images of Venus as a model for funerary statues of women. See also Bergmann, p. 43, no. 137, on the crescent diadem, a divine attribute routinely borrowed both for portraits of empresses and for private funerary busts and statues.

Two Female Portraits from the Early Gallienic Period

Siri Sande

In 1976 the National Gallery in Oslo acquired a female portrait that had previously been in a private collection in Norway (figs. 1a–c). The head, purchased in Rome in 1960, is fairly well preserved, although not as undamaged as the photographs would lead one to believe. Parts of the lips, the outer half of the right eyebrow, and the nose are restored in concrete. The restored nose was attached with a metal pin which is now visible, for the nose has broken again. Most of the original marble surface is preserved, with patches of high polish visible. Traces of brown paint remain in the hair and eyebrows.

The portrait is slightly over life-size and depicts a young woman with a serious, almost melancholy expression. Her comparatively simple coiffure is rendered in great detail. Her hair lacks a center part and is combed backwards and downwards leaving the ears free. It is straight apart from three broad, shallow waves on each side of the head. At the nape of the neck the hair is twisted into a roll and pinned up on top of the head with the end forming a loop in front. Behind and below each ear a corkscrew curl, now broken off, originally emerged from the hair. Undulating lines representing single strands of hair are carefully rendered with fine, sharp chisel strokes. The sculptor's interest in the details of the hair is also evident from his incisions for the eyebrows and for the fine tendrils escaping from the hairline in front.

The highly characteristic rendering of the details of this coiffure is paralleled in a portrait of an elderly woman in the J. Paul Getty Museum (figs. 2a–c).[1] The similarities are especially noticeable when one compares the backs of the two heads (figs. 1c, 2c) and particularly the rendering of the twisted hair rolls. The chisel strokes of both coiffures are of the same character, very fine along the hairline in front and broader and deeper behind the ears. The eyebrows also appear originally to have been of the same type, composed of finely drawn hairs. Those of the Oslo portrait retain traces of color. In both portraits details such as the irises, pupils, and the long, downward-pointing lachrymal glands are rendered in the same manner. Each woman also displays a slight puffiness under the eyes. The subtleties of the treatment of the marble surface are less marked in the Getty head, which was once cleaned with acid to remove patches of incrustation. Apparently the discoloration of the Oslo head was not considered to be too disfiguring, for the latter portrait escaped acid cleaning. However, as far as can be ascertained, before the Getty head was cleaned, the two heads seem to have had fairly similar surfaces. The heads are in a similar state of preservation, characterized by faint cracks in the marble and similar patches of incrustation. Some of the incrustation remains as very small spots in the chisel strokes. The Oslo head retains traces of the original paint. These similarities may of course be accidental, but they could also mean that the two portraits were buried under identical physical conditions.

Abbreviations:

Bernoulli	J. J. Bernoulli, *Römische Ikonographie*, vol. 2, pt. 3 (Stuttgart, 1894).
Bergmann	M. Bergmann, *Studien zum römischen Porträt des 3. Jahrhunderts n. Chr.* (Bonn, 1977).
EA	P. Arndt and W. Amelung, *Photographische Einzelaufnahmen antiker Skulpturen* (1893–1940).
Felletti Maj, *Iconografia*	B. M. Felletti Maj, *Iconografia romana imperiale, da Severo Alessandro a M. Aurelio Carino* (Rome, 1958).
Felletti Maj, *I ritratti*	B.M. Felletti Maj, *Museo Nazionale Romano: I ritratti* (Rome, 1953).
Herrscherbild	M. Wegner (with J. Bracker and W. Real), *Das römische Herrscherbild*, vol. 3, pt. 3, *Gordianus III bis Carinus* (Berlin, 1979).
Poulsen	V. Poulsen, *Les portraits romains*, vol. 2 (Copenhagen, 1974).
Roman Portraits	J. Frel, *Roman Portraits in the J. Paul Getty Museum*, ex. cat. (Tulsa, Oklahoma, Philbrook Art Center, and Malibu, The J. Paul Getty Museum, 1981).

1. *Roman Portraits*, no. 88, pp. 106–107, 132, Bergmann, pp. 92–93, pls. 26.5–6. For the Oslo head, see Bergmann, pp. 95–96, pls. 29.1–2), K. Fittschen and P. Zanker, *Katalog der römischen Porträts in den Capitolinischen Museen und den anderen kommunalen Sammlungen der Stadt Rom*, vol. 3 (Mainz, 1983), p. 114, no. 2d (under no. 172).

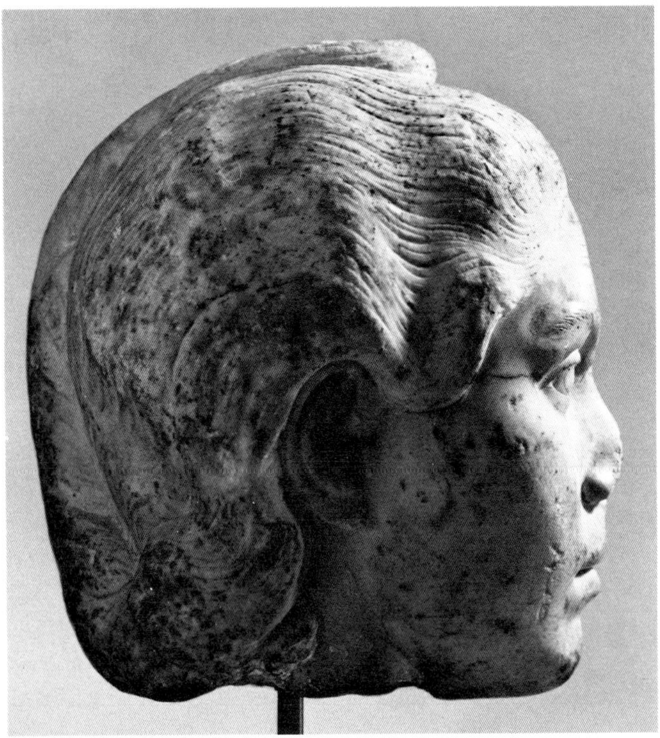

Figure 1a. Profile of head of a woman. Oslo, Nasjonalgalleriet SK 1526.

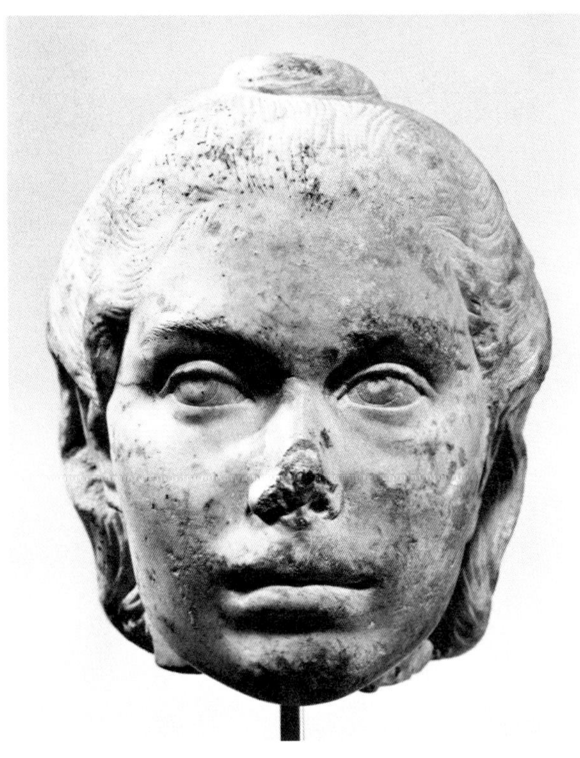

Figure 1b. Portrait of figure 1a.

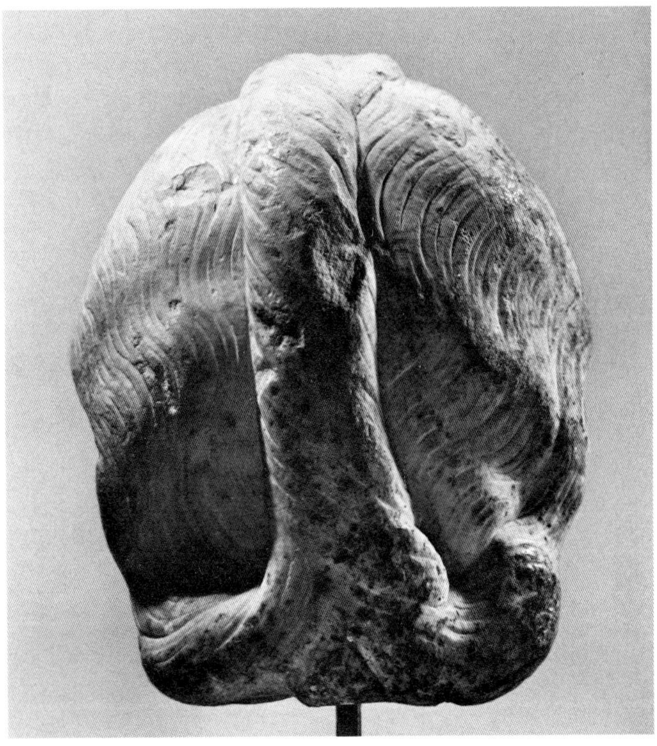

Figure 1c. Back of figure 1a.

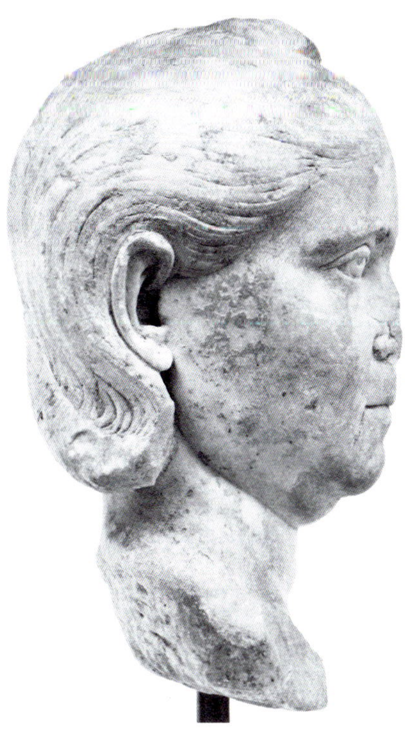

Figure 2a. Profile of head of a woman. Malibu, The J. Paul Getty Museum 73.AA.47.

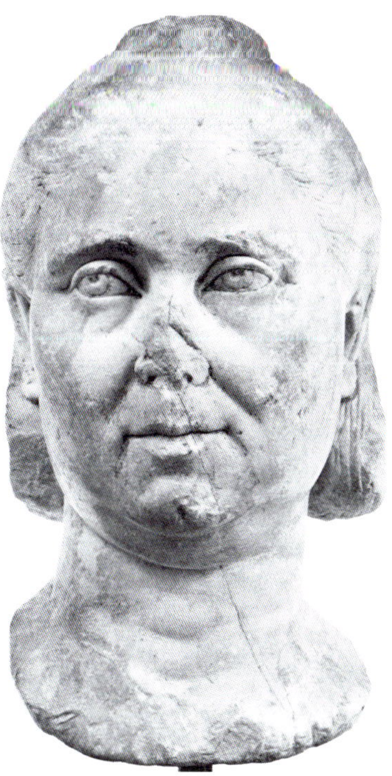

Figure 2b. Portrait of figure 2a.

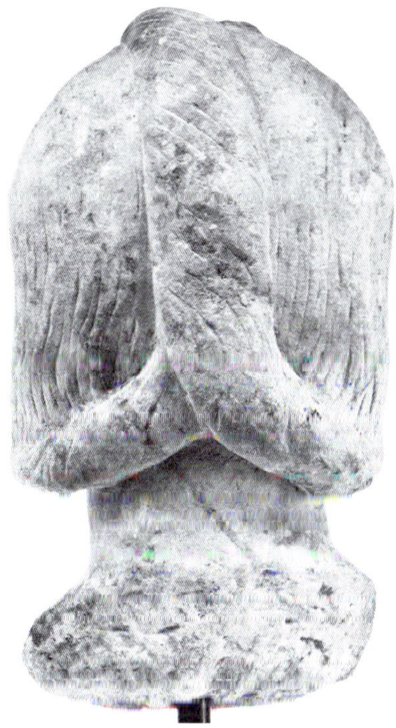

Figure 2c. Back of figure 2a.

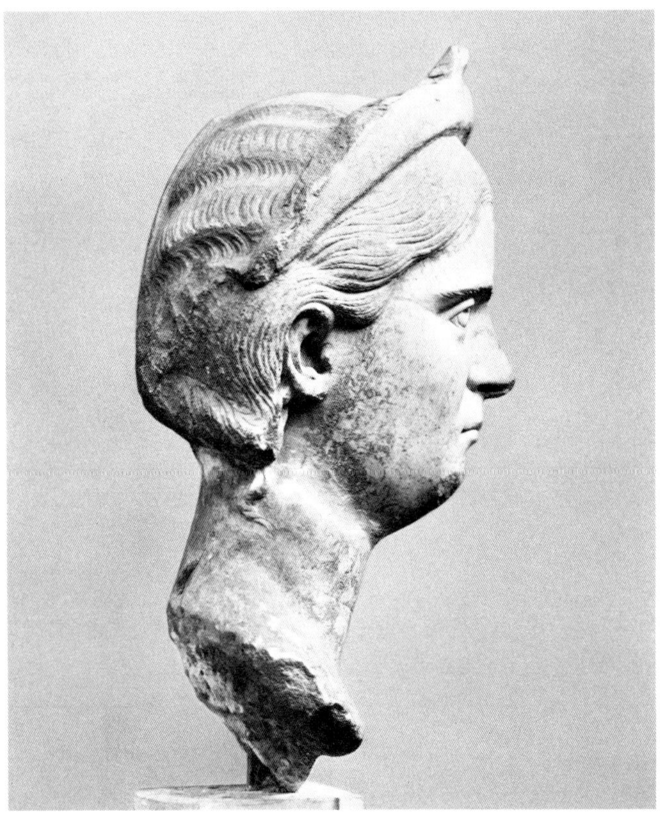

Figure 3a. Profile of head of a woman, so-called Etruscilla. Rome, Museo Nazionale Romano 121016. Photos: Courtesy DAI, Rome.

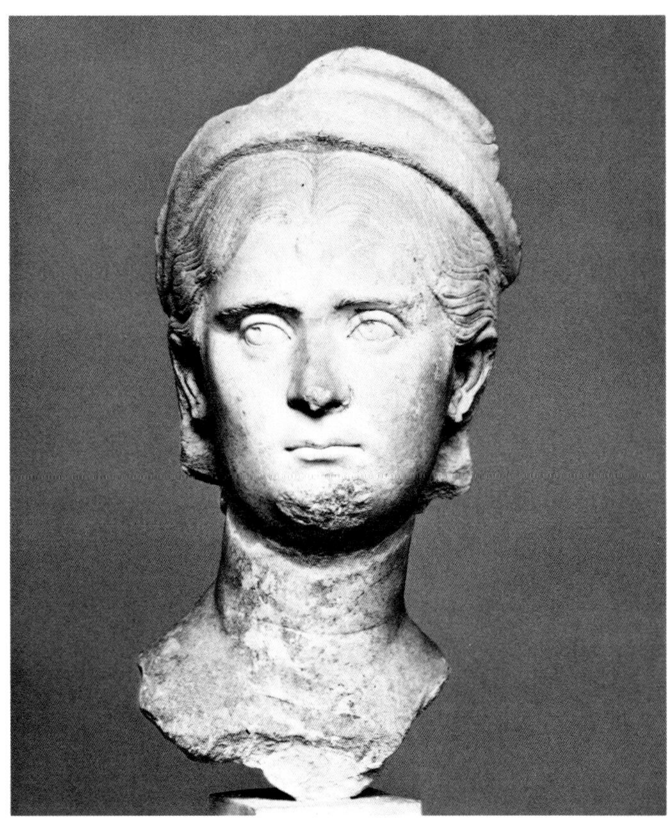

Figure 3b. Portrait of figure 3a.

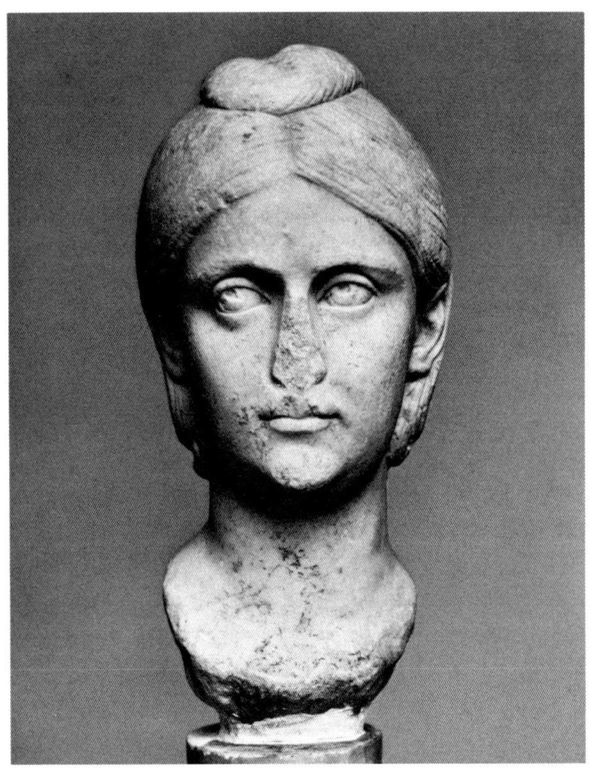

Figure 4a. Portrait head of a woman. Copenhagen, Ny Carlsberg Glyptotek 1493.

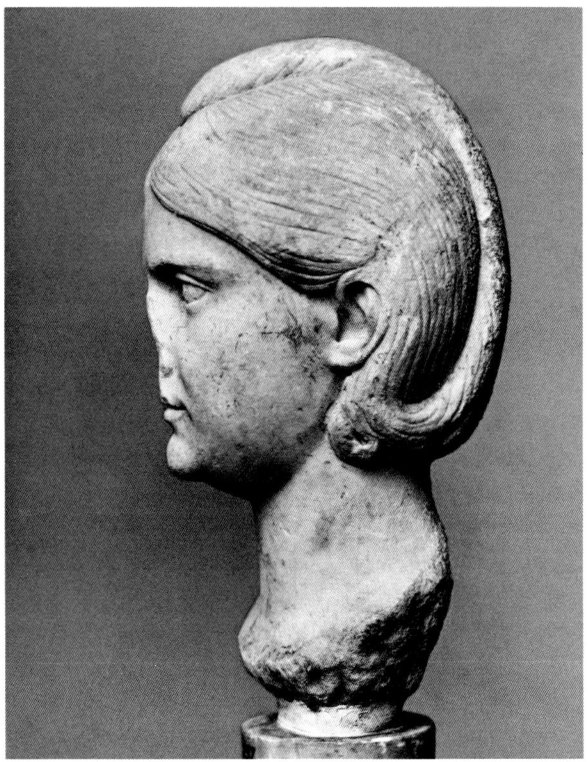

Figure 4b. Profile of figure 4a.

Both heads were made to the same scale, slightly over life size. Their measurements are as follows:

	Oslo head	Getty head
Distance from chin to top of head	25.0 cm	26.0 cm
Distance from chin to hairline	19.5 cm	ca. 23.0 cm
Distance between the outside eye corners	9.8 cm	9.6 cm
Distance between the inside eye corners	3.2 cm	3.05 cm
Distance between the left mouth corner and the outer left eye corner	7.0 cm	7.5 cm
Distance between the right mouth corner and the outer right eye corner	7.1 cm	7.7 cm

Apart from the distance between the chin and the hairline (the latter is blurred in the Getty head and therefore difficult to establish precisely), the measurements are very similar. They show that the heads were made to the same size, the head of the younger woman perhaps a fraction smaller. The scale, the state of preservation, and the stylistic and technical similarities all suggest that the two portraits were made at the same time for the same purpose (presumably a funerary function) by the same hand, or at least in the same workshop, and that they were buried together.

The hairstyle of the two portraits, with the hair gathered into a twisted roll instead of a series of thin plaits, was fashionable in the Gallienic period.[2] The coiffure of the elder woman (figs. 2a–c) is the more conservative of the two. In its simplicity it recalls that of the presumed portrait of Etruscilla, wife of Trajanus Decius (A.D. 249–251), in the Museo Nazionale Romano (figs. 3a–b).[3] That portrait, however, shows a different arrangement at the back of the head, and its hair is parted in the middle. The closest comparison for the hair fashion of the Getty head is a portrait in Munich, where the almost straight hair in front is combined with a twisted roll.[4]

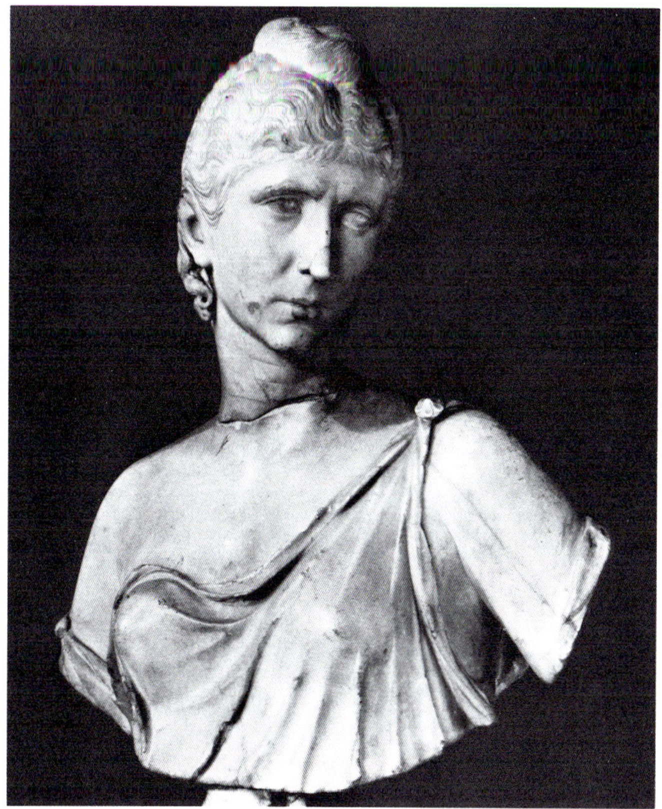

Figure 5. Portrait bust of a woman. Leningrad, State Hermitage Museum A 29.

The young woman in Oslo (figs. 1a–c) wears a slightly richer coiffure that reflects a later stage in hair fashion, but it is still rather uncomplicated. The stiff crimped waves that were popular during the forties and fifties of the third century A.D. are reduced in this example to shallow, barely perceptible undulations. The locks of hair descending behind the ears—like the twisted roll, a characteristic of the Gallienic period[5] —are modestly rendered in the shape of two small curls. A head in Copenhagen (figs. 4a–b), with a replica in Vienna,[6] shows slightly more restraint in the rendering of fashionable features, since the hair is without waves. Not unlike the coiffure of the Oslo head is that of the so-called Salonina in the Museo Nazionale Romano,[7] but in the latter, the fringe of short hairs escaping along the hair line in front is much more pronounced. Curls or

2. For examples see Bergmann, pp. 89ff., pls. 24.6, 25.1, 26.1–2, 28.1–6, 29.5, 30.1–2, 4, 6, 31.1–2, 5, and pp. 192–193, pls. 55.3, 56.3 (the dating of the latter portrait is too late, in my opinion); Bernoulli, pp. 155–156, pl. 47; EA, 1025 (text P. Arndt); Felletti Maj, *I ritratti*, p. 154, no. 309; Poulsen, pp. 173–174, no. 178, pls. 287–288; J. Inan and E. Alföldi-Rosenbaum, *Roman and Early Byzantine Portrait Sculpture in Asia Minor* (London, 1966), p. 98, no. 87, pl. 53.2–3 (Bergmann, p. 100, dates it correctly to the Gallienic period).

3. Felletti Maj, *I ritratti*, pp. 144–145, no. 287; idem, *Iconografia*, pp. 193–194, no. 245, pls. 31.100, 32.99; T. Kraus, *Das römische Weltreich* (Berlin, 1967), p. 261, fig. 321; *Herrscherbild*, pp. 79, 81, pl. 33.

4. EA, 1025.

5. Bergmann, pls. 26.1–2, 27.4, 28.1–6, 30.1–3, 31.1–2, 5–6.

6. Bernoulli (see supra, note 2); Poulsen (see supra, note 2); Felletti Maj, *Iconografia*, pp. 194–195, nos. 247–248; *Herrscherbild*, pp. 79–80, 82, 131.

7. Felletti Maj, *I ritratti*, p. 154, no. 308; idem, *Iconografia*, p. 236, no. 319; *Herrscherbild*, pp. 130, 133, pl. 51.

fringes of hair framing the forehead are found on a number of Gallienic portraits of women.[8] In some cases the fine hairs are plastically rendered, in others merely incised. In workmanship, the most outstanding example of the use of incisions is that of a bust of a woman in Leningrad (fig. 5).[9] Its hairstyle is comparable to that of the Oslo head, though it is rendered in a more detailed and complicated manner.

The fine hairs escaping from the front hairline of Gallienic female portraits as well as the general style of the coiffures themselves recall certain late Severan fashions. A desire to imitate earlier models is probably reflected,[10] just as the style of Gallienic portraiture itself may have been influenced by that of the Severan period.[11]

During the later part of Gallienus' reign women's coiffures became stiffer and more elaborate. The hairstyles of the Getty and Oslo heads clearly date the heads to the early Gallienic period. That of the younger woman has the newly fashionable details barely accentuated, while that of the elder matron is one that was popular around the middle of the century and therefore slightly out of date by Gallienic times—a feature often found in portraits of mature or elderly women.

The sculptural style of both heads also favors an early date. The volumetric modeling with its emphasis on tactile values and textures, the barely perceptible swellings and depressions of the surface, and the finely drawn hairs are typical of early Gallienic portrait sculpture. The two portraits, perhaps showing a mother and daughter (despite the lack of physiognomical resemblance), are likely to have been made in the middle fifties of the third century A.D. Their scale, though slightly over life-size, is not large enough to identify them as imperial portraits. That they represent private individuals is also suggested by the high quality of the two heads, which is rarely found among the mass-produced portraits of the members of the imperial families.

The University
Oslo

8. Bergmann, pls. 27.1–2, 4, 28.1–6, 29.3–4, 30.6, 31.1–6.

9. Bergmann, pp. 89–90, 93–94, pl. 28.1–2; A. Vostchinina, *Musée de l'Ermitage: Le portrait romain* (Leningrad, 1974), pp. 186–187, no. 69, pls. 92–93, with further bibliography.

10. Already coin portraits of Etruscilla seem to imitate earlier coiffures, presumably those of Julia Mamaea (cf. *Herrscherbild*, p. 78, pls. 32a–b).

11. For this question, see especially K. Fittschen, *JdI* 84 (1969), pp. 214ff.; Bergmann, pp. 72ff.; J. Inan and E. Alföldi-Rosenbaum, *Römische und frühbyzantinische Porträtplastik aus der Türkei: Neue Funde* (Mainz, 1979), pp. 9ff.